本研究为湖北省社科基金项目『高考制度改革的历史反思——基于制度变迁的视角（编号：2013146）』的最终成果，同时获得国家社会科学基金教育学重点课题『高校招生制度改革研究』（编号：AFA110008）的资助。

高考改革的历史反思

李木洲／著

高考改革研究丛书

刘海峰／主编

华中师范大学出版社

国家出版基金项目
NATIONAL PUBLICATION FOUNDATION

新出图证（鄂）字 10 号

图书在版编目（CIP）数据

高考改革的历史反思/李木洲著. —武汉：华中师范大学出版社，2016.12
（高考改革研究丛书/刘海峰主编）
ISBN 978-7-5622-7658-6

Ⅰ.①高… Ⅱ.①李… Ⅲ.①高考—教育改革—研究—中国 Ⅳ.①G632.474

中国版本图书馆 CIP 数据核字（2016）第 321551 号

高考改革的历史反思

责任编辑：苏 睿　**责任校对**：王 炜
编辑室：学术出版中心　**电话**：027－67867792
出版发行：华中师范大学出版社　**社址**：湖北省武汉市洪山区珞喻路 152 号
电话：027－67863426/3280（发行部）　027－67861321（邮购）
传真：027－67863291　**邮编**：430079
网址：http：//press.ccnu.edu.cn　**电子信箱**：press@mail.ccnu.edu.cn
印刷：湖北新华印务有限公司　**督印**：王兴平
封面设计：甘 英　**封面制作**：胡 灿
开本：710mm×1000mm 1/16　**印张**：27
版次：2016 年 12 月第 1 版　**印次**：2016 年 12 月第 1 次印刷
字数：470 千字　**定价**：68.00 元

欢迎上网查询、购书

总　序

高考是我国各类考试中最重要、影响最大的考试。高考改革不仅关系到国家创新人才的培养、学生的健康成长，而且关系到社会公平的维护、高等教育资源的分配，还涉及宏大的社会利益再分配问题，关系到维护我国改革发展稳定的大局，是一项“牵一发而动全身”的社会系统工程，具有综合性、系统性。高考改革事关教育全局，不仅已成为重大的民生议题，而且是教育领域中最复杂、最敏感的问题，受到民众和国家教育主管部门的高度关注。

2010 年 7 月正式颁布的《国家教育中长期改革和发展规划纲要(2010—2020 年)》列有关于招生考试的专门一章，即第十二章“考试招生制度改革”。在中国历次教育改革文件中，这是第一次将招生考试单独列出一章，足见此问题在现阶段的重要性。2012 年 7 月，国家教育考试指导委员会在北京成立，研究制定考试改革方案，指导考试改革试点。国家专门成立一个国家级决策咨询机构来指导高考改革实践，说明考试招生改革意义非常重大。2013 年 11 月，十八届三中全会通过了《中共中央关于全面深化改革若干重大问题的决定》，其中教育方面最主要的就是考试招生改革的内容。2014 年 9 月公布的《国务院关于深化考试招生制度改革的实施意见》，是恢复高考以来最全面、最系统的改革文件。以往也有各种各样的高考改革政策出台，但多数都是单项的或者某一个侧面的改革，而这次改革涉及考试招生的方方面面，是一个顶层设计的系统改革，标志着高考改革进入一个新阶段。

由于高考是一个至为复杂的大规模选拔性考试，是一项“横看成岭侧成峰，远近高低各不同”的制度，从某一特定的角度去观察，站在某一种特定的立场去评说，可能所见都是事实，所言也都有一定道理，但也可能会出现盲人摸象、各说各话的情况。因此，在评价高考时，重要的是全面和客观。

而要理性地、全面地评价高考，提出切实可行的改进意见，就应该对高考进行全面深入的研究。

中国是考试制度的发源地，不仅是一个考试古国，而且是一个考试大国。有些西方国家的大学入学考试只是一种测量手段，只是在小范围内引起关注，只是一个部分人关心的话题。然而，受传统和现实的制约，中国人却将高考变成了文化，变成了经济，变成了政治，变成了盛大的仪式，变成了一种备受关注的社会活动，变成了一种惯例式的全民动员。在有五千年悠久文化传统和千余年科举考试影响的中国，在一个幅员辽阔、人口众多、地域和城乡文化教育水平差异很大的中国，在民众高度重视甚至是过度重视教育的中国，高考既与世界各国的大学入学考试有相同的规律，也有不少独有的现象和问题。

长期以来，高考作为一项影响重大、关注度甚高的重要制度，总体而言是“三多三少”，即新闻报道多，理论研究相对较少；一般议论多，深入分析相对较少；零星探讨多，系统研究相对较少。近年来，情况有了一些改观，特别是 2012 年前后讨论异地高考政策问题，2014 年《国务院关于深化考试招生制度改革的实施意见》出台以后，出现了研究高考改革的热潮，许多相关论文见诸报刊。但是，对于整个高考制度还缺少系统的研究，尤其缺少真正有分量的高考改革研究著作。

高考改革是一个谁都能说得上两句的话题，但又是一个专业性很强的问题。要谈谈自己关于高考改革的观点，发表一两篇文章不难，而要深入阐述自己的观点，发表不重复的系列论文或出版专著却很难。为了将高考研究推向深入，并为现实高考提供决策参考和理论依据，在深入研究的基础上，特组织一套“高考改革研究丛书”。

作为中国高考研究的重镇，厦门大学考试研究中心一直将高考改革作为重点研究方向之一，推出了一系列研究论文和专著，研究成果为全国性的和部分省市的高考改革提供重要的理论支持。本丛书是中国第一套较全面、深入研究高考改革的丛书，对高考从理论、制度、政策、法治、内容、形式，到招生考试的区域公平、民族政策、效度和评价等各方面进行全面的研究，同时对美国、英国、法国、俄罗斯、加拿大、澳大利亚、日本和我国台湾地区的高校招生考试制度等进行了探讨；既有对高考制度的理论剖析，又有对高考改革的一些热点问题的专题论述；是从理论到实践、从宏观到微观、从国内到域外，对高考制度及其改革进行的全面而深入的研究。

“高考改革研究丛书”是对高考的基础性、系统性研究。2015年，该丛书获得国家出版基金资助，出版社与丛书主编将原来已出版的十多本著作加以修订，并扩充至22本，使之成为一个更全面、成气候的书系。本丛书基本上由我自己的著作和历年指导通过答辩的高考研究博士论文、博士后出站报告为基础构成。在我历年指导的众多博士论文或博士后出站报告中，以高考研究为选题的占大多数。要想真正为高考改革提供参考，我们的研究应力求建立在对招生考试历史与现实充分了解的基础之上。为了使这些论文的写作不至于陷入空谈，我总是要求博士生和博士后多了解高考实际。多年来，以高考为选题的博士生和博士后一般都要到部分省市教育招生考试院等考试机构实习，真正深入招生考试第一线，多与考试管理工作者接触交流，这样他们才不会太书生气，所写论文才能脚踏实地。凡是研究别国高校招生考试制度的博士生和博士后，都通晓所在国的语言文字，并尽可能到研究对象国去搜集资料和实地调研，多位博士生和博士后都在研究对象国留学多年或做访问研究一年以上。

丛书中每本著作各有专攻，希望都能切中肯綮，真正做到既有学术价值，也有现实意义；对高考改革的顶层设计，对高考改革的顺利推行，进而对维护教育公平和社会稳定起到一定的作用。恢复高考40周年即将到来，相信本丛书的出版能够为高考改革提供理论支撑，为完善中国的考试招生制度贡献绵薄之力，作为一名上世纪的77级大学生，我深感欣慰。

刘海峰

2016年10月6日

目　录

导 论

中国是考试的发祥地，是“世界上最早将考试用于教育和教育评价的国家，也是最早将考试用于官员选拔的国家”[①]。而“在各种考试中，没有一种考试，像高考那样，深深地保留着古代科举的烙印；没有一种考试，像高考那样，对社会生活的各方面产生这样重大而深远的影响”。在中华人民共和国教育领域60多年的历史中，也“没有一件事情像高考那样，反复经历着重大的转折；没有一件事情像高考那样，引起那么大、持续那么久的争论，受到那么多人的颂扬，那么多人的诅咒”[②]。无疑，高考制度是当今中国最具争议和最受关注的制度之一。时至高考[③]建制60周年，站在中国社会重大转型期的历史拐点，高考制度何去何从？宏观上，关系到中国未来战略人才的培养；中观上，关系到中国素质教育的稳步推进；微观上，关系到万千考生及其家庭的切身利益。因此，确立符合国家中长期经济社会及教育发展需要的高考制度改革方向，选择符合当下国情、教情、民情的高考制度改革目标与路径，就显得至关重要。

马克思曾指出：“人们自己创造自己的历史，但是他们并不是随心所欲地创造，并不是在他们自己选定的条件下创造，而是在直接碰到的、既定的、从过去承继下来的条件下创造。”[④] 诺贝尔经济学奖获得者道格拉斯·C.诺思也曾指出：“历史是重要的。其重要性不仅在于我们可以从历史中获取知识，还在于种种社会制度的连续性把现在、未来与过去连接在了一起。

---

① 杨学为：《中国高考史述论（1949—1999）》，湖北人民出版社，2007年，第4页。

② 杨学为：《高考文献（上）（1949—1976）》，高等教育出版社，2003年，第1页。

③ 此处“高考”及本研究所探讨的高考制度是指普通高等学校本专科招生全国统一考试制度。

④ 马克思：《路易·波拿巴的雾月十八日》（3版），中共中央马克思恩格斯列宁斯大林著作编译局译．人民出版社，2001年，第8～9页。

现在和未来的选择是由过去所型塑的，并且只有在制度演化的历史话语中，才能理解过去。”① 显然，高考作为与中华人民共和国同生共长的重大人才选拔制度，只有回到其每一改革的历史背景之中，才能真正地理解高考改革，客观地评价高考改革，乃至正确地推动高考改革。基于这一认识，本研究以高考制度的形成与发展史实为考察内容，从制度学、政治学和社会学等多学科视角出发，力求在高考制度演化的历史语境中，系统回顾与反思高考制度的改革历程，全面剖析高考制度的历史变迁轨迹，以期揭示高考制度的改革规律及发展趋向，为新时期高考制度改革提供有益借鉴。

一、理论与现实：选题缘由

学术研究的意义和灵魂是具有独特价值的命题，这种价值主要体现在学术积累和社会发展两个方面。就学术积累而言，其价值在于对已有学术研究活动的推进或矫正，包括研究方法的创新、研究领域的扩展、论证逻辑体系的改进以及研究结论的创见等；就社会发展而言，其价值在于对现实社会问题的理性关怀，促进国家公共政策水平的提升，推动社会文明的整体进步等②。高考制度作为中华人民共和国成立以来的重大选才制度，从制度变迁的视角反思其改革历程，无论在学术积累，还是在促进社会发展两方面，都具有较强的理论与现实意义。

（一）现实问题

高考改革，历来是整个教育界甚至全社会高度关注的一个敏感而重大的理论与实践问题。作为教育体系中的一个重要环节，高考“上连高等教育，下引基础教育”，具有核心枢纽的调节作用。一方面，它决定着高等学校人才培养的起点，具有基础性作用；另一方面，对基础教育具有强大的导向功能，即“考什么就教什么”的引导作用。因此，它是教育学研究中的一个具有全局性的重大问题，既是深化教育体制改革、全面推进素质教育的关节点，又是维护社会公平、促进社会和谐的稳压器和调节阀。由于高考涉及学生、家长、教师以及中学、大学等多方利益，并与教育制度以及现实的政治、经济、法治、科技、文化、教育水平等因素密切相关，因而其改革难度

① 道格拉斯·C. 诺思：《制度、制度变迁与经济绩效》，杭行译．格致出版社，2008年，第1页。

② 于建嵘：《岳村政治——转型期中国社会乡村政治体系的变迁》，商务印书馆，2001年，第21页。

大、影响深、涉及面广，是一项复杂的牵一发而动全身的系统工程，存在诸多需要解决的现实问题。

从高考改革的现况来看，高考目前处于全国统考、艺体单招、分省命题、新课程高考以及高校自主招生等多元并存的局面，存在着一系列的矛盾问题及认识误区，如“考测能力与公平客观的矛盾、灵活多样与简便易行的矛盾、扩大自主与公平选才的矛盾、考出特色与经济高效的矛盾、统一考试与考查品行的矛盾、统一考试与选拔专才的矛盾、考试公平与区域公平的矛盾、保持难度与减轻负担的矛盾”[①] 等。这些矛盾的对立两面往往是并存与共生的，对类似的两难问题，如何兼顾两端、掌握平衡点、把握全局，科学有序地推进改革，避免改革失误或矫枉过正，使高考制度继续发挥为高校选才和维护社会公平的作用，亟须加以探究、辨明。

从高考改革的政策来看，当前高考制度处于深化改革的攻关阶段，《国家中长期教育改革与发展规划纲要（2010—2020年)》(以下简称“《教育规划纲要》”）提出“探索招生与考试相对分离的办法，政府宏观管理，专业机构组织实施，学校依法自主招生，学生多次选择，逐步形成分类考试、综合评价、多元录取的考试招生制度”。这意味着高考制度在考试、录取、管理等环节存在诸多需要探讨与论证的问题。如招考分离的原则、分类考试的设计、一年多次考试的实施、多元录取方案并存的考试科目设置、高考内容与高考效度、分省命题的质量与公平、多元录取方式、高校自主招生权限、高中学业水平考试和综合素质评价与高考的关系、少数民族加分、弱势群体入学机会保障政策、招生名额区域分配以及考试机构的专业化建设等。这些问题既受政治、经济、科技、教育、人口及文化传统等外部因素制约，又受测评理论、考试技术、考试方法、考试方式甚至考试科目特点等内部因素的影响。因此，理顺高考制度的内外部关系，协调高考制度所涉及的方方面面，是顺利推进高考制度改革的重点和难点。

（二）理论局限

理论来源于实践，并指导实践。换言之，没有科学的理论，实践必定会多走弯路。但遗憾的是，“对于高考这么一项影响重大、万众瞩目的重要制度，总体而言是新闻报道多、理论研究少，一般议论多、深入探讨少。即使

① 刘海峰：《高考改革中的全局观》，《教育研究》2002年第2期，第21页。

是理论研究，也是经验总结多、系统全面研究少，从考试技术和考试方式等方面研究多、从考试制度角度研究少”①。这是当前中国高考研究必须正视、重视与突破的问题。

中华人民共和国成立以来，高考改革从未停止。而恢复高考 30 多年间，高考改革更是频密。据统计，自 20 世纪 80 年代以来，高考至少有 14 次改革，而若把各地的试验也计算在内，起码有 24 次（种）之多，具体可分成以下四类②：一是那些留下的我们至今享受成果的，有 9 个：1984 年开始的特殊专业（艺术类等）招生实行统考 + 单考；1985 年开始的高考标准化改革；1994 年—1997 年的招生并轨与收费上学；1999 年开始的网上录取、高校扩招、“3+X”科目改革、英语加试听力；2001 年的取消考生年龄与婚姻限制；2003 年的高考时间由每年的 7 月提前到 6 月。二是那些消逝的成为历史与过程的，有 5 个：1981 年固定下来的文科考 6 门、理科考 7 门的“6 + 7模式”；1977 年部分省市的高考预选改革；1991 年的“三南”（湖南省、云南省和海南省）科目改革；1985 年开始实行的会考制度（现已基本转制）；1994 年开始的会考基础上的高考“3+2”科目改革。三是那些曲折和反复的、从终点又绕回原点的，有 4 个：1984 年开始实行的保送生制度（1999 年后须参加综合能力测试）；2000 年开始的春季高考（多数省份已放弃）；20 世纪 80 年代中后期开始的标准分记分办法；2002 年广西壮族自治区试行的本、专科分类高考。四是那些指向未来的、还在尝试中的，有 6 个：2003 年开始实行的自主招生；1985 年始于上海市，2004 年大力推广的分省命题；2005 年上海市开始实行的高职高专单独招考；2006 年复旦大学和上海交通大学实行的面试录取；2007 年 4 省区实行的新课程高考方案；2005 年始于北京市五校联考，2010 年出现的“四大联盟”③ 等。

---

① 刘海峰，等：《高校招生考试制度改革研究》，经济科学出版社，2009 年，第 3 页。

② 周珣、原春琳：《30 年风雨：我们见证的改革和试验》，《中国青年报》2007 年 6 月 27 日，第 7 版。

③ 2010 年的“四大联盟”分别是：“北约”，即北京大学、北京航空航天大学、北京师范大学、南开大学、厦门大学、复旦大学、香港大学、中山大学、武汉大学、四川大学、山东大学、兰州大学、华中科技大学 13 校联考；“华约”，即清华大学、上海交通大学、中国科学技术大学、西安交通大学、南京大学、中国人民大学、浙江大学 7 校联考；“卓越”，即北京理工大学、大连理工大学、东南大学、哈尔滨工业大学、华南理工大学、天津大学、同济大学、西北工业大学、重庆大学 9 校联考；“京都”，即北京化工大学、北京交通大学、北京科技大学、北京邮电大学、北京林业大学 5 校联考。

不难发现，在多达 24 次（种）改革中，除尚在探索中的 6 项外，“成功”与“失败”的改革项目各占 9 项。就此而言，高考改革的成本不可谓不高，而由于改革过于频繁和出现反复，给考生及社会大众造成的高考负面影响是无法估计的。为何高考改革会如此复杂、困顿？究其原因，正如刘海峰教授所言：“和技术相关的改革，大部分比较容易取得成功，而制度性的改革往往历经反复，走过的是比较曲折的路。如，细节层次的高考时间调整，被普遍认为是高考更加人本的努力，标准化、网上录取、网上阅卷，都是依托于现代科技的改革，也基本上都赢得欢声一片。但改革一旦涉及高考次数、科目、内容、招生考试主体，争议和反复就会比较集中。”① 说到底，大多数涉及高考制度结构与利益调整的改革难度都较大。同时，改革的频仍也透露出另外一个重要信息，那就是高考制度存在理论短板，即高考改革在一定程度上缺乏严肃、科学、合理的理论指导，致使某些改革可能操之过急，也可能设计或推进策略不当等。正如有学者指出：“高考制度的发展充满了种种苦难，‘而苦难的根源，部分的是因为没有或缺乏科学的考试理论’。”② 事实上，早在 1985 年，原国家教育委员会考试中心主任杨学为针对当时推行高考标准化改革时，“一些‘文化水平’很高的人，不屑于考试理论，不能容忍考试的标准化，而大发雷霆，说一些驴唇不对马嘴的外行话”，就强调过“考试理论对于考试工作的重要性，以及缺乏理论在实践中的危险性”③。

当前，随着我国经济社会的快速发展，特别是高等教育改革的不断深化，人才的培养与选拔已逐渐呈现出综合化、多样化的趋势和要求，高等教育人才培养目标的转变使得具有调节未来人才智能结构功能的高考，必须在科目设置、考试内容、考试形式和手段等多方面做出积极响应，以促进中学教学与高校人才需求之间的自然衔接④。因而，未来一段时期，我国的高考将依然处于频仍的改革阶段，并且大多数都是需要打破高考制度固有模式，即实现制度性突破的改革项目，如彻底打破一考定终身、高校自主招生以及

---

① 周珣、甘冰、原春琳：《高考变革 30 年成败检讨》，《中国青年报》2007 年 6 月 27 日，第 7 版。

② 徐萍：《高考制度伦理研究》，华中师范大学出版社，2011 年，第 12 页。

③ 廖平胜：《考试学原理》，华中师范大学出版社，2003 年，第 5 页。

④ 蒋超、张小劲：《中国高考史（改革卷）》，中国言实出版社，2008 年，第 287 页。

调整高考户籍制度等。因此，要改变过去近30年改革次数频密、改革经常反复，甚或改革失败的境遇，在重视高考技术研究的同时，必须注重高考制度的理论研究。具体而言，高考制度的理论研究至少包括两个系统：一是高考制度内部系统研究，主要指高考本体研究，即关于高考制度本身的制度结构、制度变迁等的研究；二是高考制度外部系统研究，主要指高考的相关性研究，即将高考制度作为教育系统和社会系统的组成部分，结合政治、经济、文化、人口、科技等制度外部变量因素的研究。只有不断提升高考制度研究的理论水平，正确运用高考制度的内外部关系规律，才能切实有效地推进高考制度改革。

（三）选题意义

高考制度既隶属于教育系统，又隶属于社会系统。就前者而言，它上连高等教育，下引基础教育，在一定程度上影响着高等教育的质量、基础教育的教学教法，甚或整个国家教师群体和学生群体的生存形态；就后者而言，它决定着国家未来人才的培养战略，关乎国家、民族的振兴大计，更关乎考生个体的发展方向，甚或人生观、价值观及世界观等。因而，反思高考制度改革60多年之历史变迁及其成败得失，至少具有两大意义：

1. 有助于推动与完善高考制度理论研究

反思活动是人类认识世界和改造世界的有机组成部分①，是人类“自省”以积累经验教训，不断修正、调整自身行为，促进社会文明进步的巨大推动力。可以说，它体现在人类生活的各个领域。如，人们对封建专制政治的反思，促进了自由民主政体的诞生；人们对计划经济的反思，促成了市场经济的发展；人们对一次次科学实验失败的反思，促进了科学的不断发展；人们对疑难杂症的反思，推动了医学的不断进步；人们对战争的反思，促进了世界和平的进程，等等。纵观高考60余年，若以1977年恢复高考为界限，将高考历史划分成两个阶段，那么，在其第一阶段，为何会出现历史波折，遭遇存废之争？在其第二阶段，又为何改革如此频繁，出现“改革返潮”② 现象？

这些事实很难通过单纯事件得到合理解释，而必须将其纳入当时的历史

① 黄映然：《历史反思的哲学探析》，中共中央党校出版社，2008年，第1页。

② “改革返潮”即高考改革过程中出现某些改革政策难以实施，而又回到改革原点的现象。如，广西壮族自治区2002年实行本、专科分开的“二次高考”改革试验。

场景，即还原改革的特定时代背景，通过政治的、经济的、文化的等多维度、多视角加以探讨。因此，以实事求是、客观公正的态度积极反思高考改革的历史变迁，无疑有助于科学解释和回答历史上的改革问题。更重要的是，有助于总结历史经验教训，形成相对完善的高考制度改革理论，以指导和促进高考改革沿着正确的方向发展。此外，高考实施虽有60余年，但高考研究却是个新领域，特别是其专业化、系统化研究总体较少，而运用制度理论对高考制度进行结构解析和整体变迁的研究尚未发现。因此，本研究基于历史反思的视角，运用制度变迁理论对高考制度进行结构化、系统化研究，有助于弥补这一缺憾，起到推动和完善高考制度理论研究的目的。

2. 为现实高考制度改革提供理论依据和政策建议

改革开放以来，随着我国社会主义民主政治的不断进步、国民经济的持续增长、国家文化的多元发展，特别是基础教育新课程改革的大力推进以及教育考试评价理论与技术的进步，高考制度的内、外部系统环境已经发生了巨大变化。而制度环境的变化，一方面，必然要求高考制度本身做出回应与调整以适应现实变化的需要；另一方面，也为高考制度的改革提供了新的机遇和挑战，需要准确把脉，制定科学合理的改革方向、目标及其实现路径。

自2004年以后，国家开始大力推行高考分省命题、高校自主招生、综合素质评价以及专业化考试机构建设等试验改革。2010年发布的《教育规划纲要》也明确提出了完善高考制度改革的方向与目标，即"深化考试内容和形式改革，着重考查综合素质和能力。……探索有的科目一年多次考试的办法。探索实行社会化考试。逐步实施高等学校分类入学考试。普通高等学校本科入学考试由全国统一组织；高等职业教育入学考试由各省、自治区、直辖市组织。……完善高等学校招生名额分配方式和招生录取办法，建立健全有利于促进入学机会公平、有利于优秀人才选拔的多元录取机制。普通高等学校本科招生以统一入学考试为基本方式，结合学业水平考试和综合素质评价，择优录取。对特长显著、符合学校培养要求的，依据面试或者测试结果自主录取；高中阶段全面发展、表现优异的，推荐录取；符合条件、自愿到国家需要的行业、地区就业的，签订协议实行定向录取；对在实践岗位上做出突出贡献或具有特殊才能的人才，建立专门程序，破格录取"①。简而

① 教育部：《国家中长期教育改革和发展规划纲要（2010—2020年）》，人民出版社，2010年，第40～41页。

言之，就是要建立招、考相对分离，政府宏观管理，专业机构组织实施，学校依法自主招生，学生多次选择，形成分类考试、综合评价、多元录取的高校考试招生制度。

这表明，我国高考制度改革已全面进入了“深水区”、“转折区”和“关键区”。然而，目标和方向的确立并不意味着现实的达成，它还需要一系列科学合理的实施方案、推进步骤以及实现路径等具体的实践操作措施。本研究力图“以史为师、以史为鉴”，在高考制度60余年的历史变迁中，探寻其存与废的历史真相，探求其改革频仍与历经反复的真实原因，揭示其改革的发展规律，从历史中“照见”高考制度的未来之路。因此，在实践意义上，本研究体现了对现实社会问题的理性关怀，具有较强的现实意义。

二、回顾与检审：研究综述①

改革开放以来，随着高考的社会影响持续扩大，高考研究的广度与深度得到不断拓展，不仅关切现实问题，还关注重大理论问题，特别是在高考由“相对单一模式”转向“复杂多元模式”后，高考的制度化、规范化进程显著加快，建立公平、科学、高效的高校人才选拔制度已成为各界共识。基于综述的视角，在厘清高考研究脉络的基础上，结合高考制度建设的发展趋向，笔者认为加强制度的解构与建构是高考研究的一个未来趋向。

（一）高考研究概览

影响高考运行、发展及变迁的因素不外两类：一是内生变量，即高考内部系统因素，如考试、录取、管理等环节及其科学性、公平性等；二是外生变量，即高考外部系统因素，如政治、经济、文化、教育、科技及人口等环境或条件。因此，高考研究大致可分为内部系统因素研究和外部系统关系研究。

1. 高考内部系统因素研究

(1) 高考历史研究

随着20世纪80年代考试学的兴起，高考逐渐进入学界视野，并成为研究热点之一。早期关于高考的著作主要有基俊的《中国高校招生制度》和赵亮宏的《普通高等学校招生制度概述》，但多为梳理高考制度的形成及发展历程，介绍高考、招生及录取体制等运作程序，较少从制度结构、制度功能

① 本部分发表于《教育与考试》2013年第5期（见《制度解构与建构：高考研究的一个趋向》）。

等方面给予关注。20 世纪 90 年代中期后，随着高考改革的力度不断加大，试验越发频密，先前梳理及介绍高考的研究，已难以满足现实政策及大众的需求。这一时期开始出现系统性、结构性较强，且注重史论结合、以史立论、以论析史的高考研究专著，主要有刘海峰等的《中国考试发展史》、杨学为主编的《中国考试通史》（卷五）及其《中国高考史述论》、蒋超的《中国高考史》以及高军峰等的《新中国高考史》等。这些著作大都在系统考察高考发展历程的基础上，结合史实分析和探讨高考历经存废、反复再到改革的具体原因。然而，大多以历史经验研究为主，缺少运用其他学科理论进行研究。

在论文方面，刘海峰的《1952—2012：高考建制的花甲记忆》考察了中国历史上的首次高考，并在《1977 年高考：一次空前的招生考试》中探讨了高考恢复的基本过程、招考办法、录取政策及其历史影响。张亚群的《人才选拔制度的历史转折——高考恢复 30 年省思》分析了恢复高考的时代背景及其社会和教育效应。王后雄等的《恢复高考 30 年科目设置改革历程述评》回顾与总结了高考恢复后的科目设置改革历程。刘罗春的《我国高考制度的历史演进及其改革路径研究》探讨了高考的演变及其发展路径。李立峰的《上海高考改革三十年述论》对恢复高考后上海市的会考制度、高考科目、自主招生及构建入学“立交桥”等的改革进行了梳理和总结。罗立祝的《高考加分政策的历史演变与反思》透析了高考加分政策由“优先录取”到“降分录取”再到“加分录取”的发展历史及其成因。这些不同层面与视角的“零散”研究从微观视角丰富了高考历史研究。

（2）高考变迁研究

制度变迁理论是从经济学发展出来的一种社会科学理论，被广泛运用于其他学科的研究。在高考领域，目前虽未见这方面的专著，但有关学术论文近年逐渐增多。张伟在《中国的高考制度变迁》一文中，以 1949 年为分界线将高考历史一分为二，探讨了两个阶段的高校招生的特征及改革原因。柳博的《我国高考制度变迁及改革路径分析》考察了高考的变迁及其改革路径，认为高考改革具有典型的路径依赖特征，受到传统文化、政治、经济、知识等因素制约，其制度结构也是这些因素相互博弈、相互作用的结果，推进高考改革，要遵循高考制度变迁的渐进性规律，注意与教育改革和社会发展相协调。李涛的《高考制度变迁的动力、主体、方式与路径分析》探析了高考变迁的若干基本问题。谷敏强的《高考制度变迁的演进论解释》，认为高考的历史逻辑起点是科举制度，附着于高考制度之上的文化传统和价值观念是高考路径依赖的根源，而自主招生是统招统考的互补性制度。

李峻的《我国高考政策变迁研究》基于“利益相关者理论”，认为高考政策变迁历程是利益格局不断调整的过程，它通过“利益冲突—调整—阶段性均衡—冲突—阶段性均衡”的循环博弈模式实现，且利益非均衡与利益均衡状态交替出现。此外，他还基于新制度主义，分析认为高考政策经历了一个从“国家主义”取向向“利益相关者”转变的历史过程。其中，国家、高校和考生的有限理性选择是政策变迁的微观基础，多方利益博弈是其变迁的动力机制，而文化认同的合法性是其变迁的决定性因素之一①。李子江等的《我国高考加分政策演变的制度分析》从历史制度主义的视角探讨了高考加分政策的制定及演进，认为要完善高考加分政策，必须立足于制度层次而不是简单的政策文本层次。李宝元的《中国应试制度论析》探讨了中国应试制度变迁的政治逻辑和历史轨迹及其症结和出路。一言以蔽之，运用制度理论研究高考已逐渐被人们所重视，它是高考制度建设不可或缺的理论方法之一。

（3）高考改革研究

依据高考制度的基本结构，高考改革研究的著作可分为两大类：一是关于高考改革的宏观研究及理论探讨。代表性的有杨学为的《中国考试改革研究》、刘海峰的《高考改革的理论思考》与《高校招生考试制度改革研究》、张民选的《高校招生考试制度改革研究》、郑若玲等的《苦旅何以得纾解——高考改革困境与突破》等。值得一提的是，刘海峰著的《高校招生考试制度改革研究》基于教育与社会的视角，从宏观与微观两个层面，通过文献分析、历史考察、大规模社会调查、国际与地区比较、统计分析、改革实验等方法，从理论上梳理、分析和评价了高考发展的基本脉络和存在的问题，总结了发达国家及地区高校招生制度的改革经验。而《苦旅何以得纾解——高考改革困境与突破》，则从高考形式、高考科目、高考内容、命题方式、录取制度、高考加分、综合评价、自主招生等方面全方位探讨了当前高考改革的困境及出路。二是关于高考某子制度或某视角的研究。代表性的有唐佐明的《高校招生体制改革研究》、罗立祝的《高校招生考试政策研究》、覃红霞的《高校招生考试法治研究》、吴根洲的《高考效度研究》、张耀萍的《高考形式与内容改革研究》、樊本富的《中国自主招生研究》以及刘额尔敦吐的《中国高校少数民族招生考试政策研究》等。他们从中观或微

① 李峻：《基于新制度主义的高考政策变迁分析》，《江苏高教》2010 年第 2 期，第 99～101 页。

观层面考察了高考制度的某一方面或具体构成要素，对系统深入研究高考具有重要参考价值。

在论文方面，最具影响和代表性的有：刘海峰的系列论文[①]，从政治、经济、文化、教育等多视角探讨了高考形式、命题方式、自主招生、制度建设等重大问题，从哲学层面分析了高考改革过程中的诸多认识误区及矛盾所在，并提出了高考改革的方向、原则、思路、条件及推进速度等政策建议。张亚群的系列论文[②]，重点探讨了高校自主招生考试的历史、动因、问题及模式，分析了高考文理分科的阶段性趋向，论证了统一考试在高考制度中的地位与作用等。郑若玲的系列论文[③]，对高考改革的公平问题、科目设置、加分政策、保送生制度、综合素质评价及自主招生等进行了专门研究。王后雄的系列论文[④]，探讨了新课程高考的语文、历史、地理、化学、物理、英语等学科能力测量、命题与试卷设计，以及高考科目设置的价值取向及改革冲突等问题。此外，李宝元的《关于高考制度改革若干基本问题的战略思考》中对高考改革的思想认识、历史逻辑、目标方向、变迁策略等基本问题进行了深度思考。此外，廖平胜、戴家干、姜刚等大批学者，也都对高考改革进行了理论研究或实践探讨。概而言之，这些研究大都表明高考应往多元化、信息化、公平化、科学化方向发展，具体如考试模式多样化、录取方式多元化、考试评价综合化、高校招生自主化以及考试管理科学化等。

（4）高考公平研究

高考作为分配高等教育资源的主要途径，其公平性是衡量教育公平和社会公平的重要标尺。随着人们对优质高等教育资源的需求不断提高，以及人

---

① 主要有：《为什么要坚持统一高考》、《高考改革中的两难问题》、《高考改革中的全局观》、《高考改革的统独之争》、《高考改革的思路、原则与政策建议》、《高考改革的回顾与展望》、《中国高考向何处去?》等。

② 主要有：《高校自主招生不等于自行考试》、《北大清华自主招生考试改革透视》、《高校自主招生三种模式辨析》、《高中取消文理分科为时尚早》、《高校自主招生改革：动因、问题与对策》等。

③ 主要有：《高考竞争与科目改革》、《保送生制度：异化与革新》、《高考改革：历史与现实的思考》、《高考改革必须凸显公平》、《自主招生改革何去何从》、《高考加分：让人欢喜让人忧》等。

④ 主要有：《新课程标准下高考命题若干技术难题刍论》、《新课程高考科目方案述论与改革价值取向》、《新课程高考语文考试评价标准及试卷结构技术指标构想》、《高考改革中的冲突问题评述》等。

们民主意识、公民意识、权利意识及法律意识的不断增强，高考公平业已成为影响高考改革方向与进程的主要因素。因此，不管是在制度设计上，还是在改革过程中，人们都将“公平”作为高考改革的基本原则之一。若按不同划分视角或标准，目前国内关于高考公平的阐释主要有四种论说：一为系统论说，将高考置于整个教育系统之中，强调起点公平、过程公平与结果公平，并认为这三者是有机的统一，其中任何一个环节被扭曲就意味着不公平的出现。二为因素论说，将高考进行分解，从高考制度的内部设计考察影响高考公平的主要因素，包括考试机会、考试方式、考试内容、考试环境、考试结果评判、投档与录取规则、招生计划、特殊招生方式、加分政策等。三为性质论说，从高考公平本身的属性出发，注重应在何层面理解高考公平，是教育公平，还是社会公平，抑或是个人公平等。四为矛盾论说，认为受政治、经济、文化等客观条件的制约，高考自身具有一定的矛盾性，而追求高考公平亦存在众多难以调和的内、外部矛盾。此外，还有强调分数面前人人平等的绝对论说，突出高考选拔功能的工具论说以及侧重社会基本价值取向的结果平等论说等①。无疑，这些论说都从某一侧面对高考公平进行了揭示与解析，对全面认识高考公平提供了多维视角，但受价值观与方法论的局限，又都难以做出共识性定论。

（5）高考域外研究

学习和借鉴域外高校招生制度的经验及优点，是我国高考研究的重要领域之一。国内较早关注域外高校招生制度的著作主要有吴世淑的《国外高等学校招生制度》和邱洪昌等的《十国高等学校招生制度》，二者对英、美、德、法、苏联、日、加拿大等世界主要国家及中国的港、澳、台地区的高校招生制度进行了系统介绍。后随着改革的深入，为更加全面了解国外高校招生制度，开始逐渐出现比较研究及个别国家或地区的研究著作，主要有：于钦波等的《中外大学入学考试制度比较与中国高考制度改革》、康乃美等的《中外考试制度比较研究》、唐滢的《美国高校招生考试制度研究》、王立科的《英国高校招生考试制度研究》、杨李娜的《台湾地区大学入学考试制度研究》等。另外，刘海峰及张民选的著作，均涉及了美、英、法、日等国家及中国台湾地区的高校招生制度改革研究，且大多展现了各国及地区高校招生制度的新近改革动向。

---

① 李木洲：《高考公平的元思考》，《国家教育行政学院学报》2012 年第 8 期，第 29～33 页。

在论文方面，郑若玲等在《美国名校本科招生方式及其启示》与《追求公平：美国高校招生政策的争议与改革》中探讨了美国名校本科招生方式及高校招生政策追求入学机会公平的三次重大改革。关丹丹等的《美国 ACT 课程调查对我国高考改革的启示》探讨了美国 ACT 课程对我国高考改革的启示。王后雄探讨了国外减缓高考竞争压力的改革与启示①。鲁子问考察了印度高考招生考试制度及其启示②。张凤莲的《亚洲四小龙教育制度与管理体制研究》和徐艳萍的《新加坡高等教育入学考试制度及其启示》等探究了新加坡大学入学考试制度的形成与特点及其与中国高考制度的异同。崔学成、刘洁、高升等考察了日本大学入学考试制度的特点及其改革启示。牛学敏等的《德国大学招生与考试制度改革述评》对德国大学入学考试制度改革进行了较系统的梳理和探讨。马世晔、陈娜、周慧、熊丽萍等考察了澳大利亚大学入学考试制度的体系、运作特点。冯生尧、项亚光、王彦力等对英国高考中的课程考试与评价及其启示进行了探讨。无疑，这些研究有助于我们全面认识世界高校考试招生制度的优点、经验及发展趋向。

2. 高考外部系统关系研究

(1) 高考与政治的研究

高考作为国家治理制度的重要组成部分，与国家政治具有千丝万缕的联系。廖平胜在《考试学原理》一书中指出，考试制度属于政治制度的范畴，凡成文法规性考试的创建与实施，都是国家意志的体现，是强化国家行政治国效能的需要，且以资格考试与选拔考试为甚。刘海峰等的《高考改革与政治经济的关系》认为，高考所经历的重大变革，往往是政治等领域发生重大转折的反映，高考改革应顾及社会政治影响。郑若玲在《“举国大考”的合理性——对高考的社会基础、功能与影响之分析》中，认为考试成绩这一“后致因素”取代了户口、家庭出身、参加工作时间、级别、工作单位所有制，成为新的“社会屏蔽”的基本指标，影响着社会阶层的流动，能够疏散社会底层对资源分配机制所郁积的不满，因而高考具有稳定社会秩序的政治功能。李宝元的《中国应试制度论析》，认为从历史起源与现实社会功能来看，中国应试制度首先是一种政治制度。不论是古代科举制度的兴废，还是 20 世纪高

① 王后雄：《国外减缓高考竞争压力的改革及启示》，《外国教育研究》2007 年第 11 期，第 60～65 页。

② 鲁子问：《印度高考招生制度分析及其启示》，《教育测量与评价》2009 年第 5 期，第 56～58 页。

考制度的废止与恢复，都与中国政治周期高度相关。若脱离政治背景，根本无法理解把握中国应试制度变迁的历史轨迹和趋势。程斯辉在《高校招生考试问题研究》中，认为政治制度直接制约着考试制度，考试制度也直接为一定的政治制度服务。政治制度的变化必然引起考试制度的变化，变化了的考试制度又为变化了的政治制度的发展服务，二者之间是相互作用的关系。上述研究虽对认识政治与高考之间的相互关系与作用机制具有重要启示，但对于如何消解二者之间的负面影响，形成良性互促，还缺乏深入探讨。

(2) 高考与经济的研究

高考与经济的关系历来受到人们的重视，特别是20世纪末国家实施扩招计划以来，由于高考对社会经济、就业市场及人才结构等产生的巨大影响，引起了学界的广泛关注。可以说，高考与经济的关系研究是人们探索考试经济的自然延伸。廖平胜在《考试学原理》中指出，考试的经济功能根源于人与外部世界的本质关系，即考试通过促进人力资源转化为人力资本，提高人力资本的经济效益。孙泽兵的《考试的经济功能析略》则明确认为，“考试通过人才这个‘纽带’，与经济构成最一般关系，并对经济产生影响和作用”。李宝元在《中国应试制度论析》中认为“中国的千年国运、民族兴衰似乎都与‘应试经济’的发展轨迹有着错综复杂的‘非线性’耦合关系”。如果“没有‘经济头脑’，也无从深刻认识和解释中国应试制度得以长久维持、甚至经久不衰的物质基础或根本动力”。刘海峰等的《高考改革与政治经济的关系》则认为，统一高考制度的建立，一定程度上是为顺应经济发展的需要。而高考进入改革的快车道也与经济领域发生的重大转折直接相关。另外，叶建亮在《失落的象牙塔：高校扩招的一个经济学解读》中对高校扩招进行了经济学解析，认为扩招对经济增长确实存在正效应。这些研究，对探讨经济发展对高考制度变迁的作用大有裨益。

(3) 高考与文化的研究

文化通常被人们用来解读某种集体行为的最深层次或根本原因。中国有着悠久的考试史，尽管尚未形成系统科学的考试理论，但却形成了独特的考试文化。探究高考与文化的关系，对正确解读高考现象，促进高考改革具有重要的现实意义。目前，国内关于高考与文化的研究大致有两个方面：一是高考的文化功能研究。廖平胜在《考试学原理》中认为考试是一种特殊形式的文化活动，并阐释了考试具有推动人类精神和物质文明建设的功能。刘海峰在《为什么要坚持统一高考》中指出，中国早已形成了世界上特有的高考文化，特别是统一高考制度的推行，对促进各地文化交流与融合，维护民族国家的统一和社会安定团结具有重要作用。郑若玲在《“举国大考”的合理性——对高考的社会基础、功能与影响之分析》中认为，“高考制度的建立与恢复，其实是对舍出身、血统、关系等不公而取能力、学识、自身等公平因素的一种文化选择”。杨旭等在《高考的文化使命与政策选择》中指出，高考是国家文化的重要塑型、凝聚和导向力量。二是高考与文化的互动研究。程凯等的《考试社会学概论》认为考试在整个文化现象中既有独特的价值，又与整个文化现象互相渗透、互为因果，甚至互相制约。李宝元的《中国应试制度论析》认为“应试”是最能标识中国文化的符号，要认识中国、理解中国人，不研究“应试文化”，是永远不得要领的。席盘林的《万人弃考背后的文化缺失》认为近年来“万人弃考”是由农村传统文化式微与先进文化尚未根植所造成的。胡向东的《中国高考面临的文化困境与出路》认为以科举为代表的传统考试，对高考的最大影响在于其观念文化，如统考心理、投机心理、恋考心理及伪科学心态等。此外，还有关于高考文化建设的研究，如苟人民的《创新高考文化，促进高考制度建设》、郑朝卿的《高考文化建设和高考人文精神》等。可见，构建符合时代要求的高考文化是促进高考改革的重要内容之一，若脱离文化研究，高考只能是隔靴搔痒，难以触及高考问题的本质所在。

(4) 高考与教育的研究

高考制度作为教育制度的子制度，历来是人们研究的重点。目前国内关于高考与教育的关系研究主要有三个方面：一是高考与教育教学的哲学思考。杨学为在《中国考试改革研究》中不仅探讨了考试与教育教学的辩证关系，还考察了高考片面追求升学率的问题。廖平胜的《现行高考制度与教育内外关系的五大矛盾》分析了高考与教育的内、外部矛盾关系。程斯辉在《高校招生考试问题研究》中论述了考试制度与教育制度的互动关系。二是高考与教育的认知研究。戴家干的《高考改革与教育公平公正》探究了高考与基础教育和高等教育，特别是与素质教育之间的关系。刘海峰在《高考改革与素质教育》、《高考改革与学校教育》中探讨了高考对教育、素质教育、教师及学生的影响与作用。郑若玲的《高考与应试教育、素质教育关系新论》探讨了高考与应试教育、素质教育之间的辩证和互动关系。三是高考的教育功能研究。廖平胜在《论高考制度与学校教育的关系》中论证了高考制度具有教育功能的生成机制。郑若玲的《论高考的教育功能》从高考与教育活动的关系视角探讨了高考的教育功能。刘清华的《高考与教育教学的关系研究》一书则系统研究了高考与教育教学的关系，并区分了不同高考形式产生的不同教育影响。上述研究对理顺高考与教育的关系，特别是揭示二者之间的关系规律与作用机制具有重要的理论启示。

（5）高考与科技的研究

人们起初关注考试与科技的关系，源于人们探讨考试外在环境对考试发展的影响研究，而并非基于探究如何将现代科学技术应用于考试改革，以促进考试的科学化与现代化。如杨学为等在《考试社会学问题研究》中，虽然谈及现代信息科技促成了人类考试发展的第三次革命，改变了考试形式、施测方式及考务管理方式等，但并未从考试内容、试题设计、评价方式等方面深入探究考试技术发展的应用。廖平胜在《考试学原理》中虽明确指出考试的“科学、先进与否，更新发展和现代化程度”，以及“考试活动目的的实现”，在很大程度上都取决于考试的科技环境，但也未开展进一步探讨。后随着改革开放的深化，尤其是国外先进教育测量理论与技术的引入，开始引起国内对考试技术的研究热。代表性的论著主要有：谢小庆的《科学技术进步为高考改革带来新的可能性》在介绍国外公平性（DIF）研究与等值研究新进展的基础上，探讨了科学技术对促进高考公平的可能性。康春华等的《测验理论的新发展：多维项目反应理论》在分析 CTT（经典测验理论）与 IRT（项目反应理论）优势与局限的基础上，介绍了 MIRT（多维项目反应理论）的两大模型及其发展方向。王希常的《现代信息技术与多元评价》探讨了网络技术、数据库技术及多媒体技术在多元评价过程中的发展、应用及前景。王蕾的系列论文探讨了美国 PISA（学生能力国际评价项目）的教育评价理念、技术、手段，及其在中国试测的实践与启示①。王后雄等的《公平而科学：中国教育考试评价制度改革的新追求》考察了网络技术与电子监控技术等在高考制度中的应用与变迁。可见，与国外相比，信息技术与教育测量理论及技术在我国高考中的应用尚处于引入和初探阶段，有广泛的应用与发展空间。

（6）高考与人口的研究

目前国内关于高考与人口的关系探讨，主要集中于对“异地高考”（包括“高考移民”与“移民高考”）的研究，且可分两个方面：一是关于“异地高考”的产生原因及困境。刘海峰等的《论西部地区的“高考移民”问题》结合科举时代的“冒籍现象”，探究了西部地区的“高考移民”问题。

① 主要有：《PISA2006 中国试测研究的实践与启示》、《Rasch 测量原理及在高考命题评价中的实证研究》、《PISA 对大规模教育质量的评价解读》、《从 PISA 试测研究实践的视角看我国大规模教育评价改革》等。

胡秀锦的《农民工随迁子女高考升学政策思考》基于实践调查，分析了上海市农民工随迁子女在流入地的升学政策。刘希伟的《“高考户籍制”的历史镜像、现实困境与反思》通过考察“科举户籍制”，反思了高考户籍制的现实困境。杨东平的《异地高考为何破题难》探讨了在现有高考制度框架下破解“异地高考”的难点与关键。二是关于“异地高考”的解决方案。周洪宇的《应逐步允许流动人口子女参加中高考》提出了应“按照分类、分步、有序推进的原则，限额审批，提前公示”，“建立积分体制”的对策建议。熊丙奇认为异地高考改革试点应在国家层面推进，实行“联考＋自主招生”方案。樊夫则提出了“父母缴社保够年限可高考”的解决方案①。韩娟等的《流动人口子女高考权利保障的困境与方向》，则提出了“将父母‘社保(号)’与子女的‘高考资格’捆绑来取代‘户籍＋学籍’的高考管理模式”。吴霓的《进城务工人员随迁子女在流入地参加中高考的问题》，提出了由“中央层面统筹，以省级政府为主体，协调包括教育行政部门在内的政府各个部门共同参与配合”的解决思路。此外，张庆等的《关于当前“高考降温”的理性思考》，考察了高考人数下降的原因及其对高考的影响。王寿斌的《高考生源锐减是推进教育公平的良机》，提出了“高考生源锐减是推进教育公平的良机”的观点。总体而言，上述研究对认识与解决异地高考不无启发，但把“人”作为变量因素来研究高考制度及其变迁仍有待加强。

（二）高考研究趋向

无疑，上述关于高考内、外部系统因素及各种关系的研究，对我们全面客观地认识高考制度的结构、变迁轨迹、变迁机制及其变量关系等提供了许多相关性结论和方法论启示。但这些从不同视角及不同理性关怀所得出的研究成果，或是经验性理论的推论而缺乏系统历史考察，或是在相关问题的研究中简单地反思或论及高考改革的变迁问题，而未将高考制度作为一个系统工程进行全方位研究，缺乏在制度、观念层次上的细致分析，尤其是对高考制度变迁过程中内、外部制度结构及其影响因素的互动规律未能深入研究。

制度的解构与建构是一个相对的概念，前者注重全息式分析制度的结构，旨在发现与剖析制度存在的问题及其深层原因；后者强调系统性完善制度功能，意在创新与健全制度的结构及其逻辑关系，二者在某种意义上是一

① 熊丙奇、周洪宇、樊夫：《流动子女高考的三个民间方案》，《教育》2011年第10期，第44～45页。

种“破”（破解）与“立”（创立）的关系。随着经济社会的发展和文化观念的变化，尤其是高考由“相对单一模式”转向“复杂多元模式”后，高考的制度化、规范化进程不断加快，建立公平、科学、高效的高校人才选拔制度已势在必行，运用制度理论加强高考制度的解构与建构，将是高考研究的一个趋向。

首先，高考制度需要解构。“解构”一词，源于海德格尔（Martin Heidegger）哲学概念 Destruction，有分解、瓦解之意①，后被广泛运用于其他研究领域，并旨在通过全面、多维分析或透析，揭示某一系统的运行规律，尤其是存在的问题及其原因，以便利于系统重建。高考制度作为一项兼具政治、经济、文化、教育等多重功能的开放系统，不仅有其复杂的内部运行技术、要素及关系，还与国家、社会的方方面面产生互动及信息、能量转换，是一个极其复杂的制度系统。就高考诸子制度而言，考试、录取与管理之间存在相互影响、彼此依赖，甚至互相制约的关系，只有理顺各子制度的变迁轨迹，才能从整体上把握高考制度这个系统整体的变迁规律；就高考制度的外部制度环境而言，政治、经济、文化、教育、科技及人口等对高考制度变迁的影响方式、影响对象、影响程度以及影响结果都存在显著差异，不可一概而论。显然，随着高考制度改革的深入及其经验性积累，特别是新情况、新问题的出现，呼唤着新的理论概括和更高层次的综合。因为，没有这种理论的创新与综合，我们在揭示高考制度改革发展变迁规律，尤其是进行高考改革实践时会感到存在诸多困惑。或者可以说，正是这种理论的不足，才是长期以来人们对高考制度存在不同价值判断或不同改革主张之最为深刻的根源。因此，需要从解构的视角，对高考制度进行系统诊断，探明其运行存在的漏洞与缺陷，为完善高考制度奠定科学理论基础。

其次，高考制度需要建构。“建构”是一个借用建筑学的词语，它与“解构”相对，意在建立或创立。它是通过对系统结构的有效剖析，并吸纳外在或同类系统优势的基础上，按照特定目标指向，采取自上而下的方式，有计划、有步骤地推进系统的弥补、修复、完善，以达到系统重建或重构之目的。高考制度已经历 60 多年的风风雨雨，历经建制、变革、被废、恢复再到大力改革等一系列发展节点。当前，我国的经济社会正处于重大转型期，面临前所未有的机遇和挑战，站在这一历史拐点，确立符合国家中长期经济社会及教育发展需要的高考制度改革方向，选择符合当下国情、教情、

① 彭漪涟、马钦荣：《逻辑学大辞典》，上海辞书出版社，2010 年。

民情的高考制度改革目标与路径，关系到中国素质教育的推进乃至中国未来战略人才的培养。高考目前处于全国统考、艺体单招、分省命题、新课程高考、自主招生等多元并存的局面，存在着一系列的矛盾问题及认识误区，如何兼顾两端、掌握平衡点、把握全局，科学有序地推进改革，避免改革失误或矫枉过正，使高考制度继续发挥为高校选才和维护社会公平的作用，亟须加以探究、辨明。从高考改革的政策来看，高考制度处于深化改革的攻关阶段，十八届三中全会已明确提出要建立“招生和考试相对分离、学生考试多次选择、学校依法自主招生、专业机构组织实施、政府宏观管理、社会参与监督”的高校考试招生制度。如何突破政治、经济、科技、教育、人口及文化传统等外部因素制约，同时克服测评理论、考试技术、考试方法、考试方式甚至考试科目特点等内部因素的影响。理顺高考制度的内、外部关系，协调高考制度所涉及的各方利益，是顺利推进高考制度改革的重点和难点。因此，需要从建构的视角，对高考制度进行全面设计，修复、弥补乃至创立或创建符合时代需求的高校人才选拔机制。

总之，高考制度的解构与建构是一体两面，尽管维度不同，但目标一致。它既需要高屋建瓴、顶层设计，又需要贴近实际、考虑现实，是一项长期而艰巨的系统工程。但无论如何，只有重视制度建设，注重制度的解构和建构，才能又快又好地推进高考制度向前发展。

三、反思与前瞻：研究构想

任何研究必定是基于一定的目的而展开的。而为了达到研究目的，必定需要采取科学的研究方法和正确的研究路径，否则将南辕北辙、事倍功半。本研究基于对高考改革的历史与现实考察，以历史唯物主义和辩证唯物主义的观点，运用制度变迁及社会学、政治学等学科相关理论，采用文献法、比较法、调查法等探究高考制度的历史变迁规律与改革问题。

（一）研究目的

基于高考制度改革存在的理论局限、现实问题以及现有研究成果情况，本研究的目的有二：

一是运用制度变迁及教育学、社会学、政治学等学科相关理论，全面、客观、系统地梳理高考制度改革的历史脉络，解析高考制度这一系统工程的内外部结构、相互关系与运作机制，揭示高考制度变迁的深层原因、历史局限及其发展前景，弥补高考制度系统研究的理论短板。

二是通过实践调查与理论分析，厘清高考制度改革当前及未来一个时期的问题与困境，结合古代科举制度变迁的历史启示，以及政治、经济、文化、教育、科技、人口等方面的国情、教情、民情等制度环境，提出科学、合理、切实、可行的高考制度改革政策与建议，服务于现实社会发展。

一言以蔽之，本研究旨在运用制度变迁及相关学科理论考察、反思高考制度的历史变迁，揭示高考制度改革的发展规律，以期提出科学、合理的高考制度改革政策与建议。

（二）研究方法

围绕研究目的，结合研究对象——高考制度的特点，即制度性、历史性、文本性及实践性等，本研究以马克思主义唯物辩证法为根本指导方法，具体主要采用历史法、文献法、比较法、调查法、制度分析法等开展高考制度改革的历史变迁及反思研究。

历史法。以高考制度的创建、探索、废止、恢复、发展及改革等为线索，探究高考制度在各个历史时期的制度结构、制度环境、实施状况及问题困境，以期在相应的历史场景中还原高考制度的变迁情形。简而言之，就是在高考制度的产生发展过程中，寻找高考制度的发展变迁规律。

文献法。静止的高考制度及其研究成果都是一种文本存在，不管是梳理高考制度的发展历史，还是分析高考制度的结构、运行及其变迁，都离不开对高考制度与高考制度研究的文献的收集、整理、分类与分析。这些文献主要包括与高考制度相关的政策、法规、文件、统计年鉴以及不同视角的研究成果等。

比较法。在经济全球化趋势下，高等教育的国际化已初现端倪，借鉴国外高考制度（一般称为“大学入学考试制度”）改革的有益经验，特别是比较诸如美、英、日等发达国家的高考制度之异同、差异、优劣，探寻世界“高考制度”之发展趋向，对构建符合中国国情的特色高考制度具有重要的启示意义。

制度分析法。制度既是一种规则，也是一种变量。基于制度及制度变迁的视角，从高考制度的制度结构、制度内外部系统、制度运行机制等方面入手，全方位考察高考作为一种人才选拔制度与社会其他制度之间的关系规律，以及高考制度系统内部各子制度之间的关系规律，以求揭示高考制度变迁的深层原因。

此外，本研究还使用了访谈法[①]。在研究过程中，通过电话、座谈、访谈等方式听取了曾主持或参与高考制度改革政策制定的相关人士、若干省（自治区、直辖市）教育与考试机构的有关人员以及长期研究高考制度的有关学者，通过吸收各方人士对高考制度改革的历史、现状及未来走向的意见与建议，力图全面、客观地认识与审视高考制度。

（三）研究路径

本研究以历史为经、以制度为纬、以反思为旨，在全面梳理高考制度历史发展的过程中，运用制度变迁理论剖析高考制度变迁的深层原因及复杂关系，在时间与空间两个维度反思高考制度改革的成败得失，以求揭示高考制度变迁的行为逻辑，并提出符合当前及未来一个时期中国国情的高考制度改革政策与建议。

首先，它是一项历史考察，需要从近代以来高校招生考试，特别是中华人民共和国高考建制以来变迁的历史事实中，以社会主义初级阶段和改革开放为特定的历史背景，从高考制度与国家政治、经济、文化、教育、科技及人口等交互影响的多种视角，来把握高考制度产生、发展的根源及演变历程。

其次，它是一项制度研究，需要探究基于国家主义的制度安排和现实制度环境的演变过程，来剖析高考制度的制度结构、性质及内外部系统关系。探讨国家进行高考制度改革最为具体与直接的原因，研究国家政治变革、经济发展、科技应用、教育水平及人口流动等外在制度环境变化对高考制度变迁的实际影响和作用方式。当然，对高考制度本身的分析是必不可少的，即在历史过程中，动态地审视高考制度规则体系的表现形式。

---

① 在前期的资料收集与准备阶段，笔者曾在 2011 年 4 月至 9 月借调到国家教育体制改革领导小组办公室“高校考试招生制度改革组”工作，期间，参与组织并整理了“改革组”赴上海、南京、浙江、宁夏、内蒙古、广西、成都、重庆、北京、天津、福建、广东等省（自治区、直辖市）开展的高考改革调研座谈会、专题讨论会、专家咨询会等会议记录 84 份。其中，参与讨论的主要人员有国家教育咨询委员会委员谈松华、戴家干、王本中、刘海峰、杨东平及国家教育战略发展研究中心、北京大学、北京师范大学有关专家；教育部学生司副司长姜钢（现已调任教育部考试中心主任）、教育部学生司研究员范卫宏；上海教育考试院副院长沈本良；上述各地区教育与考试机构相关领导与当地大中学校长、教师代表等。电话采访了原国家教委考试中心主任杨学为、北京市教育考试院首席研究员周军。访谈了长期关注高考改革的鲁子问教授等。

再次，它是一项反思性研究，需要在对大量文献的正确解读及对现实改革问题的充分认识的基础上，带着问题意识深入思考高考制度改革的历史变迁，诸如：高考为何会遭遇废止的历史浩劫？其改革为何如此频密？其改革的动力究竟是什么以及应该是什么？改革的阻力又是什么？改革有没有规律可循？改革解决了哪些问题，又引发了哪些问题？改革的终极目标是什么？等等。无疑，要回答这些问题，必须回到每一次高考改革的历史场景之中，因为任何脱离历史场景的研究，都可能陷于某种臆想，而无法找到真实的答案。

（四）表述逻辑

本研究的文本结构：

导论，主要从现实问题和理论困境两个方面论述本研究的选题缘由，并以高考制度的内、外部变量因素为主线，对国内外已有的高考制度研究成果进行系统梳理和分析，明确研究方向、方法、目的及重点等。

第一章，是理论基础部分。根据研究需要，首先阐释本研究借助的理论分析工具或视角——制度与制度变迁理论。其次，从制度理论的角度解析高考制度的相关概念、制度结构及其运行机制，并回溯 60 余年来高考制度宏观变迁的三大历程：制度创生、制度完善与废止、制度恢复与改革等。

第二章，是对高考测试制度的改革演变分析。以高考测试制度的结构为依据，重点考察考试形式“由单一到多样”的转变，考试内容“由重知识考查到重能力考查”的演变，命题方式由高度统一走向分省、分校等多元主体命制的组合模式，总结高考测试制度改革取得的成就与面临的问题，有重点地探讨高考测试制度的变迁方式、变迁因素与变迁路径等。

第三章，是对高考录取制度的历史变迁分析。以高考录取制度的主要构成为依据，重点考察“从计划到市场”的招生体制转变，从“权力上收”到“分省定额”的招生名额变化，以及录取规则逐渐走向多元、公平与现代化的发展历程，总结高考录取制度改革取得的成效及面临的难点，运用制度变迁理论分析其变迁方式、变迁因素以及变迁路径等。

第四章，是对高考管理制度的进化历程分析。按照高考管理制度所涉及的主要方面，重点考察招生考试机构的变革，“异地高考”之“因”、“辩”及“解”，以及高考制度运行的保障机制，包括考试法治、阳光工程、诚信体制等的建设历程，总结、反思高考管理制度改革的成就与面临的困境，并对其改革的变迁方式、影响因素及发展路径进行趋向分析。

第五章，是高考制度的域外考察。选取世界上各具代表的五个国家或地区，即以美国、英国、俄罗斯、日本和中国台湾地区为考察对象，以各国及地区的大学入学考试评价制度、录取招生制度、组织管理制度为重点，分析不同大学入学制度模式的具体运作及特点，并提取共性，为改革中国高考制度提供有益借鉴。

第六章，是对高考制度改革的哲理思考。重点分析高考制度改革与政治、经济、文化、教育、科技及人口的互动关系；高考制度改革的基本价值取向、目标所在及其推进策略；高考制度 60 余年来的改革范式及其转换趋向；高考制度公平的概念、矛盾、困境及历史局限性和现实局限性等。

第七章，结论与建议，是对本研究重点与主要观点的概括性表述，主要包括研究结论和改革建议等。

上述表述逻辑在很大程度上也是本研究的创作思路，具体如图 0-1 所示。

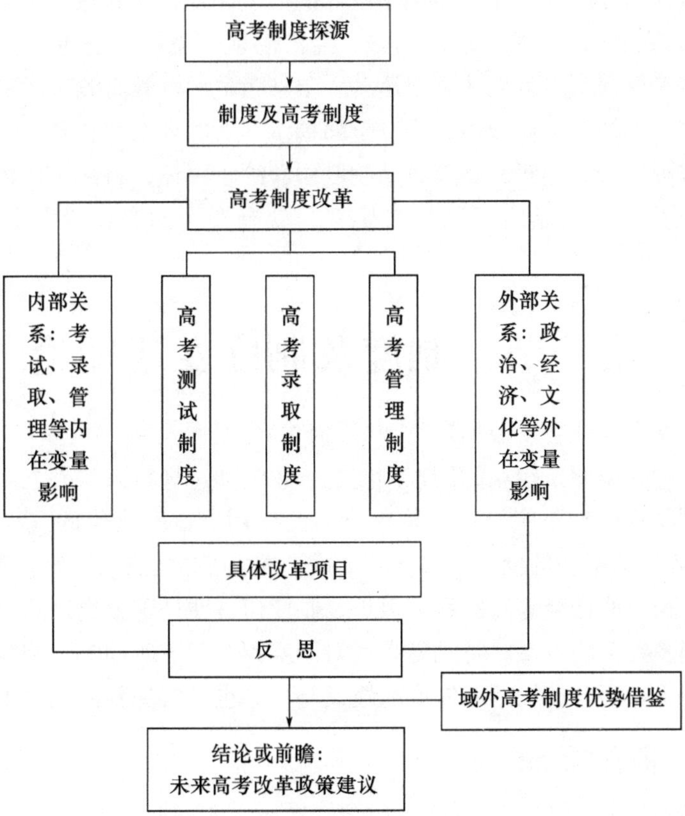

图 0-1　本研究结构思路图

第一章　制度、制度变迁与高考制度

高考之所以具有牵一发而动全身的影响力，关键在于它由一种高校选拔新生的活动，变成了一项国家分配高等教育资源的制度。而由“活动”跃升为“制度”，不仅改变了高考的性质，还增加了高考的功能，即使其由最初的教育人才选拔活动，变为了国家主导的治理制度；使其在最初肩负人才选拔功能的基础上，增加了政治功能、经济功能、文化功能等多重功能。因而，将高考仅视为一种人才选拔活动，单从考试学、教育测量学等视角进行研究具有较大的理论局限性，难以全面揭示高考的复杂性和多面性。为了更科学、客观、全面地研究高考，从制度层面给予关怀，将高考作为一项制度性系统工程，运用制度理论加以研究，就有极大的必然性、必要性及合理性。

第一节　制度及制度变迁理论

制度是人类社会发展的产物，是维护特定社会与组织秩序的现实需要。中国古代的礼制便是较早的国家制度之一，它通过规定人与人之间的关系礼法，起到稳定社会秩序与维护阶级统治的作用。古巴比伦的《汉谟拉比法典》，作为目前所知的世界上第一部比较完整的成文法典，也以国家制度的形式维护当时的社会等级关系。可见，制度自古便是国家建设的重大问题之一。而随着社会的发展，特别是人们对制度的认识不断加深，制度被逐渐广泛地运用于社会各领域，而制度的建设与发展也日益受到人们的重视。

一、制度概念

制度的语义十分丰富。在汉语中，“制”有节制、控制之意，“度”有尺度、标准之意，“制度”就是节制人们行为的尺度[①]。《现代汉语词典》对“制度”做出了两种解释：一是要求大家共同遵守的办事规程或行动准则，如工作制度、财政制度等；二是在一定历史条件下形成的政治、经济、文化等方面的体系，如社会主义体系、封建宗法体系等[②]。中国台湾地区编纂的《大辞典》，也认为“制度”有两种含义：一是礼仪典章和法令，如《易·节》中所载：“节以制度，不伤财，不害民”；二是一定的规定、用法，如《西厢记·俊候》中所载：“用著几般儿生药，各有制度。”[③] 与中文“制度”对应的英文词为“institution”[④]，西方学者往往认为它不仅包含惯例、传统、习俗和社会规范，还包含有一定规则在内的机构、组织或团体。如《英汉辞海》中的解释：“一指一种重要的持久的要素（如关系、组织）在集中于人类基本需要、活动或价值的文化生活中，在一个社会中占据经久的和主要的地位，通常通过社会调节机构保持稳定（如婚姻制度等）；二指被广泛承认或接受的风俗习惯，并在某种程度上对集体福利有利；三指在习惯上建立了关系的事或人。”[⑤] 可见，在一般意义上，中西方对“制度”的内涵与外延的理解，既有共性也有差异，但总体不外乎两种界定：一是作为人们社会行为的规范体系；二是作为人们社会关系的规范体系。

在特殊意义上，随着“制度”影响社会发展的重要性逐渐被人们所认识，特别是在经济学领域，它作为一个影响经济发展的关键性变量，最先得到广泛而深入的研究[⑥]，并出现了众多制度主义流派。在西方，20 世纪二三十年代甚至出现了制度主义运动[⑦]。总体来说，制度经济学派是在批判传

① 苏智先，等：《现代大学制度创新研究》，四川人民出版社，2008 年，第 3 页。

② 中国社会科学院语言研究所词典编辑室：《现代汉语词典》，商务印书馆，1983 年，第 1492 页。

③ 《大辞典》编纂委员会：《大辞典（上）》，三民书局股份有限公司，1985 年，第 468 页。

④ 英文中除“institution”外，“system”也有制度的意思，但前者多强调关系，后者则强调系统。

⑤ 《英汉辞海（上）》，王同亿译，国防工业出版社，1987 年，第 2698 页。

⑥ 第一个对制度进行思考并产生持久性影响的著作被认为是马克思的《资本论》，见雅诺什·科尔奈：《制度范式》，见吴敬琏：《比较·第一辑》，中信出版社，2002 年，第 17 页。

⑦ 20 世纪二三十年代，制度经济学不仅成为美国经济学界的一大学派，还对政府政策产生了重要影响。这一时期发生的这一事件在经济思想史上被称为“制度主义运动”。

统的主流经济学——新古典主义的基础上发展起来的，若按其类型划分，“一般分为以凡勃伦（Thorsten Veblen）、康芒斯（John R. Commons）为代表的早期制度经济学（又称旧制度主义，Old Institutionalism），以加尔布雷斯（Galbraith John Kenneth）、缪尔达尔（Gunnar Myrdal）为代表的后制度经济学和以科斯（Ronald Coase）、诺斯（Douglass C. North）为代表的新制度经济学。它们分别代表了三种制度观和三种研究思路与方法”①。

由于不同的研究视角与目的，各学派对“制度”的认识存在一定的差异。凡勃伦认为，制度“实质上就是个人或社会对有关的某些关系或某些作用的一般思想习惯。从心理学方面来说，它是一种流行的精神态度或一种流行的生活伦理”②。T. W. 舒尔茨认为，制度是“一种行为规则，这些规则涉及社会、政治及经济行为”③。V. W. 拉坦认为，制度“是支配人类行为和形成社会关系的一套规则，具体包括组织行为、组织与环境的关系、在组织环境中支配行为与相互关系的规则”④。康芒斯认为，制度是“为集体行动控制个体行动的一系列准则或规则”⑤。塞缪尔·亨廷顿认为，“制度就是稳定的、受珍重的和周期性发生的行为模式”⑥。道格拉斯·C. 诺思认为，制度是“一个社会的博弈规则，或者更规范地说，它们是一些人为设计的、型塑人们互动关系的约束”⑦。柯武刚、史漫飞认为，制度是指“各种带有惩罚措施、能对人们的行为产生规范影响的规则，它们抑制着人际交往中可

---

① 徐桂华、魏倩：《制度经济学三大流派的比较与评析》，《经济经纬》2004 年第 6 期，第 13 页。

② T. 凡勃伦：《有闲阶级论——关于制度的经济研究》，李华夏译，商务印书馆，1964 年，第 139 页。

③ R. 科斯，等：《财产权利与制度变迁》，刘守英等译，上海人民出版社，1994 年，第 253 页。

④ 吕昭河：《制度变迁与人口发展——兼论当代中国人口发展的制度约束》，中国社会科学出版社，1999 年，第 52 页。

⑤ 约翰·康芒斯：《制度经济学》，于树生译，商务印书馆，1962 年，第87 页。

⑥ 塞缪尔·P. 亨廷顿：《变化社会中的政治秩序》，王冠华等译，上海人民出版社，2008 年，第 10 页。

⑦ 道格拉斯·C. 诺思：《制度、制度变迁与经济绩效》，杭行译，格致出版社，2008 年，第 3 页。

能出现的任意行为和机会主义行为”[①]。简·埃里克·莱恩等认为，“制度乃是一种规则网路（Webs of Rules），替个人或组织化的群体，建构出不同秩序下的各种可能现象”[②]。约翰·L. 坎贝尔认为，“制度是从各种斗争与讨价还价中产生的设置。它们代表和反映其制定者的资源和权力，同时反过来又影响社会资源的分配与权力的配置，对各种冲突起着疏导与调节作用”[③]。青木昌彦则把制度看作“关于博弈重复进行的主要方式的共有信念的自我维系系统”[④]。目前，也有研究认为，新制度经济学家较为一致接受的制度定义是：“在一个特定群体内部得以确立并实施的行为规则，这套行为规则抑制着个人可能出现的机会主义行为，使人的行为变得较可预见。”[⑤]

制度的意义之所以会产生差异甚至混淆，关键在于规则与组织之间的关系，也就是制度化的问题。“若制度等同于规范，则失去了制裁方式以维持其自身行为，而组织则拥有与制裁力相结合的规则”，另一方面，“制度对组织而言是不可或缺的，没有制度，组织也无法运作”[⑥]。因此，二者彼此依存，又不可等同。

然而，不管是在一般意义上，还是在特殊意义上，尽管中西方学者对“制度”的认识、理解及表述存在一定差异，但归根结底，它只不过是一种制度化的规则或规范，目的在于借由制裁方式来约束人们的行为，以促进集体利益最大化。具体而言，制度至少包含五方面的基本内涵：其一，它是引导、激励或限制、约束人们行为的一系列规则；其二，它与人们追求利益的动机、行为及价值观有着内在联系；其三，它必须具有普遍的激励性或约束性、惩罚性，可以是强制性的，也可能是非强制性的；其四，它具有一定的

① 柯武刚、史漫飞：《制度经济学：社会秩序与公共政策》，韩朝华译，商务印书馆，2000年，第33页。

② 简·埃里克·莱恩、斯瓦特·厄斯桑：《新制度主义政治学》，何景荣译，韦伯文化国际，2003年，第53页。

③ 约翰·L. 坎贝尔：《制度变迁与全球化》，姚伟译，上海人民出版社，2010年，第1页。

④ 青木昌彦：《比较制度分析》，周黎安译，上海远东出版社，2001年，第11页。

⑤ 罗必良：《新制度经济学》，山西经济出版社，2005年，第85页。

⑥ 简·埃里克·莱恩、斯瓦特·厄斯桑：《新制度主义政治学》，何景荣译，韦伯文化国际，2003年，第38～39页。

公共性，即在某一范围（如国家、企业或其他团体等）内被多数人所接受，属于一种“公共产品”；其五，它既是人们各自利益与集体利益博弈的结果，也是一个反复博弈的过程。因此，概而言之，制度就是规范人们的行为以追求更大利益的具有公共性、博弈性、激励性及惩罚性的系统规则。

二、制度划分

从制度的产生及功能来看，它具有相当的多样性与复杂性。因此，按照不同的标准，制度可分为不同的类型。一般而言，它通常被划分为下列两种相对应的类型。

（一）正式制度与非正式制度

依据制度的形式和实施机制，可将其分为正式制度和非正式制度。前者是指以成文的形式存在，且有权威机构实施的制度；后者是指以非成文的形式存在，或虽有成文形式，但无权威机构执行并惩罚违规者的制度①。道格拉斯·C. 诺斯认为“制度是人为设计的形成人类相互作用的约束，它是由正式约束（法律、宪法等）、非正式约束（行为规范、习俗和自我施加的行为准则等）及其实施特性所构成”②。约翰·L. 坎贝尔也认为，“制度是社会生活的基础，包括了正式与非正式的规则、监督与实施机制以及意义系统，并规定着组织得以运行、相互作用的背景”③。也就是说，制度是“由正式的成文规则以及那些作为正式规则之基础与补充的典型的非成文行为准则所组成”④。

通常，一个社会的非正式制度包括习惯习俗、宗教信仰、文化传统、价值观念、道德伦理及意识形态等对人们行为产生非正式约束的规则。它们对社会的存续极其重要，扮演着将生物的人变成社会的人、将分散的人凝结成合作群体及有序社会的角色。其中，意识形态处于核心地位，它不仅“蕴含

① 罗必良：《新制度经济学》，山西经济出版社，2005 年，第 91 页。

② 道格拉斯·C. 诺斯：《时间历程中的经济绩效》，李·J. 阿尔斯通，等：《制度变革的经验研究》，罗仲伟译，经济科学出版社，2003 年，第 417 页。

③ 约翰·L. 坎贝尔：《制度变迁与全球化》，姚伟译，上海人民出版社，2010 年，第 1 页。

④ 道格拉斯·C. 诺思：《制度、制度变迁与经济绩效》，杭行译，格致出版社，2008 年，第 5 页。

价值观念、伦理规范、道德观念及风俗习惯，而且在形式上构成某种正式制度安排的先验模式”[①]。正式制度包括国家宪法、法律、法令及政府机构颁布的各种政策、文件、竞赛规则等，它是人们有意识建立起来的并以正式方式加以确定的各种制度安排，一般都带有一定的强制性、权威性及威慑力，对维护社会的稳定与发展具有十分重要的作用。然而，非正式制度往往是正式制度实施的基础，没有非正式制度的支持，正式制度都难以奏效。“即使在党委会、政府、人民代表大会、法院等机构内部，名义上必须按正式制度运作，而实际上，‘变通’、‘酝酿’、‘互投赞成票’、‘关系’等非正式规则却可能发挥着更大的作用。”[②] 因此，研究一个社会的制度系统，不仅要注重其正式制度，还要关注操作上起着实际作用的非正式制度。

（二）内在制度与外在制度

依据制度的产生方式，可将其分为内在制度和外在制度。内在制度是通过演化的方式而形成，也就是通过人类经验的逐渐积累而形成。在演化过程中，人们逐渐发现某些能使他们避免冲突和更好地合作的行为规则，当认可这种规则的人超过临界点，它就会成为社会传统而被长期延续下去，如交际礼仪、伦理规范、商业惯例等。外在制度则是通过人为设计而成，通常由国家政府或权威机构制定并强制推行，如各种法规、政令、条例等。

持这种划分观点的学者有柯武刚、史漫飞，他们认为“内在制度是从人类经验中演化出来的。它体现着过去曾最有益于人类的各种解决办法。其例子既有习惯、伦理规范、良好礼貌和商业习俗，也有盎格鲁—撒克逊社会中的自然法。违反内在制度通常会受到共同体中其他成员的非正式惩罚。外在制度是被自上而下地强加和执行的。它们由一批代理人设立和确立。这些代理人通过一个政治过程获取权威。其典型例子就是司法制度。外在制度配有惩罚措施。这些惩罚措施以各种正式的方式强加于社会并可以靠法定暴力的运用来强制实施”[③]，并且“外在制度的有效性在很大程度上取决于它们是否与内在演变出来的制度互补。如司法系统是否支持一个社会的道德、文化

---

① 卢现祥：《新制度经济学》，武汉大学出版社，2011 年，第 153 页。

② 罗必良：《新制度经济学》，山西经济出版社，2005 年，第 92 页。

③ 柯武刚、史漫飞：《制度经济学：社会秩序与公共政策》，韩朝华译，商务印书馆，2000 年，第 36～37 页。

习俗、惯例和礼貌”①。另外，齐默尔曼也持这种划分观点，他在《经济学前沿问题》中提出了五种制度，并将它们分为内在制度和外在制度两大类型②（见表1-1）。

表1-1 制度的类型

规则的种类	执行的种类	制度的种类
惯例	自我约束	内在
伦理规则	行动者的自我承诺	
习俗	通过信息的社会控制	
私人规则	由私人执行组织	
国家法律	由国家执行组织	外在

需要指出的是，上述两种主要的划分方法在外延上有诸多重合之处。非正式制度与内在制度、正式制度与外在制度彼此难以绝对区分，其最大的不同往往只是划分标准不同而已。此外，有学者依据制度的不同功能，将制度划分为“核心制度”与“边缘制度”，即认为那些直接服务于制度系统的基本目标的制度为核心制度，它们在制度系统中处于核心的与基础的地位；而那些直接服务于核心制度的，如为核心制度的运行提供财政收入，从而间接服务于制度系统基本目标的制度为边缘制度。以中国现阶段的制度系统为例，“四项基本原则”中的坚持共产党的领导和坚持社会主义道路这两项原则，是强调核心制度不能动摇；而坚持经济体制改革和改革开放，则是表示要发展边缘制度③。还有学者认为，有多少类型的社会关系结构和活动表现，就会相应产生多少种类型的社会制度。但他们以马克思恩格斯把“社会关系分成物质关系和思想关系”为依据，又将社会制度划分为“本原的社会制度”和“派生的社会制度”④，前者包括经济制度与生育制度，后者包括

① 柯武刚、史漫飞：《制度经济学：社会秩序与公共政策》，韩朝华译，商务印书馆，2000年，第36页。

② 齐默尔曼：《经济学前沿问题》，中国发展出版社，2004年，第123页；罗必良：《新制度经济学》，山西经济出版社，2005年，第93页。

③ 罗必良：《新制度经济学》，山西经济出版社，2005年，第95页。

④ 贺培育：《制度学：走向文明与理性的必然审视》，湖南人民出版社，2004年，第22～26页。

政治制度与文化制度。

三、制度变迁

制度既是社会发展的重要结构性要素，又是影响社会发展的重要变量，对其加以研究是科学解释社会发展的有效途径之一。由于制度本身镶嵌于人类各种社会关系之中，在社会物质基础、生产方式及文化环境不断变化的条件下，为适应与促进人类新的发展需要，制度总是处于由量变到质变、由均衡到非均衡再到相对均衡的动态变迁之中。

（一）制度变迁的内涵

基于不同的认识视角与语言逻辑，不同学者对制度变迁的理解和表述有所不同。在经济学领域，道格拉斯·C. 诺思认为，制度变迁“是由对构成制度框架的规则、规范和实施的复杂结构的边际调整所组成”①，是制度在非均衡状态下，人们追求潜在获利机会的自发交替过程。林毅夫认为，制度变迁包括强制性制度变迁和诱致性制度变迁。前者“是指由政府命令和法律引致的变迁”；后者“是指由一群（个）人在响应由制度不均衡引致的获利机会时所进行的自发性变迁”②。不难发现，林毅夫的观点在道格拉斯·C. 诺思的基础上更进了一步，揭示了制度变迁的两种基本方式，即制度变迁不仅包括个人或群体为追求潜在获利机会而导致的自发式的诱致性变迁，还包括国家在追求利益最大化或产出最大化目标下通过政策法令实施的强制性变迁。

卢现祥从发生学的角度，认为制度变迁就是“在约束条件改变（外在环境变动）的情况下对制度的重新求解”。它是“制度稳定性、环境变动性和不确定性及利益极大化追求三者之间持久冲突的结果”，并且“是一个必然的和合理的过程”，即“当合理的制度沿时间空间展开后，会逐渐变得不合理，人们唯一的选择就是改变失去了合理性的制度，创造新的合理的制度”③。此外，还有学者从社会学的视角，认为“制度变迁是指社会制度各

---

① 道格拉斯·C. 诺思：《制度、制度变迁与经济绩效（出版前言）》，杭行译，格致出版社，2008 年，第 15 页。

② 林毅夫：《诱致性制度变迁与强制性制度变迁》，盛洪：《现代制度经济学（下卷）》，北京大学出版社，2003 年，第 260 页。

③ 卢现祥：《新制度经济学》，武汉大学出版社，2011 年，第 183 页。

要素或结构随着时间的推移而发生的各种改变”[①]。也有学者认为，“制度变迁是指在一种社会环境中，支配人类行为和相互关系的规则变化，如马克思所论述的社会生产关系的变化过程”[②]。可见，不管人们从何种视角解读，制度变迁就是新制度替代旧制度，是制度发生变更、替代、转换及创造的过程，其实质是一种效益更高的制度淘汰旧有制度的发展过程。

另外，需要指出的是，制度变迁与制度创新有着密切的内在联系。在某些学者那里，二者是等同的概念，是可以互换的。但也有学者从词义辨析的角度分析，认为制度创新是指“将制度规则重新组合以形成新的制度安排，从而获得具有更高效率的制度结构”，而制度变迁则是指“制度在历史中的演进与变革，它可以告诉我们制度在历史中的演进是否是有效的，以及如何偏离制度的理性选择”。换言之，如果说“制度变迁理论告诉我们事实是什么，为什么没有这样”，那么制度创新理论则是为了“告诉我们应该如何做，其结果应该是什么”[③]。一言以蔽之，制度变迁与制度创新是本质相同而又略有区别的两个概念，“制度变迁意味着新制度的创立，制度创新意味着制度发生变迁，但二者的意蕴有些许不同，比较而言，制度变迁突出制度本身的演化，而制度创新突出创新主体的行为”[④]。因而，在某种程度上，制度创新是制度变迁的内容、方式或手段，而制度变迁则是一系列连续性制度创新达到某种临界点的结果。

（二）制度变迁的理论

所谓制度变迁理论就是关于制度变更、替代、转换及创造过程的理论，也即关于新制度淘汰、替换旧制度的过程的理论。由于制度被经济学家视为“影响经济效率的重要因素”，诺思和托马斯甚至指出：“在经济发展中，制度起着决定性作用。”[⑤] 因而，制度首先在经济学领域得到格外重视，并逐

---

① 贺培育：《制度学：走向文明与理性的必然审视》，湖南人民出版社，2004年，第152页。

② 吕昭河：《制度变迁与人口发展：兼论当代中国人口发展的制度约束》，中国社会科学出版社，1999年，第55页。

③ 陈琦：《制度创新与制度变迁的理论辨析》，《理论探索》2004年第10期，第33～34页。

④ 鲁鹏：《实践与理论——制度变迁主要流派》，山东人民出版社，2008年，第5页。

⑤ 罗必良：《新制度经济学》，山西经济出版社，2005年，第131页。

渐发展构建了制度变迁理论。其中，又主要以新制度主义制度变迁理论与马克思主义制度变迁理论最具影响力和代表性。

1. 新制度主义制度变迁理论

新制度主义制度变迁理论是在承袭、批判旧制度学派制度变迁理论①的基础上发展起来的，其形成大致经历了三个历史时期："以凡勃伦为创始人的开创性历史时期，制度的概念得以创立并用'累积因果论'② 来解释制度的变迁；第二个时期是以约·莫·克拉克为代表对制度变迁理论继承和发展的时期，涉及对资本主义企业的分析、制度与技术相互作用等问题；第三个历史时期是以加尔布雷斯、缪尔达尔、海尔布伦纳等人为代表的新制度经济学和以科斯、诺思等人为代表的新制度学派③蓬勃发展时期。"④

其中，以加尔布雷斯等人为代表的新制度经济学派⑤，继承了所谓凡勃

① 旧制度学派（Institutional School），又称传统制度学派。其重要代表人物有凡勃伦、康芒斯、米契尔等。凡勃伦受社会达尔文主义的进化哲学影响，认为制度变迁同生存竞争一样，也是一种淘汰适应的过程，制度会随着环境的变化而变化，其变迁很大程度上是无意活动及对新环境适应的结果而非意志的产物；康芒斯则将制度变迁的原因主要归结于个人和组织为追求自身经济利益而采取的改革行为，归因于个人和集体的意志以及他们在冲突和冲突解决中发生的相互作用；米契尔与凡勃伦的论点相似，重视"流行的社会习惯"，但并不十分强调促进制度和意识形态变迁的新技术因素。

② "累计因果论"认为制度的变迁或演进是一个累积因果的过程，它由以往的制度状况所决定，其关键因素是现存制度系统功能的技术变迁的速度和方向。在逻辑层面，尊崇"新知识（特别是技术知识）改变生活基本模式进而改变制度与文化规范"的路线。

③ 新制度学派（New-Institutional School），是在二战后的新的历史条件下继续、演变和发展起来的当代资产阶级经济学流派，其代表人物主要有加尔布雷斯、诺思、科斯等。在理论上以研究"制度"和分析"制度因素"在社会经济发展中的作用为目标，既反对凯恩斯主义，又反对货币主义。在研究方法上采用制度—结构分析的方法。它反对局限于抽象"经济"因素范围内的分析，反对传统资产阶级经济学和当代资产阶级经济学家的数量分析方法，主张对社会经济问题的分析，应把所有"非经济"因素（如政治的、社会的，以及经济的结构、人与人的关系）都包括在内。在政策上主张对资本主义社会进行"结构改革"，从制度上和结构上抑制"强者"，扶助"弱者"，使二者地位、收入平等。张素叶，等：《实用世界经济辞典》，甘肃人民出版社，1991 年，第183～184 页。

④ 蒋雅文：《论制度变迁理论的变迁》，《经济评论》2003 年第 4 期，第 73 页。

⑤ 该学派也被称为现代制度经济学（New-Institutional Economics）现代制度学派，1965 年更名为"演化经济学会"，其理论也被称为演化经济学。

伦传统，主要研究制度对社会生活的决定作用以及制度的进化进程，同时也强调技术变化在制度进化过程中的作用，并以现代资本主义“批判者”的面目出现，被正统经济学者视为是离经叛道的“异端”。而真正将制度变迁纳入统一科学分析框架的，是以科斯、诺思等人为代表的新制度经济学派，他们运用新古典经济学的逻辑和方法进行制度和制度变迁分析，将自身看作对新古典经济学的补充和发展，并重视制度均衡的分析意义，且在“需求—供给”框架下展开对制度变迁的研究①。其代表人物及其制度变迁的理论要点如下：

诺思和戴维斯在《制度变迁与美国经济增长》中构建了一个较为成形的制度变迁理论。他们在定义制度环境、制度安排、初级行为团体、次级行动团体以及制度装置②的基础上，认为当预期的净收益超过预期成本时，制度安排将会被创新，且通常只会在下列两种情形下才会发生：一是创新改变了潜在的利润；二是创新成本的降低使制度安排的变迁变得合算了。至于制度安排的创新到底会选择哪一种形式，这取决于每一形式的成本与收益，以及受影响团体的相对市场和非市场力量。此后，诺思在与托马斯合著的《西方世界的兴起》中，又构建了以产权理论、国家理论与意识形态理论三大理论为基础的制度变迁理论分析框架，极大地丰富了制度变迁理论。他们并通过探索西欧经济从近代以来迅速增长的原因，论证认为“有效率的经济组织是经济增长的关键”，进而指出“对历史的进步起决定性作用的因素是制度而不是技术，人类社会的历史是一部制度认知、选择和演变的历史，制度变迁是人类社会经济史发生变迁的动力源泉”③，强调制度变迁比技术变迁更为优先且更为根本。

此外，诺思在另一部经典著作——《制度、制度变迁与经济绩效》中，对制度变迁理论又做了进一步研究，并得出结论：制度变迁是一个复杂的过程。这是因制度变迁在边际上可能是一系列规则、非正式约束、实施的形式

① 刘文革、刘婷婷：《以诺斯为代表的制度变迁理论评析》，《学术交流》2007年第3期，第61页。

② 具体定义可详见L. E. 戴维斯、道格拉斯·C. 诺思：《制度变迁的理论：概念与原因》，R. 科斯、A. 阿尔钦、道格拉斯·C. 诺思，等：《财产权利与制度变迁——产权学派与新制度学派译文集》，上海人民出版社，1996年，第270～274页。

③ 刘大椿：《百年学术精品提要：经济学、管理学、社会学及其他》，知识产权出版社，2006年，第262页。

及有效性变迁的结果。而制度变迁一般是渐进的，而非不连续的。至于制度是如何渐进性变迁的，为什么会是这样，甚至非连续性的变迁（如革命或武装征服）也绝不是完全不连续的，这些都是由于社会中非正式约束嵌入（Imbeddedness）的结果。尽管正式约束可能由于政治或司法决定而在一夕之间发生变化，但嵌入在习俗、传统和行为准则中的非正式约束可能是刻意的政策所难以改变的。这些文化约束不仅将过去与现在和未来联结起来，而且也是人们解释历史变迁路径的关键之所在①。

V. W. 拉坦在其代表作《诱致性制度变迁理论》中运用技术变迁的方法研究了制度变迁，将诺思等的制度变迁理论又向前推进了一步，认为制度变迁不仅是对更为有效的制度绩效的需求所引致，而且也是关于社会与经济行为以及组织与变迁的知识供给进步的结果。林毅夫在考察制度功能与制度不均衡原因的基础上，将制度变迁区分为诱致性变迁与强制性变迁，并突出了国家与意识形态在制度变迁中的作用。他认为，人之所以需要制度，是因为一个理性人能力的有限性，在做决策时要支付信息费用，以及人生活环境与生产中的不确定性。因而，一方面，人需要用制度来确保生命期的安全；另一方面，又需要它来促进与其他人的合作，将外部效应内在化。其中，诱致性制度变迁又可分为正式的制度安排和非正式的制度安排。在正式的制度安排中，规则的变动和修改，需要得到受它所管束的一群（个）人的准许，其变迁需要创新者花时间与精力去与其他人谈判以达成一致意见。非正式制度安排中规则的变动与修改，则完全由个人完成，如价值观、伦理规范、道德、习惯、意识形态等②。然而，由于制度安排不能获取专利，诱致性制度变迁会碰到外部性和“搭便车”③ 问题。尽管意识形态的道德评判功能能够起到弱化“搭便车”及道德危机等作用，但却不可能完全消除。因此，诱致性制度变迁难以满足一个社会中制度安排的最优供给，它需要国家对制度供给的不足进行干预补救。

---

① 道格拉斯·C. 诺思：《制度、制度变迁与经济绩效》，杭行译，格致出版社，2008 年，第 7 页。

② R. 科斯、A. 阿尔钦、道格拉斯·C. 诺思，等：《财产权利与制度变迁——产权学派与新制度学派译文集》，上海人民出版社，1996 年，第 16～19 页。

③ 外部性又称为溢出效应、外部影响或外差效应，指一个人或一群人的行动和决策使另一个人或一群人受损或受益的情况。“搭便车”是指某种事情产生了正外部性，即不付成本而坐享他人之利。

简而言之，新制度主义制度变迁理论试图建立一个符合经验史实的、用以解释经济绩效的制度变迁理论框架。尽管它是在经济学语境中产生发展出来的，但其方法与意义却早已超出了制度经济学的范畴，并延伸至社会学、政治学、教育学等多个学科领域，且表现出强劲的生命力。

2. 马克思主义制度变迁理论

马克思是最早对人类社会制度发展和变迁的一般规律做出系统研究阐释的思想家。他认为“制度只不过是个人之间迄今所存在的交往的产物”①，揭示了制度对个人活动、交往活动及社会时间的依赖性，即制度内涵的三个主要方面：“个人活动——物质生产活动、个人活动条件——作为活动本身组成部分的交往关系、个人活动组织——需求与满足互动的历史过程”。因而，制度实质上是“生产、组织与交往三个要素互动的结果”，它“不过是生产方式的政治上层建筑的体制化”②。

关于制度的变迁，马克思指出，当“社会的物质生产力发展到一定阶段，便同它们一直在其中运动的现存生产关系或财产关系（这只是生产关系的法律用语）发生矛盾。于是这些关系便由生产力的发展形式变成生产力的桎梏。那时社会革命的时代就到来了。随着经济基础的变更，全部庞大的上层建筑也或慢或快地发生变革”③。可见，在马克思看来，制度变迁的根本动力是生产力和生产关系的矛盾运动以及一定社会不同社会关系人们的物质利益冲突。对于制度变迁的主体，马克思基于人同时具有主体性和客体性的人格假设，认为是生活于同生产力构成矛盾统一体的一定生产关系下的人，并且“不同利益集团和阶级关系下的人对制度变迁的反应、要求和表现是不尽相同的，只有那些代表先进生产力发展的利益集团和阶级，即人民群众才能成为制度变迁的主体”④。

至于制度变迁采取何种方式，马克思则从唯物史观的哲学原理出发，认

① 马克思、恩格斯：《马克思恩格斯选集》（第1卷），中共中央马克思恩格斯列宁斯大林著作编译局译，人民出版社，1972年，第78页。

② 杨俊一：《制度哲学导论》，上海大学出版社，2006年，第3页。

③ 马克思：《政治经济学批判》，马克思、恩格斯：《马克思恩格斯选集》（第2卷），中共中央马克思恩格斯列宁斯大林著作编译局译，人民出版社，1995年，第81～85页。

④ 梁謇：《马克思与诺思制度变迁理论的比较研究》，《北方论丛》2007年第4期，第141页。

为制度变迁既包括激进式暴力革命，也包括渐进式和平演进，既有量变，又有质变，是量变与质变、渐进式与激进式的统一。按照质量互变规律，马克思进一步指出，制度变迁首先是随着生产力的发展、技术的进步，制度发生量的非根本性的变化、调整，随着这种量变的逐步积累到一定程度后，质的根本性的变化才会发生，制度革命才会出现①。

此外，物质与意识是马克思主义哲学的一对基本范畴，按照唯物史观，社会存在决定社会意识，经济基础决定上层建筑，但是作为上层建筑的社会意识形态，对一定社会的经济基础和生产关系的确立又具有重要的反作用。马克思在《黑格尔法哲学批评导言》中明确指出："批判的武器当然不能代替武器的批判，物质力量只能用物质力量来摧毁；但是理论一经掌握群众，也会变成物质力量。"② 这表明，在马克思看来，"意识形态一经产生和为群众掌握，就作为人们对客观世界和人类社会制度的系统看法和认识，从共有信念上规定了制度、制度运行和制度变迁的合法性以及人们实施制度创新的行动域"③。

可见，马克思从"制度是个人交往的产物"出发，把制度、制度变迁纳入社会、历史以及人的存在与发展的方式中加以考察，通过生产方式和交换方式的相互作用，阐释人类社会发展的经济制度和社会制度的基本特征，既拓展了以往历史哲学的经济学视野，又超越了以往经济学仅对生产活动进行供求分析的理论框架④。正如诺思所言："在详细描述长期变迁的各种现存理论中，马克思的分析框架是最有说服力的，这恰恰是因为它包括了新古典分析框架所遗漏的所有因素：制度、产权、国家和意识形态。马克思强调在有效率的经济组织中产权的重要作用，以及在现有的产权制度与新技术的生产潜力之间产生的不适应性。这是一个根本性的贡献。"⑤

---

① 刘荣材：《马克思主义制度变迁理论及其在中国的应用和发展》，《重庆工学院学报》（社会科学版）2009 年第 8 期，第 99～100 页。

② 马克思、恩格斯：《马克思恩格斯选集》（第 1 卷），中共中央马克思恩格斯列宁斯大林著作编译局译，人民出版社，1972 年，第 9 页。

③ 刘荣材：《马克思主义制度变迁理论及其在中国的应用和发展》，《重庆工学院学报》（社会科学版）2009 年第 8 期，第 100 页。

④ 杨俊一：《制度哲学导论》，上海大学出版社，2006 年，第 3～4 页。

⑤ 道格拉斯·C. 诺思：《经济史的结构与变迁》，上海三联书店，1994 年，第 68 页。

总之，马克思主义制度变迁理论是在探究人类社会发展、演变规律的基础上形成的，是包括经济制度、政治制度、文化制度以及生产力关系矛盾运动在内的宏大理论体系，它旨在剖析人类社会制度发展、演变之规律，即通过制度变迁找到更适合社会生产力发展的更有效的社会制度。

3. 制度变迁理论的比较与综合

古语道：权，然后知轻重；度，然后知长短。比较上述两种主流或最重要的制度变迁理论，对于正确理解和运用制度变迁理论具有重要意义。有学者系统比较研究了新制度主义制度变迁理论与马克思主义制度变迁理论，认为两者之间既包含相互补充、相互融合的方面，也包含相互排斥、相互冲突的方面①。

首先，两种理论都把制度及其变迁作为理解历史变迁的关键，但具体看法存在差异。其一，对制度的定义不同。马克思主义从内容视角认为制度是人与人之间所结成的社会关系；新制度主义则从形式视角认为制度是制约人们行为的一套规则。其二，对制度的划分不同。马克思主义侧重宏观划分，从性质上把制度划分为原始社会、奴隶社会、封建社会、资本主义社会等，从内容上将制度划分为经济制度、政治制度、法律制度等；新制度主义则注重功能或关系划分，如舒尔茨从功能出发，将制度划分为降低交易费用的制度、影响生产要素所有者之间配置风险的制度、提供职能组织与个人收入之间联系的制度、确立公共品和服务的生产与分配框架的制度；诺思从整体与局部关系出发，将制度划分为制度环境、制度安排等。其三，对制度间的关系定位不同。马克思主义认为制度是分层次的，经济制度是最基本的制度，其他制度如政治和法律制度都是由经济制度决定的，是经济制度的反映。而新制度主义更关注制度的表现形式，认为不同制度之间并不存在基本和非基本，也不存在决定与被决定的关系。其四，对制度变迁的认识层面不同。马克思主义的制度变迁侧重根本社会制度的演变，包括不同社会制度之间的更替和同一社会制度自身的变化。新制度主义的制度变迁主要指具体制度安排的变化。其五，对经济增长与制度的关系看法不同。马克思主义认为经济增

① 刘小怡：《马克思主义和新制度主义制度变迁理论的比较与综合》，《南京师范大学学报》（社会科学版）2007 年第 1 期，第 5～11 页；王松梅：《马克思与诺思：制度变迁理论的相互补充》，《理论导刊》2003 年第 5 期，第 40～42 页；梁謇：《马克思与诺思制度变迁理论的比较研究》，《北方论丛》2007 年第 4 期，第 141～144 页。

长与制度是辩证关系，彼此约束与促进。新制度主义则认为，制度是经济增长的决定因素，经济增长是制度变迁的结果。

其次，两种理论都重视制度变迁的动力与机制，探讨了制度变迁的主体、个人行为与集体行为之间的关系，强调意识形态和国家在制度变迁中的作用，但两者对许多问题的认识不同。第一，马克思主义的制度变迁动力是一元论的，认为制度变迁的根本动力是生产力的发展，尤其是技术的进步；新制度主义则是多元论的，认为制度变迁的动力包括人口变化、人的经济价值的提高及技术进步等。第二，马克思主义的制度变迁既包括根本制度的变化，也包括具体制度安排的变化；新制度主义则主要指具体的制度安排变化。第三，马克思主义制度变迁理论认为根本制度及其变迁都是非中性的，由于其所涉及的收益和成本分别由不同的阶级来获得和承担，其变迁往往伴随激烈的阶级斗争，并且变迁的障碍不仅来自代表先进制度的阶级成员中可能存在的“搭便车”动机，而且来自代表落后制度的阶级的强烈抵制；新制度主义则强调具体的制度安排变化，制度变迁的收益和成本都是由同一行动集团获得和承担，其变迁通常不涉及集团利益的冲突。第四，马克思主义把阶级作为制度变迁的主体，把国家视为进步阶级借以进行制度变迁的工具，因此，根本制度的变迁往往涉及国家政权的更替；新制度主义则把国家看作制度变迁的主体本身以及促进制度变迁的主体之一。

再次，两种理论都重视制度变迁的形式与方式及其逻辑与历史的分析，但由于认识观念和层面的不同，两者所持观点有较大差异，主要表现在：第一，马克思主义把辩证法作为基本方法，认为制度变迁既可采取量变的形式，也可采取质变的形式，而量变的积累可以带来质的变化；新制度主义把形而上学作为基本方法，认为制度变迁是制度安排的边际调整，且只有量变形式。第二，马克思主义认为，制度及其变迁是非中性的，变迁涉及不同阶级利益的调整，往往伴随阶级斗争，只有当具体制度发生变化，阶级斗争比较和缓时，变迁才可能采取和平改良的方式；新制度主义则认为，制度变迁只是制度安排的边际调整，只可能采取和平改良的方式。第三，马克思主义认为，经济基础与上层建筑存在作用与反作用的辩证关系；新制度主义则恰好相反，认为国家的政体决定并指导着国家的经济制度，存在夸大上层建筑对经济基础反作用的问题。

综上分析，马克思主义制度变迁理论侧重于从长期的、宏观的角度分析制度变迁，可以解释经济发展对人类社会整体制度变迁的影响以及许多社会长期发展中存在的制度现象。新制度主义制度变迁理论侧重于从短期的、微观的角度进行具体分析，可以解释制度变迁（抑或制度创新）对社会经济发展的影响以及现代社会中存在的各种具体的制度现象①。可见，这两种制度变迁理论各有所长，也各有所短，在实际运用中可取长补短，互为补用。对高考制度而言，马克思主义制度变迁理论可解释、判断甚至预测高考制度的总体发展方向及其历史阶段特征；新制度主义制度变迁理论可解析、解构乃至揭示高考制度的中观与微观层面的制度变迁逻辑及其行为方式。只有将两者紧密结合起来，才能客观、科学及公正地探寻高考制度的变迁规律。

第二节　高考制度的结构及运作机制

高考制度作为社会制度的子制度之一，有其区别于其他各种社会制度的特殊规定性，它虽然存在于教育制度之中，却同时与国家政治制度、经济制度、文化制度等密切相关。厘清高考制度的内涵及其结构，是研究高考制度的逻辑起点，也是反思高考制度改革的必要前提。

一、高考制度的相关概念

高考是一项系统工程，高考制度作为规定高考活动的一系列规则，拥有支撑与构建自身的概念体系。为了研究的规范表述与准确表达，根据高考制度所涉及的主要活动内容，现将若干核心概念界定如下。

（一）考试

考试活动源远流长，考试概念古已有之。在西方，考试（examination）一词源于古希腊语，最早见于公元前 4 世纪柏拉图所著的《理想国》，提出了以考试方法鉴别人的智能发展水平。在中国，考试是由“考”和“试”两字合成的复合词。“考”字产生于殷商时期，“试”字首见于春秋战国时期（《虞书》曰：“明试以功”）。两字的含义历经了由相异、相近再到相同，最后两字合用的演变历程。而最早将“考”与“试”合用的是西汉大儒董仲舒，在其《春秋繁露》的《考功名》篇中，有曰：“考试之法，合其爵禄，

① 王松梅：《马克思与诺思：制度变迁理论的相互补充》，《理论导刊》2003 年第 5 期，第 42 页。

并其秩，积其日，陈其实，计功量罪。”此后，“考试”一词被历代沿用。考试之法遂成为评量学业成就、甄选人才、检验政绩的基本方法，辨别曲直的准绳和治国安邦的重要策略之一①。

然而，从不同视角，人们对“考试”的界定众说纷纭，莫衷一是。如，《教育大辞典》将考试定义为：“根据一定的考核目的，让被试者在规定时间内，按指定的方式、要求来解答试题，并对其解答结果评等级、记分。具有评定、诊断、反馈、预测和激励的功能，是教育测量的工具之一。”②《辞海》将考试定义为：“学校评价学生学业成绩的制度之一。检查学生学习情况和教学效果的重要方法。”③《中国劳动人事百科全书》认为考试是“通过书面答卷或口头询问等形式鉴别人的思想素质、知识水平、能力高低的一种手段”④。有学者认为考试就是“通过一系列科学的手段和方法，对人的基本素质及其绩效进行测量和评定的活动”⑤。还有学者通过梳理和分析多种考试的界定，从哲学层面考察认为“考试是一定组织中的考试主体根据考试目的的需要，选择运用有关资源，对考试客体某方面或诸方面的素质水平进行测度、甄别和评价的一种社会活动”，并指出它至少包含五个方面的观点，即“考试是人类社会各个领域普遍存在的一种社会活动，即以对人的身心素质水平的测量（事实判断）为基础、以评价（价值判断）为目的的测评活动；考试是以人为主、客体的对象性活动；考试目的是考试活动形成的前提和运行的归宿；一定的组织形式是考试活动存在与运行的方式；有关资源的选择与运用是实现预期考试目的的必备条件”⑥。

总之，考试是人类有意识、有目的的一种评价活动。广义上，一切测度、甄别人的身心差异的活动都是考试；狭义上，考试是指通过书面或口头回答（笔试与面试）、现场操作等方式考查人的知识水平或技能的活动。当然，按照不同划分标准，考试又可分为不同的种类，如依据性质，可分为常模参照考试和标准参照考试，前者包括高考（大学入学考试）、公务员考试

① 廖平胜：《考试学原理》，华中师范大学出版社，2003年，第52～55页。

② 顾明远：《教育大辞典》（第1卷），上海教育出版社，1990年，第215页。

③ 《辞海》编辑委员会：《辞海》，上海辞书出版社，1993年，第1393页。

④ 中国劳动人事百科全书编委会：《中国劳动人事百科全书》，经济日报出版社，1989年，第519页。

⑤ 《人才测评》编写组：《人才测评》，企业管理出版社，2000年，第6页。

⑥ 廖平胜：《考试学原理》，华中师范大学出版社，2003年，第60页。

等，后者包括学业水平考试、职业资格考试等；依据方式，可分为笔试、面试、操作试等。

（二）高考

高考是一个内涵丰富的概念，且通常是某种考试的简称。在《中国考试大辞典》中，高考有三种含义：一指高等考试，即民国时期政府选拔事务官（文官）和铨定专门职业及技术人员职业资格的重要方式，包括公务人员高考和专门职业及技术人员高考。二指普通高等学校招生全国统一考试，即普通高等学校每年在报考的合格高中毕业生中，按照国家计划选拔优秀新生的考试。三指成人高等学校招生全国统一考试，是经原国家教育委员会（教育部）审批的成人高校实行的全国统一招生考试，报考对象主要是在职干部、职工、教师、从业人员，以及具有高中毕业文化程度或同等学力的社会人员①。

本研究所指的“高考”最接近于上述的第二种考试——普通高等学校招生全国统一考试②，但并非完全相同。因为，随着时代的进步，特别是高考改革的不断深入，“高考”的内涵与外延也在不断地拓展，“普通高等学校招生全国统一考试”已不能准确表达“高考”所指。事实上，目前的“高考”已经没有完全意义上的“全国统一考试”，而只是部分科目的全国统一考试与部分省（自治区、直辖市）的统一考试。若从不同视角来看，“高考”概念至少包含三种内涵：其一，从“高考”一词的本意——“为高校选拔新生的考试”来讲，它应指高等学校入学（招生）考试或大学入学考试；其二，就考试活动而言，它包括目前实行的部分省（自治区、直辖市）的统一考试、分省命题考试、保送生考试以及高校自主招生考试等多种考试形式；其三，从外延上讲，“高考”一词已超出了某种考试（或活动）的范畴，而演变成了一种制度，即高考制度。当然，在不同国家或地区，“高考”泛指大学入学考试，如美国的 SAT 和 ACT 考试，英国、新加坡的 A-Level 考试等。

当前，我国的高考系指“考试、录取等整个招生工作过程”③。为了研

---

① 杨学为：《中国考试大辞典》，上海辞书出版社，2006 年，第 371 页。

② 严格的“统一考试”是指统一的计划、统一的组织领导、统一的报考（包括统一的考试日期、科目、试题、方式）、统一的录取调配等。杨学为：《高考文献（上）（1949—1976）》，高等教育出版社，2003 年，第 22～23 页。

③ 汤德用：《中国考试辞典》，黄山书社，1998 年，第 289 页。

究的便利，可进一步将“高考制度”定义为：按照一定的招生计划和录取办法，采取以统考为主要方式的高校招生制度，具体包括高考测试制度、高考录取制度以及高考管理制度等。

（三）招生

招生是指各类各级教育机构招收新生的活动，通常包括组织入学考试、录取等环节。招生考试就是各类各级学校为招收新生、测定其学历而举行的考试之统称。在我国，目前按照招生机构的性质，可分为普通高校招生、成人高校招生、中职中专招生等；按照招生对象的不同，可分为普通高考招生、成人高考招生、自学考试招生、艺体招生、军校招生等；按照招生的层次可分为专科招生、本科招生、研究生招生等；依据办学的性质又可分为学历招生与非学历招生等；按照招生的计划类别，还可分为计划内招生和计划外招生[①]等。

本研究所指的招生是普通高考招生，即普通高校以高考为主要方式选拔新生的活动。目前的普通高考招生方式主要有统考招生、单考招生、自主招生、联合招生、保送生招生、降分招生等。其中，统考招生是指以统一高考成绩为主要依据，再根据志愿填报、专业特殊要求、体（军）检及高校自主招生考试等情况录取新生的招生方式；保送生招生是具有招收保送生资格的高校对获得保送资格的考生再进行保送生考试录取的一种招生方式；降分招生是指对须有专业考试（或测试）成绩的艺体类院校（系）以及有定向或明确服务意向的地质、矿产、石油、航海、飞行等专业录取时采取降分办法的一种招生方式。

自主招生即“高校自主招生”[②]，是指高校根据自己的培养目标、培养方式、教学条件和市场对人才的需求，在有关部门和社会监督下，按照自己确定的招生标准，通过一定的人才选拔方式公开、公平、公正地招收新生的方式[③]。当前，中国的自主招生模式主要有两种：其一，统考前提下的自主招生模式。该模式源自 2003 年开始推行的部属重点高校自主选拔录取改革试点；其二，完全自主招生模式。该模式又分两类：一是自 2005 年开始推

---

① 计划外招生是指高教自考、成教、学历文凭考试和网络教育大学招生。

② 高校自主招生源于 2003 年试行的高校自主选拔录取改革试点工作，最初也称“高校自主选拔录取”。

③ 樊本富：《中国高校自主招生研究》，华中师范大学出版社，2010 年，第 5～6 页。

行的部分省、市高职院校自主招生改革试点；二是自2006年由复旦大学、上海交通大学开始试行的“自主选拔录取”改革试验，其录取与否由面试成绩决定，高考成绩仅作参考。单考招生是指经教育部批准的普通高校（含部分高职高专）对特殊专业及特殊人群实行的单独考试招生，在一定意义上它属于自主招生的范畴。

（四）录取

录取是考试制度之一，是选拔考试整个程序中的重要一环，即按规定名额对考试合格者的选定。科举时代的各级考试均有录取工作，由主考官主持，同考官协助。被录取者即称为“中式”。为保证录取工作的公平，防止出现疏漏及舞弊现象，历代都对录取程序及考官操作有严格规定，并辅之以磨勘、复试、搜落卷等措施。然而，取士不公的现象仍屡有发生，历代的科场案大都是在录取工作结束（发榜）后发生的①。现代的选拔考试，如公务员考试、企事业单位招聘考试、竞争上岗考试等，也都非常重视录取工作。

本研究的“录取”为高考录取，是指国家对高等学校录取新生所制定的行为准则和规范，也包括高等学校自己制定的有关新生录取的原则和规范②。它是高等学校选拔录取新生的一个具体实施成果，也是考生取得高等学校入学资格的最后一道程序。通常，高考录取的依据主要是考生的分数和志愿，而对于特殊途径入学的考生而言，录取依据可能还包括特殊才能、平时成绩、综合素质情况、面试表现等。为确保高考录取工作顺利、公开、公平地进行，各省（自治区、直辖市）不仅设有专门的管理机构，而且向考生公布录取名额、录取比例及录取分数线，使每个考生心中有数。近年开始实行网上录取，更增加了录取工作的透明度。

此外，与高考录取相关的概念还有：录取名额，是指按照教育行政部门的相关规定，各高校确定的招生数量。高考录取率，是指高校实际录取的人数与所有应考人数之比。高考录取分数线，指高考招生考试录取过程中形成、录取结束后公布的“录取线”，通常有文、理科之分，文、理科中又有重点高校、一般高校，以及大本、大专之别。高考录取最低控制线，即由招

① 杨学为：《中国考试大辞典》，上海辞书出版社，2006年，第296页。

② 徐萍：《高考制度伦理研究》，华中师范大学出版社，2011年，第28页。

生主管部门根据招生计划和考生成绩按一定比例划定的每批招生学校录取新生的最低分数线。除享受特殊政策照顾录取的新生外，任何学校录取新生的最低分不得低于此分数线①。就高考的目的而言，录取是整个高考过程的最后一环，也是考试与管理等高考环节所指向的最终结果。

二、高考制度的结构系统

高考制度作为系统化的规则，不但有其自身的功能与层次，还有一定的结构体系。高考制度结构是规范高考活动的正式制度和非正式制度的总称。

（一）正式的高考制度

所谓正式的高考制度是指由政府、教育或考试主管部门制定并实施的，对人们的高考行为产生强制性约束的，确保高考正常运行的各种成文规则(包括规章、办法、条例及指导意见等)。按照高考制度的构成，它又主要包括高考测试制度、高考录取制度以及高考管理制度三大子制度。

高考测试制度。测试作为高考的重要一环，是高校招生主要依据的获取手段。高考测试制度就是高校招生过程中关于各类考试（含笔试、面试等测评方式）的规则体系，主要包括全国统一命题考试、分省命题考试、高校自主招生考试、综合素质评价、保送生入学考试及艺体类、特殊专业类加试等相关正式规定。

高考录取制度。录取是一系列高考活动的结果，即根据一定的招生名额，按照考试成绩或综合评价的结果从优选才。一定意义上，高考的考试与管理活动都是围绕录取这一目的而展开的。录取制度就是关于高校与考生之间选择与被选择的有关规定，主要包括招生体制、招生名额、录取方式、录取办法（志愿填报）以及录取技术等的一系列规则。

高考管理制度。管理（Manage）是社会组织中，为实现预期目标，以人为中心进行的各项协调活动②，如计划、组织、指挥、协调、控制及创新等。其目的是合理运用人力、物力、财力、信息等各种资源，以期高效地达到组织目标。高考管理制度就是关于高考、录取等招生过程中的一系列维护公平、正义的各项规则，如对加分、保送、自主招生考试等高考政策的监

① 杨学为：《中国考试大辞典》，上海辞书出版社，2006 年，第 296 页。

② 张俊伟：《极简管理：中国式管理操作系统》，机械工业出版社，2013 年，第 1 页。

督、协调及调控等。

（二）非正式的高考制度

所谓非正式的高考制度是指对人们的高考行为产生非强制性约束的，存在于社会大众之中的关于高考的各种文化、风俗、习惯等，主要包括高考心理、高考习俗、高考舆论及高考惯例等。

高考心理，是指高考时社会、考生及家长的心理状态。心理作为人对客观物质世界的主观反映，通过各种感官认识外部世界事物，通过头脑的活动思考着事物的因果关系，并伴随着喜、怒、哀、乐等情感体验。它在一定程度上影响着人的认识、判断及行为选择。中国历来有“万般皆下品，唯有读书高”、“学而优则仕”等传统意识，加之高考的高利害性，社会大众，特别是考生及家长，存在不同的高考心理。它深层地影响着人们对高考的认识与理解，尤其是当人们适应了旧有高考模式或对现有高考政策有所期待时，高考心理在高考制度改革过程中将出现不同的反应，这种反应可能是持支持态度，也可能是抵制或消极的态度。

高考习俗。习俗是民众在社会生活中世代传承、相沿成习的生活模式，也是民众在语言、行为和心理上的集体习惯，更是民众生活化文化形态的具体表现①。它往往体现在社会生活的方方面面，高考更不例外。中国是考试的故乡，拥有悠久的考试历史，特别是自隋朝大业元年（公元 605 年）科举制度兴起以来，在其 1 300 多年的实践过程中，形成了形态多样的考试习俗，有些习俗便在高考中得到沿袭或创新，如人们对高考相关的数字解读②、状元饼（宴）、考生保姆的属相等，在不同地区或不同文化区域都有不同的说法和讲究。

高考舆论。它是人们对高考或高考改革的意见、愿望及言论的集中表达，是社会舆论的一部分。由于高考舆论往往是大众媒体关注的焦点和热点，它可在瞬间成为引导社会大众对高考，特别是高考改革的认识与判断，进而影响到人们的高考心理，并对高考改革产生直接反应。正确的高考舆论导向有利于高考改革的顺利推进，错误的高考舆论导向则会阻碍高考改革的

① 《高考新风俗》，百度百科：http://wenku.baidu.com/view/92081100 bed5b9f3f90f1c16.html，2010-11-19/2012-12-30。

② 如因有成语“七上八下”，故而有些地方的人们在挑选高考房时“要七不要八”，再如有些地方将高考日期“6、7、8”解读为“录取吧”等。

进程或效益，甚至导致高考改革目标的偏离。

三、高考制度的生成与运作机制

高考作为高校人才选拔制度，最为核心的是“考试——获分——入学”，即通过公平、有效的考试手段获得一定的分数，再以分数作为录取依据取得入学资格，从而实现高等教育资源的合理分配。然而，任何制度都是人存在的社会产物，它受到来自国家政治、经济、文化、教育、科技、人口等诸多因素的影响。因此，以“考试——获分——入学”为主线的高考制度设计，有其自身的生成逻辑、运行环境及运行机制。

首先，人才选拔源于人才需求，这是社会反应的基本模式。与古代科举制度因国家统治的需要而产生不同，高考制度的产生是源于国家经济社会发展造成的高级人才培养需求。为满足这种需求，基于高等教育资源的稀缺性，国家必须设计一种公平而科学的制度予以落实与调控，即必须在中等教育与高等教育之间架起一座畅通的桥梁，这是高考制度产生的逻辑起点。同时，这种人才需求的规模与类型，又规定了国家培养人才的计划性指标——招生名额与分配。然而，招生的名额与分配又必须兼顾区域公平与高校的培养能力，以求达到教育的供需平衡，实现教育资源的合理利用。由此，“人才需求——招生计划”就构成了高考制度的设计动机与首要环节。

其次，公平选才是制度设计的价值所在，追求效率是制度设计的本性使然。选择什么方式选拔人才，不仅决定着选才的科学性，还决定着选才的公平性。中国历史上的察举制、九品中正制等被科举制所取代的重要原因，就是其公平性难以实现，诸如“举孝廉父别居；高第良将怯如鸡”、“上品无寒门，下品无世族”正是上述两种制度缺乏公平性的真实写照与必然结果。而科举制之所以千年屹立不倒，且成为世界各国曾经效仿的人才选拔方式，就是因为“考试手段”具备独一无二的公平性与效率性。高考制度继承了清末至民国以来的考试招生方式，既是历史的延续，又是历史的发展。高考测试制度不仅包括统一高考，还包括高校自主招生考试以及单独考试等多种方式。总之，“考试”是高考选才的主流方式，而“考试——获分——取得入学资格”，既是公平与效率的统一，又是高考制度的核心环节，构成了高考制度的主体。

再次，以利益为导向的人才培养决定着入学（即录取）方式的选择，即如何运用考试结果——分数。清末新式学堂与民国高校的单独招考，其考试分数在投考院校具有绝对的话语权。但因单独招考缺乏全国统一调控，易产生两种弊病：一是造成区域之间的教育不平衡；二是造成学科之间的发展不平衡。中华人民共和国成立后，针对单独招考的诸多弊端，开始逐步实施全国统一调控政策。在基于考生志愿或特长和高校办学特色与能力的基础上，先后实行了不同的入学方式，如“段段清”、“平行志愿”等，它体现的是利益导向，即以国家利益，还是学生利益，抑或高校利益为导向。当然，信息技术的发展也是影响录取方式的重要变量。总之，录取方式决定以后，就形成了“考试——分数——入学”的完整过程。

最后，组织、管理与监督是高考制度正常运行的基本保障。由于“人才需求——人才选拔——人才培养——人才产出”四者之间具有密切联系，其中，“人才选拔”对“人才培养”的影响，在一定程度上决定着“人才产出”的效益，因此，政府作为高考制度的设计与执行主体，为保证“人才需求——人才产出”的高效转化，以及维护社会的公平、公正，除需要提供相应组织依托外，还必须加强对高考制度运行的监管。由此，高考制度建设，不仅包含招生体制、考试制度、录取制度等子制度的建设，还包括考试机构、考试管理制度的建设。

综上分析，高考制度的生成逻辑与运行机制大致如图 1-1 所示。

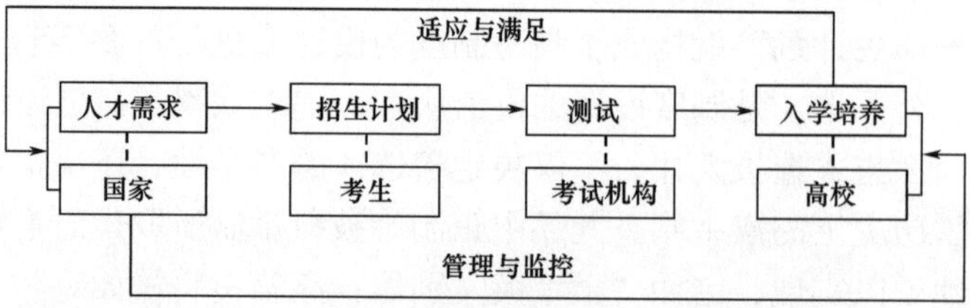

图 1-1　高考制度的生成逻辑结构与运行机制

第三节　统一高考制度的创改历程

中国自近代大学出现以来，就有大学入学选拔制度，且基本以严格的考试选拔制度为主，“但也有作为封建遗迹的特权制和实质上是破坏教育的推荐制”①。1949 年中华人民共和国成立，中国的考试也进入了一个新的发展时期。高考作为接受各级各类专门教育的“入场券”，在各类考试中影响最

① 于信凤：《考试学引论》，辽宁人民出版社，1987 年，第 247 页。

大。纵观高考制度的发展，其大致“经历了一个创立——反复与废除——恢复与改革的曲折过程”①。厘清高考制度的宏观发展历程，对于细致深入地研究高考制度的微观变迁具有重要的引导性和方向性作用。

一、统一高考制度的来龙去脉

一般而言，新制度大多是从旧制度中产生发展而来的，中国统一高考制度的创立也概莫能外。1905 年，在中国盛行了 1 300 年之久的科举制度被废除，伴随武力入侵与殖民统治的是西学东渐。面对“千年未有之大变局”，中国各地纷纷创立新式学堂。与此同时，“西方大学自主招生的入学考试制度也被直接移植到中国的新式大学中”②。民国时期，高校享有较大自主权，高校招生也基本采取单独招考方式③，教育部仅制定有关招生原则进行协调。在考试科目上，各级各类学校并无统一标准。如高等专门学校，除国文、外文、数学为必考科目，多数学校还从本校的专业要求出发，设置相关考试科目。法政专门学校增设历史、地理；工业专门学校增设理化与图画；医学专门学校加试理化、博物。同一所学校举办预科和本科等多层次的入学考试，考试科目也不一样④。

究其原因，主要有两方面：一是随着封建统治的推翻及资产阶级民主共和国的建立，政治体制的重大变革推动了教育制度的变革，为创立新教育廓清了障碍。政治上的民主影响了教育制度的制定，改变了考试权归国家掌管的传统，考试权下放到各高校。这是民国初期高校实施自主招生的根本原因⑤。二是客观上，近代高等教育体系形成之初，高校数量不多，且性质、层次和规模差异显著，很难统一招考标准。而且中等学校毕业生数量不足，

---

① 刘海峰，等：《中国考试发展史》，华中师范大学出版社，2002 年，第 330 页。

② 刘海峰，等：《中国考试发展史》，华中师范大学出版社，2002 年，第 330 页。

③ 民国中后期，为解决单独招考的弊端，民国教育部采取过高校联合招考、统一招考及大区联合招考等方式。如 1937 年，中央大学、浙江大学、武汉大学进行了联合招生；1938 年，实行国立各院校统一招生。但后因抗日战争等原因，统一招考难以为继，只能同时采取多种招生方式。

④ 张亚群：《从单独招考到统一招考——民国时期高校招生考试变革的启示》，《中国教师》2005 年第 6 期，第 24～25 页。

⑤ 张学强、彭慧丽：《民国时期高校自主招生制度探析——兼论对完善我国当代高校自主招生制度的启示》，《社会科学战线》2009 年第 5 期，第 210 页。

高校只有从办学实际出发，多途并举，才能招到足够的学生。此外，国内军阀割据，社会动荡不定，由学校自主招生比较简便易行。可以说，民国高校招生采用单独招考的方式，既是清末引进西方教育模式的自然延续，也是这一时期教育发展的必然选择。

1949年中华人民共和国成立，在结束清末至民国以来近百年的衰败、动荡之后，国家各项事业百废待兴。正如毛泽东所说："占人类总数四分之一的中国人从此站起来了"，"随着经济建设高潮的到来，不可避免地将要出现一个文化建设的高潮。中国人被认为不文明的时代已经过去了，我们将以一个具有高度文明的民族出现于世界"①。中华人民共和国成立之初，中央人民政府在全力恢复工农业生产和发展国民经济的同时，也非常重视对旧教育的接管和改造。1949年9月颁布的《中国人民政治协商会议共同纲领》第46条就明确提出"有计划、有步骤地改革旧的教育制度、教学内容和教学方法"② 的方针政策。为了顺应当时政治、经济的过渡需要，保持高等教育的连续性，中央人民政府果断做出"维持现状，立即开学"的决定，即沿用中华人民共和国成立前的高校单独招考方式选拔新生③。

然而，高校单独招考在满足当时迅速恢复高等教育发展需要的同时，也暴露出诸多弊端，尤其是"各高校之间招生结果不平衡的问题，如条件好的高校一、二次可以招足，条件较差的高校十数次也难以招满，而且由于考生可重复报考，高校重复录取，造成报到率严重失调，最高的只有75%，最低的仅20%"④。1950年，为了改变单独招考的不合理状态及学生投考难问题，教育部在《关于高等学校一九五〇年度暑期招考新生的规定》中指出：本年度高等学校招生，"各大行政区教育部（文教部）可在本规定范围内，

① 毛泽东：《中国人从此站起来了》，毛泽东：《毛泽东文集》（第5卷），人民出版社，1996年，第343～345页。（此文为1949年9月21日，中国人民政治协商会议第一届全体会议上的开幕词。）

② 1949年9月29日中国人民政治协商会议第一次全体会议通过：《中国人民政治协商会议共同纲领》，董云虎：《中国人权年鉴》，当代世界出版社，2000年，第92页。

③ 1949年，除了北京大学、清华大学、南开大学、北平师范大学及北洋大学等少数高校委托外地高校代为招考（但命题、阅卷、录取均由本校负责）外，全国其他高校均单独招生，自行决定招生计划、招生条件及招生办法。

④ 中国教育年鉴编辑部编：《中国教育年鉴（1949—1981）》，中国大百科全书出版社，1984年，第337页。

根据该地区的具体情况，分别在适当地点定期实行全部或局部高等学校联合或统一招生。如统一招生有困难时，各大行政区教育部可斟酌情形，允许各校自行招生，惟各校仍须将招生的经过情形连同试题经由所在大行政区教育部（文教部）汇报中央教育部备查”[①]。是年，“全国 193 所高等学校中，有东北、华北、华东三大区 73 所学校联合招生考试。大部分一次招足，平均报到率达 50%”[②]，基本达到了预期目的，显示了联合招考的优越性。

1951 年，在总结 1950 年招生工作经验的基础上，教育部认为应扩大统一招生的范围与程度，并在《关于高等学校一九五一年暑期招考新生的规定》中强调，“为进一步改正各校自行招生所产生的混乱状态，减少人力、物力及时间上的浪费，各大行政区教育部（文教部）可根据该地区的具体情况，分别在适当地点，争取实行全部高等学校统一或联合招生”，“高等学校至其他地区招生时，应取得该大行政区教育部（文教部）的同意，并尽量争取互相委托的办法进行招生”[③]。据统计，当年“全国 214 所高校中参加统一招考的学校达 149 所，比例高达 69.6%，比 1950 年的 36%翻了将近一番”[④]。然而，由于各大行政区的生源与高校招生数不平衡，且没有出台跨区调剂的计划，以致出现西北地区高校半数缺额，东北地区又到华北地区补招的情况。由此，全国统一招生与各大区之间调配生源等问题就提上了议事日程。

1952 年，为配合国家建设需要，有计划地培养多种高级建设人才，教育部在《关于一九五二年暑期全国高等学校招生计划及其实施问题的指示》中提出：“为统一计划、统筹办理全国高等学校的招生工作，坚决克服以往招生中的混乱现象，凡以高中毕业学生或相当于以上程度的青年作为招生对象的大学、独立学院、专科学校、专修班、训练班，其招生名额均包括于全国高等学校招生计划之中；无论任何学校，凡招收以上程度的学生和青年，其招生名额必报请各大行政区教育部（文教部），根据全国招生计划审核批

---

① 教育部：《关于高等学校一九五〇年度暑期招考新生的规定》，《人民日报》1950 年 5 月 29 日，第 1 版。

② 杨学为：《中国考试通史》（卷五），首都师范大学出版社，2004 年，第 41 页。

③ 教育部：《关于高等学校一九五一年度暑期招考新生的规定》，《人民日报》1951 年 5 月 9 日，第 1 版。

④ 刘海峰，等：《中国考试发展史》，华中师范大学出版社，2002 年，第 333 页。

准（华北区由我部直接办理）。其招生办法亦遵照中央及各区教育部（文教部）规定办理，严格禁止乱招乱拉。"① 同时，为了进一步加强人才培养的计划性，教育部还发布了《关于高等学校转学问题的指示》，强调："自1952年暑期起，各高等学校一律废止以往一般性的招收转学生办法，今后对于学生转学问题应严肃处理。"②

为了充分保证高中毕业学生及相当于高中毕业程度的青年进入高等学校学习，切实加快解决国家建设急需的各类人才缺口，教育部在《关于全国高等学校一九五二年暑期招考新生的规定》中，除了再次强调全国招生计划需严格审核、禁止乱招乱拉外，还明确规定："中央成立全国高等学校招生委员会，强加统一招生工作的组织领导"，"全国高等学校，除个别学校经中央教育部批准外，一律参加各区统一招生"③。此外，教育部在1952年7月8日发布的《关于实现一九五二年培养国家建设干部计划的指示》中还指出，"各地高等学校和中等学校严格地实行统一招生，是实现今年培养国家建设干部计划的关键"④，进一步将统一招考上升到政治任务的高度。

1952年确立的招生考试制度之所以被公认为中国现代考试史上统一高考的发轫，是因为和以往的招生办法相比，国家对招生日期、考试科目、报考条件、政治审查标准、健康检查标准以及录取原则等考试各环节都做出了明确规定，考试的命题以及参考答案和评分标准的制定工作，也由全国高等学校招生委员会统一组织。各地区只是依据教育部制定的统一招生方针、政策、办法分别办理具体事宜而已，国家与地方在考试决策上完全是一种制定与执行的关系⑤。

总结1952年统一高考制度的建立，不难发现，它是由民国时期的高校联合招考、全国统一招考及过渡时期的大区联合招考制度逐步发展而来。从外部因素来看，当时社会政治、经济及教育发展的特殊需要为其提供了重要的历史契机，即在高等教育尚十分薄弱的阶段，统一招生制度是快速发展国

---

① 杨学为：《高考文献（上）（1949—1976）》，高等教育出版社，2003年，第7页。

② 杨学为：《高考文献（上）（1949—1976）》，高等教育出版社，2003年，第10页。

③ 教育部：《关于全国高等学校一九五二年暑期招考新生的规定》，《人民日报》1952年6月13日，第1版。

④ 杨学为：《高考文献（上）（1949—1976）》，高等教育出版社，2003年，第12页。

⑤ 刘海峰，等：《中国考试发展史》，华中师范大学出版社，2002年，第335～336页。

民经济，提高国民整体素质，公平而高效地选拔和培养各领域合格人才的最佳选择。从内部因素来看，统一招考制度是大规模考试自身发展规律的产物，即追求效益性、公平性、科学性及权威性的必然结果。同时，中国悠久的科举考试所形成的独特考试文化，为广大国民接受和认同统一考试制度奠定了潜在而深厚的心理与文化基础。总之，1952 年统一高考制度的建立，是中国招生考试制度的一大创举，也是中国新旧高校招生制度的分水岭，构建了此后中国高校考试招生制度的基本结构，在中国考试史及中国教育考试史上具有划时代的意义。

二、高考制度的完善与废止

列宁指出："发展似乎是在重复以往的阶段，但那是另一种重复，是在更高基础上的重复，发展是按所谓螺旋式而不是按直线式进行的。"[①] 无疑，"否定的否定——发展的螺旋式"[②]，是马克思主义对事物发展运动规律特点的形象比喻。高考制度作为选拔培养高级专门人才的重要手段，在国家上层建筑中不可能独善其身，其命运与国家政治、经济、教育等的发展密切相关。事实上，全国统一高考制度自 1952 年创立至 1977 年再度登上历史舞台，其大致经历了逐步完善、统独反复、"文化大革命"期间废止再到"文化大革命"后恢复的曲折过程。

（一）高考制度的早期调整与完善

统一高考制度建制之时，由于缺少组织统一考试招生的成功经验与参照，制度体系尚不健全，许多招考措施是在建制后的早期实践中逐步完善的，主要包括以下几个方面：

一是体检制度的建立。1953 年卫生部、高等教育部、教育部针对 1952 年招生出现的"不少学生患有严重疾病[③]，但错误地检查为'身体合格'；个

---

① 列宁：《列宁选集》（第 2 卷），中共中央马克思恩格斯列宁斯大林著作编译局译，人民出版社，1972 年，第 584 页。

② 马克思、恩格斯：《马克思恩格斯选集》（第 3 卷），中共中央马克思恩格斯列宁斯大林著作编译局译，人民出版社，1972 年，第 521 页。

③ 据统计，1952 年新生因患严重疾病不能学习者，约占录取新生总数的 2%。如上海交通大学新生患病须修养者达 45 人，占该校录取学生总数的 2.58%；中国矿业学院，共患肺病、高血压、心脏病等不适于在该校学习者占录取学生总数的 10%。

别学生身体确实健康，而又错误地检查为‘患有轻度肺结核，不适于学习’等情况”①，发布了《关于一九五三年高等学校招生健康检查办法的联合通知》，标志着高考体检制度的确立。1954 年又对高考体检工作加强了规范，发布了《全国高等学校招生健康检查办法》，制定了结核病、心脏病等特殊疾病鉴定标准，编制了健康检查记录表、健康检查结果报表以及身长体重报表等，逐步形成了一套经常化、规范化的健康记录卡片制度。

二是考试科目的调整。为了便于统一录取调配，以及体现各系、科专业对考生学业成绩的不同要求，1953 年统一了考试科目，但未分文理科；1954 年将考试科目分成了两大类：理、工、卫、农、林等科类与文史、政法、财经、体育、艺术等科类；1955 年又将考试科目调整为三类：理、工（含农、林科部分专业）等科类；医、农、林、生物、心理、体育等科类；文、史、政、法及财经等科类。此后，高考基本形成了按专业性质进行分科类考试的做法，同时也开始发布各科考试大纲，使高考测试制度的科学化、规范化程度得到了较大提高。

三是录取环节的改进。这方面主要是增加录取的灵活性，如 1955 年的新生录取“就一改以往录取过程中的呆板作风，规定对政治和健康条件合格、考试成绩稍低于录取标准的考生，遇有学校缺额时，可录取为试读生。试读期限规定为一学期或一学年。试读期间不能跟班学习者，取消试读资格；试读期满，经考试合格者可转为正式生”②。这一变通，既扩大了部分高校的生源基数，也增加了部分考生的受教育机会。此外，还加强了对录取资格的复查等工作，如对“业经录取入学的新生，健康复查不合格者，取消其入学资格，亦不保留学籍”③。

四是志愿填报的优化。为了结合考生志愿录取，减少统一分配的人数，1955 年将考生志愿增加为 7 个，每个专业或专业类志愿又可报 3 个学校。1956 年针对志愿填报选择过多的弊端，改为 3 个专业或专业类志愿，每个

① 卫生部、高等教育部、教育部：《关于一九五三年高等学校招生健康检查办法的联合通知》，杨学为：《高考文献（上）（1949—1976）》，高等教育出版社，2003 年，第 14 页。

② 刘海峰，等：《高校招生考试制度改革研究》，经济科学出版社，2009 年，第 28 页。

③ 高等教育部、教育部：《关于全国高等学校一九五五年暑期招考新生的规定》，《人民日报》1955 年 6 月 9 日，第 2 版。

专业或专业类志愿含3个学校志愿，另可报2个专业类、6个学校作为参考志愿，并不采取统一分配的办法。经过优化，第一批志愿录取者达84.05%，第二批志愿录取者达8.15%，统一分配下降到7.8%①。1957年则不再按专业类，而只按系或专业报志愿，12个专业志愿，含12个学校志愿。

此外，对“重要系科”、军事、国防工业、外交等专业的高考政治审查制度也有不断简化的调整。如1957年规定将高中毕业生分为可入机密专业、可入一般专业和不宜录取三类，招生机构只需重点复审第一、第三两类。可以说，经过上述几方面较大的调整与改进，到20世纪50年代末，统一高考制度的基本体系已比较完整，具体表现是高考制度的各项规章的确立：一是确立了高考制度的目标，即为高校选拔培养高级专门建设人才；二是建立了全国统一计划、统一政策、统一考试的招生考试工作体制；三是基本确立了分科考试的科目设置模式；四是完善了政治审查与健康检查机制；五是基本形成了德智体全面考核、择优录取的选拔理念；六是成立了职能明确的招生考试机构——全国高等学校招生委员会；七是确立了艺术院校（系、科）单独发布招生规定的格局。此外，还包括发布了除招生规定外的一系列招生考试文件（或办法），如《组织机构和工作细则》、《经费开支的几项规定》、《新生赴校路费补助办法》、《录取新生办法》等。这些都标志着统一高考制度已趋于成熟。

（二）高考制度的“统单”之争

出于长期以来高校单独招考的思维定势，以及高考统得过多过死，确实难以兼顾不同类型院校、系科及考生的特点等问题。20世纪50年代国内一直存在到底采取“统一招考”还是“单独招考”的讨论，甚至较为激烈的争论。但由于“全国统一招生考试，是各地方、各高等学校、各考生之间，个性与共性的统一”，尽管1952年的统考是共性多于个性，但从1953年—1955年的改进来看，“都是在坚持共性的前提下体现个性，较好地实现了共性与个性的统一”。而“学校单独招生是舍弃共性，只要个性”②。因而，多年来支持统考的人占大多数。

---

① 杨学为：《中国考试通史》（卷五），首都师范大学出版社，2004年，第49～50页。

② 杨学为：《中国高考史述论（1949—1999）》，湖北人民出版社，2007年，第29页。

然而，随着国内政治形势的发展，特别是1957年反右派斗争的扩大化和党内对阶级斗争形势的误判，高考制度开始遭受政治冲击，并伴随政治运动的变化，出现反复波动。1958年6月10日，在全国教育工作会议上，中共中央宣传部部长、中央文教小组组长陆定一严厉地批评了高考，他质问道："第一，是谁主考？是资产阶级去主考，还是无产阶级去主考？第二，考什么？是主要考文化程度，还是考政治，同时也考文化程度？第三是考题，政治课的考试，是考条条，还是考实际斗争？要改正过去招生工作中放弃领导的错误，今年招生不采取革命的办法不行。"①

1958年7月3日，《人民日报》发表社论说："高等学校招生，是培养又红又专的各项专门建设人才的第一步工作"，其"在完成国家招生计划和逐步提高新生的质量方面，虽然逐年有所改进，但仍然存在着严重的缺点。这些缺点，在整风运动和反右派斗争中，暴露得十分明显。在招生工作中，各级招生机构和高等学校，没有紧密依靠党的领导，政治没有挂帅，有严重脱离政治的错误倾向。不是以政治质量为首要条件，结合政治条件和学业成绩择优录取，而是单纯按照学科考试成绩高低依次录取。政治课考试的方向不明确，脱离了现实斗争，思想性不强，确有鼓励青年死啃书本的现象"，"以往几年，高等学校是采取全国统一招生的办法，这对保证全面完成招生任务和保证新生质量方面，有一定的好处。但是由于统得过多和过分集中，就影响了地方和高等学校充分发挥积极性和主动性。特别是在目前改进领导体制、中央权力下放和社会主义建设大跃进的情况下，全国统一招生的办法，已经不能适应新形势下的要求"②。

《光明日报》也发表社论认为："突飞猛进的社会主义建设的需要，和最近一年来的整风运动及反右斗争的经验教训都说明了我们必须建立一支成千上万人的工人阶级知识分子的队伍。这就要求今年高等学校的招生工作，必须纠正过去重业务轻政治的偏向，切实贯彻阶级路线，保证新生的政治质量。"③《文汇报》也发表社论认为："大力吸收工农学生入学，保证新生的政治质量，这是我国高等学校必须遵循的方针。过去高等学校吸收的工农学

---

① 陆定一：《在全国教育工作会议上的讲话》，何东昌：《中华人民共和国重要教育文献（1949—1975）》，海南出版社，1989年，第838页。

② 《加强党的领导做好高等学校招生工作》，《人民日报》1958年7月3日，第1版。

③ 《做好高等学校的招生工作》，《光明日报》1958年7月3日，第1版。

生只占整个学生的三分之一左右，这与我国80%以上都是工农群众这一情况是不相符合的。也正因为对于这个问题注意不够，在反右派斗争和整风运动中，暴露出高等学校学生政治不纯、成分不纯的现象是严重的，很值得引起注意。”①

在这样的政治背景下，统一高考制度被改为各省、自治区、直辖市单独命题招考（实为“全省联考”），并强调录取政审的重要性与严格性。同时，为“贯彻阶级路线”，大批工人、农民、工农干部及老干部、工农速成中学毕业生，被免试保送入学。可见，统一高考制度的此次受挫完全是政治运动的结果。所幸的是，仅一年后，统一高考制度便得到恢复。由于1958年进行的招生制度调整带有极大的片面性和浓厚的“左”的色彩，更由于该年度过于强调政治表现的做法和免试录取了大批工农成分者而造成新生学业质量严重下滑，为保证新生的学业质量，1959年政审标准中过左的内容也及时作了纠正，对政审标准重新作出解释②。同时，“由于省、自治区、直辖市命题，花费较大，不利于保证面向全国招生的重点学校的新生质量，1959年又恢复为全国统一命题”③。

回顾高考“统单”之争，可谓“塞翁失马，焉知非福”。统一高考在1958年遭受第一次颠覆后，当年分省单独招考造成的新生学业质量严重下滑之事实得以反照，使统一高考获得了更多的认同与赞许，而此前几乎每年自发进行的争论，自1959年恢复后就未再出现④。可见，实践是检验真理的唯一标准。人们对于统招与单招的是非、优劣之争论，客观上促使了人们对招生考试方式的思考与反省，加深了人们对统考与单考的认识，这些争论非但没能阻拦反而有力地推动了完善统一高考制度的步伐。

（三）高考制度的被迫“废止”

20世纪中叶，在资本主义与社会主义两大阵营的交锋中，国际形势瞬息万变，特别是“斯大林问题的秘密报告”、“波茨南事件”和“匈牙利事件”的相继爆发，在一股股反共反社会主义的浪潮下，严重影响了中国的政治局势。“1957年春天反右派斗争严重扩大化后，1958年5月中共八大二次

① 《欢迎今年的高校招生规定》，《文汇报》1958年7月3日，第1版。

② 刘海峰，等：《高校招生考试制度改革研究》，经济科学出版社，2009年，第29页。

③ 杨学为：《中国考试通史》（卷五），首都师范大学出版社，2004年，第53页。

④ 刘海峰，等：《高校招生考试制度改革研究》，经济科学出版社，2009年，第29页。

会议正式提出了两个剥削阶级的观点①，制定了社会主义建设总路线，肯定了‘大跃进’。中间虽经贯彻‘八字方针’，但 1962 年更‘重提阶级斗争’，使‘左’倾错误逐步发展”②，并最终导致“文化大革命”。

以 1966 年 5 月 16 日通过的《五·一六通知》为标志，“文化大革命”正式开始，高校招生考试制度作为文化教育领域的“突破口”被率先推上了风口浪尖，1966 年 6 月 13 日，中共中央国务院的通知说：“高等学校招生考试办法，新中国成立以来虽然不断地有所改进，但是基本上没有跳出资产阶级考试制度的框框，不利于贯彻执行党中央和毛主席提出的教育方针，不利于更多地吸收工农兵革命青年进入高等学校。这种考试制度必须彻底改革”，并“决定 1966 年高等学校招收新生的工作推迟半年进行”，同时强调这个决定“是彻底搞好教育界的文化大革命，彻底改革我国的教育制度的重要措施”③。

1966 年 6 月 18 日，《人民日报》社论指出：“这种旧的招生考试制度，对我们社会主义事业是危害极大的。这个制度，不是无产阶级政治挂帅，而是资产阶级政治挂帅，分数挂帅。实行这种制度，是严重地违反党的阶级路线的，会把大量优秀的工人、贫下中农、革命干部、革命军人和革命烈士的子女，排斥于学校大门之外，为资产阶级造就他们的接班人，打开方便之门。这个制度，大大地阻碍青年的思想革命化，鼓励青年走资产阶级个人奋斗、追逐个人名利的白专道路。”④ 同年 7 月 24 日，中共中央和国务院在发布的《关于改革高等学校招生工作的通知》中，正式宣布“从今年起，高等

---

① 1956 年中共第八次全国代表大会认为，生产资料私有制的社会革命已基本胜利，无产阶级同资产阶级之间的矛盾也已基本解决，国内的主要矛盾是“人民对于建立先进的工业国的要求同落后的农业国的现实之间的矛盾和人民对与经济、文化迅速发展的需要同当前经济、文化不能满足人民需要的状况之间的矛盾”。1957 年 9 月中共八届三中全会，认为中国社会的主要矛盾仍然是“无产阶级和资产阶级的矛盾，社会主义道路和资本主义道路的矛盾”。1958 年 5 月，中共“八大”二次会议宣告：我国现在有两个剥削阶级和两个劳动阶级。

② 杨学为：《中国高考史述论（1949—1999）》，湖北人民出版社，2007 年，第 61 页。

③ 中共中央国务院：《中共中央，国务院决定改革高等学校招生考试办法，并决定将一九六六年高等学校招生工作推迟半年进行的通知》，1966 年 6 月 13 日。

④ 《彻底搞好文化革命，彻底改革教育制度》，《人民日报》1966 年 6 月 18 日，第 1 版。

学校招生，取消考试，采取推荐与选拔相结合的办法”①，成为继北宋末年以求德行而罢科举之后，在中国历史上第二次因“政治”而否定考试。

有学者将高考废止分为三个阶段：第一阶段，从改革高考体制着手，是一种局部的改革；第二阶段，就是暂停高考，意在对其进行整体全面的制度革新；第三阶段，名义上取消高考，但红卫兵三大运动不仅毁灭了高考赖以生存的社会环境，而且在中国人的精神层面上彻底摧毁高考得以维系的注重文明、文化观念。由此，高考的废除从表层的制度层面深入到深层的观念层面（如图 1-2 所示）②。可见，某种程度上看，高考制度被废止，并非完全来自高考制度本身的制度缺陷，而是一种带有极强目的性的人为的“计划”安排。

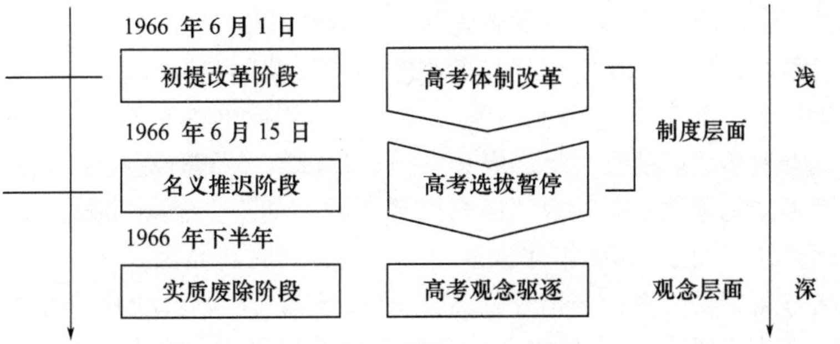

图 1-2　废止高考进度图③

高等学校自 1966 年停止招生 6 年之后，1972 年“恢复”了所谓的“自愿报名、群众推荐、领导批准、学校复审”的招生办法。但实际上，“自愿报名”只是幌子，“地、富、反、坏、右”的“黑五类”子女是没报名资格的，即使是有报名资格的“可以教育好的子女”，也是“基层不敢送，领导不敢批，学校不敢收”；而后三个环节无一例外都成了“走后门”的代名词，弄虚作假、指名选送、授意录取、私留私送名额等各种丑态纷纷粉墨登场。尽管中共中央发出了《关于杜绝高等学校招生工作中“走后门”现象的通知》，仍难以阻挡这股由非客观选拔标准引发的“走后门”强流④。其结果是直接导致高等学校教育质量严重下滑，以及挫伤广大“出身”不好的青年

① 杨学为：《高考文献（上）（1949—1976）》，高等教育出版社，2003 年，第 627 页。
② 蒋超、张小劲：《中国高考史》（动荡卷），中国言实出版社，2008 年，第 45 页。
③ 蒋超、张小劲：《中国高考史》（动荡卷），中国言实出版社，2008 年，第 45 页。
④ 刘海峰，等：《高校招生考试制度改革研究》，经济科学出版社，2009 年，第 33 页。

的学习积极性。

1974 年 12 月，科教组、农林部、辽宁省委联合召开了“学习辽宁朝阳农学院教育革命经验现场会”，开始推广“朝农经验”，要求破除“旧大学的观念”，树立“无产阶级大学的标准——大学就是大家都来学”，在本质上开始取消大学。1975 年，辽宁省又开始着手推广“三来三去”[①] 的经验，并宣称“三来三去”意义重大：一是“拆除了‘读书做官’的阶梯，摧毁了将学校与经济基础隔绝起来的高墙”，学员既是学校的学生，又依然是原工厂、公社的工人、农民；二是“对‘知识私有’、‘技术垄断’和等级观念的有力批判，是限制资产阶级法权、缩小三大差别的实际步骤”；三是“有利于培养一支同党内资产阶级进行斗争的新部队”，“这是挖产生走资派的根基，造就与党内资产阶级进行斗争的新人的一项重要措施”[②]。

回顾“文化大革命”期间高考制度的“改革”，其“成果”大致可概括为：1966 年—1971 年全国高等学校停止按计划招生达 6 年之久，其间仅在少数几所大学试点征收少量工农兵学员；1972 年大部分高校恢复招生工作，但取消了文化考试，而采取“自愿报名、群众推荐、领导批准、学校复审”的招生办法，直至 1977 年才恢复统一高考[③]。究其原因，统一高考被废止存在两方面主要因素：一是受脱离了正确轨道的政治运动的影响，特别是极左“阶级斗争理论”，宣扬的在社会主义历史阶段仍然存在的脑力劳动与体力劳动的差别，是资产阶级与无产阶级的阶级对立，是产生新资产阶级的“土壤”之一，“知识越多越反动”、“宁要没有文化的劳动者”以及“两个估计”[④] 等错误政治观点[⑤]；二是高考制度本身确实存在一些弊端以及先天局限性，尤其是“分数至上”、“片面追求升学率”，导致“应试教育”等，这些在一定程度上使当时的社会，特别是大权在握的决策者对高考的认识偏差

---

① “三来三去”即“社来社去”、“厂来厂去”和“哪来哪去”。

② 杨学为：《中国考试通史》（卷五），首都师范大学出版社，2004 年，第 91～106 页。

③ 刘海峰，等：《中国考试发展史》，华中师范大学出版社，2002 年，第 341 页。

④ “两个估计”即“解放后 17 年‘毛主席的无产阶级教育路线基本上没有得到贯彻执行’，‘资产阶级专了无产阶级的政’；大多数教师和解放后培养的大批学生的‘世界观基本上是资产阶级的’”。邓小平：《邓小平文选》（第二卷），人民出版社，1994 年，第 66 页。

⑤ 杨学为、廖平胜：《考试社会学问题研究》，华中师范大学出版社，2003 年，第 49 页。

与责难被无限扩大化了。

三、高考制度的恢复与改革

随着国内政治形势重新走上正确轨道，社会发展期待早出人才、多出人才。然而，“冰冻三尺，非一日之寒”，恢复高考制度也非一日之功，还需待到“天时、地利、人和”时。“月盈则亏，法久终弊”，高考制度作为一项高利害、高竞争的人才选拔制度，关涉千家万户的切身利益，为了适应新的政治、经济、社会及教育的发展需要，高考制度也需要与时俱进、不断改革。

（一）高考制度的恢复

1976 年 10 月上旬，历时十年的“文化大革命”结束，教育界作为“文化大革命”的重灾区，终于迎来了第一缕曙光。然而，高考制度的改革并不是一个被立即提出的政策问题，也更未立即提交到教育决策的议程上。“深染‘左’倾色彩，又有‘两个估计’，依然是束缚教育战线的思想紧箍咒”[①]，而“两个凡是”[②] 的提出与推行，不仅延续了“文化大革命”思维，还笼罩了一层“左”的阴霾，以“教育革命”为核心的教育方针政治化偏差仍难以得到良好的清理与整治。1977 年 6 月 29 日至 7 月 15 日，在太原召开的“文化大革命”后第一次全国招生工作会议，也没有对重新改革高校招生制度的问题进行深入讨论，而且会议依然决定继续采取以“十六字方针”为主的办法进行高校招生。

1977 年 8 月 6 日，在全国科学教育工作会议上，以武汉大学查全性的发言最为震撼人心，他开门见山地说：“招生是保证大学教育质量的第一关，它的作用，就像工厂原材料的检验一样，不合格的原材料，就不可能生产出合格的产品。当前新生的质量没有保证，部分原因是因为中小学的教育质量不高，而主要问题还是招生制度。”[③] 并一口气痛陈了当时招生制度的四大弊病：“一是埋没人才。大批热爱科学，有培养前途的青年选不上来，而某些不爱读书，文化程度又不高的人，却占据了招生名额；二是从阶级路线上

---

① 蒋超、张小劲：《中国高考史》（动荡卷），中国言实出版社，2008 年，第 267 页。

② “两个凡是”即“凡是毛主席做出的决策，我们都坚决拥护；凡是毛主席的指示，我们都始终不渝地遵循”。

③ 查全性：《恢复高考，我只是说了几句真话》，《中国经济周刊》2009 年第 38 期，第 46 页。

看，现行招生制度卡了工农子弟上大学，他们如果没有特殊关系是上不了大学的，这一点比‘文化大革命’以前还严重。群众反映说‘解放前上大学靠钱，十七年靠分，现在靠权。解放前，我们没有钱，现在没有权，靠分还能有份’①；三是坏了社会风气，助长了不正之风，而且愈演愈烈。今年的招生还没开始，已经有人在请客、送礼、‘走后门’了。制度不改，‘走后门’不正之风刹不住；四是严重影响了中小学生和教师的教与学的积极性。现在连小学生都知道，今后上大学不需凭文化，只要有个好爸爸。”② 查全性的一席肺腑之言、慷慨陈词，得到众多与会代表的赞同。邓小平也当场表态说：“今年就要下决心恢复从高中毕业生中直接招考学生，不要再搞群众推荐。从高中直接招生，我看可能是早出人才、早出成果的一个好办法。”③

根据全国科学和教育座谈会精神，教育部立即撤回了太原招生会后给国务院关于 1977 年高等学校招生工作意见的请示，并决定立即在北京重新召开招生会。当年 8 月 13 日至 9 月 25 日，经过 45 天的激烈争论，终于彻底粉碎了“两个估计”的精神枷锁，冲破了“两个凡是”的思想束缚，确立了“废除推荐，恢复高考”，为“四化”培养高级专门人才的正确方针。采取“在各级党委领导下，贯彻群众路线，根据德、智、体全面衡量，择优录取的原则，实行自愿报名，统一考试，地市初选，学校录取，省、市、自治区批准的办法”④。具体措施主要包括：其一，劳动知识青年可以报名，应届高中毕业生也可以报名；其二，高中毕业的文化程度才可以报名；其三，废除推荐，必须通过大学入学考试；其四，政治审查主要看本人表现，清除“左”的影响，破除反动血统论；其五，德、智、体全面考查，择优录取。1977 年10 月 21 日，《人民日报》一版刊发了消息《高等学校招生进行重大改革》和社论《搞好大学招生是全国人民的希望》，标志着中断了 11 年的高考制度正式恢复。

---

① 中国科学院、教育部：《科教工作座谈会简报（9）》，杨学为：《高考文献（下）（1949—1976）》，高等教育出版社，2003 年，第 25 页。

② 李文：《查全性：倡议恢复高考第一人》，《中华儿女》（青联版）2009 年第 6 期，第 68 页。

③ 邓小平：《关于科学和教育工作的几点意见》，邓小平：《邓小平文选》（第二卷），人民出版社，1983 年，第 52 页。

④ 教育部：《关于一九七七年高等学校招生工作的意见》，何东昌：《中华人民共和国重要教育文献（1949—1997）》，海南出版社，1998 年，第 1580 页。

据统计，1977 年，全国有 573 万多人报名参加考试。另据 14 个省、自治区、直辖市统计，“应届高中毕业生占 26.72%，工人占 9.38%，下乡知青占 16.49%，回乡知青占 35.33%，干部占 2.5%”。由于“文化大革命”的破坏，尽管命题属于常识性的，各地考试成绩仍然低得十分惊人。据广西壮族自治区百色市统计，“参加数学考试的有 3 459 人，60 分以上的仅 22 人，占 0.64%；零分的达 1 254 人，占 36.25%。参加理、化考试的有 1 788 人，60 分以上的仅 54 人，占 3.02%；零分的达 301 人，占 16.83%。文科考生，政治、语文、数学、史地四科平均 60 分以上的仅占 1.47%”①。可见，“文化大革命”导致了当时中国整体教育水平的严重下降。

当然，“文化大革命”对中国的影响绝不止于教育，还包括中国社会的其他方方面面。可以说，1977 年高考制度的恢复，“不仅是一个重大历史事件，还是整个教育乃至社会制度变迁最为关键的一个节点。就教育而言，它成为重建教育秩序的突破口，因为在当时整个凋敝的教育领域，高考是唯一能够在短时间内唤起民众认同，并引发整个教育领域秩序重新组织的关键性制度环节；就社会而言，它与其说是一个指挥棒，不如说是一个力挑千钧的杠杆，顷刻之间撬动了整个教育乃至社会其他领域的观念、制度变革和更新进程”②。具体而言，其深远影响和重大意义表现在三个方面：其一，在全社会形成了尊重知识、尊重人才的良好风尚，“文化大革命”中泛滥的“读书无用论”从此彻底被消除；“知识就是力量”、“科学技术是第一生产力”的理念开始深入人心。其二，重塑了社会公平、公正的价值观。“文化大革命”十年使人们的价值观发生了严重扭曲；高考之所以为老百姓高度认同，其中重要的原因之一，就是其使所有的人有机会站在同一个起跑线上竞争。其三，高考制度作为国家教育的一项基本制度，对于维护国家统一、促进民族团结和传承中华文化具有不可估量的重要作用③。

无疑，现实的政治和社会基础总是影响历史进程最重要和最明显的因素之一。然而，若仅仅满足于从表层现象入手，还是无法探究高考制度最终得

① 杨学为：《中国考试通史》（卷五），首都师范大学出版社，2004 年，第 118 页。

② 阎光才：《恢复高考——教育秩序重建与拨乱反正的突破口》，顾明远、刘复兴：《改革开放 30 年中国教育纪实》，人民出版社，2008 年，第 35 页。

③ 姜钢：《1977 年恢复高考的历史意义与现实意义》，《湖北招生考试》2007 年第 8 期，第 4～5 页。

以恢复的内在逻辑。回首高考制度从废止到恢复的整个过程，除了人们看见的党和国家的领导或主导外，高考制度自身的演进及出于各自目的而响应的不同社会力量也是这一制度得以成功废止或恢复的不可或缺的动力。简而言之，“政治、社会与教育三方都是高考制度‘变动’的动力源，只是各自的作用时间及所占比重有所差异”①，并且不同的作用方式会导致不同的结果(如图 1-3 所示)。正如刘道玉教授曾回忆强调的那样：“提出恢复高考这一议题是他多次社会调查的结论”②，这从一个侧面证实了广大社会民众的期待与支持是恢复高考制度的重要力量源泉之一。可见，在政治、社会及教育三者之间，缺少任何一方的力量，高考制度都不可能轻易发生巨大“变动”。

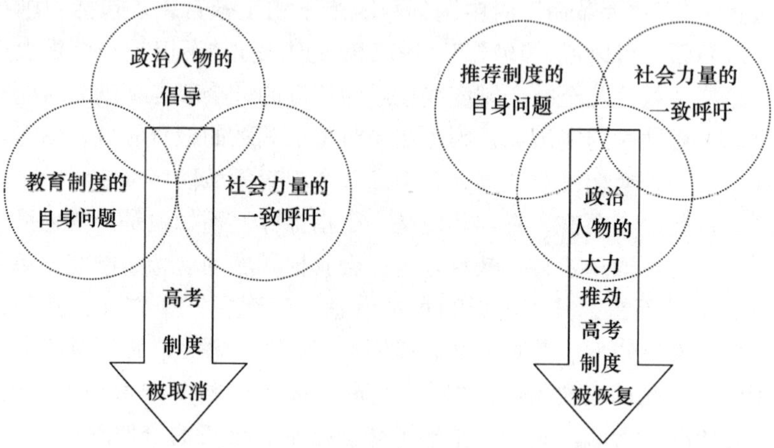

图 1-3　高考制度被废止与恢复的动力示意图

图例说明：左图为引发取消高考制度的各方力量，右图则是恢复高考制度时的不同动力源，可见，政治、社会与教育自身都在整个高考制度的变迁中起到一定的作用，只是根据不同的时间和情况，各自起的作用和程度及时间有差异。资料来源：蒋超、张小劲：《中国高考史》(动荡卷)，中国言实出版社，2008 年。

(二) 高考制度的改革

历史总有惊人的相似之处，同样的事物也往往都有两种截然不同的功

① 蒋超、张小劲：《中国高考史》(动荡卷)，中国言实出版社，2008 年，第 259 页。

② 刘道玉：《1977：亲历恢复高考决策》，《纵横》2007 年第 8 期，第 39 页。

能。1966 年，废止高考成了教育领域中开展“文化大革命”的突破口①。而 1977 年，恢复高考不仅成了推翻“两个凡是”、“两个估计”的突破口，还“成了在十一届三中全会之前思想解放的先声”②。这表明高考制度与国家政治、文化、教育等社会制度之间关系密切、不可分割，更反映了高考制度与政治、文化、教育等社会制度之间既可彼此制约，又可互相促进。因而，正确认识高考制度与其他社会制度之间的关系规律，对于推动高考制度改革具有重要的现实意义。

1977 年—1982 年，根据“由乱而治”的政治形势与过渡的需要，统一高考制度基本处于拨乱反正和逐步恢复“文化大革命”前行之有效的各项政策与办法阶段。1983 年后，随着国内政治形势的继续好转，国家经济、文化、教育等各领域又重新焕发出蓬勃生机。在国家整体战略做出改革开放的背景下，加之考试招生制度自身局限与弊端的不断暴露，统一高考制度的改革也提上了议事日程。

恢复高考后，其当时面临三大问题：一是考生人数骤增。由“文化大革命”期间积留了大批渴望通过接受高等教育再次改变命运的社会青年所致，1977 年参加高考的人数为 570 万，1978 年参加高考的人数为 610 万。另据统计，1979 年—1982 年四年间的高中毕业生分别有 726 万、616 万、486 万、310 万，而高等学校的招生量只有 27 万～31 万。这给当时的考试组织、管理、评分、阅卷、监考、统计等工作带来极大压力；二是经济文化发达地区与欠发达地区，特别是少数民族聚居区的少数民族考生，在分数上存在较大差距；三是片面追求升学率。1952 年—1965 年，全国共录取新生 213.95 万，平均每年为 15.28 万，平均录取率为 55.92%，而 1977 年—1982 年录取新生总数为 182.44 万，平均每年为 30.4 万，平均录取率为 6.05%。“文化大革命”前的录取率是 1977 年—1982 年录取率的 9 倍多③。这种高竞争和低录取引发基础教育开始片面追求升学率。

不难发现，这些突如其来的问题，有些是“文化大革命”前就有的，有

① 《彻底搞好文化革命，彻底改革教育制度》（社论），《人民日报》1966 年 6 月 18 日，第 1 版。

② 杨学为：《中国考试改革研究》，北京大学出版社，2001 年，第 122 页。

③ 杨学为：《中国高考史述论（1949—1999）》，湖北人民出版社，2007 年，第 207～211 页。

些是“文化大革命”造成的，有些是客观发展中所形成的。但不管从历史的经验来看，还是就现实的状况而论，都必须采取积极的改革措施加以解决，否则高考制度又必将走入下一个死胡同。正如《关于一九八三年全国全日制高等学校招生工作会议的报告》所分析指出：高考制度的恢复“在拨乱反正、保证高等学校招生质量、促进中小学教育的发展和提高、调动青少年的学习积极性、转变社会风气等方面，都起了积极的促进作用。人民群众对高考的反映是好的，高考的信誉是高的。经过这几年的逐步提高，现行的统一高考制度基本上适合我国目前的实际情况。但是，这套招生制度和办法还不完善，在实践中还暴露出不少矛盾。特别是随着政治经济形势的发展，国家面临全面而系统改革的新局面，招生制度和办法的某些方面就显得不适应，如对农村经济发展后对于人才的需求，就显得严重不适应。因此，进一步改革招生制度，势在必行。不改革就不能前进，也就不能逐步形成完善的具有我国特色的社会主义的高考招生制度”。同年，胡耀邦明确提出了“从实际出发，全面系统地改，坚决而有秩序地改”① 的总方针，这为大力推进高考制度改革指明了方向。

尤其是实行改革开放政策以后，高考制度就开始一直处于频密的改革或改革试验阶段。有研究分类统计显示，自 20 世纪 80 年代以来，高考至少有 14 次改革。如果计量标准更细化，把各地的试验也加入的话，起码有 24 次（种）改革之多（详见导论）。可谓“细雨湿衣看不见，闲花落地听无声”。经过 30 多年的不懈努力，高考制度业已悄然实现了“由量变到质变”的转变，即由 1952 年建制时的“高度集中的单一化模式”走向了现今“相对分散的多元化模式”。当然，目前的多元化模式还不够成熟与完善，同时也面临众多的现实矛盾，如“统一考试与考查品行、统一考试与选拔专才、考试公平与区域公平、保持难度与减轻负担、公平客观与考测能力、灵活多样与简便易行、公平选才与扩大自主、考出特色与经济高效”② 等两难问题。同时也有很多《教育规划纲要》所提出的需要实质性突破的难关，如探索招生与考试相对分离、有的科目一年多次考试、高等学校分类入学考试、大学自主招生以及综合素质评价，等等。

---

① 教育部：《关于一九八三年全国全日制高等学校招生工作会议的报告》，《中华人民共和国国务院公报》1983 年 7 月。

② 刘海峰：《高考改革中的两难问题》，《高等教育研究》2000 年第 3 期，第 36～38 页。

实践是检验真理的唯一标准。改革或试验有成功也会有失败，但是一定要考虑改革的社会成本，它不仅包括物质成本，还包括人心向背这个看不见的成本。古人云："以古为镜，可以知兴替。""科举成为历史前进的障碍，是明末清初以后的事情，其原因主要是考试内容的陈腐及考试形式的僵化，而不在考试制度本身。"[①] 当前的高考制度，如何摆脱科举制度的厄运或避免重蹈"文化大革命"的覆辙，必须深刻把握其内、外部关系规律。就内部而言，就是高考制度自身的发展运动规律，包括考试、录取及管理等环节在内的发展运动规律；就外部而言，就是高考制度与政治、经济、文化、教育及科技等社会制度之间的关系运动规律。另外，从古代科举制度的兴起、变革与废止，到当代高考制度的建立、废止、恢复及改革来看，历史一再证明了两点：其一，考试选拔人才是中国国情、文化所决定的，是历史必然性的产物。"考试兴，人才选拔与社会发展就有序；考试亡，人才选拔与社会发展则混乱。"[②] 其二，考试（大规模）制度是与国家政治、经济、文化等密切相关的社会制度之一，彼此相互影响、相互制约或促进。

总之，从高考制度的宏观发展历程来看，高考制度的自身状况及其制度环境往往是决定高考制度变迁的两方面决定因素，即若没有教育和社会自身的需求，政治上层的单方面动力欲推动高考制度的变迁，必定是缺乏效率的或被消极抵抗的，甚至走上歧途的；若没有政治领导人物的有力主导，仅有教育和社会的需求，高考制度的改革就会多走弯路或拖延时代进步的步伐；若只考虑政治与社会需要，也容易忽略教育发展的客观规律，并最终导致高考制度改革失灵或徒劳无功。一言以蔽之，要揭开高考制度的变迁规律，必须进入高考制度每一改革的历史场景、环境及语境，充分考虑高考制度的内、外部关系，并结合高考制度自身发展的逻辑，否则难以揭示高考制度的变革动力及变迁方向。

---

① 杨学为：《中国考试改革研究》，北京大学出版社，2001 年，第 123 页。

② 刘海峰：《中国考试发展史》，华中师范大学出版社，2002 年，第 359 页。

第二章　高考测试制度的改革演变

高考测试制度，即高考制度的测试规则体系，具体指狭义的考试与测量评价，是高校招生录取依据的主要获取方式，其科学性影响着高考选才的准确性和公平性。由测试的方式及流程所决定，高考测试制度主要包括高考形式、高考内容、科目设置与命题方式等构成要素。而随着教育测量理念、理论及技术的发展，特别是国家政治、经济、社会及教育等外部环境的变化，高考测试制度也随之发生相应变革。总体而言，高考形式已分化出高中毕业会考（现多为学业水平测试）、综合素质评价、自主招生考试等不同性质与种类的考试；高考内容的考查基本实现了由“知识立意”到“综合素质立意”的转变；科目设置由文、理两分的相对单一模式演化为因省而异的多样化模式；命题方式由高度集中的国家统一命题方式发展为分省命题、高校自主命题相结合的多元命题格局。考察高考测试制度改革的历史变迁，是揭示高考制度内外部发展运动规律的关键之一。

第一节　高考形式：由单一到多样

广义上，凡是高校招生录取依据来源的考试皆为高考，因而高考形式①已并非仅为传统意义上的统一高考，还包括学业水平考试、综合素质评价及高校自主招生考试等多种类型。然而，由于各种考试的功能、性质及目的不尽相同，狭义上它们又是区别于统一高考的独立高考形式。纵观我国高考形

① 有学者认为，高考形式是指组织实施高考的方式、方法，即“‘怎么考’，由谁来组织：是国家、地方还是高校；以什么形式组织：是采用全国统一考试、地方自主组织还是高校单独考试，是使用一次高考、二次高考还是多次高考”。参见张耀萍：《高考形式与内容改革研究——基于利益博弈的视角》，厦门大学硕士学位论文，2007年。

式的演变，大致历经了一个由相对单一到逐渐多样的过程，即由1952年单一的统一高考形式发展到高中毕业会考或学业水平测试、高校自主招生考试、综合素质评价等多种考试形式并存之格局。

一、高考形式的统一与分化

中国是世界上最早运用考试方式选拔人才的国家，具有悠久的考试传统和浓厚的考试文化。它不仅深刻地影响着中国历代社会与教育的发展，还“早在中古已经为欧洲人所知悉”①，并引起西方“甚至是欧洲国家制度的大变革”②，一定程度上影响着世界的发展。西方的现代文官考试制度与教育考试制度就是对中国科举考试制度有效借鉴的结果。近代以来，随着中西“交流”的加强，“出口转内销”成为时代特征之一，清末民初的教育考试制度即是中西合璧的产物，这一点在考试形式上反映得尤为明显。

（一）统一高考形式的远因

中国是考试的发源地，统一考试的形式也源远流长。“早在西周之前，中国已出现了选贤任能的观念和根据考绩黜陟官员的做法。”③ 而西周之际，出于政治统治的需要，已开始使用层层上推的“贡举”拔才之法，即“乡举里选”。此法后多被认为是科举制之肇始，《大明会典》（卷七十八）《学校》便说：“科举，本古者乡举里选之法”。至“东汉用人”，即“多以试取之”④。可见，为了实现贤良选举的科学、公平与公正，古人早已使用考试手段。恰如梁启超所说：“世界万国中行此法最早者莫如我，此法实我先民千年前之一大发明也。”⑤

---

① 李弘祺：《中国科举考试及其近代解释五论》，《厦门大学学报》（哲学社会科学版）2006年第2期，第19页。

② R I, Literary Examinations Considered as a Proof of Ability to Serve in the Magistracacy, Manner in Which the Examinations are Conducted, Chinese Repository, 1835, 4(6): 118.

③ 刘海峰、李兵：《中国科举史》，东方出版中心，2004年，第1页。

④ 马端临：《选举考十二》，马端临：《文献通考》（卷三十九），商务印书馆，1936年。

⑤ 梁启超：《管制与官规》，梁启超：《饮冰室合集》（卷二十三），中华书局，1989年，第68页。

经魏、晋、南北朝数个世纪的发展，以“隋炀帝大业元年置进士科取士”① 为标志，开科设考已渐成定制，即形成了定期举行的、大规模的、全国统一的人才选拔制度——科举考试制度。至此，中国的考试制度已由非主流、非正式的制度转变成为主流的、正式的国家选才制度。因此，追根溯源，统一科举考试不仅为中华人民共和国成立初期的高校招生采取全国统一考试的形式提供了先例，更为中国民众接受统一考试的形式奠定了深厚的文化传统底蕴。正如日本学者大塚丰在考察统一招考制度为何首先出现在中国而不是其他国家时所指出：“作为统一考试典型代表的科举考试，对中华人民共和国成立初期高校统一考试制度的建立，至少是一个远因。”②

(二) 统一高考形式的形成

清末（1905 年）科举制的终结，意味着实行了 1 300 多年的全国统一考试形式暂时退出了中国历史舞台。而伴随科举被废的是西学东渐的狂潮，清末民初为师法西方，开始引进西方教育模式。自 1862 年建立京师同文馆后，一批近代新式学堂陆续建立，并在管理体制、教育内容、教学方法等方面全面借鉴、移植，逐步形成了中国近代高等教育体系。但由于中国“传统教育培养的生源同近代高等教育的发展需要（西式教育）存在很大差距”③，当时的大学堂数量又不多，且各学堂的性质、层次、规模差异较大，为了招满合格新生，各大学堂皆自设招生标准，采用单独命题组织考试的形式。

民国时期，若“以 1938 年—1940 年短暂实行的三年统一招考为界，可将其高校入学考试制度分为统考之前的各校单独招考、短暂实行的统考以及后期的招生考试形式多样化三阶段”④。究其原因，主要由主、客观条件所决定，即思想上，受学术自由、大学自治的影响，大学具有较大的办学主导权与自主权；现实中，国家教育体系初成，各高校办学条件参差不齐，招生标准难以统一，且中等学校毕业生数量有限，生源不足，加之外国侵略、军

① 刘海峰：《中国科举文化》，辽宁教育出版社，2010 年，第 119 页。

② 大塚丰：《现代中国高等教育的形成》，黄福涛译，北京师范大学出版社，1998 年，第 356 页。

③ 张耀萍：《高考形式与内容改革研究——基于利益博弈的视角》，厦门大学硕士学位论文，2007 年。

④ 高耀明：《民国时期高校招生制度述略》，《高等师范教育研究》1997 年第 4 期，第 69 页。

阀割据使得社会动荡。可见，整个民国时期的高校招生基本以分散的高校单独考试与联合考试形式为主。

1949 年—1951 年中华人民共和国成立初期，为顺应过渡时期的需要，基本沿用了中华人民共和国成立前的高校考试招生方式。1952 年，根据国家政治、经济建设需要和教育结构调整的完成，教育部发布了《关于全国高等学校一九五二年暑期招考新生的规定》，明确指出："为便于组织领导高等学校的招生工作，中央成立全国高等学校招生委员会，并规定除个别学校经中央教育部批准外，全国高等学校一律参加各区统一招生。"① 这一规定，不仅标志着中国内地统一高考形式的形成，开创了中国教育考试的新篇章，还确立了中国此后高校考试招生的基本格调，尽管不断有新的改革与创新，但均以统一高考为基础。

（三）统一高考形式的分化

事实上，全国统一高考形式仅保持了 2 年便开始了量变的分化过程。分化起因始于统考情况下某些特殊专业生源不理想、名额招不满。如《一九五四年暑期全国高等学校统一招生录取办法的几项补充规定》中提出："经补缺考试仍未满额，可由体育学院在当地单独举行招生考试，补足缺额。"②1955 年，为进一步满足各院校招生生源及专业特殊性要求，统一高考形式继续分化。据《关于全国高等学校一九五五年暑期招考新生的规定》，"延边大学、新疆学院（系民族学院），中国人民大学（以招考在职干部为对象），音乐、戏剧、美术一类学校（因为对新生有特殊要求），无需参加全国统一招考"③。

到 1957 年，艺术类院校实行单独招考已形成制度化规定。文化部、高等教育部及教育部联合发布了《关于全国高等艺术院校一九五七年暑期招考

① 教育部：《关于全国高等学校一九五二年暑期招考新生的规定》，全国高等学校招生委员会编：《升学指导》（1952 年），全国高等学校招生委员会印，1952 年，第 12 页。

② 高等教育部：《一九五四年暑期全国高等学校统一招生录取办法的几项补充规定》，杨学为：《高考文献（上）（1949—1976）》，高等教育出版社，2003 年，第 65 页。

③ 中华人民共和国高等教育部、中华人民共和国教育部：《关于全国高等学校一九五五年暑期招考新生的规定》，华东地区高等学校招生工作委员会：《一九五五年暑期高等学校招生工作参考资料》（内部文件），华东地区高等学校招生工作委员会翻印，1955 年，第 1 页。

新生的规定》与《关于全国高等艺术院校一九五七年提前举行单独招生工作的指示》，明确规定："1957 年全国高等艺术院校仍不参加统一招生，继续由学校自己负责采取提前单独招生的办法。同性质的艺术院校或性质相近的专业在同一地点招生时，则采取自愿联合招生的办法。"① 当年有中央音乐学院等 15 所②艺术类院校实行单独招考，共招新生 670 名。另外，《关于全国高等艺术院校一九五七年暑期招考新生的规定》也指出："少数条件具备且愿意联合或单独招生的学校，经过高等教育部、教育部批准，可实行联合或单独招生；用少数民族语文教学的高等学校（或班级），可以用少数民族语文单独进行招生考试"③。可见，1957 年的招考方式已相当灵活，招考形式已出现统考、单考、联考等多元招考形式并存的局面。

如同"天下大势，合久必分，分久必合"，1958 年，为了使高等学校招生便于"贯彻因地制宜、因校制宜的原则，发挥地方和高等学校办学的积极性"④，突然改变了全国统一招生的制度，又回到了 1952 年之前实行学校单独招生或联合招生的老路。不过，1959 年又迅速恢复了全国统一招生考试。此后，除 1960 年出现了春季招考（仅一次）与 1961 年艺术类增加术科考试外，1959 年—1965 年的高校招生基本都是以全国统一招生考试形式为主，艺术类及其他特殊院校或专业实行单独招考形式，并允许局部或少数院校采取联考形式。

总之，在"文化大革命"废止高考之前，高考形式已基本实现了质性分化，出现了单独考试与联合考试。而到 1977 年恢复高考，特别是改革开放政策的全面推行，伴随社会、政治、经济、文化及教育等领域的改革发展，

---

① 文化部、高等教育部、教育部：《关于全国高等艺术院校一九五七年暑期招考新生的规定、关于全国高等艺术院校一九五七年提前举行单行招生工作的指示》，杨学为：《高考文献（上）（1949—1976）》，高等教育出版社，2003 年，第 245～251 页。

② 15 所艺术类院校分别是：中央音乐学院、中央美术学院、中央戏剧学院、中央工艺美术学院、北京电影学院、上海音乐学院、上海戏剧学院、杭州美术学院、东北音乐专科学校、东北美术专科学校、中南音乐专科学校、中南美术专科学校、西南音乐专科学校、西南美术专科学校以及西北艺术专科学校。

③ 文化部、高等教育部、教育部：《关于全国高等艺术院校一九五七年招考新生的规定》，《中华人民共和国国务院公报》，1957 年。

④ 文化部、高等教育部、教育部：《关于高等艺术院校一九五七年暑期招考新生的规定》，《中华人民共和国国务院公报》，1957 年。

高考形式不但得到继续分化，并且还加快了分化的速度与方式，即在统一高考的基础上，除保留单独招考外，还陆续出现高中毕业会考、学业水平测试、高校自主招考以及综合素质评价等多种考试形式。

二、高中毕业会考的变革

高中毕业会考，又简称“会考”，指国家承认的省级普通高中文化课毕业水平的标准化考试。它是检查、评价普通高中办学质量是否合格、普通高中学生是否达到必修课和教学大纲规定的基本要求的重要手段①。同时，也是考生取得高中毕业证书的重要依据。我国自 1983 年提出试行会考办法以来，会考制度的改革发展大致经历了 1985 年—1989 年实验阶段、1990 年—1999 年全国实施阶段、2000 年至今教育部下移管理权后的各省转制改革三个主要阶段。目前，正在探索转制后与高校招生相结合的办法或模式。

（一）高中毕业会考的提出及实验

中国现今的很多考试活动或制度，大多都可以在过去的历史中找到原型或影子，会考制度也不例外。早在 1932 年—1933 年间，南京国民政府教育部就先后颁布了《中小学学生毕业会考暂行规程》、《中学学生毕业会考规程》及《中学学生毕业会考委员会规程》等一系列法令，建立过正式的毕业会考制度。中华人民共和国的会考制度，直到 1983 年原国家教育委员会发布的《关于进一步提高普通中学教育质量的几点意见》（以下简称《意见》）才首次提出：各地可根据自己的实际教育情况，“建立、健全升留级和毕业制度……毕业考试要和升学考试分开进行，有条件的地方可按基本教材命题，试行初、高中毕业会考”②。也就是说，自 1952 年建立统一高考制度以来，高中毕业考试与高校招生考试一直合二为一，高考既肩负着学业水平测试的功能，又担负着选拔性考试的功能。

正如《意见》同时所指出：“中学教育是基础教育，不仅要为高一级学校输送合格新生，还要为四化建设培养大批优良的劳动后备力量。……只抓考分，忽视德育、体育，忽视基础知识和培养能力；只抓少数‘尖子’、毕业班，忽视大多数；只抓高中，忽视初中等片面追求升学率的错误做法，必

① 杨学为：《中国考试大辞典》，上海辞书出版社，2006 年，第 456 页。

② 教育部：《关于进一步提高普通中学教育质量的几点意见》，《人民教育》1983 年第 9 期，第 14 页。

须坚决纠正。"① 不难发现，在高考制度外再建立一个会考制度，将二者分开，有其一定的客观原因与现实背景，即"克服当时中学教学的过早分科和严重偏科；促进高中教育双重任务的落实和国民素质的整体提高；监控高中教育水准的升降；调控高中教育的合理分流；为高考科目减少、降低高考对高中教育的负面影响创设条件"②。可见，"立足实施素质教育，扭转高中教学'片追'，端正学校办学、教学行为，监督学校执行国家课程计划并达成其所规定的学业水平程度，全面提高高中学生整体素养，促进高中教育均衡发展，是国家推行高中会考制度的初衷"③。

经 1983 年浙江省重点中学试点后，1985 年原国家教育委员会决定在上海市试行全市统一的会考制度，并在此基础上改革高考科目设置，语、数、外必考，再结合政、史、地、物、化、生，共组成 6 个科目组。为此上海市高考单独命题，后称"全国统考上海卷"。上海市的试验，虽分清了会考与高考是两种不同性质的考试，但对于会考成绩是否应以一定比例带入高考，曾进行多次激烈争论，结论均以两次考试分属不同性质而被否定④。1986 年，按照《普通高等学校招生制度"七五"期间改革规划要点》，正式提出会考与高考分开的设想。1988 年，原国家教育委员会正式批准浙江省和上海市为全国高中会考和高考改革试点省、市。1989 年，《关于试行普通高中毕业会考制度的意见》又提出了力争三年内在全国试行会考制度的目标。同年，海南省、云南省、湖南省三省开始试行普通高中毕业会考。

（二）高中毕业会考的全面推行

经过近 8 年的试点实验，1990 年国家教育委员会在《关于在普通高中实行毕业会考制度的意见》(以下简称《意见》) 中，对试点省、市的会考情况进行了经验总结，认为"实践证明，实行普通高中毕业会考制度，对于全

① 教育部：《关于进一步提高普通中学教育质量的几点意见》，《人民教育》1983 年第 9 期，第 14 页。

② 廖平胜：《论高中毕业会考的认识误区、社会价值与革新完善》，《中国高校招生》2001 年第 1 期，第 38 页。

③ 房源清：《我国普通高中毕业会考制度发展述评》，《考试研究》2007 年第 2 期，第 42 页。

④ 石希：《1985 年：高考改革"摸着石头过河"》，人民网：http://edu.people.com.cn/GB/8216/86515/86526/5909582.html，2007-06-25/2012-12-04。

面贯彻教育方针，落实高中教学计划，加强教学管理，克服偏科现象，全面提高教育质量具有重要作用”①，并决定从 1990 年开始用 2 年时间在全国逐步实行会考制度。同时，《意见》还对会考的目的②、性质③、功能、考试范围④、命题标准、成绩评定、实施办法⑤及管理机构等问题进行了系统的制度化界定与设计，为全面推行做好了制度安排。

为保证会考制度的顺利推行，1993 年中共中央、国务院将“稳步推进高中毕业会考制度的改革”写进《中国教育改革和发展纲要》。规定会考系省级考试，由各省、自治区、直辖市的教育行政部门负责组织，其命题均以国家颁发的《全日制普通高中各科教学大纲》为依据，并采取考试和考查两种形式：考试科目为语、数、外、史、地、政、物、化、生 9 门；考查科目为体育、劳动技术、社会实践及实验操作 4 门。高一年级不安排会考，高二、高三年级分别安排不同的会考科目，其中，高二年级的会考时间通常在 6 月下旬；高三年级的会考时间通常为 3 月下旬⑥。同年，自西藏自治区宣布实行会考后，全国所有省份（除港、澳、台地区外）都实行了会考制度。而关于会考的命题形式、评分标准、考籍和学籍管理及证书发放等问题，各省（自治区、直辖市）也皆有各自详明的规定。

继上海市之后，海南省、湖南省、云南省三省于 1991 年也进行了会考基础上削减高考科目的改革。经多省、市试验，1993 年国家教育委员会正式提出“要在高中毕业省级会考的基础上，减少高考统一考试科目，录取时参考会考成绩”⑦。1996 年，全国大多省区均开始实行高考“3＋2”科目设

---

① 国家教育委员会：《关于在普通高中实行毕业会考制度的意见》，《课程·教材·教法》1991 年第 6 期，第 1 页。

② 会考的目的是全面贯彻教育方针，加强教学管理，推动教学改革，大面积提高教学质量，给中学教学以正确的导向。

③ 普通高中毕业会考是国家承认的省级普通高中文化课毕业水平考试。

④ 会考采取考试和考查两种方式。考试科目为：语、数、外、政、物、化、生、史、地。考查项目为：劳动技术和物理、化学、生物的实验操作。体育由各校按教学大纲规定的内容进行考试。

⑤ 考试科目由省、自治区、直辖市统一命题、统一施考、统一评卷、统一统计、分析和报告成绩。考查项目由市、县根据统一的会考标准命题，并组织实施。

⑥ 喻本伐：《高中毕业会考兴废得失论》，《湖北招生考试》2009 年第 12 期，第 28 页。

⑦ 国家教育委员会：《关于加快改革和积极发展普通高等教育意见的通知》，《学位与研究生教育》1993 年第 2 期，第 3 页。

置方案①。1999 年，广东省率先探索高考“3＋X”科目设置方案②，后全国形成了以“3＋文科综合/理科综合”为主的高考科目设置模式。无疑，会考制度的推行，一定程度上缓解了全面评价与科学选拔之间的矛盾，为高考科目设置的改革提供了较大空间。

（三）高中毕业会考决策权的下移

20 世纪末，随着我国教育事业的快速发展和教育改革的不断深化，大力推进素质教育已成为教育改革的时代目标，而为倡导“素质教育”，贬抑“应试教育”的意向日趋明显，使各种考试在理论上陷入窘境③。另一方面，在高考指挥棒的强势诱导下，会考制度及其组织过程中的问题不断暴露，其评价功能也未能有效开发，有些地区为确保高考升学率，致使会考形同虚设。面对“片面追求高分”与“应试教育”的诟病，为适应新时期、新时代的教育发展需要，1999 年国务院发布了《关于深化教育改革全面推进素质教育的决定》（以下简称《决定》），开始“鼓励各地中小学自行组织毕业考试，采取多种形式改革高中阶段学校的招生办法，改革高中会考制度，建立符合素质教育要求的对学校、教师和学生的评价机制”④。2000 年，教育部根据《决定》中有关改革会考制度的要求和基础教育由地方负责、分级办学、分工管理的原则，同时考虑到各地经济、文化、教育发展以及会考实施状况的较大差异，发布了《关于普通高中毕业会考制度改革的意见》。

该意见主要包括：① 各省、自治区、直辖市对会考改革具有统筹决策权，是否继续组织会考由省级教育行政部门提出方案；② 不再进行会考的地方要建立和完善普通高中学校毕业考试制度，以全面推进素质教育为宗旨，探索建立对学生多方面能力发展的评价体系；③ 继续实施会考的地方要在省级教育行政部门的指导下，以全面实施素质教育为宗旨，进行会考制

① “3＋2”科目设置方案中的“3”为语、数、外，系必考科目；“2”为文史类加考的政治、历史或指理工类加考的物理、化学。

②“3＋X”科目设置方案中的“3”为语、数、外，系必考科目；“X”为选考科目，可依据报考专业的不同，在政治、历史、地理、物理、化学及生物等科目中选考1～2 科。

③ 喻本伐：《高中毕业会考兴废得失论》，《湖北招生考试》2009 年第 12 期，第28 页。

④ 中共中央国务院：《关于深化教育改革全面推进素质教育的决定》，《中国高教研究》1999 年第 4 期，第 5 页。

度改革，适当减少会考科目，减轻学生过重的课业负担，加强对学生实验能力和其他实践能力的考查；淡化会考成绩与高考报名、录取的联系；④无论由学校自行组织毕业考试，还是继续实施毕业会考，都要根据普通高中学科大纲、教材，坚持毕业水平考试的性质①。根据该意见，上海市如同率先试行会考一样，又率先决定废止会考。而江西省、吉林省、黑龙江省及重庆市等省、市也先后印发各自关于会考制度的改革意见。到2001年，湖北省、江苏省及西藏自治区等省、自治区也陆续宣布不再组织全省统一会考，改由高中学校自行组织毕业考试。至此，会考的决策权已由国家下放到省再下移至高中学校，这意味着全国高中毕业会考制度开始面临重大转折。

（四）高中毕业会考的转制

尽管高中毕业会考其兴也勃焉，其衰也忽焉。但据一些省、市在决定会考“停、续”问题时所做的大规模调查显示：“实行会考对完善普通高中教育质量监控测评体系，形成普通高中全面实施素质教育的科学导向机制、管理机制和激励机制，保证国家教育方针政策的贯彻执行，规范学校的办学行为，督促学校执行教学计划开足、开齐国家课程，保障非高考科目课程内容的正常教学，纠正高中学生偏科的现象，保证高中毕业生的基本文化素质，促进构建适应不同学生需求的升学求职路等方面发挥了较好的作用。大多数高中校长和教师对会考自身的存在价值和不可替代的功能也给予了高度认同。”② 因此，在有些省（自治区、直辖市）取消会考的同时，也有一些省市采取了积极的改革态度或措施。如2000年，山东省、宁夏回族自治区、广东省、广西壮族自治区、青海省、福建省、浙江省、山西省等省、自治区先后做出向社会开放会考的决定；2001年，北京市做出继续坚持全市统一会考制度的决定③。

---

① 教育部：《关于普通高中毕业会考制度改革的意见》，《中华人民共和国国务院公报》2000年第22期，第33～34页。

② 王本中、刘月霞、臧铁军，等：《高中学业水平考试与综合素质评价在高考中的运用研究报告》；国家教育咨询委员会：《考试招生制度改革组专题调研报告汇编》（下），2011年，第451页。

③ 全国普通高中学业水平考试工作协作会：《中国普通高中会考（学业水平考试）大事记》，浙江教研网：http://www.zjjys.org/gzhkinfo.aspx? type＝118&id＝156，2011-11-14/2012-12-04。

与此同时，随着我国基础教育改革的深入，尤其是新一轮高中课程改革的实施，为会考制度的改革带来了新的机遇。2004 年，山东省、海南省、宁夏回族自治区、广东省成为第一批新课程改革试点省、自治区，并宣布实行高中学业水平考试。2005 年，江苏省实行“7 选 2”学业水平考试模式①。2006 年，浙江省全方位进行必修课学业水平考试，高三年级学生分别参加选修内容“自选综合”考试②。2009 年，陕西省也开始实施普通高中学业水平考试制度，替代原来的高中毕业会考，并实行网上报名、网上考务考籍管理和网上评卷等网络化管理。至 2012 年，全国共 8 批次先后进入新课改的省（自治区、直辖市）基本都实行了统一的高中学业水平考试。此外，“全国普通高中毕业会考工作协作会”也已于 2008 年更名为“全国普通高中学业水平考试工作协作会”。这些改革措施意味着高中毕业会考在形式与制度上已被高中学业水平考试全面取代，也标志着会考制度基本实现转制。

另一方面，更为深入的改革是，将高中学业水平考试纳入到高校招生评价体系之中，从完善高考制度的层面给予了强力保障。2008 年教育部发布的《关于普通高中新课程省份深化高校招生考试改革的指导意见》明确提出：“高等学校招生录取要在高考成绩基础上逐步增加对学生学业水平考试及综合素质的考察。一些国家重点建设的高水平大学要深化自主选拔录取改革，在选拔综合素质高、有创新精神和潜质的人才方面，进一步探索高考、高中学业水平考试和综合素质评价与学校测试相结合的多元化评价选拔办法；示范性高等职业院校和条件成熟的省、市要进一步探索符合高等职业教育培养规律和特点的人才选拔模式，可将学业水平考试成绩与学校组织的考试成绩相结合作为录取依据。”③ 据此，部分省、市开始出台学业水平测试与高考结合的配套方案，如江苏省规定学业水平测试两门选考科目是 B 等才能上重点大学；黑龙江省规定学业水平考试两科不及格不能报考本科院校；海南省规定会考成绩 10% 计入高考录取总分。北京的高职院校只要两

---

① “7 选 2”模式，又称“7+2”模式，即省里考政治、历史、地理、物理、化学、生物和信息技术 7 门课程的必修内容，选修内容从上述 7 门中选 2 门作为选考科目。

② 含“人文与社会领域”和“科学领域”。

③ 教育部：《关于普通高中新课程省份深化高校招生考试改革的指导意见》，《中华人民共和国教育部公报》，2008 年。

科会考成绩达到要求，便可按高考语、数、外三科成绩从高到低录取。

此外，2010 年发布的《教育规划纲要》也明确提出，“改革教育质量评价制度和考试招生制度。建立科学的教育质量评价体系，全面实施高中学业水平考试和综合素质评价”，探索“普通高等学校本科招生以统一入学考试为基本方式，结合学业水平考试和综合素质评价，择优录取”，以及“高等职业学校自主考试或根据学业水平测试成绩注册入学”① 等指导意见。无疑，该纲要为完善高中学业水平考试制度及其在高校考试招生中的作用指明了发展方向。

三、综合素质评价的突起

综合素质评价是相对单一化评价而言的，通常是指运用笔试、口试、观察、实际操作等多种方法，全面考查被试者能力素质的一种人才评价方式。现今的综合素质评价是在改革开放的背景下，因统一高考难以满足社会发展对德才兼备的复合型人才的选拔培养需求，及其导致的“应试教育”与“片面追求高分”等严重教育问题，为顺利推进素质教育而提出并异军突起的高校人才选拔评价方式。

（一）综合素质评价溯源

“观今宜鉴古，无古不成今。”综观世界考试制度发展史，中国古代的另一大发明——科举考试，其形成历经了漫长的由质化评价到量化评价、由主观评价到客观评价、由综合化评价到相对单一化评价的演变过程。据载，尧选继承人时，曾令四岳“悉举贵戚及疏远隐匿者”，四岳一致推举舜，认为其为“盲者子”，却品德高尚。后尧又“以二女妻之以观其内，使九男与处以观其外”②，亲自试之。《尚书·尧典》记载舜选拔人才的规则包括“五载一巡守，群后四朝。敷奏以言，明试以功，车服以庸”；“三岁一考功，三考绌陟，远近众功咸兴”③。可见，中国远古时代的人才选拔方式便是多样化、综合化的，而非由单一考查方式评价某一或个别因素所决定。而史上确存的

① 教育部：《国家中长期教育改革和发展规划纲要（2010—2020 年）》，人民出版社，2010 年，第 40～41 页。

② 司马迁：《史记》，中华书局，2011 年，第 31 页。

③ 房列曙：《中国历史上的人才选拔制度》，人民出版社，2005 年，第 5 页。

一项人才选拔制度——察举制，即是一项设科众多①、以德行为先、以儒学为主的人才选拔制度，其选拔方式并非笔试，而是察（推）举与口试。难怪有学者认为，"汉代的察举制就是中国式的综合评价制度，是美国高校招生综合评价制度的雏形"②。

然而不幸的是，在特殊的政治、经济、文化背景下，在高利害、高竞争的驱使下，主观化、质化的人才选拔制度难以抵挡人情、关系、血缘等复杂的人性劣根性的侵袭，往往致使人才选拔沦为某些阶级获取暴利的专利，致使"上品无寒门，下品无世族"等历史悲剧轮回上演。而为了适应政治发展，体现社会公平正义，汲取历史教训的结果是：让人才选拔的天平不断向量化、客观化、单一化的笔试方式倾斜，以逐渐达到摈除质化、主观化、综合化的考察、实际操作、口试等多元评价干扰因素的目的。科举制正是在这样的历史教训与人性逻辑下演变而来，并一登上历史舞台就获得了极大的社会认同而长久不衰。反观当今高考，欲打破以单一化笔试为主的选拔局面，其改革之难与突破科举制的藩篱如出一辙。

（二）综合素质评价的产生背景

中国现今综合素质评价的提出与国际新课程改革密切相关。20 世纪中后期以来，为提高国家综合竞争力，"世界各国在推进教育改革中都十分重视中小学课程改革，在政策上将其视为关系国家、民族生存与发展的重大问题。以美、英、法为首的西方发达国家积极地、全方位地检讨、反思自己的课程体系，并提出种种改革方案"③。1983 年，美国发表了题为《国家处在危险之中，教育改革势在必行》的报告，掀起了"回归基础"的教育运动。

---

① 察举的科目可分为常科（岁科）与特科两大类。常科有孝廉、茂才（秀才）、察廉（廉吏）、光禄四行；特科又分为常见特科和一般特科。在上述科目中，以常科为先，其中又以"孝廉"一科为最重要。特科中则以"贤良方正"为最重要。如果按照四科标准分类，以"德"为主的有孝廉、孝廉方正、至孝、敦厚等科；以"文法"为主的有明法科；以"才能"为主的有尤异、治剧、勇猛知兵法、明阴阳灾异、有道等科。但所有的科目，都以"德行"为先，在学问上则以"儒学"为主。

② 陈为峰：《从考试到综合评价：在借鉴中稳健前行》，《考试研究》2011 年第 2 期，第 14 页。

③ 国家教育行政学院：《基础教育新视点》，教育科学出版社，2003 年，第 98～115 页。

1988 年，英国颁布了《教育改革法案》，改变传统的“多轨”、“多元”的课程设置状况，强调基础教育阶段的学生应学习广博的、平衡的、相关的课程①。在这样的国际背景下，我国的基础教育课程改革也开始进入国家发展战略规划的视野。

此外，随着传统基础教育课程存在的问题日益突出，如学校教育过于注重知识传授，忽视了学生的社会性和创造性；课程内容过于注重书本知识，“繁、难、偏、旧”脱离了学生经验；课程体系过于强调学科本位，学科独立、科目过多，忽视了学科之间的整合性和关联性；学生学习过于强调接收式学习，死记硬背、机械训练，缺乏自主探究和合作学习的机制；教育评价过于强调甄别和选拔功能，忽视评价促进学习者发展和提高的教育功能；课程管理过于集中、统一，忽视学校在课程管理与开发中的作用等②。这些问题严重制约着我国基础教育乃至整体教育的发展。因此，强调素质教育的改革规划被提上日程，而为推进素质教育，构建符合素质教育考核、检测体系的综合素质评价也就呼之欲出。

（三）综合素质评价的发展

为顺应时代与社会发展需求，加快推进素质教育以及配合构建素质教育评价体系。1999 年国务院发布了《关于深化教育改革全面推进素质教育的决定》，提出了“加快改革招生考试和评价制度，改变‘一次考试定终身’的状况”。“按照有助于高等学校选拔人才、中小学实施素质教育和扩大高等学校办学自主权的原则，积极推进高考制度改革。进行每年举办两次高等学校招生考试的试点。高考科目设置和内容的改革应进一步突出对能力和综合素质的考查。鼓励有条件的省级人民政府进行多种形式的高考制度改革试验，扩大学校的招生自主权和考生的选择机会。逐步建立具有多种选择的、更加科学和公正的高等学校招生选拔制度。”③这是我国较早在文件中提出要把高考制度改革与推进素质教育结合起来的正式化制度构想。

随后，2001 年教育部发布了《基础教育课程改革纲要（试行）》，进一

---

① 李朝仙：《高中课程改革与高考关系研究》，厦门大学硕士学位论文，2006 年。

② 刘海峰，等：《高校招生考试制度改革研究》，经济科学出版社，2009 年，第 82 页。

③ 中共中央办公厅：《中共中央国务院关于深化教育改革全面推进素质教育的决定》，《地质职工教育》1999 年第 2 期，第 4 页。

步提出"改变课程评价过分强调甄别与选拔的功能，发挥评价促进学生发展、教师提高和改进教学实践功能"① 的规划。2002 年，《教育部关于积极推进中小学评价与考试制度改革的通知》又首次提出要在基础教育各学段实行综合素质评价，即既要重视学生的学习成绩，也要重视学生的思想品德以及多方面潜能的发展，注重学生的创新能力和实践能力，并强调要改变以升学考试科目分数简单相加作为唯一录取标准的做法②。以 2003 年教育部发出的《关于开展普通高中新课程实验工作的通知》为标志，我国基础教育课程改革开始以整体化实施向纵深推进。同年出台的《普通高中课程方案（实验)》则更明确、更具体地提出要"建立发展性评价体系。改进学生学业成绩与成长记录相结合的综合评价方式"，"学校应根据目标多元、方式多样、注重过程的评价原则，综合运用观察、交流、测验、实际操作、作品展示、自评与互评等多种方式，为学生建立综合、动态的成长记录手册，全面反映学生的成长历程"③。

2004 年，教育部又印发了《国家基础教育课程改革实验区 2004 年初中毕业生考试与普通高中招生制度改革的指导意见》，再次强调："要改变以升学考试科目分数简单相加作为唯一录取标准的做法，力求在初中毕业生学业考试、综合素质评定、高中招生录取三方面予以突破。"④ 至此，综合素质评价已完成了评价方式方法的经验积累与评价体系的初步构建，同时，也在一定程度上使综合评价的理念深入人心，形成了较好的综合素质评价的文化氛围，并以半制度化的形式与升学挂钩，开始进入实质性"破冰"阶段。

（四）综合素质评价的实践

事实上，早在 1997 年国家教育委员会就针对当时的高中课程结构存在"学科课程过多，过于偏重知识传授，忽视学生能力的发展；必修课过多，选修课太少，科目设置统一、课程内容统一、要求统一，在一定程度上限制

---

① 教育部：《基础教育课程改革纲要（试行)》，《异步教学研究》2002 年第 3 期，第 21 页。

② 教育部：《关于积极推进中小学评价与考试制度改革的通知》，《教育部政报》2003 年第 3 期，第 134～135 页。

③ 教育部：《普通高中课程方案（实验)》，《教育理论与实践》2008 年第 2 期，第 13 页。

④ 教育部：《国家基础教育课程改革实验区 2004 年初中毕业考试与普通高中招生制度改革的指导意见》，《中华人民共和国教育部公报》，2004 年。

了学生的发展；课程设置上并行科目过多，造成了学生负担过重；过于强调学科价值，缺少学科之间的整合”① 等突出问题，在山西省、江西省、天津市3省、市启动了普通高中新课程方案的试验。试验将“普通高中由初中教育的延伸改为确定了独立的性质、任务和培养目标，课程结构由单一的学科课程改为学科和活动类课程相结合，课程管理形式由国家统一改为中央、地方、学校三个层次，实行三级管理，课程安排由统一要求改为根据不同条件和办学模式的需要具体设定”②。此次试验在推行“以学生为主体，优化课堂教学；加强活动课、选修课建设，开展研究型学习”③ 等方面取得了重大进展。

2004年，教育部决定从山东省、广东省、海南省与宁夏回族自治区4省、自治区的高一年级新生开始，率先进行普通高中新课程实验，并有计划地逐渐向全国推开。与以往相比，此次“高中新课程在规划和设计上顺应时代潮流，凸显学生发展为本的课程指导思想和课程改革目标，构建能够更好地体现时代性、基础性和选择性要求的课程结构与课程内容，并且通过创建新的课程实施与评价制度，推动课程体制与课程观念的同步变革”④，旨在“为学生具备进入学习型社会所必需的各种能力打基础，为学生进一步接受高等教育打基础，为学生具备面对社会就业所需要的生存能力、实践能力和创造能力打基础，为学生发展个性、走向自立提供良好平台”⑤。到2012年，全国除港、澳、台地区的所有省（自治区、直辖市）都已分批次进入新课程改革，依次是：2005年江苏省；2006年辽宁省、天津市、安徽省、浙江省、福建省；2007年黑龙江省、吉林省、北京市、湖南省、陕西省；2008年河南省、新疆维吾尔自治区、山西省、江西省；2009年河北省、湖北省、内蒙古自治区、云南省；2010年四川省、甘肃省、贵州省、重庆市、西藏自治区、青海省；2012年广西壮族自治区。而为适应新一轮普通高中新课程改革，各省（自治区、直辖市）已先后或将陆续进行新课程高考（见表2-1）。

---

① 李建平：《高中新课程方案精彩绘就——教育部有关负责人详析高中课改五大目标》，《中国教育报》2004年2月19日，第4版。

② 高耀彬、贺斌：《面向新世纪的改革——山西普通高中课程改革、高考改革接轨综述》，《中国教育报》2000年12月20日，第4版。

③ 王淑军：《江西高中课程改革气象新》，《人民日报》2001年7月5日，第6版。

④ 吴刚平：《高中新课程新在哪里》，《中国教育报》2005年3月4日，第4版。

⑤ 李建平：《高中新课程方案精彩绘就——教育部有关负责人详析高中课改五大目标》，《中国教育报》2004年2月19日，第4版。

表 2-1　全国各省（自治区、直辖市）进入新课程高考进度表

批次	省、自治区、直辖市	新课改年份	新课改高考年份
第一批	山东、宁夏、广东、海南	2004	2007
第二批	江苏	2005	2008
第三批	浙江、安徽、辽宁、福建、天津	2006	2009
第四批	北京、陕西、湖南、黑龙江、吉林	2007	2010
第五批	山西、江西、河南、新疆	2008	2011
第六批	河北、湖北、云南、内蒙古	2009	2012
第七批	四川、甘肃、贵州、重庆、西藏、青海	2010	2013
第八批	广西	2012	2015

注：上海虽于1988年率先进行第一期新课改试验，但实施新课程高考是在2009年。

综观2007年以来实施的新课程高考方案，大致有三大共同点：一是统一考试科目的设置都以“语＋数＋外＋文科综合/理科综合”为主体；二是统一考试内容都包括必修与选修两个部分；三是都将普通高中学业水平考试和学生综合素质评价作为高校招生录取的依据或参照标准之一。海南省、江苏省、天津市、浙江省、辽宁省、安徽省及福建省等省（自治区、直辖市）的高考改革方案都无一例外地将普通高中学业水平考试和学生综合素质评价纳入到高校招生录取综合评价体系，为高校招生录取提供参考依据。如安徽省的普通高中学生综合素质评价从公民道德素养、学习态度与能力、实践与创新、交流与合作、运动与健康、审美与表现6个方面评价，以学生主要行为表现的实证材料为依据，综合评价结果及其实证材料进入考生档案，供高校录取时参考①。吉林省则将学生的综合素质评价细化为30个要素，采用等级和综合评语相结合的办法，以定性为主，分为优秀、良好、合格、待合格4个等级，每学期评价一次，毕业前进行总评。而为了减少人为因素干扰，采集的学生综合素质数据一旦输入电子档案，就不能被轻易更改删除，如需修改，要按照程序报批，系统会留下签批、删改记录②。

---

① 李铮：《实施高中新课程省份高考改革方案比较》，人民网：http://www.edu.people.com.cn/GB/116076/10034359.html，2009-09-11/2012-12-05。

② 黄碧梅：《综合素质纳入录取参考，高考不再一考定终身？》，人民网：http://www.edu.people.com.cn/GB/9995880.html，2009-09-07/2012-12-05。

高考作为联结基础教育和高等教育的纽带，一方面要服从高中课程改革的需要，另一方面又对高中乃至整个基础教育阶段的课程设计具有强大的反作用。普通高中新课程试验与新一轮高考改革在目标趋向上高度一致，即落实素质教育，培养学生的创新精神和实践能力；课程标准和考试评价标准在内容和呈现方式上指向一致，即增加应用性、能力性和综合性。这“两个一致”为“两改接轨”提供了基础①。从各省（自治区、直辖市）新出台的高考改革方案来看，虽各具特色，但都在努力朝着“逐步建立和完善在国家统一考试录取基础上的全面、综合、多元化的考试评价制度和高等学校多样化的选拔录取制度”这一方向迈进。随着基础教育课程改革的不断深入，“唯分录取”与“一考定终身”的坚冰正在被逐渐打破，高考改革无疑将会在有利于高校选拔人才、有利于中学实施素质教育和有利于扩大高校办学自主权的基本原则下，逐步实现由单一考试向综合评价转变，并最终构建起更加科学与公正的人才综合评价体系。

四、高校自主招考的启航

自主招生是扩大高校自主权和深化高考制度改革的重要举措，也是我国创新人才选拔培养模式的新探索。目前的自主招生模式可分两类：一是统考前提下的自主招生，即考生必须参加高考，且只有达到一定的分数线才能享受一定的录取优惠政策。这一类主要在自主选拔录取改革试点高校实行；二是完全自主招生，即高考成绩仅作参考，或无需参加高考。这一类主要包括部分省、市高职院校的自主招生改革试点和复旦大学、上海交通大学试行的自主选拔录取改革试验。

（一）高校自主招生的历史渊源

从高校自主招生的内涵来看，它是与中国近代高校同时产生的一种招生方式。清末废科举、兴学堂，自主招生②作为西方教育模式的一个重要组成部分被同时引进。19 世纪 60—90 年代，在“师夷长技以制夷”的洋务运动

---

① 高耀彬、贺斌：《面向新世纪的改革——山西普通高中课程改革、高考改革接轨综述》，《中国教育报》2000 年 12 月 20 日，第 4 版。

② 一般认为，尽管清末及民国时期的高校“单独招生”、“单独招考”或“自行招考”与当今的高校自主招生在称谓、理念等方面有所不同，但从招生的方式、方法等实践来看，却十分相似，因而，中国的高校自主招生通常被追溯至清末的大学堂单独招考。

中，清朝中央部门和地方政府为培养军事、技术、经济、文化等实用人才，先后创立了20多所语言、军事及实业（电报、采矿、医学等）类洋务学堂。各类学堂的招生考试，完全由学堂主办者自行组织，且一般根据洋务人才的需要，结合学堂办学要求，面向社会公开考试招收学生。当然，由于当时还没有相应的中等教育体系，学堂生源十分匮乏，“也会在一定范围内保送、选调合格的学生入学，如从八旗子弟中挑选生员，或是从科甲正途出身的举人及恩、拔、岁、副、优、贡等中选拔”①。可见，从洋务学堂招生的自主性来看，它不仅勾勒了中国近代高校招生制度的雏形，还开中国高校自主招生考试制度之先河。

民国时期，我国近代高等教育体系得到了进一步发展，基本完成了从简单模仿日、美到逐步中国化的转变。总体上看，民国时期高校招生制度②的演变大体可分三个阶段：一是1911年—1932年的高校单独自由招生阶段；二是1933年—1940年的计划与统一招生阶段；三是1941年—1949年的招生形式多元化③阶段。不难发现，整个民国时期的高校招生尽管出现了统一招考、联合招考等多种招生方式，但基本还是以高校单独自主招考为主。有研究指出，在民国时期的高校自主招生过程中，“民国政府教育部仅制定有关招生原则，进行协调，其他招生事宜，诸如各校招生机构、招生方式、招生人数、录取标准、考试内容及命题、阅卷等悉由高校自主决定”④。如民国初年，“在考试科目上，各级各类学校无统一标准。高等专门学校，除国文、外文、数学为必考科目，多数学校还从本校的专业要求出发，设置相关考试科目。而招考次数及考点设置往往也随录取情况而定”⑤。

① 肖娟群：《我国高校自主招生考试的历史考察与现状研究》，厦门大学硕士学位论文，2008年。

② 事实上，民国时期的高校招生制度有两种：一是国民政府统治区的高校招生制度；一是中国共产党在土地革命、抗日战争和解放战争时期创办的大学招生考试制度。此以国民政府统治区的招生制度为例。

③ 民国时期中后期的高校招生多元化形式主要包括：单独招生、联合招生、委托招生、成绩审查及保送免试五种。参见高耀明：《民国时期高校招生制度述略》，《高等师范教育研究》，1997年第4期，第69～72页。

④ 樊本富：《中国高校自主招生研究》，华中师范大学出版社，2010年，第68页。

⑤ 张亚群：《从单独招考到统一招考——民国时期高校招生考试变革的启示》，《中国教师》2005年第6期，第24～25页。

可见，高校自主招生并非现今的新鲜事物，而是早已在西方和中国实行过的旧制度。它具有较深厚的历史渊源，其胚芽根植于清末大学堂的自主单独招生，且在民国时期得到了相当的发展。

（二）高校自主招生的再现缘起

在人们研究中国近代高校自主招生的过程中，有人认为，“清末、民初的自主招生之所以能够产生、存在与发展，受益于当时多元的政治、经济与文化土壤的配置作用”①。也有人认为，民国时期的自主招生是现实环境所迫的结果，是“效率优先的价值取向自然地取得了各利益集团的认同，即高校招生必须向效率倾斜，以应战局对人才之需”②。还有分析指出“是高等教育对内部变化和外部环境的主动调节和被动适应的直接反映”③。的确，整个民国时期，一方面，国家基本处于内外交困的动荡局面，政治、经济、文化及意识形态等社会基础复杂多变，使作为教育产物的招生制度在客观上没有统一的先决条件；另一方面，从当时教育的发展状况来看，高等教育体系尚处于初级阶段，各高校的性质、规模、层次等差异显著，且中等教育基础薄弱，高校的招生生源严重不足，国家为求教育发展，高校为求继续生存，采取单独招生既是权宜之计，也是唯一选择。

显然，新时期的自主招生，没有民国时期“内外交困”的双重压力，那么推动其重现的动力必然来自新的内、外部力量。就内部而言，自 1952 年统考制度建立后，“文化大革命”前主要以分数为依据，恢复高考以来的高校招生几乎是以高考分数作为录取的唯一依据。“高校不仅无权自行施考，而且招生权也基本上被‘一刀切’的高考分数线所架空。由于录取制度刚性，标准单一，中学教学深陷‘片面追求高分’与‘应试教育’的泥潭。因此，扩大高校招生自主权，推进素质教育，探索一种以统一考试为主、多元考试评价、多样选拔录取相结合的高校招生制度，成为教育改革的迫切需要。”④ 就外部而言，1992 年党的十四大提出要进一步解放思想，加快改革

---

① 薛成龙：《近代中国高校招生考试研究》，厦门大学硕士学位论文，1999 年。

② 孙华：《百年来高校招生政策中的效率分析》，《黑龙江高教研究》2007 年第 5 期，第 64 页。

③ 高耀明：《民国时期高校招生制度述略》，《高等师范教育研究》1997 年第 4 期，第 73 页。

④ 郑若玲：《苦旅何以得纾解——高考改革困境与突破》，江苏教育出版社，2011 年，第 197 页。

开放和现代化建设步伐，并确立了社会主义市场经济体制的改革目标。1993年，国务院在《关于加快改革和积极发展普通高等教育意见的通知》中提出要“改革原有的由国家包办高等教育的单一体制和模式，探索适应社会主义市场经济体制、调动社会办学积极性、多种形式和途径发展高等教育的新路子”，要“把提高发展高等教育质量放在突出的地位。对于列入‘211工程’计划的高等学校和学科、专业，中央（包括各有关部门）和地方两级教育部门，要采取适当的特殊政策，进一步扩大这些学校的办学自主权”，同时还要“进一步改进招生和入学考试办法。对在培养人才方面有特殊要求的学校或专业，经过批准可按系统或地区，联合或单独组织招生考试，并按有关规章录取新生。为有利于高等学校按照各自的特色、风格和专业要求培养人才，把选拔新生的职权留给学校”①。

另外，据统计，“1950年—2001年，我国高等教育规模增长了85倍，各级教育规模的增长速度远超过了世界的平均发展速度。2006年高校在校生总人数超过2 500万人，高等教育毛入学率超过22%，与1991年的3.5%相比提高了近19个百分点”②。而据《2011年全国教育事业发展统计公报》显示，“2011年全国各类高等教育总规模达到3 167万人，高等教育毛入学率达到26.9%”③。尽管普通高校招生规模急剧扩张，录取率逐年攀升（见表2-2与图2-1），但重点大学和热门专业的入学考试竞争依然激烈。此外，国家教育大众化的发展，要求不同类型、层次的高校依据各自的培养目标、办学条件及市场需求，自主制定相应的人才选拔标准，增加入学选择性。基础教育为了降低升学考试竞争，切实减轻学生课业负担，有效推进素质教育，迫切需要深化高考评价制度改革④。在此背景下，推进高校自主招生改革，构建多元化的录取体系，是大势所趋。

---

① 国家教育委员会：《关于加快改革和积极发展普通高等教育意见的通知》，《学位与研究生教育》1993年第2期，第3页。

② 汪菁：《我国高校自主招生政策评析》，浙江大学硕士学位论文，2007年。

③ 马学玲：《2011年全国高等教育毛入学率达26.9%》，中国新闻网：http://www.chinanews.com/edu/2012/08-30/4147331.shtml,2012-08-30/2012-12-07。

④ 张亚群：《高校自主招生与高考改革（自序）》，中国社会科学出版社，2012年，第5～6页。

表 2-2　1977 年—2012 年中国高考录取率一览表

年度	报考人数	录取人数	录取率（%）	年度	报考人数	录取人数	录取率（%）
1977	5 700 000	272 971	4.8	1995	2 530 813	925 940	36.6
1978	6 102 640	292 278	4.8	1996	2 665 917	956 812	35.9
1979	4 684 802	284 102	6.1	1997	2 842 659	1 080 411	38.0
1980	3 327 869	288 111	8.7	1998	3 191 307	1 083 627	34.0
1981	2 589 020	282 962	10.9	1999	2 840 972	1 548 554	54.5
1982	1 867 025	304 935	16.3	2000	3 750 000	2 210 000	58.9
1983	1 672 727	359 807	21.5	2001	4 540 000	2 680 000	59.0
1984	1 643 565	426 854	26.0	2002	5 100 000	3 200 000	62.7
1985	1 758 972	499 292	28.4	2003	6 130 000	3 820 000	62.3
1986	1 914 340	572 055	29.9	2004	8 001 643	4 473 422	55.9
1987	2 275 063	596 661	26.2	2005	8 109 876	5 044 581	62.2
1988	2 716 408	694 842	25.6	2006	8 865 405	5 460 530	61.6
1989	2 662 118	618 940	23.2	2007	10 100 000	5 660 000	56.0
1990	2 832 751	618 124	21.8	2008	10 500 000	5 990 000	57.0
1991	2 956 261	619 874	21.0	2009	10 200 000	6 290 000	62.0
1992	3 026 357	754 192	24.9	2010	9 570 000	6 570 000	68.7
1993	2 861 361	923 952	32.3	2011	9 330 000	6 750 000	72.3
1994	2 508 061	899 846	35.9	2012	9 150 000	6 862 500	75.0

数据来源：1. 1977 年—2006 年的高考录取率，参见刘海峰，等：《高校招生考试制度改革研究》，北京：经济科学出版社，2009 年，第 38 页。2. 2007 年—2012 年高考录取率，参见中华人民共和国教育部发展规划司主编：《中国教育统计年鉴》（2007 年、2008 年、2009 年、2010 年、2011 年、2012 年），人民教育出版社历年版。

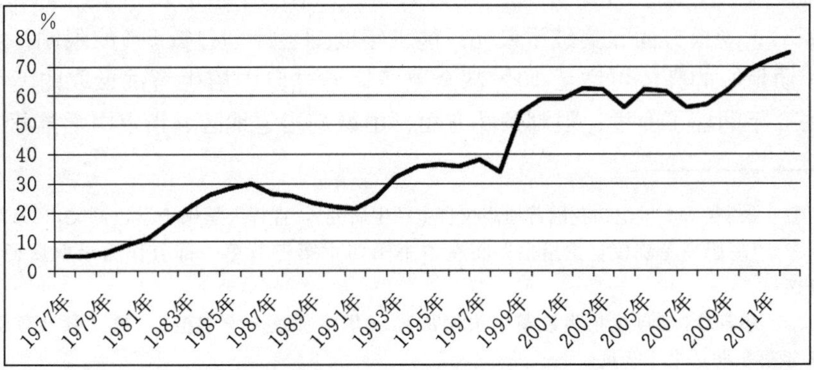

图 2-1　1977 年—2011 年中国高考录取率曲线图

（三）高校自主招生的改革实践

自主招生是以选拔创新型人才为战略目标的统一高考制度的补充与完善，是深化高校招生制度改革的重要措施，是扩大高校办学自主权，针对高校办学特色和培养模式特点，选拔具有创新思维的高素质人才、培养符合社会发展需要的人才的一种制度建构①。依据学校办学性质，我国高校基本可分为普通高等学校和高职院校两大类，它们在自主招生改革实践中可谓并驾齐驱，各具特色②。

追溯中华人民共和国成立后高校自主招生改革的实践起点，它始于1993年上海工业大学等7所高校试行的自主招收自费生的尝试。但直到21世纪才进入自主招生改革的实质阶段。2001年，教育部批准东南大学、南京航空航天大学、南京理工大学三校试行自主招生录取改革。试点的思路是将高校的考核与高考相结合，即"由高校制订自主选拔录取方案，学生提出申请并参加学校组织的审查与测试，合格者成为候选人。但仍需参加统考，且只有达到选报学校所在省区市的规定分数线才具备投档资格，最后由高校根据统考成绩和自测情况进行综合评价与自主录取"③。2003年，在试点经验的基础上，教育部选取了北京大学、清华大学等22所国家重点大学，各拿出5%的招生名额，按照报考条件、招生办法、录取结果"三公开"原则，进行自主招生改革试点。2004年自主招生试点院校增至28所，2005年增至42所，2006年达到53所。与此同时，自主招生改革中还出现了复旦大学、上海交通大学及北京市、上海市9所高职高专的不同考试选拔模式④。

10年间，自主招生改革在数量、规模、条件、力度、模式、范围等方面均有很大变化：数量方面，由2001年的3所增至2012年的90所（见表2-3）；规模方面，突破了最初只能占年度招生计划总数5%的限制，考生多、质量好的高校可增至10%甚至更多，通过自主招生考试录取的考生在过去6年间翻了6番；限制条件方面，由最初指定地区、指定中学推荐发展

① 张宇：《21世纪初我国普通高校自主招生研究》，吉林大学硕士学位论文，2012年。

② "高职高专院校自主招生"将在本书第四章第三节第一部分作为录取途径之一加以探讨。

③ 郑若玲：《自主招生改革何去何从》，《华中师范大学学报》（人文社会科学版）2007年第4期，第135页。

④ 张亚群：《北大清华自主招生考试改革透视》，《考试研究》2007年第1期，第16页。

为个人自荐与中学推荐相结合，一般采取“学校推荐为主，个人自荐为辅”，不仅重点中学的学生可以报名，一般中学的学生也可自荐；降分幅度方面，对获得自主招生资格尤其是某方面有特殊才能的考生，由最多可降 30 分变为不受此限，甚至还可优先选专业；招生模式方面，在原来“自主 + 高考”模式的基础上，增加了复旦大学、上海交通大学完全自主的“去高考”模式，以及浙江省的“三位一体”① 综合评价录取模式等；试点范围方面，由最初的重点大学扩大到一般本科和高职院校②。而随着自主招生改革的不断深入，新的自主招生模式——大学联考“又重新”登上了历史舞台。

表 2-3　2012 年自主招生试点高校名单（单位：所）

面向全国自主招生的院校		
地区	校名	校数
北京	北京大学、北京大学医学部、清华大学、中国人民大学、北京交通大学、北京航空航天大学、北京理工大学、北京科技大学、北京化工大学、北京邮电大学、北京林业大学、北京中医药大学、北京师范大学、北京语言大学、中国政法大学、中央财经大学、中国传媒大学、华北电力大学、对外经济贸易大学、中国石油大学（北京）	20
上海	复旦大学、同济大学、上海交通大学、华东理工大学、东华大学、华东师范大学、上海外国语大学、上海财经大学	8
天津	南开大学、天津大学	2
长春	吉林大学、东北师范大学	2
辽宁	东北大学、大连海事大学、大连理工大学	3
哈尔滨	哈尔滨工业大学、哈尔滨工程大学	2

① 2011 年，浙江省教育厅以浙江工业大学和杭州师范大学为样本，正式启动“三位一体”综合评价招生试点工作，推行“自主测试、参加高考、综合评价、提前录取”的改革举措，旨在进一步深化和完善“新课改高考”。具体而言，所谓“三位一体”综合评价招生，即把考生学业水平测试成绩、综合素质评价成绩和统一高考成绩按一定比例折算成综合成绩，以综合成绩作为依据进行招生选拔录取。详见林上洪：《“三位一体”综合评价：浙江高校自主招生的模式创新》，《招生考试研究》2012 年第 2 期，第 35～41 页。

② 郑若玲：《自主招生改革何去何从》，《华中师范大学学报》（人文社会科学版）2007 年第 4 期，第 135～136 页。

续表

面向全国自主招生的院校		
地区	校名	校数
江苏	东南大学、南京航空航天大学、南京理工大学、南京大学、河海大学、江南大学、南京农业大学、中国药科大学、中国矿业大学、苏州大学	10
合肥	中国科学技术大学、合肥工业大学	2
福建	厦门大学	1
浙江	浙江大学	1
山东	山东大学、中国海洋大学、中国石油大学（华东）	3
武汉	武汉大学、华中科技大学、华中农业大学、中国地质大学（武汉）、武汉理工大学、华中师范大学、中南财经政法大学	7
长沙	湖南大学、中南大学	2
广州	中山大学、华南理工大学	2
重庆	重庆大学．西南大学	2
成都	四川大学、西南交通大学、电子科技大学、西南财经大学	4
西安	西安交通大学、西安电子科技大学、长安大学、西北农林科技大学、西北工业大学	5
兰州	兰州大学	1
仅在本省自主招生的院校		
贵州等	贵州大学、郑州大学、黑龙江大学、北京工业大学、南京师范大学、广西大学、福州大学、四川农业大学、西北大学、湖南师范大学、上海大学、西南政法大学、云南大学	13

资料来源：教育部：《自主招生动态》，阳光高考：http://gaokao.chsi.com.cn/z/tszs/2013zzxb.jsp。

自2005年，北京化工大学、北京交通大学、北京邮电大学、北京科技大学、北京林业大学实行“北京五校联考”以来，2009年，清华大学、南京大学、上海交通大学、中国科学技术大学、西安交通大学又宣布试行“全国五校联考”。到2010年，大学联考迅猛发展，并形成联盟集结之势，先后出现“北约”、“华约”、“京都”、“卓越”“四大联盟”（各联盟成员及其联考情况见表2-4）。全国具有自主招生资格的80所高校已有34所以联盟的形式自主招生。首次联考采取通用测试、高校个性测试、高校面试相结合的模式，其中，通用测试即实行联合统一命题、统一组织考试、统一阅卷并共享考试成绩的办法①。

表 2-4　2011 年我国“四大联盟”联考情况简表②

联盟	成　员	笔试科目		可报考校数	考试时间
		文科	理科		
北约	北京大学、北京航空航天大学、北京师范大学、南开大学、厦门大学、复旦大学、香港大学、中山大学、武汉大学、四川大学、山东大学、兰州大学、华中科技大学	语文、数学、外语、政治、历史	语文、数学、外语、物理、化学	3 所	2 月 20 日
华约	清华大学、上海交通大学、中国科学技术大学、西安交通大学、南京大学、中国人民大学、浙江大学	阅读与写作（含中文和英文）、数学、人文与社会（历史、地理、政治）	阅读与写作（含中文和英文）、数学、自然科学（物理、化学）	2 所（若初试成绩未达到所申请学校要求，可向第三所学校申请）	2 月 19 日
卓越	北京理工大学、大连理工大学、东南大学、哈尔滨工业大学、华南理工大学、天津大学、同济大学、西北工业大学、重庆大学	阅读与写作（含语文、英语）、数学	阅读与写作（含语文、英语）、数学与物理	2 所	2 月 26 日
京都	北京化工大学、北京交通大学、北京科技大学、北京邮电大学、北京林业大学	（不分文理）语文、数学、英语及综合能力测试		1 所	2 月 20 日

① 李木洲、刘海峰：《大学联考何去何从》，《国家教育行政学院学报》2011 年第 9 期，第 51～52 页。

② 李木洲、刘海峰：《大学联考何去何从》，《国家教育行政学院学报》2011 年第 9 期，第 52 页。

纵观联考，它曾在特定的历史背景下出现，后被全国统一招考所取代，而近年又被重新推上了历史舞台。但形式与内容已发生了质的变化，如联考形式由以高校所在区域为基础变为以高校类型或水平为基础；联考目的由为实现统考过渡与实验变为选拔特定人才；联考考试由单一笔试变为多元考查等。正如有学者曾预言："即使改统一高考为各校单独招考，受考试制度发展的内在动力驱使，高校必然还是会自动走向联合招考。"① 可见，我国的联考经历了一个由以适应外部环境变化为主导所"催生"，再到由以考试内部发展规律为主导所推动的"再生"过程。

然而，随着大学联考的试验不断推进，也有大学逐渐意识到联考或许并非最佳招生方式。如 2012 年，南开大学、复旦大学先后宣布退出"北约联盟"，其中，南开大学回归到"自行命题，自行考试，以发现'适合南开'优质生源"② 的轨道上。复旦大学则开始面向全国（除江、浙、沪）试行"推优直选"，即由中学校长推荐、大学综合评价入学的一种自主人才选拔模式，旨在考生和大学中间增加中学考核环节，通过综合评价考生整个高中阶段的学业成绩和综合素质表现，选拔高中阶段全面发展、表现优异、具有学术研究志向和潜质的学生。另据复旦大学表示，试行"'推优直选'的一个重要出发点是缓解大量考生的赶考压力。与往年相比，近年联考平均录取率为 10%左右，而 2010 年复旦大学自主试点联考板块的实际录取率低于 2%，绝大部分学生都没有享受到招生优惠政策，其实是增加了学生的负担"③。此外，对"获得推优直选资格的考生，经公示无异议并达到规定的高考成绩后，即予以办理正式录取手续，不再为了提高一分两分的录取线争破头，而是招收全面发展真正有潜力的'读书种子'"④。

如果说南开大学、复旦大学从正在流行的自主招生联考中退出，标志着我国的大学联考已从最初的"摸着石头过河"的阶段开始走向"经验总结与理性选择"的阶段。那么，2014 年 9 月国务院发布的《国务院关于深化考

---

① 刘海峰：《为什么要坚持统一高考》，《上海高教研究》1997 年第 5 期，第 46 页。

② 张国：《南开大学退出自主招生联考》，《中国青年报》2011 年 12 月 2 日，第 3 版。

③ 韩晓蓉：《复旦南开退出"北约"联考，多方看衰自招联考》，《东方早报》2011 年 12 月 5 日，第 A6 版。

④ 周凯、邱晨辉、张国：《高校自主招生再度打响"掐尖"战》，《中国青年报》2011 年 12 月 3 日，第 2 版。

试招生制度改革的实施意见》明确提出“试点高校要合理确定考核内容，不得采用联考方式”进行自主招生，这意味着我国大学自主招生得到了进一步规范与完善，渐趋成熟。

（四）高校自主招生改革的成效与问题

自主招生经过10多年的试点改革，较好地发挥了典型性、示范性作用，在转变人才选拔理念、变革人才培养模式、完善高校招生制度等方面取得了一些成效。但同时，由于试行时间较短，其选拔方式、选拔标准等尚处于摸索阶段，各方面制度建设也有待完善。因而，目前的自主招生在公平与效率等方面还存在不少亟待解决的问题。

1. 自主招生改革的成效

其一，从选拔的生源质量来看，自主录取类略高于统招录取类。以几所试点高校为例。南京航空航天大学2005年毕业的第一批148名自主录取的学生，顺利升学的有60人左右，约占总数的40%，其余的在整个学校的就业分析中，不管是单位性质还是就业环境也都优胜于统招类毕业生；东南大学为验证自主招录办法与规则的科学性和客观性，经对自主录取学生的学习状况进行跟踪调查与比较，结果显示：自主录取的学生进校后的学习情况普遍优于统招类学生，且在学习潜能、兴趣活动及学科竞赛等方面皆占优势；浙江大学竺可桢学院2005年选拔新生时，其中有52名自主录取的学生报名参加，结果有38人通过，录取率为73.1%，整整高出了整个学院录取率（57.1%）16个百分点①。另据上海交通大学2011年统计显示，其自主录取类学生的就业率为96%，升学率为54%，出国率为26%，而统招生的比率分别为94%、34%和15%②。可见，自主录取类学生的学习、升学及就业等情况均优于或较优于统招类学生。

其二，从“新式学院”的建立来看，促进了大学人才培养模式的变革。自主招生为试点院校选拔了一批优异人才，改善了生源的知识和能力结构，促进了通才培养模式的发展。有的院校将自主招生与创新人才培养衔接，如

① 李振东：《惟愿蹊径变通途——高校自主招生调查》，《高校招生》2005年第12期，第13～14页。

② 李木洲：《上海交通大学座谈会（咨询六组第22号）》，国家教育咨询委员会：《考试招生制度改革组调研报告、会议记录及相关资料汇编》，2011年，第248页。

2005年浙江大学将自主招生与竺可桢学院选拔资格相连；2010年南开大学调整自主招生办法，推出“伯苓班”和“省身班”，单独建实验班招生，前者培养物理学、化学、生物学尖子生，后者培养数学尖子生；上海交通大学成立致远学院，为培养拔尖创新人才设立“特区”。有的院校虽未明确将自主招生与人才培养新模式挂钩，但实际上自主录取的学生更利于通才培养模式的实施。如复旦大学成立复旦学院，按专业录取学生，接受一年通识教育，再进入各自专业院系学习；西安交通大学成立“文治苑”，尝试书院制管理；2007年，北京大学成立“元培学院”，试行新的培养机制；南京大学成立“匡亚明学院”，招收本科新生。这类通才教育宗旨在本质上是与自主招生选才要求相通的①。

其三，从中学教育教学的变化来看，促进了中学素质教育的发展。中学生是自主招生的对象，自主招生对基础教育的影响显而易见。从招考实践来看，大多数大学自主考试的内容涵盖面广，注重考核学生的综合素质和发展潜能。对教师教育教学方式、学生学习方式产生了一定的积极影响。调研显示：上海市、南京市、杭州市、宁波市和苏州市5市40所高中70%～80%的学生认为，试行自主招生后，教师的教育观念和教育教学方式都或多或少地发生了变化，变化最大的依次是教师更加鼓励学生参加各类竞赛活动，更加注意调动学生学习的主体性和主动性，更加关注课本外的知识，更加有意识地培养学生的创新性和求异思维，更加重视讨论、活动等互动式、启发式教学等；60%～70%的学生认为，试行自主招生后，学生行为变化最大的依次是更加积极地参加各类竞赛活动，更加重视多方面的兴趣和特长发展，更加主动学习及重视课外阅读，更加关心国内外形势和社会问题了②。这项统计从一个侧面反映了自主招生改革对基础教育的积极影响。

2. 自主招生改革存在的问题

其一，从自主招生的公平性来看，目前尚受质疑。有研究指出，自主招生在不同社会阶层、不同区域之间存在较大的入学机会差异。如从报考条件到选拔方式、考试内容，具有明显的城市导向性，不利于农村考生和弱势群

① 张亚群：《高校自主招生改革：动因、问题与对策》，《北京大学教育评论》2010年第2期，第33～41页。

② 高等学校自主招生对江浙沪高中教育影响调研组：《高等学校自主招生的问题与对策》，《上海教育科研》2009年第6期，第4～7页。

体的平等竞争，“存在着向知识精英阶层、城市学生倾斜的精英化趋向”①。在地区差异方面则更加明显，有研究统计了北京大学、清华大学、复旦大学、中山大学、厦门大学5所重点高校生源数量分别位列前五位与后五位的省（自治区、直辖市）分布情况，结果表明：“西部地区考生的录取机会大大少于东、中部地区，有些西部地区的录取人数甚至为零。”② 此外，在中学校际之间也存在较大差距，如以2008年录取人数最多的上海市10所重点高中作统计，其“录取人数占复旦大学在上海录取总人数的49.2%，而这10所中学被自主招生录取的人数要占上海自主招生总人数的60.8%”③。

其二，从自主招生的选拔效率来看，仍不尽如人意。据统计，“近年，自主招生人数大多未能达到学校当年计划的5%，多数学校仅在3%左右，而招收的学生有70%以上超过了招生学校当年在计划投放地的正常分数线。也就是说，70%以上的学生并非通过自主招生而是统一高考进校的”。与此同时，“相当多的高校不得不面对‘跑单’的尴尬，如2004年湖北省有20多名考生通过了浙江大学自主招生考试，但当年到浙大报到的仅1人——有10人超过了浙大在湖北省的录取分数线而改报了北大、清华等校，其余的则未能达到浙大当年在湖北省的最低录取分数线而未予录取”④。这表明目前大多数学生参加自主招生，只是为了增加一次入学的机会，而并非出于对某校或某专业的钟爱或兴趣。

其三，从“减负”的角度看，效果并不明显。有调查显示：“5市40所高中57.8%的学生认为，高校自主招生加重了学生的学习压力和课业负担；46.7%的教师认为，加重了教学负担和工作压力”⑤。而为应对自主招生，社会上已出现专门的自主招生培训班。每到自主招考季节，“你方考罢我开场”，抢夺生源愈演愈烈。学生应考多多益善，中学正常教学秩序受到冲击，

---

① 鲍威：《高校自主招生制度实施成效分析：公平性与效率性的视角》，《教育发展研究》2012年第19期，第1页。

② 郑若玲：《自主招生公平问题探析》，《中国地质大学学报》（社会科学版）2010年第6期，第50页。

③ 林露：《上海高中生进名校，自主招生是捷径》，人民网：http://www.edu.people.com.cn/GB/8216/8568240.html，2008-12-24/2012-12-09。

④ 朱振国：《自主招生难点在哪》，《光明日报》2006年11月29日，第6版。

⑤ 高等学校自主招生对江浙沪高中教育影响调研组：《高等学校自主招生的问题与对策》，《上海教育科研》2009年第6期，第5页。

以至于教育部不得不明令各高校自主招考须延至寒假后举行。实践表明，“寄希望于自主招生解决现行教育制度的所有问题是不现实的。且随着中国贫富差距的扩大，尤其应该警惕改革可能带来的副作用，即自主招生是否会造成贫富家庭教育机会的不平等”①。2009 年《中国青年报》一项调查——“公众对自主招生的看法”显示，“43.8%的人希望高考改革应该谨慎前行，避免伤及教育公平；41.0%的人期待高校联考形式应进一步扩大，减少考试成本”②。

此外，当前的自主招生改革还存在自主选拔范围较小、选拔成本过高以及社会诚信不足等问题。更需指出的是，当前的《高等教育法》对高校招生自主权的规定形同虚设，尤其是在“招什么生”、“招多少生”等方面没有明确的权利保障，仍须上级部门批准③，这致使高校在实际上缺少招生自主权，制约着自主招生的改革进程。当然，“初生之物，其形必丑”。各种问题的解决还有待于自主招生改革的实践与深化以及高校招生制度整体的改革与完善。

五、昙花一现的分类考试

按照高等院校办学层次实行本专科分开考试，是我国高考改革中的一次重要尝试。在 2010 年《教育规划纲要》明确提出“逐步实施高等学校分类入学考试”的背景下，回顾 2002 年广西壮族自治区试行的“本专科分开考试”改革试验，总结汲取其昙花一现的经验教训，对推进当前分类入学考试改革具有重要的启示意义。

（一）本专科分类招生考试的动因

20 世纪 90 年代以来，在国家政策与教育部门的引导下，广西壮族自治区成为我国高考制度改革的先锋试验区之一，先后进行了网上远程录取、网上评卷、标准分、“3＋X”科目设置等多项改革试验，积累了较为丰富的改革经验。可以说，政策支撑是广西壮族自治区率先进行分类高考改革试验的外部推动力。从内部动因来看，主要有三：一是随着我国高等教育的发展，

① 张晨峰：《自主招生的再思考》，《解放日报》2009 年 6 月 16 日。

② 王聪聪：《近 7 成受调查者认为高校自主招生过程不够透明》，《中国青年报》2009 年 11 月 24 日。

③ 俞德鹏、侯强：《高校自主办学与法律变革》，山东人民出版社，2011 年，第 20 页。

高等教育结构与层次不断分化，那种“一套试卷千校录取，没有层次区别”① 的考试招生方式不利于各级各类学校全面推行素质教育，同时，“既无法体现不同类别高校培养规格对生源共同要求之外的差异，也忽视了同一考试标准给不同水平层次考生带来的不良影响”②。二是随着 20 世纪 90 年代以来高校持续扩招，高考报名人数从 1990 年的 2 832 751 人增长到 2002 年的 5 665 787 人，大幅增长的考生人数，客观地增加了高考压力，亟须进行合理分流。三是难以兼顾考生性向与智能特长的统一高考，从研究型大学到职业技术院校，对不同类型与层次的高校进行无差别的招生选拔录取方式，不仅增加了高考试题设计的难度，还无必要地增加了非学术性人才的学业负担和考试心理压力。鉴于内外部原因，经教育部及广西壮族自治区人民政府批准，广西壮族自治区教育厅决定于 2002 年进行本专科分类考试试验。

（二）本专科分类招生考试的始末

回看广西壮族自治区本专科分类招生考试改革试验，可谓“其兴也勃焉，其废也忽焉”。2002 年，其具体实施办法是③：

采取二次考试的办法，把普通高等院校本科统考与专科统考彻底分离，先考本科后考专科。本科统考由教育部命题，考试时间与全国统考同步进行。所有报考本科院校的考生必须参加本科统考，文化考试除了必考的语、数、外 3 门科目外，还必须在物、化、生、政、史、地和综合 7 门科目中选择 2 门或 3 门科目参加高考，填报志愿时可填报与自己考试科目组对应的院校和专业。专科统考由广西壮族自治区招生考试院组织命题与考试，时间为 9 月的 1 日、2 日、3 日、4 日。报考专科院校或专业的考生必须参加专科统考，具体包括普通专科、电大普通班、高职、小教大专班等所有专科层次。考试科目设置仍然是“3＋X”，“X”由高校根据专业特点设置，再由考生根据意愿选考。招生学校的每一专业可从物、化、生、政、史、地、综合 7 门

① 荀人民、姜言东：《2002 年十三省市高考改革方案出台》，新浪网：http://news.sina.com.cn/e/2001-09-26/366533.html，2001-09-26/2013-01-19。

② 张耀萍：《高考形式改革研究》，厦门大学硕士学位论文，2004 年。

③ 广西壮族自治区人民政府：《关于 2002 年普通高等学校普通中等专业学校招生工作意见的通知》，法律法规网：http://www.110.com/fagui/law_232392.html，2002-06-08/2013-01-19。

科目中选择1门设为选考科目，考生除必考的语、数、外3门科目外，可在物、化、生、政、史、地、综合7门科目中任选1门或2门作为选考科目参加考试，报考相应的院校和专业。

然而，实践表明“本专科分类考试，不但增加了招生考试部门、学校的工作难度，还增加了考生的考试负担”①，同时也引起了社会的广泛质疑。迫于各种现实压力，广西壮族自治区遂于2003年对分类考试方案进行了调整，主要是调回到改革前的本科、专科统考必考科目采取同题同时考试，且选考科目时间相连，只是保留广西壮族自治区单独命制专科统考的“X”科目命题权，以及本科、专科分开计分。2004年，虽然仍坚持本专科招生分开考试的方向，但在操作上，实行的却是所有科目同题同时考试，计分科目也相同，基本回到了改革原点。到2005年，本科、专科考试完全重归合一，使用同一分数录取，即本专科考试和竞争不再分层次进行，考生考同样的试卷，获得总分后，用同一个分数参加本科、专科竞争②。至此，广西壮族自治区本科、专科分开考试已名存实亡，此次试验宣告失败。

（三）本专科分类考试的失败之因③

一项旨在体现高校办学特色，减轻考生负担，促进多元入学的制度改革试验，缘何会匆匆收场？若从制度实施的内、外部环境两方面来看，主要原因如下：

其一，从改革实施的外部环境来看，一方面，缺乏分层考试的文化土壤。中国有着悠久的考试传统，更形成了“维护大一统”、“学而优则仕”、“平等竞争”的价值观与考试文化。它作为“一种深层次力量”④ 有形无形地影响甚至支配着人们的思维方式和行为选择。高考自1952年实行统一考试形式以来，不仅在人们头脑中形成了统一考试的思维惯势，同时，也形成了以考试成绩定高下的人才评价观。据悉，“专科招生考试期间，考生应考景象与本科绝然不同，很少家长送考，有些考生直言不讳地说，感觉参加专

① 甘冰：《广西今年二次高考有调整》，《中国青年报》2003年1月10日。

② 韦新娜：《教育部拟分开本专科考试，广西尚无大改革动向》，《南宁晚报》2010年3月16日。

③ 本部分发表于《大学教育科学》2014年第3期（见《因材“施考”与“施教”：分类考试的精神内涵》），有删改。

④ 沙莲香：《中国民族性（二）（修订本）》，中国人民大学出版社，1992年，第10页。

科统考低人一等，他们都是‘偷偷’地去考场，都不好意思跟同学说自己参加专科统考”[①]。可见，长期以来，专科录取排在本科后的做法，在家长、考生及社会大众心理造成了一定的阴影，即使考上专科院校，也是失败者的形象。

另一方面，缺乏有效的社会宣传，民众对分开考试的制度优点不甚了解。凡勃伦认为“制度本身就是由大多数人普遍接受的固定的思维习惯”[②]所组成。马克思也指出“制度是个人交往的产物”[③]。也就是说，一项制度的推行必须要让人们理解与接受，否则将会徒劳无功。广西壮族自治区本科、专科分开考试改革，在一定程度上与推行匆忙，特别是缺乏广泛的社会宣传、舆论宣导及社会参与有很大关系，致使广大群众对本科、专科分开考试的意义与价值不甚了解。据悉，“二次高考”推行期间，一直遭到广大群众的质疑，如“本来一次高考就能完成的事情，为什么要多考一次？为什么全国都没有分开考试，广西壮族自治区却自己分开？”[④] 可见，社会大众对本科、专科分开考试的制度优点并不了解，甚至认为是劳民伤财、多此一举。

其二，从改革实施的内部环境来看，本科、专科分开考试的制度设计存在严重不足。一方面是时间安排不够合理。本科统考与全国统考时间一致，而专科统考却安排在 9 月初，两次高考时间相差近 2 个月，影响专科生的录取与入学，如 2002 年专科生的录取到 10 月上旬结束，新生入学被延迟到 10 月下旬，这与全国其他专科院校的开学时间不一致，以致广西壮族自治区新生无法赶上外省高校的开学典礼、军训等活动，给这部分新生造成一定的不良影响。另一方面增加了考试机构及相关学校的考务与招生工作量。由于一年内组织两次高考，不仅各市、县教育行政部门、考试机构人员的工作量大增，而且增加了招生院校的录取工作任务。同时，考试次数的增加，也加大了考试的压力与风险。这在客观上使“二次高考”遭到自治区、市、县各级教育行政部门与考试机构的极力反对。而为了争取外省专科院校的支

① 广西壮族自治区招生考试院：《关于广西考试招生制度改革及有关情况的汇报材料》，广西壮族自治区招生考试院，2011 年 6 月 17 日。

② 霍奇逊：《现代制度主义经济学宣言》，北京大学出版社，1993 年，第 49 页。

③ 马克思、恩格斯：《马克思恩格斯选集》（第 1 卷），中共中央马克思恩格斯列宁斯大林著作编译局译，人民出版社，1972 年，第 78 页。

④ 广西壮族自治区招生考试院：《广西普通高校招生考试改革情况汇报》，广西壮族自治区招生考试院，2011 年 5 月 12 日。

持，自治区还需要教育部从中协调有关省与自治区以及高校之间的关系。显然，广西壮族自治区“单兵作战”式推进是本科、专科分开考试改革试验的又一大不利因素。正如原国家教育委员会考试中心主任杨学为先生所言，“广西当年的本专科分类考试之所以失败，是因为当年没有全国的配套跟进，广西孤军奋战，导致最终失败”①。

此外，“二次高考”需多交一次费用，增加了考生经济负担；时间跨度过大，不利于高中组织教学复习等，也都是分开考试试验的不利因素。更值得注意的是，从试验期间本科、专科两类高考的命题和考试实践来看，“两次高考只是反映了两种不同层次的高校在招生考试难度上的差异，仍然未能在考试中体现不同种类高校（如研究型大学与高职类院校）以及不同学科专业对考生的特殊要求”②。这也是本科、专科分开考试制度设计所忽视或未能顾及的严重问题。

第二节　高考内容：从知识到能力

考试内容就是考试科目和试题所承载的具体信息，是主试与被试交互的媒质，因而它是考试活动最核心的要素。一般而言，科学规范的考试内容大致包括：“① 有关考试内容的确定，主要指考试科目的设置、考查知识范围的设定等；② 有关考试目标的描述，主要指学科知识系统的描述、学科能力的分类与描述以及学科能力评价目标的设置等；③ 有关考试技术的发展，主要指考试的试卷设计，考试的效度、难度、区分度等测量标准指标等。”③纵观高考建制以来考试内容之进化，其基本随着高考内外部环境的变化而发展，实现了从注重知识考查到突出能力考查的转变，各个学科也在不断探索更为有效的知识与能力考查的策略和方法。《教育规划纲要》提出“深化考试内容和形式改革，着重考查综合素质与能力”即是这一转变在高考改革政策中的体现之一。它不仅是中国教育与考试理念的跃升，更是中国社会发展

---

① 此为笔者电话访谈原国家教委考试中心主任杨学为先生的内容。访谈时间：2012年5月29日晚9:00至9:36。

② 张耀萍：《高考形式改革研究》，厦门大学硕士学位论文，2004年。

③ 刘芃：《现代教育测量启示》，刘芃：《历史教育测量研究》，人民教育出版社，1999年，第10～13页。

对人才素质需求的客观反映。

一、高考科目设置的演化

高考科目是高考内容的重要组成部分，也即高考的课程名称，如语文、数学、英语、物理、化学等。它不仅决定着高考的考试内容范畴，还是反映考生知识结构和能力性向的主要载体。而由于高考的导向性，它还影响着基础教育的课程安排与教学模式。因此，在一系列高考改革中，科目设置的改革具有“牵一发而动全身”的影响力，同时，其自身的调整也是一项系统工程。纵观高考科目设置的演化，大致历经了由“高度统一的一元化”到“文理各异的两分化”再到“以文理两分为基础的多元化”三个发展阶段。

（一）高考科目设置的一元化

中华人民共和国成立之前，清末高等学堂和民国高校的招生基本以单独招考为主，尽管民国中期出现了短暂的统考局面，但因外部原因而无力真正全面推行，旋即采取原来的单独招考、联合招考及委托招考等妥协办法。因此，在整个民国时期，高校招生的考试科目其实并未实现高度的统一化。中国高校招生考试科目的高度统一化局面是在中华人民共和国建立统一高考制度后才出现的。

1949 年中华人民共和国成立，为了避免高等教育的中断，中央人民政府决定沿袭中华人民共和国成立前的单独招考或联合招考等方式招生。因而，1949 年的高校招生考试科目大多由各高校根据自身办学特色及要求自行设置，此种情况下，各校的考试科目设置不尽相同，因校而异。1950 年，随着中央人民政府各职能部门的完善与领导力的加强，高校招生考试工作也开始被纳入到国家计划的轨道。是年 5 月，教育部做出了“开始有计划、有步骤地培养新中国的各种专门人才和建设干部，逐步地纠正过去高等学校招生上的不合理状态及减少学生的投考困难”① 的决定，并要求各公立大学、独立学院及专科学校遵照执行。同时，也对高校招考考试科目进行了明确规定：“各系公共必考科目为国文、外国语（英语或俄语）、政治常识、数学、中外历史、中外地理、物理、化学（史地、理化科目可依系科性质之不同，

① 中央人民政府教育部：《关于高等学校一九五〇年度暑期招考新生的规定》，《福建省人民政府公报》，1950 年。

分开或合并考试）；允许申请免考外语；各系可加试主要科目（如文学院外文系加试外国语，医学院、农学院各系加试生物学，余类推）。”①

1951年，按照当时教育部发布的《关于高等学校一九五一年暑期招考新生的规定及一九五〇年招生总结》，认为1950年的招生规定内容“仍适用于1951年暑期高等学校的招生”。因此，1951年的考试科目设置基本与1950年的相同，只是补充了“凡符合规定条件的，可申请免试外国语”②。到1952年，“为密切配合国家建设需要，有计划地培养各种高级建设人才”，“坚决克服以往招生中的混乱现象”③，教育部决定“全国高等学校，除个别学校经中央教育部批准者外，一律参加各区统一招生”，标志着中国统一高考制度正式建立，高校各项招生工作开始由国家做出统一规定。当年的考试科目为：政治常识、国文、外国语（俄语或英语）、中外史地、数学、物理、化学、生物。报考体育、音乐、美术等系科的考生，还要加试体、音、美等术科。工农青年、革命干部、少数民族学生、中等专业学校和中等技术学校毕业生持有毕业后服务满两年证件者以及其他未学过外国语者，可以免试外国语。1953年的高考科目基本没有变化，但规定“调干学生”可以免试外国语、中外史地和化学。

可见，1952年统一高考制度的建立，才真正实现了高考科目的高度统一化，即不仅是考试科目设置的统一化，也是各学科门类考试科目的统一化。纵观高考科目的统一化历程不难发现，其实现条件至少有三：一是国家政局的稳定，这是高校招生进行统一化调整的先决条件。民国时期未能完全实现高考统一化的首要原因莫过于此。二是短期内培养国家各领域建设需要的人才战略，这是高校招生完成统一化的外部条件，是推动统一化进程的外在驱动力。三是各校单独招生产生的混乱状态以及人力、物力、时间等的重复浪费，这是高校招生统一化的内部条件，是考试活动追求科学与效率的内在规律。

---

① 中央人民政府教育部：《关于高等学校一九五〇年度暑期招考新生的规定》，《福建省人民政府公报》，1950年。

② 中央人民政府教育部：《关于高等学校一九五一年暑期招考新生的规定及一九五〇年招生总结》，杨学为：《高考文献（上）（1949—1976）》，高等教育出版社，2003年，第5页。

③ 中央人民政府教育部：《关于高等学校一九五二年暑期全国高等学校招生计划及其实施问题的指示》，杨学为：《高考文献（上）（1949—1976）》，高等教育出版社，2003年，第7页。

（二）高考科目设置的两分化

高考科目的两分化系指高考科目在高度统一化中分化出文科考试科目和理科考试科目两大类型。它是多年间几番调整的结果，并且至今还是人们争论的高考改革问题之一。

高考科目的第一次分化即分成两类。1954 年，“为适应各系科专业对考生学业成绩的不同要求”，考试科目被分为：① 理、工、卫生、农、林等类专业考本国语文、政治常识、数学、物理、化学、生物、外国语；② 文史、政法、财经、体育、艺术等类专业考本国语文、政治常识、历史、地理、外国语。另，报考音乐、美术、戏剧等专业，须加试各该科的专业科目；报考理科中之地理系科须加试地理；报考财经科专业，须加试数学；工农速成中学毕业生、中等专业学校毕业生、在职人员、转业军人，可免试外国语①。

1955 年，“为进一步适应高等学校各类专业对于考生学科水平的不同要求”，教育部将高考科目分为三类：① 工科、理科（包括师范的理科）各类专业，农林科的农业生产机械化、森林采伐及运输机械化、木材机械加工、水利土壤改良等专业，考本国语文、政治常识、数学、物理、化学；② 医科、农林科各类专业，生物科学（包括师范的生物系）各专业，心理、体育等专业，考本国语文、政治常识、生物、化学、物理；③ 文、史、政法（包括师范的文、史、政治、教育各类专业）、财经各科各类专业，考本国语文、政治常识、历史地理。另，报考高等师范学校音乐、图画专业除要考第三类外，还须加试有关专业科目②。

1956 年—1963 年，高考科目基本维持 1955 年的三分法。其中，调整比较大的是从 1958 年开始各类都增考外国语，只是考试成绩仅供录取时参考。外国语考试分俄语和英语两种，由考生任选一种。没有学过外国语的，可以申请免试。自 1959 年开始，报考外国语专业的考生，不得再申请外国语免试。直至 1962 年，外语科目的考试成绩才作为正式分数计入总分。另外，

---

① 中央人民政府高等教育部：《关于全国高等学校一九五四年暑期招考新生的规定》，《江西政报》1954 年第 11 期，第 44 页。

② 中华人民共和国高等教育部、中华人民共和国教育部：《关于全国高等学校一九五五年暑期招考新生的规定》，华东地区高等学校招生工作委员会：《一九五五年暑期高等学校招生工作参考资料》（内部文件），华东地区高等学校招生工作委员会翻印，1955 年，第 5～6 页。

1963年规定报考医农类专业须加试数学，但成绩不计入总分，供录取学校参考①。但这一调整，扩大了理工与医农类考试科目的共性，为二者再度合并奠定了基础。

1964年，为简化科目分类，提高考试效率，教育部又将考试科目并为两类，具体改变是：把理工和医农合并为一类，理工医农类不考生物；文史类不考数学，唯哲学、财经各专业加试数学，考试成绩不计入总分，只作为参考。语文考试，分语文（一）、语文（二）两部分，其中，语文（一）即作文，两类考生都要考；语文（二）即文言文翻译成现代汉语，只是报考文史类的考生要考。参加过两年以上工农业生产和其他体力劳动的知识青年、退伍士兵和在职人员，报考文史类专业的，可申请免试外语。但报外语专业的不得免试。少数民族考生可以申请免试外语②。报考外语专业的考生，须进行口试。外语依然分俄语和英语两种，由考生任选一种。因此，1964年的考试科目设置是：理工农医类的考试科目有语文、政治常识、数学、物理、化学、外国语。文史类的考试科目为语文、政治常识、历史、外国语③。

可见，高考科目设置历经“两分—三分—两分”的演变动力，在于不断寻求高等教育专业与考生学业水平及其知识结构之间的适应性。当然，中华人民共和国成立初期高等教育的发展与调整，国家经济建设对各类专业人才的需求，特别是国家整体教育水平的提高，也都是高考科目设置调整的动因之一。不过，这一时期“文理两分”的科目设置模式，基本奠定了中国未来高考科目设置的总体格局。

（三）高考科目设置的多元化

高考科目设置的多元化是指高考科目设置不再囿于统一而两分化，而是在相对统一而两分化的局面下，存在多种高考科目设置模式，可能因校而异，也可能因省而异。它是1977年恢复高考后，国家不断推进和深化教育体制改革和招生制度改革的必然产物。当然，其中有很多科目设置模式是改

① 胡甲刚：《建国以来高考科目改革历程》，《教学与管理》2003年第10期，第71页。

② 教育部：《关于一九六四年高等学校招生工作的通知》，杨学为：《高考文献（上）（1949—1976）》，高等教育出版社，2003年，第506页。

③ 教育部：《关于一九六四年高等学校招考新生的规定》，杨学为：《高考文献（上）（1949—1976）》，高等教育出版社，2003年，第513页。

革的“试验品”，有些已经成为历史，有些还在继续探索之中。理顺高考科目设置多元化的变迁路径，是正确认识和揭示未来高考科目设置模式发展方向的基本前提。纵观高考科目的多元化历程，其大致经历了如下几个阶段：

1. 大文大理设科模式的恢复与调整

高考科目作为高考制度的重要组成部分，其发展总是与高考制度的变化息息相关的。1966 年—1976 年的“文化大革命”期间，由于高考制度被废止，因而，高考科目的设置无从谈起。1977 年随着高考制度的恢复，高考科目设置的问题也随之成为改革的对象之一。恢复当年，因准备仓促，高校招生由各省（自治区、直辖市）命题，县（区）统一组织考试。高考科目沿用被废前的文、理两分的办法。文科考试科目为政治、语文、数学、史地；理科考试科目为政治、语文、数学、理化。报考外语专业的加试外语[①]。

1978 年，随着政治上的进一步拨乱反正和教育系统的进一步恢复，高校招生又回到了全国统一命题、统一考试的轨道上。考试仍分文、理两科。文科（含哲、外）考试科目为政治、语文、数学、历史、地理、外语；理工科（含医、农）考试科目是政治、语文、数学、物理、化学、外语。且外语考试的选考语种首次扩展为英语、俄语、法语、德语、日语、西班牙语、阿拉伯语 7 种，不过，1980 年取消了阿拉伯语。至于外语成绩在录取中的使用，大致历经了“从无到有，从少到多”的调整过程。1978 年外语成绩未计入总分，仅作为录取参考。1979 年报考重点院校的考生，其外语成绩按考试成绩的 10%计入总分；报考一般院校，仍不计入总分，只作为录取参考。1980 年，本科学校统一按外语成绩的 30%计入总分，专科学校仍只作参考[②]。

1981 年，教育部提出了改革高考的意图，并确定了高考改革“科研先行、开展试点、逐步推广”的方针。此后，高考改革开始进入酝酿期和调整期。是年，“为了促进中学语文、数学和外语学习，提高高等学校新生的基础知识水平和外语程度，对考生的语文和数学成绩（外语专业考生的语文成绩）作出了基本要求，其中有一门达不到条件的，录取时随下一个分数段分

---

① 国务院批转教育部：《关于 1977 年高等学校招生工作的意见》，教育部全国中小学教师继续教育网：http://www.teacher.com.cn/tln009a/doc/d000101010105.html，1977-10-12/2012-12-12。

② 胡甲刚：《建国以来高考科目改革历程》，《教学与管理》2003 年第 10 期，第 72 页。

发档案；外语计分比例，本科按50%计入总分（1980年为30%）。专科学校外语成绩是否计入总分，由省、自治区、市决定。理工医农类增考生物，并按30%计入总分”。“1982年生物满分调整为50分；外语成绩，本科按70%计入总分，从1983年起按100%计入总分。报考专科学校考生的外语成绩是否计入总分，由各省、自治区、市确定。”①

经过1977年—1983年的科目设置恢复与调整，外语和生物科目实现了从无到有，其计分权重也都由低变高，这在一定程度上反映了社会发展，特别是改革开放以来，社会各领域对人才外语能力的需求，也反映了国家开始重视人才文化素质的全面发展。同时，从调整幅度来看，这一时期的高考改革尚处于“文化大革命”恢复后的适应与过渡阶段。

2. 高考与高中毕业会考的两考并置

1982年中共十二大提出实行有计划的商品经济。1984年—1985年，中共中央先后发布了《关于经济体制改革的决定》、《关于科学技术体制改革的决定》及《关于教育体制改革的决定》。1992年，中共十四大又提出建立社会主义市场经济体制的改革目标。10年间，中国从经济基础到上层建筑发生了根本性变革。为适应经济社会的发展需要，高考作为国家选拔、培养人才的重要机制，也进入了频密的改革阶段。具体而言，1985年，教育部在广东省启动标准化考试试验的同时，在上海市进行了会考后高考科目设置的改革试验。会考作为目标参照考试是衡量毕业生是否达到合格水平的考试，考试科目为9门必修课，从第1～5学期，学完1门考1门。会考制度的出现，为高考科目设置的改革提供了较大空间，促进了高考科目设置向多元化方向迈进。综观会考基础上的高考科目设置改革，主要产生了以下几种高考科目设置方案：

（1）上海方案。1987年，在会考基础上，上海市高考只考语、数、外3科，会考成绩计入高考总分。1989年，上海试行“3＋1”方案，“3”指语、数、外，“1”是由招生学校（专业）在政、史、地、物、化、生6门必修课中任选1门，形成6个科目组②。而为便于试验，上海市自主单独命

① 詹先君：《高考恢复三十年科目设置改革述略》，《世界教育信息》2007年第4期，第78页。

② 6个科目组的设科模式其实就是语文、数学、外语3门必考科分别与政治、历史、地理、物理、化学、生物6门选修科的组合。

题，称为“上海卷”。该方案旨在促进学生的个性及学术性向发展，增加考生的录取机会，但在升学压力下，学生通常避难就易，过早地局限于“1”的单科学习，而放弃其他课程的学习，从而造成严重偏科现象。此外，考试科目的分散也不利于录取工作的开展。

(2)“三南”方案。1991年，海南省、湖南省、云南省三省进行会考基础上的高考科目改革，即“三南方案”。其科目设置分为四组四科：一科目组考“语、外、史、政”；二科目组考“语、数、外、物”；三科目组考“数、外、化、生”；四科目组考“语、数、外、地”[①]。该方案在一定程度上有利于减轻学生负担，促进学生个性化发展。但由于有针对性地删减了部分科目，增加了偏科的概率，不利于学生全面发展和推进素质教育。同时，各组科目个性有余而共性不足，致使不同科目组之间竞争力度不一，且成绩缺乏可比性，不同学科间难以调剂。

(3)“3＋2”方案。1992年，在“3＋1”方案的基础上，形成了“3＋2”科目设置方案，即将高考科目分为文、理两类，两类共同的必考科目为语、数、外，文科类加试政、史；理科类加试物、化。此外，根据文、理科的特点，必考科目中的语、数在试题的内容方面有所不同。1994年，除上海市外，“3＋2”科目设置模式在全国推行。该方案兼顾了考查学生的基本能力和减轻学生负担，但由于文、理分科，仍存在偏科导向，且由于考试科目中取消了生物和地理，不但不利于学生的综合素质培养，还引起了广大相关教师和专家的质疑。

(4)“3＋X”方案。1999年在“3＋1”和“3＋2”方案的基础上，广东省试行“3＋X”科目方案。“3”为语、数、外3门必考科目；“X”为由高校根据本校层次及特色从物、化、生、政、史、地6个科目或综合科目中自行确定一门或几门考试科目。综合科目包括文科综合、理科综合、文理综合或专科综合，旨在“考查学生理解、掌握和运用中学所学知识的能力，促进中学实施素质教育，引导中学生全面学习、掌握中学阶段相应的基础知识、基本技能，形成较强的能力”[②]。但由于该方案的选择性、开放性、自主性及多变性过强，致使考生面对“X”时多选择1科，存在偏科导向，即使选

① 胡甲刚：《建国以来高考科目改革历程》，《教学与管理》2003年第10期，第73页。

② 教育部：《关于进一步深化普通高等学校招生考试制度改革的意见》，《学科教育》1999年第4期，第1页。

择综合科目，在专业选才中也很难区分偏才、怪才。

3. 高考科目设置改革的多元化试验

2000年会考统筹权下放到省后，由于各省（自治区、直辖市）对取消、坚持或转变会考的决策不同，意味着两考并置的高考模式被打破。而随着2003年教育部正式推行分省命题与2007年各省（自治区、直辖市）渐次实施新课改高考，“3＋X”高考方案开始进入百花齐放、百舸争流的多元化试验阶段。其中较具代表性的有：

(1) 广东省：“X”的消失

为“推行素质教育、发展学生个性及扩大高校办学自主权”积累经验，广东省率先于1999年试行“3＋X”科目方案，“3”为语、数、外3门必考科目，“X”由高校指定。结果几乎所有在广东省招生的高校不约而同地选择了“1”，造成事实上的“3＋1”。2000年增加“大综合”，即在“3”之外，增加政、史、地、物、化、生的综合科目，目的是避免“X”化为“1”。但因计分办法过于复杂，引起了社会强烈反响。2001年不分文、理，并调整到按5科计总分的办法，将“X”变为“1”，即实行“3＋大综合＋1”模式。“3”仍是语、数、外，大综合为物、化、生、政、历、地的综合考试，“1”由学生在高校指定的6个科目中任选1门，以体现高校与学生的双向选择。然而，实践表明“大综合”增加了学生负担，对中学的教学冲击较大，而且由于学生对“1”的选择不一，增加了高校录取操作的复杂性，使高校的反应不甚积极。

2007年，为适应高中新课程改革，恢复了文理分科与原始分，实行“3＋文科基础/理科基础＋X”科目设置模式，“3”为语、数（文/理）、外3个必考科目；文科基础为政、史、地，理科基础为物、化、生；“X”为专业选考科目，有物、化、生、政、史、地、音乐术科、美术术科、体育术科9门学科，任选1～2科。但文科类考生不能同时选考思想政治和地理，理科类考生不能同时选考物理和生物①。该方案虽有利于促进学生综合运用多学科知识的能力，改进学生偏科、知识结构残缺等问题。但由于“X”的多变性，不仅增加了高校录取的复杂性，还导致考生的绝对成绩缺少可比性，引起社会对考试公平的质疑。

2010年，经综合权衡，取消了“X”，改为“3＋文科综合/理科综合”

---

① 何雪华：《回顾广东高考方案调整路，11年4次变脸理由》，《广州日报》2008年11月6日。

方案。“3”为语、数、外，其中数学有文、理之分，外语为英语、法语、德语、日语、俄语、西班牙语中的任意一种。文科综合包括政、史、地 3 科，理科综合包括物、化、生 3 科。各类专业的考试科目分别是文科类考：语、文科数学、外、文科综合；理科类考：语、理科数学、外、理科综合；体育类考：语、理科数学、外、理科综合、体育术科；艺术类考：语、文科（或理科）数学、外、文科（或理科）综合、音乐术科或美术术科①。同时，高中学业水平考试与综合素质测评成绩也开始作为高校录取的参照条件。

此外，与广东省同时进入新课改高考的 3 省（自治区）高考方案分别是：山东省“3＋X＋1”、海南省“3＋3＋基础会考”以及宁夏回族自治区“3＋文科综合 /理科综合”（见表 2-5）。

表 2-5　2007 年首批实行新课程改革高考的四种方案

省份	高考科目设置方案
广东省	“3＋文科基础/理科基础＋X”方案。“3”为语、数（文/理）、外；文科基础为政、史、地，理科基础为物、化、生；“X”为专业选考科目，有物、化、生、政、史、地、音乐术科、美术术科、体育术科等 9 门学科，任选 1～2 科。但文科类考生不能同时选考思想政治和地理，理科类考生不能同时选考物理和生物
山东省	“3＋X＋1”方案。“3”指语、数（文/理）和外。“X”指文科综合或理科综合。文科综合包括政、史、地 3 个科目的必修内容和部分选修内容；理科综合包括物、化、生 3 个科目的必修内容和部分选修内容。“1”指基本能力，内容涉及高中课程的技术、体育与健康、艺术、综合实践等，所有考生须参加基本能力考试
海南省	“3＋3＋基础会考”方案。“3”指语、数（文/理）、英。另一“3”是指文科需考政、史、地 3 个科目，理科需考物、化、生 3 个科目。“基础会考”是指文科生考物、化、生、通用技术和信息技术 5 个科目，理科生考政、史、地、通用技术和信息技术 5 个科目
宁夏回族自治区	“3＋文科综合/理科综合”方案。“3”指语、数（文/理）、外，文科综合即史、地、政；理科综合为物、化、生

① 广东省教育考试院：《广东省普通高校招生考试改革调整方案》，阳光高考：http://gaokao.chsi.com.cn/gkxx/ss/200811/20081106/9745433-2.html,2008-11-06/2012-12-14。

广东省从“3＋X”到“3＋文科综合/理科综合”的变迁，其最大变化有三：一是取消了不确定的“X”；二是增加了考查综合能力的“综合科目”；三是历经了由文、理分科到不分文、理再到文、理分科的曲折变化。究其原因有六：其一，深化试点改革与高中新课程改革引起的现实高考改革诉求；其二，引导中学全面教学，不断推进素质教育；其三，防止学生偏科，避免造成知识结构残缺不全，保证学生全面发展；其四，增加考生选择性，促进学生个性、兴趣、特长及职业性向发展；其五，加强高考成绩的可比性，维护高考公平；其六，不断扩大高校招生自主权，体现高校的办学特色。然而，取消的“X”表明：试图通过双向选择的“X”来扩大高校招生自主权、增加考生的选择权以及促进个性化发展，在实践中缺乏现实可操作性。或可说，“X”的消失至少带来一点启示，那就是高考科目的设置必须简便易行，即具有可操作性。

（2）江苏省：多元评价的出现

2000年之前，江苏省的高考方案与全国其他省份一样采取文、理分科的“3+2”模式，但此后进入改革频密期，甚至出现“10年5改”的现象。2000年，江苏启用“3＋X”的变种——“3＋小综合”科目模式，“3”为语、数、外三门必考科目，“小综合”分文科综合和理科综合，前者为政、史、地的综合卷，后者为物、化、生的综合卷。2002年，综合的思路进一步强调综合素养①，文、理并包的“大综合”取代了文、理分科的“小综合”，即采用“3＋大综合”② 科目设置模式。然而，由于“大综合”增加了学习负担，迫使其向后撤退，“在排山倒海般的反对声中草草收场”③，仅实行了1年。

基于2002年的试验反应，2003年基本退回到“3＋2”模式，不同的是，“2”可在文、理科之间交叉选择，故而又称“3＋1＋1”方案。“3”是语、数、外，第一个“1”是由高校在物、化、生、史、地、政6科中指定的选考科目，第二个“1”则由考生依兴趣、特长在6科中自选一门与高校指定不同的科目。然而，由于文、理不设限，该方案存在多达15种的组合

① 即认为学生兼具文理科素养，将利于扩展视野，更具创造力。

② “大综合”为物理、化学、生物、政治、历史、地理6科的综合卷。如此一来，考生须同时学习9门高考课程，与此前的各方案相比，考生负担加重。

③ 韩永：《江苏高考方案为何十年四变》，《中国新闻周刊》2008年第38期，第39页。

模式，仅文、理交叉的组合就有9种。因此，该方案一方面确实充分照顾了学生的个性发展和高校的自主权，但因6个科目的难易度很难保持一致，成绩失去了可比性，造成不同科目组合考生同一分数的不等值，即在相同录取分数标准下，不同科目组合的考生的录取结果往往大相径庭，其公平性受到普遍质疑。同时由于考生的投机心理，出现严重的文科倾向，不利于高校选拔人才。但因2005年实施新课改，修改动议被冻结，使该方案得以延续至2007年，被戏称为“最长寿的方案”。

2008年，为适应新课改的课程及考查要求变化，江苏省开始实施“3＋学业水平测试＋综合素质评价”① 的高考模式。“3”即语、数、外3门统考科目。文科类考生加试语文附加题；理科类考生加试数学附加题；不兼报文科类或理科类专业的体育类、艺术类考生不加试附加题。学业水平测试的科目包括政、史、地、物、化、生、技术7门，考生均需取得7门科目学业水平测试成绩。文科类、理科类考生须选择选修测试科目2门，必修测试科目5门。综合素质评价分为道德品质、公民素养、交流与合作、学习能力、运动与健康、审美与表现六个方面，其中，前三个方面凡符合基本标准者即评为合格；后三个方面则分A，B，C，D四个等级②。

该方案的突出特点有两个：一是只有语、数、外的成绩计入总分；二是其他科目的成绩以等级划分，其中必修课的成绩作为填报志愿的门槛，选修课的成绩则作为填报各个批次大学的门槛。无疑，该方案将学业水平测试与高考录取的硬挂钩以及综合素质评价的纳入，一定程度上改变了传统的高考分数在录取中的绝对地位，对促进考生基础学习能力、综合素质能力的发展以及扩大高校招生自主权有一定的积极作用，但也由于学业水平测试的硬挂钩，致使学生负担并未减轻，特别是采取等级划分的方式作为报考批次的门槛，成为社会与考生诟病的重点之一。此外，综合素质评价的信度也饱受质疑。

---

① 江苏省教育厅:《江苏省2008年普通高考方案》，江苏省教育考试院网：http://www.jseea.cn/contents/channel_4/2007/05/705241421126.html,2006-09-22/2012-12-14。

② 江苏省教育厅：《江苏省2012年普通高等学校招生工作意见》，江苏省教育考试院网：http://www.jseea.cn/contents/channel_4/2012/05/1205091606804.html,2012-05-09/2012-12-14。

(3) 广西壮族自治区：多科目组合的夭折

2002年，广西壮族自治区实行“3+X”科目设置改革，“3”为语、数、外3门必考科目，“X”为政、史、地、物、化、生、综合能力测试（6门的综合）7个科目及其他技能。本科院校或专业必须选2门“X”中的科目，专科院校或专业必须选1门“X”中的科目（简称“3定7选”，“本科7选2”，“专科7选1”；本科、专科选报科目组限范围见表2-6)①。此外，所有考生除选考一个科目组的“X”科目外，还可以再选考“X”中的一个科目使之与选考的科目组中的“X”构成新的科目组，因而，考生选考“X”的科目数，本科为2≤X≤3，专科为1≤X≤2。

表2-6 广西壮族自治区2002年选报的科目组限范围

院校层次	组　限
本　科	X1：物理、化学；X2：物理、生物；X3：生物、化学；X4：政治、历史；X5：政治、地理；X6：历史、地理；X7：综合、物理；X8：综合、化学；X9：综合、生物；X10：综合、政治；X11：综合、历史；X12：综合、地理
专　科	X1：物理；X2：化学；X3：生物；X4：政治；X5：历史；X6：地理；X7：综合

至2004年，虽仍坚持“3+X”方案，但为减轻学生负担，取消了两年来选考人数和录取人数较少的6个科目组，即选报本科类考生只需在以下6个科目组中任选一组参加考试：X1：物、化；X2：化、生；X3：物、综；X4：政、史；X5：史、地；X6：政、综合。体育类考生的考试科目为“3+物+体育术科”，艺术类考生的考试科目为“3+物（史）+艺术术科”。报考专科类考生的“X”也只需在物、化、生、政、史、地6个科目中任选1科②。

诚然，方案中的“X”的确具有很强的开放性与选择性，能满足不同考生、不同学校及其不同专业提出对“X”的不同组合要求。但事实上，由于“X”的组合理论上达20多种，成绩处理及录取管理太过复杂，易因操作的技术性问题造成失误，同时还给中学的教学组织带来很大困难。高校也大都

① 南宁市招生考试院：《2002年广西高考招生工作（含报名、录取、考试等）》，新华网：http://news.xinhuanet.com/st/2002-04/26/content_373661.htm，2002-04-26/2012-12-14。

② 韦力萍：《今年广西高考新方案　高考成绩公布才填志愿》，新浪网：http://news.sina.com.cn/c/2004-02-11/09081773660s.shtml，2004-02-11/2012-12-14。

觉得“X”的组合过多，难以根据成绩判定考生真实水平①。此外，过多的科目组合增加了考试组织的难度与成本。因此，在高校、考生、考试组织部门三方都“难承受”的情况下，2005年，广西壮族自治区调整为“3＋文科综合/理科综合”的全国统一模式，意味着多科目组合宣告夭折。

4. 高考科目设置方案的多元化现状

截至2012年，经过近30年的试验与发展，目前的高考科目设置模式主要有如下几种：

(1)“3＋文科综合/理科综合”模式。该模式②是目前的主流模式，应用的省份有北京市、天津市、河北省、山西省、内蒙古自治区、辽宁省、吉林省、黑龙江省、福建省、江西省、山东省、河南省、湖北省、湖南省、广东省、广西壮族自治区、重庆市、四川省、贵州省、西藏自治区、陕西省、甘肃省、青海省、宁夏回族自治区、新疆维吾尔自治区25个省（自治区、直辖市）。“3”为语、数（文/理）、外，“文科综合/理科综合”为学生依特长与意愿自主选择的考试科目组合，具有“X”的特性，它既减轻了学生负担，又兼顾了促进学生个性、性向发展的功能。“文科综合”包括政、史、地；理科综合包括物、化、生；外语科目由考生从英语、俄语、日语、法语、德语、西班牙语中选1种。音乐类、体育类及美术类等专业类考生须加试各类专业的术科考试科目。

(2)“3＋文科综合/理科综合＋学业水平测试＋综合素质评价”模式。“3”指语、数（文/理）、外；文科综合包括政、史、地3科，理科综合包括物、化、生3科。其中，文史类考试科目：语、数（文史类）、外、文科综合；理工类考试科目：语、数（理工类）、外、理科综合。报体育类、艺术类考生还须参加体育专业考试或艺术类专业考试；高中学业水平考试科目为语、数、外、思政、史、地、物、化、生、信息技术及通用技术11门学科；综合素质评价③指标体系由基本素质评价指标和个性发展评价指标两部

---

① 王宇琳：《1999年以来江苏高考方案的变革及对08方案执行效果的分析》，南京师范大学硕士学位论文，2010年。

② 语文、数学、外语满分均为150分，文科综合与理科综合满分均为300分，总分750。

③ 综合素质评价一般采取自我评价、同学评价、家长评价、教师评价相结合，以学生自评、同学互评为主的多元主体评价方式。

分构成，前者包括思想道德、学习态度与能力、交流与合作、运动与健康、审美与表现五个方面，后者包括个性特长、个人成果及其他自主选择内容三个方面。

该模式的应用省份目前主要是云南省和安徽省，但两省在使用学业水平测试成绩与综合素质评价等方面有所不同。云南省的学业水平测试成绩采取量化方式，即规定每个科目等第达到C或C以上量化为2分，量化分数的总分为22分（见表2-7），计入总分①。安徽省则采取等级划分，即规定应届考生的学业水平测试每科目都达到C级或合格以上，方可被普通文理科本科第二批次以上院校录取。至于综合素质评价的使用，云南省为软挂钩，只提供给高校参考；而安徽省则是硬挂钩，与投档直接联系，每个方面都达到C级或合格以上，方可被普通文理科本科第二批次以上院校录取②。这表现出不同省份在使用同一高考科目设置模式方面的多元化。

表2-7　2012年云南省学业水平考试成绩量化表

考试科目	等第	学业水平量化分	等第	学业水平量化分
语文	D	0	C或C以上	2
数学	D	0	C或C以上	2
外语	D	0	C或C以上	2
思想政治	D	0	C或C以上	2
历史	D	0	C或C以上	2
地理	D	0	C或C以上	2
物理	D	0	C或C以上	2
化学	D	0	C或C以上	2
生物	D	0	C或C以上	2
信息技术	D	0	C或C以上	2
通用技术	D	0	C或C以上	2
总计		0		22

① 云南省招生考试院：《2012年新课改普通高等学校招生考试工作方案》，阳光高考：http://gaokao.chsi.com.cn/gkxx/ss/201111/20111122/261636005.html，2011-11-22/2012-12-15。

② 安徽省教育招生考试院：《2012年安徽省普通高等学校招生工作实施意见》，高考网：http://www.gaokao.com/e/20120507/4fa78230674aa.shtml，2011-11-22/2012-12-15。

(3)“3＋学业水平测试＋综合素质评价”模式。目前只有江苏省试用，且已达5年之久。“3”为统考科目①，包括语、数、外3门。文科类考生加试语文附加题，理科类考生加试数学附加题，不兼报文科类或理科类专业的体育类、艺术类考生不加试附加题。学业水平测试科目包括政、史、地、物、化、生、技术7门，所有考生均需取得7科成绩。文科类、理科类考生须选择选修测试（以下简称“选测”）科目2门，必修测试（以下简称“必测”）科目5门。其中文科类考生选测科目除须选择历史科目外，在政、地、化、生4门中再选择1门；理科类考生选测科目除须选择物理科目外，在政、地、化、生4门中再选择1门。7门学业水平测试科目中，考生选定的2门选测科目之外的5门为必测科目。不兼报文科类或理科类的体育类、艺术类考生，7门学业水平测试科目均可选为必测科目。兼报文科类或理科类的体育类、艺术类考生，在参加文科类或理科类专业录取时，其学业水平测试的科目要求和等级要求与文科类或理科类考生要求一致；参加体育类、艺术类专业录取时，考生如报考7门必测科目（含技术科目）又报考2门选测科目并取得成绩，只选取7门必测科目成绩作为学业水平测试成绩；如报考5门必测科目、2门选测科目并取得成绩，可将其2门选测科目等级视为相应的必测科目成绩。选测科目各科满分为120分，分六个等级；必测科目各科满分为100分，分A，B，C，D四个等级；技术科目只分合格与不合格(见表2-8)。

表2-8　2012年江苏省学业水平测试选测、必测及技术科目等级划分

<table>
<tr><th colspan="2">选测科目（120分）</th><th colspan="2">必测科目（100分）</th></tr>
<tr><td>A＋</td><td>前5%（含5%）</td><td>A</td><td>90分～100分</td></tr>
<tr><td>A</td><td>5%～20%（含20%）</td><td>B</td><td>75分～89分</td></tr>
<tr><td>B＋</td><td>20%～30%（含30%）</td><td>C</td><td>60分～74分</td></tr>
<tr><td>B</td><td>30%～50%（含50%）</td><td>D</td><td>59分及其以下</td></tr>
<tr><td>C</td><td>50%～90%（含90%）</td><td colspan="2" rowspan="2">技术科目：合格、不合格，不合格视为D级。</td></tr>
<tr><td>D</td><td>90%以后</td></tr>
</table>

① 统考科目分值设定为：语文160分，数学160分，外语120分，共440分。语文、数学分别另设附加题40分，因此文科类、理科类考生3门统考总分为480分，体育类、艺术类考生3门统考总分为440分。

综合素质评价包括道德品质、公民素养、交流与合作、学习能力、运动与健康、审美与表现六个方面，其中，前三个方面凡符合基本标准者皆评为合格；后三个方面分 A，B，C，D 四个等级。此外，学业水平测试与综合素质评价的等级在录取中具有重要作用，如本科院校对选测科目等级要求不得低于 C 级；艺术类、体育类考生的 7 门学业水平测试必修科目等级中 D 级不得超过 3 门等①。

(4) 分类考试科目设置模式。即将高考科目按照文、理与本、专分类分层设置考试科目。目前，浙江省以文、理为划分依据将考试科目分为三类，并将艺术、体育类考试科目分成本科、专科两类，共出现五组科目设置（见表 2-9）。

表 2-9　2012 年浙江省高考分类考试科目设置

文、理科考试科目		艺术、体育类本专科考试科目	
一类	语、数（文/理）、外、综合（文/理）、自选模块	本科类	语、数（文/理）、外、综合（文/理）、艺术专业/体育术科
二类	语、数（文/理）、外、综合（文/理）	专科类	语、数（文/理）、外、艺术专业/体育术科
三类	语、数（文/理）、外、技术（信息技术/通用技术）		

表 2-9 中“自选模块”设语、数、外、政、史、地、物、化、生 9 门学科的 18 个选修模块（每门课 2 个选修模块）共 18 题（每个模块 1 道试题），由考生任意选答 6 题；外语由考生在英语、俄语、日语、德语、法语、西班牙语中任选 1 门，其中，英语听力测试全省统考（残疾考生单独规定）。除文科类（含选考文科类的艺术、体育类）所有专业以及理科类中有外语面试要求专业的考生须英语面试外，其他外语语种暂无面试②。此外，参加高中新课改的应届毕业生还须进行综合素质评价，包括品质与素养、学习与能

① 江苏省教育考试院：《江苏：2012 年普通高等学校招生工作意见》，阳光高考：http://gaokao. chsi. com. cn/gkxx/ss/201205/20120510/310034464. html，2012-05-10/2012-12-15。

② 浙江省教育考试院：《浙江：2012 年普通高校招生工作实施意见》，阳光高考：http://gaokao. chsi. com. cn/gkxx/ss/201205/20120507/308950424. html，2012-05-07/2012-12-15。

力、审美与艺术、运动与健康、探究与实践、劳动与技能六方面，具体采用全省统一标准的“写实性评价 ＋ 等第评价”的方式，评价过程公开，评价结果经考生所在学校公示后，形成《浙江省普通高校招生考生综合素质评价基本信息表》。其中，审美与艺术、运动与健康、探究与实践、劳动与技能四个方面采用等第评价，分 A，P，E（分别表示好、合格、需努力）三等；学习能力主要通过会考等第（A，B，C，E，即优、良、合格、不合格）反映。但对于综合素质评价内容的使用由高校决定。

另外，上海市实行的也是分类考试科目设置模式，具体分为本科类的“3＋1”和高职（专科）类的“3”（见表 2-10）。

表 2-10　2012 年上海市高考分类考试科目设置①

考试类别	科目设置
本　科	3＋1
高　职(专科)	3

表 2-10 中科目设置的“3”，指语、数、外 3 门文化基础课科目。其中，外语设有听力考试，成绩计入总分；数学分文史类试卷和理工农医类试卷。“1”即政、史、地、物、化及生命科学 6 门中之 1 门，文科考生在政、史、地中任选 1 门；理科考生在物、化、生命科学中任选 1 门。凡在上海市报考普通高校本科的考生，须参加“3＋1”的统考，“3＋1”的总分满分为 600 分，其中语、数、外和相关课程科目满分均为 150 分。仅报考高职（专科）的考生，只需参加“3”的统考，“3”的总分满分为 450 分，其语、数、外单科满分均为 150 分。

（5）“3＋3＋基础会考”模式。目前海南省实行该模式②。它将考生分为两大类，即“文史类、艺术文类”和“理工类、体育理类”，前一类考生考：语、数（文）、英（含听力）、政、史、地；后一类考生考：语、数（理）、英（含听力）、物、化、生。具体而言，第一个“3”指语、数（文/理）、英 3 科；第二个“3”指文科需考政、史、地 3 科，理科需考物、化、生 3 科。“基础会考”的考试科目按考生高考报考

① 上海教育考试院：《2012 年上海市普通高校招生考试工作办法》，阳光高考：http://gaokao. chsi. com. cn/gkxx/ss/201207/20120731/332523919. html，2012-07-31/2012-12-15。

② 该模式中的语、数（文）、数（理）、英等科目的满分值均为 150 分，其中，英语考试分笔试和听力两部分，笔试部分满分值为 120 分，听力部分满分值为 30 分，听力成绩计入英语科总分。政、史、地、物、化、生等科目的满分值均为 100 分。

的科类分设，报考“文史类、艺术文类”的考生考物、化、生、通用技术和信息技术5个科目；报考“理工类、体育理类”的考生考政、史、地、通用技术和信息技术5个科目。基础会考的成绩按10%计入高考投档成绩，但若考生参加基础会考的科目与本人所报考的高考科类不相对应，则成绩不计入高考投档成绩①。这在一定程度上迫使学生要较早地确定自己的文理性向。

（6）高校自主招生考试科目设置。自主招生作为高考制度的重要补充②，自2001年试点以来，经过10余年的探索与发展，不仅在形式上发展出了高校联考，在考试科目上也有新的变化。从2012年、2013年的“四大联盟”的考试科目来看，笔试科目的数量呈减少趋势，主要原因是将考查学生的专业兴趣、学科特长、创新潜质及身心素质等放在了面试环节。但总体来看，考试科目一般都包括语、数、英、物等基础学科以及人文与自然类学科（见表2-11），测试目的是考查学生综合运用基础知识的能力。

表2-11　2012年四大联盟考试科目及其考查重点

联盟	成　员	考试科目	考查重点
“北约”11校	北京大学、北京航空航天大学、北京师范大学、厦门大学、香港大学、中山大学、武汉大学、四川大学、山东大学、兰州大学、华中科技大学	语、数、英、物、化、政、史	基础知识、视野、综合运用知识的能力，学习潜力
“华约”7校	清华大学、上海交通大学、中国科学技术大学、西安交通大学、南京大学、中国人民大学、浙江大学	阅读与写作（含中文、英文）、数学、自然科学、人文与社会（任选一科）	综合运用知识的创新潜质、创造力、想象力、鉴赏能力及学习能力

① 海南省考试局：《海南：2012年普通高等学校招生考试工作实施办法》，阳光高考：http://gaokao.chsi.com.cn/gkxx/ss/201205/20120530/315748803.html，2012-05-30/2012-12-15。

② 教育部：《关于做好2012年高等学校自主选拔录取试点工作的通知》，阳光高考：http://gaokao.chsi.com.cn/gkxx/zc/moe/201112/20111209/268325621.html，2011-12-09/2012-12-16。

续表

联盟	成　员	考试科目	考查重点
“卓越”9校	北京理工大学、大连理工大学、东南大学、哈尔滨工业大学、华南理工大学、天津大学、同济大学、西北工业大学、重庆大学	阅读与写作能力和数学物理水平测试（含语、英、数、物等相关学科内容）	基础知识、创新力、实践能力
“京都”5校	北京化工大学、北京交通大学、北京科技大学、北京邮电大学、北京林业大学	语、数、英及综合能力测试	学习水平与综合能力

资料来源:《2012 自主招生之四大联盟考试信息汇总》，高考网，http://www.gaokao.com/e/20120201/4f28ec9e36872.shtml,2012-02-01。

(四) 高考科目设置演变之思[①]

综观高考科目设置现状，基本可以认为“3＋文科综合/理科综合”模式成为绝大多数省份采用的主流模式，是多年、多省试验改革的成果或结晶，也可说是理论与实践相结合的产物。而其他少数省、市实行的“3＋文科综合/理科综合＋学业水平测试＋综合素质评价”、“3＋学业水平测试＋综合素质评价”、分类考试科目设置以及“3＋3＋基础会考”等多种试点模式是国家政策倡导下推行的，仍处于探索阶段，代表着未来高考科目设置模式的可能发展方向。

首先，从主流模式的形成来看，至少有三点启示：一是高考科目设置必须兼具选拔性、公平性、科学性及可操作性。就选拔性而言，科目设置必须有一定的覆盖面，否则难以较全面地考查考生的知识结构及其广度；就公平性而言，科目设置在保留必考科目统考的前提下，要兼顾选考科目的统一性与可测性或量化性；就科学性而言，科目设置既应满足高校专业人才培养在教育课程方面的特色，又应满足学生在能力、适应性、兴趣和出路等方面的多样化需求；就可操作性而言，科目的多样化选择并非越多越好，必须考虑高校与考生的实际情况。二是科目设置改革在高考改革的大系统中具有自身局限性，即科目设置涉及更多的是考试范围，反映的是知识结构，也即各种考试科目的组合设计只能反映不同群体考生的不同知识结构以及满足高校不

---

① 本部分发表于《高校招生》2014 年第 4 期（见《多元与趋同：高考科目设置的变革走向》），有删改。

同学科专业对知识结构的差异性要求，而无法真正反映考生的学科能力与学习能力差异①，这表明科目设置改革必须配合考试内容与考试方式的改革。三是高考科目设置改革必须充分考量其外部性。科目设置既影响到高校人才选拔对知识结构的要求及其自主权，更影响到基础教育的教育内容与教学方式。然而，由高考的选拔性、竞争性及高利害性所决定，其科目设置的外部性更倾向于对基础教育及考生考试负担的影响，特别是频繁而大动作的科目设置改革“对中学教学的影响往往是冲击性的、结构性的，不利于中学教学的稳定”②。同时，“超负荷”的考试负担也是高考改革的主要阻力之一。这表明高考科目设置改革必须考虑对基础教育以及考生的各种影响。

其次，从试点模式的特征来看，与主流模式相比，其突出特点有三：一是增加了非智力因素的考核，并开始与录取挂钩；二是按高校层次或学科类型分类设计考试科目；三是以会考为基础，实质上拓宽了高考的科目范围。这些特征总体上大大丰富了高考科目的多样性与灵活性，既利于考生基于自己的学习兴趣和专业性向选择考试科目，又增强了高校基于学科专业的教学特色选拔人才的自主性。当然，需要指出的是，试点模式之所以得以以省、市为单位实行，关键在于国家政策的导向，即《教育规划纲要》对高考科目改革作出的指导性规定：“以高等学校人才选拔要求和国家课程标准为依据，完善国家考试科目试题库，保证国家考试的科学性、导向性和规范性”等。此外，综观世界发达国家及地区的大学入学考试科目设置，多样性、选择性及灵活性是最大共性之一。因此，某种程度上，试点模式既担负着探索符合中国国情的高考科目设置模式的任务，又代表着未来中国高考科目设置的发展方向。

再次，从实践看，当前的高考科目设置已由一元走向了多元，基本实现了三个转变：一是高考科目设置权实现了由集中转变为分散，即由国家统一设置下放到分省命题的部分省（自治区、直辖市）自行设置；二是由相对僵化的考试科目设置模式转变为灵活多样的科目设置模式；三是由全国单一的高考科目设置模式发展到全国多种高考科目设置模式共存互鉴。然而，灵活

① 张欣童：《从高考科目多样化选择产生的“变异”反思我国的高考改革》，《江苏高教》2005年第4期，第122页。

② 周军、周轩、郑启跃：《对高考制度的现状分析及改革建议》，《教育科学研究》2004年第5期，第22页。

多样的科目设置并不能减轻考生的考试压力，反而若科目设置不当还易引发学生偏科。同时，也不难发现，高考科目的调整始终承受内、外两种压力："一是社会的外部压力，质疑高考本身带给学生过重的负担，使得高考的科目调整趋向简单化。无论是60年代中期毛泽东等有关考试加重学生负担的言谈，还是50年代至今有关片面追求升学率、应试教育的责难，都使得高考科目的设置要求越来越简单，要求考试内容越来越少；二是教育系统的内部诉求，要求高考发挥自身的积极作用，为高校培养和选拔合格人才，要求学生拥有完整、系统的学科体系，要求有较高的各项能力，这又使得高考要考的内容越来越多。"[①] 也正是高考科目设置的这种内、外部矛盾，在很大程度上使高考科目改革出现反复与多变的局面。

总之，高考科目设置应着眼于在促进基础教育正常发展的基础上为高校选拔具有潜能的人才，并在方便操作的情况下，赋予高校和考生一定的选择权。但要明确的是，尽管高考科目的多样性改革能够推动高考制度走向多样化，但高考科目的多样性本身并非改革目的[②]。其改革根本之道在于"内外兼修"，即对内扩大高等教育入学机会，提高命题的科学性；对外改革社会人事制度与就业制度，而不是仅仅减少考试科目或变换考试科目组合模式。

二、高考立意的转变

所谓高考立意，即高考的命题指导思想。它不仅决定着高考的目的及其内容的性质与范围，甚至还影响着高考的考试方式与方法。一般而言，历年的高校招生工作规定及高考大纲是高考立意的文本载体，通过文本分析显示，高考立意业已实现了由"注重知识考查"到"强调能力考查"的转变。

（一）以知识为主的传承

中华人民共和国成立以来，关于高考知识范围的规定，最早出现在《关于高等学校一九五〇年暑期招考新生的规定》中，当时为规范高校单独招生考试行为，明确规定："各校依各系科课程所要求的入学条件，各出范围不

① 教育部考试中心：《高考内容改革与能力考查研究报告》，国家教育咨询委员会：《考试招生制度改革组专题调研报告汇编（上）》，2011年，第129页。

② 郑若玲，等：《苦旅何以得纾解——高考改革困境与突破》，江苏教育出版社，2011年，第45页。

同及程度不同的试题，其目的是测验投考者有无入有关系科学习的准备条件，决不应出奇僻的及超出中学课程范围的试题。"[①] 可见，高考的学科知识范围最初被限定在中学课程范围之内。1952 年，统一高考制度基本确立，考试科目的设定开始由全国招生委员会统一规定。1954 年，"为使报考青年能够系统温课备考，借以提高质量，由中央高等教育部会同中央教育部颁发各科考试大纲，以供使用"[②]。考试大纲的出现，不仅更加规范了命题工作，还对各科考查的知识范围进行明确限定，即一般不超出中学课程范围及教学内容。

1956 年，为帮助考生复习备考，进一步扩大生源与提高生源质量，教育部在 1955 年考试大纲的基础上，对语文、政治常识、数学、物理、化学、历史、地理、达尔文主义基础、俄语、英语 10 科的考试大纲进行了修改，并明确指出招生考试将根据考试大纲命题[③]。1957 年，高等学校考试大纲又增加了艺术专业加试科目（电影、戏剧、美术、工艺美术、音乐）[④] 内容。1961 年，教育部对考试命题单独发出通知，要求各地选送考试试题，各科试题的命题范围以《关于 1961 年高等学校招生考试考生复习问题的通知》为依据，并对社会科学和自然科学各科的试题内容也作了明确规定，强调避免出偏僻、陈旧落后和死记硬背的题目[⑤]。此后历年的考试知识范围均以考试大纲为准，直至"文化大革命"爆发。

1977 年高考恢复。1978 年，为了便于考生复习，教育部组织和编印了高考复习大纲，用以指导各科高考，各科考查知识均在大纲规定范围之内。此后，随着中学教材的逐步统一，教育部停止编印高考复习大纲。高考命题要求严格限制在中学教学大纲和统编教材范围之内。高考的学科知识范围也

---

① 中央人民政府教育部：《关于高等学校一九五〇年度暑期招考新生的规定》，《福建省人民政府公报》，1950 年。

② 高等教育部：《关于全国高等学校一九五四年暑期招考新生的规定》，《江西政报》1954 年第 11 期，第 44 页。

③ 高等教育部：《一九五六年暑期高等学校招生考试大纲》（前言），京华印书局，1956 年，第 1 页。

④ 高等教育部：《一九五七年暑期高等学校招生考试大纲》（说明），京华印书局，1957 年，封二。

⑤ 教育部：《关于一九六一年高等学校招生考试命题工作的通知》，杨学为：《高考文献（上）（1949—1976）》，高等教育出版社，2003 年，第 384～385 页。

基本限定在教学大纲和教材范围之内。后来，尽管有些学科（如数学、历史）的基础知识有增减，但总体考查原则未变[①]。因此，这一阶段的高考立意基本以知识传承为主，强调考试知识范围限定，以缓解中华人民共和国成立初期生源紧缺且质量不高的困境。

（二）向能力倾斜的调整

1989年后，教育部陆续推出各科新的《考试说明》，开始对各科考试的考查范围从知识和能力两个层面进行调整。在知识范围方面，不仅内容有增减，考查深度也有变化。1994年的物理学科《考试说明》将所要掌握的知识分为三个层次：一是知道所列知识的内容，能在有关问题中识别和直接使用它们；二是理解所列知识的确切含义及其与其他知识的联系，并能对实际问题在进行分析、综合、推理和判断等过程中运用它们；三是中学物理中应用较广泛的某些重要概念和规律，要求考生掌握的程度与第二层次相同，但要更为熟练。此外，《考试说明》还对试卷内容所涉及二级学科的知识比例也进行了规定，如物理学科规定力学约占36%、电学约占36%、热学约占10%、光学约占12%、原子物理学约占6%；化学学科规定基本概念和基础理论约占40%、元素及其化合物约占20%、有机化学知识约占10%、化学实验约占10%、化学计算约占15%[②]。至此，高考内容开始逐渐发生倾斜，即由注重知识考查向注重能力考查倾斜。

（三）以能力立意的确立

1999年，教育部推动"3＋X"高考科目方案改革，高考的知识范围要求更加淡化，提出"命题范围遵循中学教学大纲，但不拘泥于教学大纲"，考试考查的知识范围开始突破、超越教学大纲范围，向自身独立的学科体系发展。2000年后，教育部考试中心每年出版各科《考试大纲》和《考试说明》，对各科考查的知识范围进行逐步调整。2004年以来，全国基础教育实施新课程改革，颁发新的《高中课程标准》，明确提出加强探究能力的培养，倡导"知识与能力、过程与方法、情感态度与价值观"的三维学习目标，强

① 教育部考试中心：《高考内容改革与能力考察研究报告》，国家教育咨询委员会：《考试招生制度改革组专题调研报告汇编（上）》，2011年，第130页。

② 国家教育委员会考试中心：《1994年普通高等学校招生全国统一考试物理、化学科说明》，高等教育出版社，1994年，第1～13页。

调学习的选择性，整个教学内容分选修部分和必修部分，各学科在充分汲取和参考《新课程标准》理念的基础上，重新拓展了能力考查的目标，特别是设置必考部分和选考部分。各学科的学科能力考查内容得到进一步丰富①。

从 2011 年《普通高等学校招生全国统一考试大纲（理综）》中关于理科考查知识范围与能力的规定来看，新课改高考的考试内容在注重基础知识考查的同时，更强调运用知识的能力，特别是探究能力、分析能力、思维能力及创新能力等。如化学学科试题“旨在测试考生对中学化学基础知识、基本技能的掌握情况和所应具有的观察能力、实验能力、思维能力和自学能力以及考查考生初步运用所学化学知识，观察、分析生活、生产和社会中的各类有关化学问题的能力”。物理学科“要考查的知识按学科的内容分为力学、热学、电磁学、光学及原子和原子核物理五部分”，其考核的能力包括理解能力、推理能力、分析综合能力、应用数学处理物理问题的能力以及实验能力六个层次（见表 2-12）②。而从当前主流的“3＋文科综合/理科综合”高考科目设置模式中的文科综合能力考查范围来看，其能力目标考核也包含四个层次：一是获取和解读信息；二是调动和运用知识；三是描述和阐释事物；四是论证和探讨问题（见表 2-13）③。

表 2-12　2011 年物理科目考核能力结构

能力层次	能力内涵
理解能力	理解物理概念、物理规律的确切含义；理解物理规律的适用条件以及它们在简单情况下的应用；能够清楚地认识概念和规律的表达形式（包括文字表述和数学表达）；能够鉴别关于概念和规律的似是而非的说法；理解相关知识的区别和联系。

① 教育部考试中心：《高考内容改革与能力考查研究报告》，国家教育咨询委员会：《考试招生制度改革组专题调研报告汇编（上）》，2011 年，第 140 页。

② 教育部：《2011 年普通高等学校招生全国统一考试大纲：理科综合》，阳光高考：http://gaokao.chsi.com.cn/gkxx/ss/201103/20110309/171392692.html，2011-03-09/2013-03-12。

③ 教育部：《2012 年普通高等学校招生全国统一考试大纲：文科综合》，学科网：http://gaokao.zxxk.com/ArticleInfo.aspx?Page=1&InfoID=172453，2012-03-22/2013-03-12。

续表

能力层次	能力内涵
推理能力	能够根据已知的知识和物理事实、条件对物理问题进行逻辑推理和论证，得出正确的结论或作出正确的判断，并能把推理过程正确地表达出来。
分析综合能力	能够独立地对所遇到的问题进行具体分析，弄清其中的物理状态、物理过程和物理情境，找出其中起重要作用的因素及有关条件；能够把一个较复杂的问题分解为若干较简单的问题，找出它们之间的联系；能够理论联系实际，运用物理知识综合解决所遇到的问题。
用数学处理物理问题的能力	能够根据具体问题列出物理量之间的关系式，进行推导和求解，并根据结果得出物理结论，必要时能运用几何图形、函数图像进行表达、分析。
实验能力	能独立完成“知识内容表”中所列的实验；能明确实验目的；能理解实验原理和方法；能控制实验条件；会使用仪器，会观察、分析实验现象，会记录、处理实验数据，并得出结论。能灵活地运用已学过的物理理论、实验方法和实验仪器去处理问题。

资料来源：教育部：《2011 年普通高等学校招生全国统一考试大纲：理科综合》，阳光高考：http://gaokao.chsi.com.cn/gkxx/ss/201103/20110309/171392692.html。

表 2-13　2012 年文科综合能力目标与要求

目标要求	Ⅰ	Ⅱ	Ⅲ
获取和解读信息	获取试题提供的信息，理解试题要求以及考查意图。	提炼信息的有效内容和价值，并对其进行分析与整合。	组织和应用相关学科的信息，形成综合性的信息解读。
调动和运用知识	将所学知识与试题的形式和内容建立正确的联系。	准确地运用相关知识和相关信息，认识和说明问题。	体现学科渗透，运用相关学科的知识原理分析问题。
描述和阐释事物	正确表述事物的现象，准确描述和解释事物的特征。	把握事物的本质和规律，并作出正确的阐释。	辩证地、历史地考察事物，对事物进行学科的和跨学科的描述与阐释，意义完整。

续表

目标要求	Ⅰ	Ⅱ	Ⅲ
论证和探讨问题	运用判断、归纳、演绎、比较、概括等方法论证问题。	在论证中观点明确、表述清晰、逻辑严谨。	综合运用相关学科的原理和方法论证和探讨问题，体现创新性思维。

资料来源：教育部：《2012 年普通高等学校招生全国统一考试大纲：文科综合》，学科网：http://gaokao.zxxk.com/ArticleInfo.aspx?Page=1&InfoID=172453。

此外，伴随新课程改革的不断推进，各省（自治区、直辖市）基础教育的教材也出现多种版本，打破了“人教版”长期一统天下的局面，教学内容也分为选考与必考等模块，整体上促使高考对考生综合运用基础知识的能力被进一步强化，能力考查的发展也正在向更为细致的学科评价目标的方向迈进。总之，纵观高考知识考查范围的演变，高考内容已发生了质的变化，其最突出的成果就是日益重视能力的考查（也有论者认为是“素质的考查”），基本实现了从“知识立意为主”向“能力立意为主”（或“素质立意为主”）的重大转变，综合素质评价的理念也逐渐在高考的实践中得到体现。

三、高考技术的变化

考试技术不仅包括运用于考试活动中的计算机等现代信息技术，还包括试题、题型及试卷的设计技术。试题的质量和试卷的设计是高考改革的重要内容之一。试卷如何体现能力（或素质）考查的指导思想，与试卷本身的设计密切相关。随着高考考查能力（或素质）指导思想的形成，以及现代考试技术的引入与发展，高考试题与试卷的设计基本沿着由简单到复杂，由单一到多样，由经验化到科学化、规范化的发展路径演进。

（一）传统简单的考试设计

由于考试设计服务于考试内容，因而受中华人民共和国成立初期高考基本以知识考查为主导思想的影响，中华人民共和国成立后的很长时期内，高考试卷的设计都比较简单。题型主要是传统的填空题和简答题。考查内容由于侧重基础知识的考查，也基本停留在教学教材的理解及认识程度上。而对于试题的质量，则主要注重“难度”这一维度，只宏观强调考试不出难题、怪题及偏题。如 1964 年，毛泽东批评考试的一个重要理由就是存在偏题、怪题。而对于试题本身质量的高低，特别是试题的信度、效度及区分度等问题基本未受关注。直至 1977 年恢复高考初期，高考试卷仍以填空题、问答题的组合形式出现，整个试卷结构与试题题型简单而僵化。

（二）现代测量技术的引入

考试是一门科学，不仅有自身的测量理论，还有专门的测量技术，而测量理论与技术的发展及应用直接推动着考试设计的变迁。1982 年，教育部发布了《关于开展高考研究的通报》，确立了倡导“理论与实践统一”、“古为今用、洋为中用”的高考研究指导思想，并提出了研究高考的若干现实问题，如“怎样正确处理德、智、体的关系”、“考试怎样分类，各考哪些科目，各科目的计分比重与计分方法”、“如何把高校选拔新生与中学输送毕业生结合起来，减少一次考试的偶然性”、“命题怎样处理高校对新生要求与高考对中学教学影响的关系”、“命题、评分怎样考查考生能力，克服死记硬背”、“考查是否增加实践经验项目”、“使用选择题的可能性与范围”及“新技术在招生统计、录取与改进制卷技术”① 等一系列问题。经研究与借鉴国外经验，选择题开始在高考中得到使用，先是单选题试验，后来多选题、填图题等多种题型陆续成为高考试题的设计类型。

1985 年，广东省率先开展了标准化考试试验。1989 年教育部发布了《普通高等学校招生全国统一考试标准化规划》，首次提出“以教育测量学、教育统计学为指导，利用计算机等手段，严格控制考试误差。使考试更科学、更准确地测量考生的知识能力水平”②。标准化考试的推行，使高考开始重视难度、信度、效度及区分度等各类考试指标。各学科考试也开始迈向了规范化、科学化的道路。1991 年，材料题在历史学科中出现，并很快成为社会科学考试的重要题型。题型的改进与创新，使得试卷的设计和组合越来越受到重视。各科试卷在开发与继承传统重要题型的基础上，也开始尝试探索适合本学科的题型，如语文的材料作文等。标准化考试题型的大量引入，不但加速了机器阅卷的推广，还使得高考试题日益分化为客观题和主观题两大类型。当然，更重要的是极大地提高了对高考试卷难度的控制力。

---

① 教育部学生管理司：《关于开展高考研究的通报（1982 年 3 月 22 日）》，杨学为：《高考文献（下）（1977—1999）》，高等教育出版社，2003 年，第 151～152 页。

② 国家教育委员会：《普通高等学校招生全国统一考试标准化实施规划（1989 年 6 月 27 日）》，杨学为：《高考文献（下）（1977—1999）》，高等教育出版社，2003 年，第 419 页。

(三) 现代测量技术的应用

现代测量理论与技术在高考中的应用改变了过去经验式命题的做法，促进了规范性和预设性的试题设计。1989 年开始发布的《考试说明》就是重要体现，其旨在根据每年学科发展与中学教学新变化，对各学科考试的题型和试卷结构作出调整与规划，甚至对试卷的题型比例进行明确规定。如 1994 年物理学科的《考试说明》规定：高考试卷选择题占 50%，填空题占约 20%，计算题占 30%；化学学科的《考试说明》规定：高考试卷题型比例为：选择题约占 55%，简答题约占 10%，填空题约占 25%，计算题约占 10%；试题难易比例为：容易题占 20%、中等难度题约占 60%、较难题目占 20%[①]。可见，现代测量理论与技术的应用是高考测量实现科学化、规范化转变的主要动因。

值得一提的是，在引入与借鉴国外标准化考试技术的过程中，我国并未完全照搬国外做法（如 ETS 考试全部采用选择题），而是采取了批判性继承的方式，即认为：不同题型有不同考核功能，选择题和论述题各有长短，应根据各学科考核的内容，确定各种题型的比例。客观题“适用于考查考生对基本知识的识记、领会和简单的应用能力，主要根据应答结果反映考生对考核知识的掌握情况，长处是知识覆盖面广，评分客观正确，利于考查判断能力，评卷记分比较经济，误差小。不足之处是不能考查考生的写作能力，考查思维过程比较困难”。而主观题，“如作文题、推理证明、综合应用题等，能较系统地考查考生某方面或若干方面的综合能力，即依据考生对试题的解答过程来反映对知识的掌握程度和思维过程，能考查较高层次的教学目标，发挥客观题无法取代的作用”[②]。从 1987 年—1996 年高考语、数、外 3 科试卷采用的题型和分数比例来看（见表 2-14），除外语总体波动不大外，语、数 2 科的主客观比例有所波动，且存在偏重于客观题的倾向。但随着近年来高考能力立意（或素质立意）的确立，主观题所占比例又呈增大趋势。因此，高考命题的关键一方面在于探索适应每个学科特点的主、客观题型的合理比例，另一方面还在于考查立意的转变，即服务于考查或选拔目的。

---

① 国家教育委员会考试中心：《1994 年普通高等学校招生全国统一考试物理、化学科说明》，高等教育出版社，1994 年，第 1～13 页。

② 张耀萍：《高考形式与内容改革研究》，华中师范大学出版社，2010 年，第 53 页。

表 2-14　1987 年—1996 年高考语文、数学、英语试卷采用的题型所占分数比例

		1987	1988	1989	1990	1991	1992	1993	1994	1995	1996
		主：客	主：客	主：客	主：客	主：客	主：客	主：客	主：客	主：客	主：客
语文	分数比例	50：70	50：70	50：70	40：80	54：66	50：70	50：70	60：90	60：90	60：90
数学	分数比例	55：65	55：65	60：60	60：60	60：60	51：69	58：92	61：89	65：85	69：81
外语	分数比例	13：87	15：85	15：85	15：85	15：85	15：85	15：85	25：125	25：125	30：120

资料来源：张耀萍：《高考形式与内容改革研究》，华中师范大学出版社，2010 年。

2004 年后，随着新课程改革的启动，尤其是现代测量理论及技术的进一步引进、开发与应用，高考试卷设计的科学化、精确化程度得到了整体提高。特别是每年发布的《高考试题分析》，从测量学的角度，向社会公布所有试题的难度系数，同时还提供较详细的解题思路及相关说明，供大众特别是高中教师和学生及时了解各高考学科的能力考查取向及其变化。同时，教育部考试中心每年在高考后还专门组织测评专家对全国所有高考试卷进行专业评价，不仅分析各科试卷的难度、信度、效度及区分度等定量指标，还对试题的立意与情境设置等做定性解析，力图通过专业性评价的方式逐步提高各级高考机构的试题命制水平，促进高考试题质量的稳步提升。

四、高考内容之弊病

尽管高考内容的改革，在科目设置模式上实现了由单一而统一化到灵活而多样化的转变；在考试目标上完成了从知识到能力考查立意的转变；在考试方式上实现了由经验式命题到科学化、规范化命题的转变，但在考试内容结构的具体设计和考核目标的实践操作等方面，还存在一系列尚待逐步解决的问题。

（一）选修模块的设置不够合理

新课程改革的显著变化是允许学生自主选课，反映在各省（自治区、直辖市）的高考方案中，就是统一考试的内容分化为必修模块和选修模块，以

必修模块为主。目前除安徽省规定“选修课程的总分值原则上不低于10%，均设为必做题”外，其他省（自治区、直辖市）均采取选修和选考的方式，尚未作硬性规定①。事实上，各学科选修模块的设置分为两种情况：一是学科的部分重要知识因课时不足而被列为选修模块，如物理中的光学、热学及原子物理学等，有机化学中的卤代烃、酯等，无机化学中的反应基本原理等；二是对现有学科知识的延伸、更新及补充，如数学中的坐标系与参数方程，地理中的旅游地理与环境保护等。就前一种情况而言，由于受减负或课时影响，可能致使完整的学科知识体系遭受破坏；就后一种情况而言，增考非主干知识，可能加重学生学习负担，挤占对主干知识的考查空间。

（二）综合卷的设计不够科学

目前的高考方案总体以“3＋文科综合/理科综合”为主，其中，文科综合含政、史、地，理科综合含物、化、生，且考试成绩均是3科成绩相加之和。然而，这种以综合总分的成绩报告形式，模糊了综合科目内各单科的考查目的性与明确性，使不同学科学习情况的优劣、强弱无法在考试成绩中得到区分与体现，进而减弱了考试结果对组合学科教学的反拨与检测作用。此外，现代科学领域的所谓综合性发展其实大都是学科的前沿性问题，而高中课程所涉及的学科内容基本属于基础性质，使这种多科综合的设计本身处于相当尴尬的境地，试题的命制也难免出现为综合而综合的简单拼凑，使命题较易偏离对主干知识的考查②。

（三）题型的设计存在局限

新课程高考要求从“知识和能力”、“过程和方法”、“情感态度和价值观”三个方面体现新课程改革的教育理念。但受到纸、笔测验的时空局限和辅助手段不足等限制，对“三维目标”的考核并非易事，特别是试题情景的设置，较易产生刻板、生硬、背景与现实生活脱节等问题。另外，社会对目前常用的诸如选择、填空、默写等题型也多有诟病，如：认为选择题的增加提高了猜题概率，填空题存在缺乏思维过程性缺陷，而默写名句对培养语感

---

① 李力：《新课改视野中的高考改革方案评述》，戴家干：《教育考试与评价制度创新理论与实践探索》，高等教育出版社，2010年，第89页。

② 教育部考试中心：《高考内容改革与能力考查研究报告》，国家教育咨询委员会：《考试招生制度改革组专题调研报告汇编》，2011年，第173页。

的作用也并不明显[1]。从“引导”的角度看，高考试题应能够引导在校学生掌握好学科课程的核心内容和基本方法，而非零散、简单的碎片化知识。因此，为配合新课程改革，高考题型必须不断创新。此外，由于选考题的增加，试卷长度大增，高考试卷被戏称为“哈答卷”，更重要的是选考题的等值问题也很难处理。

(四) 能力考查的公平性不足

新课程高考注重能力素质的综合考查，虽是大势所趋，但在教育资源严重失衡的状态下，由于考查内容的城市化倾向，对落后地区及农村考生不公平。以湖北省的新课程改革方案为例，其普通高中实行学分制，课程内容涉及 8 大领域：语言与文学、数学、人文与社会、科学、技术、艺术、体育与健康和综合实践活动。每一领域由课程价值相近的若干科目组成，共有 15 门科目，其选用教材多达 45 套 400 余本，课程内容包括必修和选修两大模块，且 3 年内修满 144 个学分才能毕业。从这个庞大的课程体系及其考核内容来看，农村考生无疑处于绝对劣势。有农村教师坦言：“城里的孩子从小就学钢琴、古筝，学习各种技术、艺术，我们直到高一的音乐课上才学一点简单的乐理知识，拿这些知识和城市的孩子比，我们哪里竞争得过?”“城里有博物馆，有科技馆，有图书馆，有艺术馆，城里孩子从小到处旅游，参加各种各样的兴趣班，我们能够去一趟城里就已经很不容易了。”[2] 可见，在我国经济发展尚不平衡、教育资源严重不均的情况下，高考在考查能力的过程中必须兼顾内容的公平性。

五、高考内容之变因

由高考内容自身的复杂性所决定，它在科目设置、考查目标及考试技术等方面的变革，既有来自教育教学发展等内部动因，又有来自社会政治变动与测量技术发展等外部动因。

(一) 教育的发展

教育教学内容是考试内容的主要因素与依据，受教育发展水平和客观现

---

① 温儒敏、巢宗祺，等：《2007，高考能否与新课程同行——关于“课程改革与语文高考”的讨论》，《人民教育》2005 年第 10 期，第 28 页。

② 皮曙初：《高中新课改：别让农村孩子越落越远》，新华网：http://news.xinhuanet.com/politics/2009-07/10/content_11685797.htm，2009-07-10/2012-12-22。

状的影响,高考内容在不断变换、更新与升级。中华人民共和国成立初期,教育整体发展落后,特别是外国语教学水平落后及参差不齐,外国语并不是早期高考的必要内容。1949年—1957年,"为照顾若干地区中学外国语教学的实际情况,外国语虽列为共同必考科目,报名时得允许投考者申请免考外国语"①,直到1958年外国语才成为高考的必考内容,且其分值也是经历了一个缓慢上调的过程。十一届三中全会后,随着"重视智力开发"以及加速发展高等教育的提出,国家整体教育水平显著提升,才为高考内容改革提供了较大空间。

从实施"3+X"及其变种的高考科目设置来看,高考内容开始变得灵活、复杂起来,考生的考试内容选择权也大大增加。特别是以"综合能力立意"的考试指导思想的确立,高考内容至少出现了四大变化:一是试卷与题型结构。试卷由"单科独卷"变为三科综合卷,题型结构上,选择题由单项、多项共存,变为统一的单项选择题;二是试题要素。开始突出问题情景,强调对学生的创新精神和实践能力的考查,考试内容注重与生产、生活、科技和社会时事热点的联系。三是考查内容的覆盖面。不再注重知识的覆盖面,命题构架从"3+2"高考命题的双向平面架构(即章节、教学目标双向细目表的形式),转向问题情景、知识视野、探究过程的三向综合题架构。四是试题综合的跨度的加大,由学科内的综合向跨学科的综合转变②。

而素质教育提出的新的人才培养要求,也加快了高考试卷内容的变化。从2004年以来全国卷和福建卷的语文试题来看,"侧重于考查学科知识点的语言基础知识题已被大幅度削减,如试卷中第一卷的分值从42分减至24分,2007年福建卷再降至21分,而将能全面考查学生综合能力的写作题增至70分。也就是说,已经将语言基础知识的考查融入阅读、语言应用和写作试题之中。这样既保证了试卷结构的简约,又能较好地考查学生掌握、运用语言基础知识的综合、创造能力,有效扭转了往年高考命题侧重于对学科知识点考查的倾向"③。而随着新一轮新课程改革的推进,高考的内容已然超越了"纸面",考查目标与范围还包括对诸如情感价值观、实践操作等非智力因素的综合评价。

---

① 教育部:《关于高等学校一九五〇年度暑期招考新生的规定》,《人民日报》1950年5月29日,第1版。

② 西流、郭嘉:《高考鸡汤》,厦门大学出版社,2001年,第38~39页。

③ 李旭:《新课程视角下的高考改革》,《福建师范大学学报》(哲学社会科学版)2007年第4期,第36页。

（二）政治的需要

政治对高考内容的影响，在中华人民共和国成立初期表现得十分明显。1957 年，由于整风运动和反右派斗争严重扩大化，最终导致“左”倾错误的蔓延，并对 1957 年以前的高考作出了错误的评价，认为“各级招生机构和高等学校依靠党的领导不够，有业务脱离政治的错误倾向，政治没有挂帅”①。结果 1958 年的命题人选和政治课考题，需送当地党委或学校党委审查，规定“各科试题应当体现政治挂帅的精神，注意试题的思想性，避免形式主义的考试，特别是政治课考题，更应该有明确的政治方向，不是叫人去背书，而是通过考试引导青年注意参加现实的斗争”②。此外，在突出主考政治的同时，“还降低了文化考核在录取中的关键地位，对工人、农民、工农干部和老干部速成中学毕业生，采取保送入学的办法。这是‘左’倾错误路线第一次严重干扰高考制度的结果”③。

1961 年，为继续贯彻阶级路线，再次强调“高考命题工作，应注意突出政治和理论联系实际”，主要做法是：“语文试题，强调政治思想性，突出政治，紧密结合当前的形势，而且使学生都有话可说，易于联系思想实际；作文评分标准，规定政治标准第一，艺术标准第二的原则；政治常识题，强调以阶级斗争为纲，引导学生活学活用毛主席著作，把学习毛主席著作同改造思想和分析解决实际问题紧密地结合起来；历史试题，强调以阶级斗争为纲，并贯彻厚今薄古、古为今用、史论结合的原则；外语试题，着重考查学生的语言基本功和运用能力，并注意政治思想性。”④ 到“文化大革命”废除统一高考之前，“这种以政治为导向，服务于政治斗争、适应政治现实的命题原则都未曾得到改变”⑤。高考内容明显政治化色彩的消退，重新走上

---

① 中共中央转发教育部临时党组：《关于一九五八年高等学校招生工作的请示报告（1958 年 6 月 30 日）》，杨学为：《高考文献（上）（1949—1976）》，高等教育出版社，2003 年，第 321 页。

② 教育部：《关于做好今年高等学校招生工作的通知（1958 年 6 月 28 日）》，杨学为：《高考文献（上）（1949—1976）》，高等教育出版社，2003 年，第 319 页。

③ 刘海峰、李立峰：《高考改革与政治经济的关系》，《教育发展研究》2002 年第 6 期，第 35 页。

④ 高教部学生司：《高等学校统一招生工作结束》（修订稿），杨学为：《高考文献（上）（1949—1976）》，高等教育出版社，2003 年，第 574 页。

⑤ 张耀萍：《高考形式与内容改革研究》，华中师范大学出版社，2010 年，第 48 页。

以文化成绩为主并逐渐强调能力立意的正确轨道，也是在 1977 年，特别是十一届三中全会以后①，在政治上取得了拨乱反正的成功之后。

（三）考试技术的进步

高考建制以来，高考命题长期处于经验式命题阶段，随意性较大。命题工作主要依据命题人员的经验，在短时间突击完成。试题使用前缺乏试测及各项统计分析指标，导致试题水平不够稳定，时有过难或过易的现象，题型也较为简单，覆盖面窄等②。为改变低水平命题局面，1985 年原国家教育委员会开始在广东省试行数学、英语试题的标准化考试改革，随后逐渐在各省推行。所谓标准化考试，也称标准化测验（Standardized Test），指在现代教育测量与统计学的指导下，“根据统一、规范的标准，对考试的各个环节包括测试目的、命题、施测、评分、计分、分数解释等都按照系统的科学程序组织，从而严格控制误差的考试”③。

按照原国家教育委员会发布的《普通高等学校招生全国统一考试标准化实施意见》，高考标准化的具体进程与规划是：1989 年—1991 年，根据教学大纲确定合理的知识与能力层次要求、试题的难度以及各种类型题目的比例。改进命题办法，完善试题质量评价方法，保证试题水平的相对稳定。选择题用机器评卷，改进主观题评卷办法，严格控制评分误差；1992 年—1995 年，各学科建立初步可以使用的试题库，全国各省、自治区、直辖市建立常模、转换标准分④。经过实施标准化改革，高考内容与试卷结构变得更加科学与规范。

2006 年，教育部考试中心开始实施学生能力国际评价（PISA）中国试测研究项目，旨在通过实践，掌握、借鉴 PISA 先进的评价理念、理论、技术，构建符合中国国情的大规模教育评价标准、手段、技术和方法体系，促

---

① 1978 年的语文高考作文题，仍为要求缩写一篇题为“速度问题是一个政治问题”的文章。

② 张耀萍：《高考形式与内容改革研究》，华中师范大学出版社，2010 年，第 52 页。

③ 标准化考试，百度百科：http://baike.baidu.com/view/1066055.htm，2009-12-30/2012-12-21。

④ 国家教育委员会：《普通高等学校招生全国统一考试标准化实施规划（1989 年 6 月 27 日）》，杨学为：《高考文献（下）（1977—1999）》，高等教育出版社，2003 年，第 419 页。

进考试内容和形式的改革，推动素质教育的发展[①]。新技术的引入及应用，为新课程高考的考试内容改革，特别是对综合素质评价的实施，提供了有益的理论与技术支持。

第三节　高考命题方式：从统一到分散

“考试是人类有意识、有目的的反身评价活动。”[②] 它以试题作为测评媒介，通过被试对试题的反应，来评判被试群体的个体素质差异。因此，“命题质量是高考质量的核心”[③]，保证命题质量是维护高考权威性及公信力的关键。高考命题方式作为影响高考命题质量的重要因素，历来是高考改革的难点与焦点之一。综观高考建制以来的命题方式，从命制体制来看，存在集中与分散两种；从命制主体来看，有国家招生考试机构、省级招生考试机构和高校考试机构三种；从命制形式来看，有入闱命题、题库命题、卷库命题、委托命题及征集命题等多种办法；从变迁路径来看，总体上表现为从统一到分散再到统分结合的发展趋向。

一、高考命题方式的历史演绎[④]

纵观中国考试史，统一命题与分散命题是国家考试命题的两种基本方式。古代西周的选士制和汉代的察举制，就有按人口比例贡士的尝试，此可谓分散命题的雏形。而自隋朝创科举取士制度，全国性的大规模统一考试便出现了，在其 1300 年的发展过程中并非“一统到底”，其间也出现了分散的局面，如宋代的“逐路取人”，明、清两代的“分卷（南、北、中）施考、分省录取”[⑤] 等。至清末科举被废，学堂大兴，科举考试便被另一种全国性

---

① 戴家干：《教育考试与评价制度创新理论与实践探索》，高等教育出版社，2010 年，第 379 页。

② 廖平胜：《考试学原理（前言）》，华中师范大学出版社，2003 年，第 1 页。

③ 陈士俊、陈畅：《高考命题质量评价体系的缺陷及对策分析》，《天津师范大学学报》（社会科学版）2011 年第 1 期，第 72 页。

④ 本部分与“二”部分刊载于《考试研究》2011 年第 5 期（见《从“交替”到“交杂”：高考命题方式统与分的历史选择》），略有更新。

⑤ 杨继龙：《高考分省命题考试政策效度研究——以湖北省 2007 年高考政策为例》，华中师范大学硕士学位论文，2008 年。

大规模考试——大学招生考试所取代。然而，统一与分散依然是贯穿其发展的主旋律，只是统与分的内涵有了新的发展，即统一包括全国统一命题与部分省份统一命题，分散包括分省（自治区、直辖市）、分区（指大行政区或联合区）、分校命题等方式。如民国时期的高校招生考试命题方式便出现了高校单独命题、高校分区联合命题、全国统一命题以及委托命题等多种方式。

中华人民共和国成立以来，高考的演变也是遵循“统分交替模式”向前发展的。从1949年—1950年，为实现教育发展的平稳过渡，基本维持民国后期的分校（高校自主命题考试）、分区（即华北区、东北区、西北区、华东区、中南区、西南区等区域高校联合命题考试）等多种命题方式进行高校招生考试。1952年，全国统一高考制度建立，实现了全国统一命题考试。至1958年，试行分省命题，但仅实施了1年，后又采取全国统一命题方式。1966年—1976年“文化大革命”中断高考11年后，1977年恢复高考，又实行分省命题，到1978年又实行全国统一命题。而到1985年，上海市率先进行高考改革试点，又出现了分省（直辖市）单独命题。2002年北京市也开始自主命题。到2003年，教育部正式决定开始推行高考分省命题政策。

2004年，又先后增加天津市、辽宁省、江苏省、浙江省、福建省、湖北省、湖南省、广东省、重庆市、山东省、安徽省、江西省、四川省、陕西省14省、直辖市单独组织本省、直辖市全部或部分高考科目试题的命题工作。“到2006年，全国（除港、澳、台地区）实行分省命题的省份已达16个，涉及的考生占全国考生的65%左右。”① 2012年，分省自主命题省份虽未再增加，但随着新课程改革的省（自治区、直辖市）渐次进入新课程高考阶段，我国高考试卷的命题方式又得到进一步分化。可见，在1985年试点分省命题出现以前，我国高考命题方式的发展轨迹基本呈现为“统分交替”的演进模式。而1985年后，随着分省命题省（自治区、直辖市）的不断增加，以及高校自主招生考试的出现，我国高考命题方式开始呈现多元并存的“统分交融”② 模式（见表2-15）。

---

① 教育部考试中心：《高考分省命题适合国情》，《中国教育报》2006年9月30日。

② 所谓“统分交融”，是指高考统一命题与分散命题存在互补与依赖关系，高考的最终成绩是统一命题与分散命题考试成绩之和。

表 2-15　1949 年—2012 年中国高考命题方式之演变

年　份	高考命题方式
1949—1951	高校单独、分区联合
1952—1957	全国统一
1958	分省（自治区、直辖市）
1959—1965	全国统一
1966—1976	高考中断
1977	分省（自治区、直辖市）
1978—1984	全国统一
1985—2003	全国统一、部分省（直辖市）单独
2003—2012	大部分省（自治区、直辖市）单独、部分省份统一、高校单独、高校联合

二、高考命题方式的现状及趋势

目前，我国高考命题方式基本有四种：一是统一命题，即山西省、甘肃省、青海省、新疆维吾尔自治区、西藏自治区、贵州省、广西壮族自治区7省（自治区）的高考统一命题（分卷Ⅰ、卷Ⅱ），海南省、宁夏回族自治区、河南省、吉林省、黑龙江省、河北省、内蒙古自治区、云南省8省（自治区）的新课程高考统一命题，以及俄语、日语、法语、德语、西班牙语等小语种的全国统一命题；二是分省命题，即北京市、上海市、天津市、辽宁省、江苏省、浙江省、福建省、湖北省、湖南省、广东省、重庆市、山东省、安徽省、江西省、四川省、陕西省16省、直辖市的分省自主命题；三是高校联合命题，即“华约”、“北约”“京都”、“卓越”四大联盟组织的联合命题；四是高校单独命题，即自主招生院校中的非联盟成员及其他院校或部分专业组织的单独命题。然而，目前的分省命题省（自治区、直辖市）与部分高校联盟（如“华约”）还存在依靠或委托教育部考试中心命制部分考试科目试卷（见表 2-16）的密切关系，并且考生高考的最终成绩都是（或部分）这几种命题方式考试成绩相加之和，而非某一种命题方式考试的单独成绩。因此，我国目前的高考命题方式已打破了以往简单“统分交替”的发展模式，进入了“统分交融”模式阶段。

表 2-16　2012 年我国高考科目命题方式一览表

省（自治区、直辖市）	自主命题科目	教育部考试中心统一命题科目
北京	语、数（文/理）、英、文科综合（政、史、地）、理科综合（物、化、生）	俄语、日语、法语、德语、西班牙语
上海	语、数（文/理）、英、选“1”（物、化、生、政、史、地）	俄语、日语、法语、德语、西班牙语
重庆	语、数、英、文科综合（地、史、政）、理科综合（物、化、生）	日语、俄语、法语
天津	语、数（文/理）、英、文科综合（地、史、政）、理科综合（物、化、生）	俄语、日语、法语、德语、西班牙语
浙江	语、数（文/理）、外、综合（文/理）、技术（信息技术/通用技术）、自选模块（又含语、数、英、政、史、地、物、化、生）、艺术专业/体育术科（注：文理科考试科目分三类设置；艺术、体育类考试科目分本、专科两类）	俄语、日语、德语、法语、西班牙语以及英语听力
江苏	语、数（文/理）、英、政、史、地、物、化、生、技术（通用技术/信息技术）	（无）
辽宁	语、数（文/理）、英	文科综合（政、史、地）、理科综合（物、化、生），日语、俄语、韩语、蒙语、藏语
湖北	语、数（文/理）、英	文科综合（政、史、地）、理科综合（物、化、生），俄语、日语、法语、德语、西班牙语
湖南	语、数（文/理）、英（含听力）	文科综合（政、史、地）、理科综合（物、化、生）
福建	语、数、英、文科综合（政、史、地）、理科综合（物、化、生）、外语口试	俄语、日语、法语、德语、西班牙语

续表

省(自治区、直辖市)	自主命题科目	教育部考试中心统一命题科目
广东	语、数(文/理)、英、文科综合(政、史、地)、理科综合(物、化、生)	俄语、日语、法语、德语、西班牙语
山东	语、数(文/理)、英(不含听力)、文科综合(政、史、地)、理科综合(物、化、生)、基本能力	俄语、日语、法语、德语、西班牙语以及英语听力
安徽	语、数(文/理)、英(不含听力)、文科综合(政、史、地)、理科综合(物、化、生)	俄语、日语、法语、德语、西班牙语以及英语听力
江西	语、数(文/理)、英、文科综合(政、史、地)、理科综合(物、化、生)	俄语、日语、法语、德语、西班牙语
四川	语、数(文/理)、英、文科综合(政、史、地)、理科综合(物、化、生)	汉语文、俄语、日语、法语、德语、西班牙语
陕西	数(文/理)、英	语、文科综合(政、史、地)、理科综合(物、化、生),俄语、日语、法语、德语、西班牙语
海南、宁夏、河南、吉林、黑龙江、河北、内蒙古、云南	(无)	(新课改卷)语、数(文/理)、英、文科综合(政、史、地)、理科综合(物、化、生),俄语、日语、法语、德语、西班牙语
山西、甘肃、青海、新疆、西藏、贵州、广西	新疆维语言、哈语言、柯语言考试科目中的“语文”;西藏的“藏语文”;甘肃的藏语文使用“五协”命题试卷,藏数学(文/理)、藏“文综/理综”使用全国翻译卷。	(全国卷Ⅰ、Ⅱ)语、汉语文、数(文/理),英语、俄语、日语、法语、德语、西班牙语,文科综合(政、史、地)、理科综合(物、化、生)

注:1. 表中内容均以2012年全国各省(自治区、直辖市)的高校招生工作规定或实施办法整理得出;2. 体育、艺术类专业术科一般由省级考试中心或有关高校组织命制;3. 学业水平测试科目亦由各省自行命制。

由表 3-16 可知，尽管分省命题的省（自治区、直辖市）一般都承担了语文、数学、英语及文科综合与理科综合等基础学科的命题任务，但其命题能力依然有限，暂无法实现全自主命题。而若将英语以外的外语科目统一命题除外，实现较完全自主命题的省、市有 12 个，即北京市、上海市、天津市、重庆市、江苏省、浙江省、福建省、广东省、山东省、安徽省、江西省、四川省，约占分省命题省、直辖市总数的 75%，占全国省（自治区、直辖市）总数（不含港、澳、台地区）的 38.7%；未实现较完全自主命题的省有 4 个，分别是辽宁省、湖北省、湖南省、陕西省，约占分省命题省、直辖市总数的 25%，占全国省（自治区、直辖市）总数的 12.9%。另外，对比各省（自治区、直辖市）之间的高考科目，不难发现，它们之间存在较大差异，这既表明我国高考改革在各省（自治区、直辖市）的推进速度不一，又表明我国中部、东部、西部的教育发展还很不均衡。而另据统计，到 2015 年，除港、澳、台地区，我国所有省（自治区、直辖市）都将进入新课程改革高考，这也意味着高考命题方式将进一步分化，而随着高校自主招生改革的不断深化，除高校单独命题考试外，还增加了高校之间的联合命题考试。因此，未来一段时期，我国高考命题方式将呈现出更加复杂与多元的局面。

三、高考多元命题方式存在的问题①

受命题主体机构人力、物力、财力及技术等软、硬实力所限，高考命题方式直接影响着高考命题的质量。如中华人民共和国成立后的很长一段时期内，不论是全国统一招生考试，还是分散招生考试，皆采用当年命题、当年考试的办法。这种突击性的命题，存在着起落点不够准确，学科内容的继承与衔接、深度与难度都不够科学等弊端，在很大程度上是造成高考“大小年”的症结所在。自 2004 年全面推行分省命题政策以来，统一命题与分省命题就成为社会关注的热点，且各界褒贬不一。但客观分析，分散命题着实存在一些有待解决的问题。

（一）考试风险不减反增

高考安全是高考的生命线。命题作为高考工作的核心，事关高考安全大

① 本部分为笔者与导师刘海峰教授合作的《高考分省命题还是全国统一命题研究报告》的部分内容（见《考试招生制度改革组专题调研报告汇编》，国家教育咨询委员会考试招生制度改革组 2011 年编），现有更新。

局。事实上，分省命题政策的推行与高考安全突发事故①有很大关联，其初衷就是为降低全国范围内高考泄题、漏题等风险。表面上看，分省命题，试题泄密只会影响到某一省份而不会波及全国。但实质上，高考分省命题不但不能将泄题事故降到零风险，而且可能增加本省泄题的风险。分省自主命题由原来教育部考试中心一个命题组扩大为 17 个命题组，即“教育部考试中心命题组 ＋ 16 个分省命题组”，这在客观上使得高考命题队伍扩大了十几倍。与此同时，涉密人员的范围也相应扩大，从而大大增加了命题组织管理的泄密风险。正如有学者指出，“由于自主命题只从本省中挑选命题人员，命题人员和教师互动的概率，较之从全国范围挑选命题人员的全国统一命题肯定更大。因之，自主命题一方面减少了因一省泄题波及全国的风险，但另一方面，在抵御高押题率、人情请托和特权干涉等方面，却可能低于全国统一命题。由此也会带来新的公平问题”②。因此，总体而论，实施分省命题政策后，考试安全风险不但未减，反而增大。

（二）命题质量不一，成绩不可比

实行全国统一命题，国家教育部考试中心有足够的空间和余地来保证高考试题与试卷具有较高的质量与水平。而实行分省自主命题，因各省命题队伍、命题技术、命题水平的差异，可能出现命题质量和水平的参差不齐③。理论上，考生群体越大，差异也就越大，同质性也就越小。从改善高考测量效果，提高分数的可靠性和测量的有效性来看，分省命题可在一定程度上缩小考生群体间的差异④，提高测量的科学性。然而，分省命题要达到全国统一高考命题所具有的命题水平并非易事。由于命题队伍水平不同，全国统一命题的科学性和质量明显高于多数分省命题，无论效度、信度、区分度也都优于多数省份⑤。有的省份高考试卷的难度波动过大，“2011 年，有个省曾

---

① 2003 年 6 月 3 日，四川省南充市的南部县高考试卷被押运到该县后，存放在县教育局的保密室中，并有人守卫。6 月 5 日下午 1 点 30 分，南充市教育局和公安局在巡查下属区、县的高考准备情况时，发现南部县的文科试卷被盗。此次高考试卷被盗事故引起国家有关部门高度重视，并开始着手推行分省命题政策。

② 郑若玲：《高考改革必须凸显公平》，《教育研究》2005 年第 3 期，第 37 页。

③ 孙锦明：《谈高考分省自主命题的利弊》，《教学与管理》2005 年第 10 期，第 75 页。

④ 雷新勇：《应该理性对待分省命题》，《中国教育报》2006 年 9 月 27 日，第 6 版。

⑤ 李立峰：《高考分省命题不是改革的必然方向》，《粤海风》2011 年第 1 期，第 21～22 页。

出现不少重点高中许多班级所有考生数学科全部满分的情况”①。目前，经济及区域高等教育发展不均衡，各省（自治区、直辖市）考试机构的命题能力不一，特别是经济较落后、著名高校数较少的省（自治区），其组织高考试卷命题工作存在财力、人力、物力等方面的问题，严重影响自主命题的质量，从而进一步影响到全国统一高考的公平性。因此，由于各种客观条件的限制，分省命题与全国统一命题质量存在差异，其成绩也缺乏必要的可比性。

（三）命题成本增高，造成重复浪费

一定的成本投入是确保高考命题质量的基本保障。据了解，分省命题省（自治区、直辖市）每年用于高考的开支都在400万元以上，有的甚至高达700多万元，尤其是在不提高报酬就很难请到优秀命题教师的情况下，支出逐渐增大，部分省的命题支出已成为不小的财政负担。有考试机构负责人坦言：“高考自主命题使考试机构入不敷出，难堪重负。”② 而据教育部考试中心有关人员透露，全国统一命题的年开支一般在1 500万元左右。如此推算，分省命题总成本远远高于全国统一命题的总成本。此外，为保障命题的绝对安全，有的省、市，命题教师与负责守卫的武警几乎达到1∶1的配置比例。这不仅给命题专家带来一定的精神压力，也造成社会资源的极大浪费，使得有限的教育经费没有发挥应有的作用。

（四）削弱了高考的权威性，与国际高考命题趋势不一致

高考的科学性、公平性、高效性及权威性与其长期实行全国统一命题、统一组织考试直接相关。然而，分省命题后，由于受命题条件的限制，力量薄弱的省份在命题质量、考试安全等方面受到人们的质疑，这在很大程度上降低了高考的权威性。此外，分省命题与国际上大学入学考试发展趋势——“统一考试与学校自主考试相结合”不甚一致。在美国，有全国统一的SAT和ACT考试；在日本，有全国统一的大学入学考试“中心考试”；在韩国，有全国统一的大学修学能力考试；在英国，有统一的A-level考试，等等。

---

① 刘海峰、谷振宇：《小事件引发大改革——高考分省命题的由来与走向》，《河北师范大学学报》（教育科学版）2011年第5期，第19页。

② 李木洲：《四川省教育厅、考试院汇报会（咨询六组第28号）》，国家教育咨询委员会：《考试招生制度改革组调研报告、会议记录及相关资料汇编》，2011年，第266页。

名义上中国高考是大一统，实际上现在中国高考成绩的可比性已不如美国、日本等原来招考方式很多样的国家。

（五）不利于人才合理流动，有违社会公平原则

目前，随着经济社会的快速发展，国家鼓励人才流动，大量专门人才在异地就业，大批农民进城务工、经商，造成不少学生不得不在父母工作地就读，这在客观上造成这部分学生学籍与户籍分离，而现行的高考制度又规定考生必须在考生户籍所在地参加高考，这增加了社会人才合理流动的障碍，有违社会公平、公正的原则，也不符合建立人力资源强国的战略[①]。而全国统一高考，在一定程度上则可以化解高考试卷差异造成的“异地不可考”局面。

当然，在特定的历史条件下，分省命题是适应我国高等教育大众化阶段各地经济、文化、教育等发展不平衡及新一轮基础教育改革的必然产物，它在推动素质教育、促进高考制度改革等方面也起到了一定的积极作用。如：从全局看，分省命题有利于减少因地域差异带来的考试偏向，有利于新课程标准的实施，有利于地方政府对基础教育的统筹管理，有利于各省之间相互学习、相互促进、共同提高命题质量和水平。此外，分省命题还有扩大各省、市教育考试院的功能，增加省级考试机构的专业性，促进地方考试机构研究考试科学等方面的作用[②]。总之，分省命题是全国教育考试的重大改革，是实施素质教育的重大步骤之一。

第四节　高考测试制度改革的反思[③]

高考测试制度作为一个相对独立的高考子制度，又由其各组成部分的局部发展而推动高考制度的整体变迁。从微观与宏观或局部与整体两种视角，审视高考测试制度60多年来的演变，不难发现，它在顺应高考制度内外部环境变化的同时，也面临一些改革中的新问题。厘清与总结这些改革所取得的成就及面临的问题并分析其变迁路径，是认清高考测试制度改革局势，汲

① 古畔：《高考命题：分省还是统一?》，《光明日报》2011年11月28日，第16版。

② 刘海峰：《十年来高校考试招生改革的新进展》，《中国高等教育》2012年第19期，第11页。

③ 本部分刊载于《国家教育行政学院学报》2014年第3期（见《高考测试制度改革的历史反思——基于制度变迁的视角》），略有删改。

取改革经验教训，揭示高考制度变迁规律的重要前提。

一、高考测试制度改革取得的成就

考试作为获取大学入门券的主要手段，其科学性决定着公平性。根据美国心理学家霍华德·加德纳所提出的多元智能理论，每个个体身上都存在相对独立、与特定认知领域或知识范畴相联系的多种智能，主要包括：语言智能、逻辑—数学智能、空间智能、身体—运动智能、音乐智能、人际关系智能、内省（自我意识）智能、自然观察智能等，且这些智能又以不同的方式、不同程度的组合呈现①。因此，从人才培养与社会人才需求的多样性来看，科学的人才评价与考核方式应该是多元而非单一。综观高考测试制度的改革演变，其考试形式、考试内容及命题方式等在整体上基本是沿着多元化的方向发展。

（一）考试形式：打破了统考独大的僵局，实现了由单一到多样的转变，为改变“一试定终身”和综合评价选拔人才奠定了基础

统一考试有“抵制特权，维护公平、公正”，“规模效益，节省人力、财力、物力”② 以及对维护国家统一和民族团结具有意识形态的引导作用。中国从开始推行科举到20世纪80年代的绝大部分时间里，基本都以统一考试的形式选拔人才，并形成了强烈的统考心理和浓厚的统考文化。然而，随着工业社会的发展，“社会的分工需要建立不同领域的评价机制，选拔多样化的人才”③，这从外部机制上要求服务于社会发展的教育也必须建立起相应的多元评价体制。此外，统考的单一化考试标准及其“‘千校一卷’既考研究型大学的精英，又考接受职业教育的高技能劳动者，使层次、类型各异的高校无法根据自己的定位和需要选拔人才”④。僵化的统考形式既束缚了学生多向与创新思维的发展，又在一定程度上使“应试教育”和“片面追求升学率”愈演愈烈，成为推行素质教育和培养创新型人才的主要制度障碍。这

① 霍华德·加德纳：《未来的教育：教育的科学基础和价值基础》，《教育研究》2005年第2期，第13页。

② 刘海峰：《高考改革的理论思考》，华中师范大学出版社，2007年，第19～20页。

③ 戴家干：《改造我们的考试》，高等教育出版社，2008年，第4页。

④ 戴家干：《制度创新是考试制度改革的关键——学习十七大精神对推进高考制度改革的理性思考》，《中国考试》2008年第1期，第4页。

从教育内部发展动力上呼唤多样化考试形式的出现。而自 20 世纪 90 年代以来，逐渐形成并不断深化与高考录取相结合的学业水平测试、综合素质评价以及高校自主招生考试等多样化高考形式的发展，基本打破了统考独大的局面，为改变“一试定终身”及实现综合评价选拔人才奠定了良好基础。

（二）考试内容：实现了多元化、科学化及规范化的跃升，顺应了社会与教育的多元化发展趋势，有利于人才的个性化及创新精神的养成

长期以来，由于我国保守的考试理念、滞后的考试理论、落后的考试技术，甚至强大的考试惯性，使高考在很长一段时间内都存在“重知识轻能力”、“重客观题轻主观题”、“重统一标准轻弹性标准”等问题。这些问题与考试内容的主要影响因素密切相关。首先，单一的考试科目设置，致使人才知识结构逐步固化，难以适应社会与高等教育多元化发展对人才选拔培养的需求；其次，落后的（或传统的）考试技术，特别是以经验化命题的方式，不仅随意性大，致使试题水平不够稳定，难以控制试题的难度、效度、信度及区分度，不利于控制评分误差、确保考试公平以及提高考试质量；再次，以知识立意的考试命题偏重于记忆性与知识性考查，缺乏灵活性与开发性，不利于培养考生运用知识分析问题和解决问题的实践能力，也不利于基础教育由“应试教育”迈向“素质教育”。因此，高考科目设置的多元化，现代教育测量理论与技术的广泛应用，特别是考试命题立意转向以能力考查为主，在很大程度上顺应了社会与教育发展的时代潮流，也一定限度地满足了多元文化背景下人们追求个性化发展、求异性化发展及创新性发展的内在需求。

（三）命题方式：改变了国家统一命题的模式，走向了从统一到分散再到统分结合的世界大学入学考试共有模式

综观世界发达国家及地区的大学入学考试命题方式，以美国、英国、日本、澳大利亚四国为例，尽管既有采用考试制的，也有采用证书制的，但由于各国录取依据均不以一次成绩而定，因而其高考命题方式都存在统一与分散两种方式，即以全国或全州为单位的统一考试与各高校自主组织的分散考试。其中，美国全国性的统一命题考试有两种（SAT 和 ACT），学生可自由选择一种或两种考试，且一年中均有多次考试机会；英国虽采取证书制，但考试依然是取得不同等级证书的主要手段，而且传统的精英大学都以统一

考试为基础的 A-Levels 考试成绩为主要参照依据，只有一般性大学及两年制学院可以其他类型证书为录取依据；日本虽采取统一与分散相结合的方式，但全国统一的中心考试则基本是大学入学的前提与基础，并从整体上决定着考生的入学分流；澳大利亚从全国来看，虽以分散为主，但实质上则强调以州为单位的统一命题考试。可见，虽然四国的高考命题在统与分的组合方面存在差异，但共性也很明显，即高水平大学大多以权威的统一命题考试成绩为主要参照标准，以分散命题考试成绩为附加参照标准，而一般院校（含二年制）入学标准则较灵活①。不难发现，采取统一与分散相结合的命题方式具有促进“生校互选双赢”的功能，既利于不同类型与层次的高校选拔不同能力差异的新生，又有利于不同性向与能力差异的学生群体通过不同的考试方式进入适才适性的高校。

当然，从另外一个层面来看，高考测试制度在考试形式、考试内容与考试命题等方面的适应性变迁，在整体上既促进了高考制度的完善，又在实践中提高了高考选才的公平性、科学性及效益性等。

二、高考测试制度改革面临的问题

高考测试制度在考试形式、考试内容及命题方式等方面取得了较大的制度性突破，也在一定程度上促进了多元评价、分类选才理念及其文化的形成。但受制于中国社会整体改革节奏，高考作为社会大系统中的一个组成部分，其改革也随之处于重大转型期。在未来的改革中，它还面临一系列需要进一步改进、整合、完善以及突破的制度缺陷或制度障碍。

（一）多种考试形式急需改进与整合

尽管当前的高考处于全国统一考试、学业水平测试、综合素质评价、高校自主招生考试以及保送生考试等多元并存的格局，但由于各省（自治区、直辖市）的基础教育与高考制度改革的进度不一，尤其是学业水平考试与综合素质评价在高考中的运用尚处于探索阶段，致使全国各省（自治区、直辖市）在“统考 + 分考”的模式下出现多种组合，如“分考”可分化出“分省命题的高考”和“分省命题的学业水平考试”，特别是除采用“3＋文科综

① 李木洲：《从“交替”到“交杂”：高考命题方式统与分的历史选择》，《考试研究》2011 年第 5 期，第 27 页。

合/理科综合”方案的25个省（自治区、直辖市）以外的云南省、安徽省、浙江省、上海市、江苏省、海南省6省、市，其综合应用的情况不仅不尽相同，而且各种考试形式产生的成绩或考查结果在录取中的参照比重与方式也存在较大差异。因而，一方面要从提升科学性、规范性、权威性及可操作性入手，大力改进学业水平测试与综合素质评价，以促进二者与高考录取的合理挂钩，为实现真正的多元评价、个性选才奠定基础；另一方面，对于积极探索新方案的6省、市，应从人才选拔的共性、规律性出发，取长补短，科学整合不同的高考方案，形成一个较为成熟的、人民群众认可的普适性方案，以消除因高考方案各异而造成的社会矛盾。

（二）多元命题方式需要调整与完善

高考命题方式之统分，在形式上是“统考”与“分考”的问题，实质上则是考试权的集中与分散的问题。目前，我国处于社会、经济、文化及教育的大转型期，高考必须进行适应性的改革。在此背景下，决定高考统分模式的边界条件主要包括：“一是一次考试成绩存在较大评价局限性，仅凭一次统一命题考试很难满足高校选拔培养多元化人才的社会需求，这客观需要部分高校增设加试。二是区域教育发展不平衡。由于东、中、西部经济发展不平衡导致的区域教育发展不平衡，造成部分省（自治区、直辖市）推行高中新课改的步伐不一致，迫使统一命题高考必须分化，即通过分省命题以适应各省（自治区、直辖市）的教育实际情况。三是分省命题成本较高。受省（自治区、直辖市）考试机构财力、物力、人力的限制，分省命题的省份在命题技术和考试安全方面存在较大压力，且一般都无力承担全自主命题，现阶段还需依托国家教育考试命题中心。四是高校自身难以应对大规模单独招考。为减少参加高校自主命题考试考生规模，降低高校自主组织命题考试的成本与风险，还须通过统一考试进行前期公平分流，或采取附加条件限制部分考生考试权。”① 因此，为确保命题质量，进一步保障考试公平，一方面需要增强省级与高校考试机构的命题实力；另一方面必须合理调整命题方式的统分关系，使之达到更好的组合效果。

（三）考试内容的结构与设计有待优化

从科目设置来看，当前的高考内容主要有两种结构：一是以智力因素为

① 李木洲：《从“交替”到“交杂”：高考命题方式统与分的历史选择》，《考试研究》2011年第5期，第28页。

主要考查对象的主流模式结构，即“3门必考科目 + 文科综合/理科综合”，考试内容基本以高中课程为来源；二是以智力因素考查为主，以非智力因素考查为辅的试点模式结构，即“3＋文科综合/理科综合＋学业水平测试＋综合素质评价”、“3＋学业水平测试＋综合素质评价”、“3＋3＋基础会考”等。然而，所谓的文科综合或理科综合，大多是将若干学科的试题分别独立地排列在一张试卷上，只是形式上的综合，并非知识结构及其运用上的综合，受考试时间分配的限制，往往影响单科水平的全面测试。素质立意的评价内容要求包括文化、思想、道德及心理等素质，在主流模式中也未能得到考查体现。综合素质评价在当前的高考录取中大多只作参考或分量很轻，并未发挥真正的选拔功能。而学业水平测试也未能成为主流模式的组成部分。非智力因素作为未来高校招生不可或缺的重要参照依据，如何分配它与智力因素在录取中的比重，也是有待研究的。此外，题型作为实现考试目的的重要手段，服务于考试的性质和内容，而随着课程内容的更新、考试内容的丰富及不同性质考试的并存，须不断创新固有题型，加强试卷设计，以从整体上达到优化考试内容之目的。

（四）考试的科学性与公平性存在阶段性矛盾

科学的考试在于追求选才的准确性，而公平的考试则追求选才的社会性，因而在特定的历史发展阶段，考试的科学性与公平性之间存在某种内在矛盾。正如有学者分析指出：“高考内容的公平性在一定意义上会受制于科学性的推进程度，除了‘素质立意’可能会加剧原本就存在的城乡差距外，高考内容的多样化，也使得各地、各校考生成绩的可比性越来越小，引发社会对公平性的争论也将日益明显。因此，高考内容改革不能脱离中国社会‘二元’差异增大这一现实背景，‘素质立意’的推进程度应该与缩小中国社会教育的城乡差异的改革同步，否则可能会出现‘马太效应’，降低高校招生考试制度这一社会资源分配方式的科学性和合理性。”[①] 此外，在社会诚信机制尚不健全、评价技术还不成熟、教育评价范式仍未转变的条件下[②]，将综合素质评价与高考录取硬挂钩，也可能会引发公平危机，降低高考的权

① 刘海峰，等：《高校招生考试制度改革研究》，经济科学出版社，2009年，第164页。

② 郑海红、段作章：《综合素质评价纳入高考的制约因素分析》，《教育理论与实践》2012年第17期，第21页。

威性。因此，在加大考测能力与素质的比重时，还需兼顾各种复杂因素，在考试的科学性与公平性之间寻求实践的平衡点。此外，从考试制度的内部运行机制来看，考试形式服务并制约着考试内容，考试内容与命题技术又统一于命题方式，而考试内容的科学性又从根本上决定着考试选才的准确性与公平性。因此，测试制度的整体改革还需求得考试形式、考试内容及命题方式三者之间的有机结合，才能实现准确考查与公平选才。

三、高考测试制度改革的变迁分析

新制度主义认为，“随着时间的推移，无效率的制度将被剔除，存活下来的都将是那些有效率的制度”[①]。因而，所谓高考测试制度的变迁实质是一种更有效率的测试制度对旧有测试制度的替代过程。而从制度变迁的规模来看，高考形式、考试内容及命题方式的局部变迁又构成了高考测试制度的整体变迁。由高考制度的系统性结构所决定，高考测试制度的变迁也是高考制度整体变迁的重要组成部分。因此，厘清高考测试制度的变迁方式、变迁因素及变迁路径，是从宏观把握高考制度变迁规律必不可少的一环。

（一）变迁方式：“强制性”与“诱致性”的变奏

制度变迁的方式是多种多样的，但最为经典的莫过于“强制性”与“诱致性”制度变迁的划分。高考制度具有历史传统基因，但伴随国家革命及新政府的成立，绝大多数的国家制度都属于国家主导的正式制度供给，高考制度概莫能外。受政治制度性质及其运行体制的影响，“中国在计划经济时代和改革之初，均选择的是‘自上而下’的供给主导型制度变迁方式”[②]。综观高考测试制度的各种局部变迁，从中华人民共和国成立初统考制度的建立到统考形式的分化，从改革开放后标准化考试的引入到分省命题政策的推广等，其背后的推动力都是国家基于对阶段性国家经济社会建设的人才需求以及现实基础教育发展状况的考量所作出的主导性变革，旨在追求国家人才红利最大化或风险最小化的制度创新或制度安排。

当然，随着国家政治体制与经济体制改革的推进，特别是国家放权让利改革的深入，各级地方政府与公民的自主权逐渐增大，“而当它们一旦认识

① 道格拉斯·C. 诺思：《制度、制度变迁与经济绩效》，杭行译，格致出版社，2008年，第127页。

② 卢现祥：《新制度经济学》，武汉大学出版社，2011年，第184页。

到新制度安排具有潜在收益时，就会利用下放的决策权实施制度创新，即形成‘自下而上’的诱致性制度变迁”①。如高考科目设置的改革，由于试点省（自治区、直辖市）获得了相对较大的试验自主权，经过高考与会考并置，到“3+2”，再到“3+X”的试行，最后在全国形成了以“3+文科综合/理科综合”为主流模式的科目设置方案。这一模式的形成是各省（自治区、直辖市）通过“论证、试验、总结、推广等步骤，在逐渐自主改进原有制度中与现实需求和发展方向不一致的规则和办法”②，也是不断调整与完善相应政策和措施的基础上实现平稳变迁的结果。在这一变迁过程中，地方政府充当了第一行动集团的角色（初级行动主体），而国家则退居为第二行动集团（次级行为主体），充分表现出自下而上、自发而渐进的，从局部到整体的诱致性制度变迁特征。

另外，随着目前浙江省、上海市、云南省、海南省等省、市试行高考与学业水平测试、综合素质评价等相结合模式的不断推进与完善，在不久的将来必将演化出在全国大力推广的普适性高考方案。由国家主导的强制性制度变迁方式已不再是高考测试制度变迁的唯一方式，还包括可能存在更大优势的符合各地方利益及民众更易接受的诱致性制度变迁方式。

（二）变迁因素：“政治”的消退与“技术”的崛起

高考制度的“形成及演进受到传统文化、政治、经济、知识等因素的制约，其制度结构是这些因素相互博弈、相互作用的结果”③。政治因素往往关系到考试的存废与考试内容的设计，侧重对意识形态的控制。在整风运动与反右派斗争期间，高考成为政治斗争的工具，不仅严格审查命题人员的政治立场，还注重语文、政治常识、历史、英语等试题内容的政治思想性，强调以阶级斗争为纲，如“语文作文评分的第一标准被规定为政治标准”④。而“文化大革命”的爆发则直接宣告文化考试的废止。不过随着现代民主政治的发展，政治对考试的直接冲击，尤其是高考内容的政治化色彩已明显

---

① 杨瑞龙：《我国制度变迁方式转换的三阶段论——兼论地方政府的制度创新行为》，《经济研究》1998年第1期，第3页。

② 柳博：《我国高考制度变迁及改革路径分析》，《教育研究》2010年第6期，第56页。

③ 柳博：《我国高考制度变迁及改革路径分析》，《教育研究》2010年第6期，第53页。

④ 高教部学生司：《高等学校统一招生工作结束》（修订稿），杨学为：《高考文献（上）（1949—1976）》，高等教育出版社，2003年，第574页。

消退。

教育整体发展水平及区域间的发展水平差异，不仅关系到高考改革的推进速度，还直接影响着考试科目的设置结构与部分科目分值的设定比重，如英语分值是随着国家教育水平的提高而逐渐增加的，高中的课程变化必然引起高考科目的调整等；文化作为非正式约束，往往通过共同的价值取向影响着高考多元化、多样化及分类设计的发展进程，广西壮族自治区本科、专科分开考试设计以失败告终，即与中国的“学而优则仕”以及“大一统”的传统观念密不可分。技术作为知识因素的重要表现形式，其发展与应用水平直接影响着高考的科学化、规范化程度。随着人们对现代教育测量理论与技术的认识不断加深，正全方位地影响着高考试卷、试题及题型的设计，甚至高考评价理念与方式的转变。

总体而言，从我国政治、经济、文化、教育及社会等方面的发展趋势来看，经济与教育发展水平差异的长期存在，将持续影响高考测试制度的变迁；高考测试制度的多元化、多样化发展，在很大程度上还有待国家社会多元文化的培育与发展；但随着社会主义民主政治的发展，它对高考测试制度的影响将进一步弱化。不过，随着现代教育测量理论与技术的不断开发发展，由高考测试制度的工具性，即主要为科学、客观、公平地测评考生个体及群体的能力素质差异提供依据这一根本属性，它将在高考测试制度的变迁中扮演越来越重要的角色。

（三）变迁路径：从“单一考试”到“多元评价”的锁定

诺思认为，信念体系是制度的内在表诠，而制度只是这种表诠的外在显现①，也就是说“信念决定着制度结构，但因为认知存在路径依赖，制度变迁也呈现出路径依赖的特征”②。路径依赖类似于物理学中的惯性规律，一旦进入某一路径就可能对这种路径产生依赖，并且会沿着既定方向在发展中自我强化，甚至进入“锁定”，“很难再从中走出来”③，这意味着过去与现在的选择在某种程度上决定着未来的发展方向或运动轨迹，也意味着制度的

① 韦森：《再评诺思的制度变迁理论》，道格拉斯·C. 诺思：《制度、制度变迁与经济绩效》，杭行译，格致出版社，2008 年，第 42 页。

② 柳博：《我国高考制度变迁及改革路径分析》，《教育研究》2010 年第 6 期，第 53 页。

③ 道格拉斯·C. 诺思：《制度、制度变迁与经济绩效》，杭行译，格致出版社，2008 年，第 129 页。

变迁可能进入良性循环的轨道并迅速优化（即诺思路径依赖Ⅰ），也可能使某种低效制度持续存在，甚至顺着错误路径往下滑（即诺思路径依赖Ⅱ）。

综观高考形式的分化、考试内容的多样化以及命题方式的多元化，其变迁轨迹无不是高考制度内、外部变量博弈的结果，甚至还有偶然因素或考试事故引起的路径依赖现象。如高考分省命题政策的出台，即与四川省南充市南部县高考试卷被窃案密切相关。由于在网络发达的时代，统考试题一旦被泄露，可能引发全国高考安全问题，而为了分散风险，采取分省命题考试不失为一个应对之策。但另一方面，分省命题的背后也隐藏着大量的必然因素，诸如区域教育水平差距的客观存在、人们追求高考公平的有限容忍度以及不同地区较大的文化理念差异等。也正是这些因素的共同作用，使分省命题这一解决方案不仅得到持续运行，还在发展中不断得到强化，甚至成为高考制度改革的引擎，为各种高考改革试验提供了天然的实验基地，并将继续从命题方式的角度推动高考测试制度向着多元化方向前进。

事实上，高考测试制度从中华人民共和国成立初为满足艺体类院校招生的特殊性而分化开始，就已启动了从单一化考试向多元化评价变迁的运行机制，尽管期间遭受了被废的“强制性变迁”，但它却从反面证实了通过考试选拔人才的正义性、公平性、科学性及特定历史阶段内的不可替代性。20 世纪 80 年代以后，随着考试与教育之间内部矛盾的不断激化，人们已逐渐认识到：考试取代评价是素质教育难以落实、教育改革难以突破、人才培养方式难以转变的症结所在。其实早在实行基础教育课程改革之前，教育部的一项系统调查就指出：“现行的中小学评价与考试制度不能适应素质教育的要求，由于过于强调甄别与选拔，以学业成绩为主要的评价指标，评价结果被简单、机械、错误地使用，不利于学生的全面发展。”① 这在实践上证实了只有改变考试对教育的负面反拨作用，才能有效推行素质教育与创新型人才的培养。

此外，高考进一步分化出高中学业水平考试、高校自主招生考试、综合素质评价等多种形式，考试内容从科目设置到题型设计的多样化，皆旨在构建人才多元评价体系，这表明高考测试制度的变迁已形成从单一化考试走向多元评价的路径依赖，尽管尚未达到制度均衡，但随着政府投入的增加、回报的递增以及民众的逐步适应，必将出现“锁定状态”。

---

① 戴家干：《从考试到评价：教育改革的时代任务》，《中国高等教育》2007 年第 Z2 期，第 21 页。

第三章 高考录取制度的历史变迁

录取制度是高考制度的又一重要组成部分，表面上它是对测试结果的运用机制，实际上则是高等教育入学机会的分配机制，或称“分配规则”。从录取主体来看，可分为“统一录取规则”与“自主选拔规则”①。从录取逻辑来看，其分配规则主要包括“招生规则”与“录取规则”。正是这些规则的变化，构成了高考录取制度的整体变迁。具体而言，主要包括：招生体制实现了由“计划”到“市场”的转变；招生名额历经了“权力上收”到“分省定额”；录取途径由“以统为主”发展到“多元并存”；录取体制从“招办负责”转变为“高校负责”；录取技术基本实现了从以人工操作为主到以计算机运作为主；录取加分由公平优先走向了公平与效率兼顾的改革道路。从高考制度整体来看，由于高考测试制度与管理制度的改革都最终指向录取制度，即从不同方面共同追求科学而公平地选拔人才这一终极目标，因此，录取制度是高考制度的核心，录取制度改革也是高考制度改革的关键所在。

第一节 招生体制：从计划到市场

招生体制是关于招生权限的一系列规则，主要涉及由谁招生、如何招生的问题。回顾高考60余年，以20世纪80年代中期的政治经济体制改革为转折点，高考招生体制走过了“从单一招生国家全包下来的统招生逐步发展为统招生、定向生、委培生、自费生等多种形式，实行两种收费制度、划定两条录取分数线的‘双轨制’，继而合二为一并为划定统一录取分数线、消除收费差别的‘单轨制’”② 的曲折变革，彻底改变了清末至民国时期一直

① 郑若玲：《苦旅何以得纾解——高考改革困境与突破》，江苏教育出版社，2011年，第118页。

② 河北省教育考试院：《河北高考30年》，社会科学文献出版社，2007年，第137页。

存在的高校生源不足的局面，同时，也使高考制度走向了更加开放、更加科学、更加多元以及更加适应经济社会发展需求的道路。

一、计划经济时代的招生体制

计划经济又称“指令性经济”，是指国家在生产、资源分配及产品消费各方面，都由政府事先做出统一性计划或指令性计划。我国自 1949 年至 1978 年实施经济体制改革以前的那段时期统称为计划经济时代①。这一时期的高校招生体制发展可分三个阶段：一是 1949 年—1951 年过渡时期的继承与发展阶段；二是 1952 年—1965 年统一高考建制后的统一计划招生阶段；三是“文化大革命”期间的推荐招生阶段。

（一）过渡时期的招生体制（1949—1951）

中华人民共和国成立伊始，百废待兴，政府各项工作处于接管、改造与重构阶段。这一时期高校招生的主要特征是沿袭与发展，即由沿袭中华人民共和国成立前的高校单独招生发展为大行政区联合招生。

1949 年，在新旧社会与制度交替之际，为保证国家高等教育的连续性，避免对高级专门人才培养的中断，人民政府对陆续接管的高校做出“维持现状，立即开学”的决定，招生工作基本沿袭旧制，由各校自行组织单独招生。然而，“有的学校一、两次可以招满，有的学校明招暗招十数次也未能招满。由于考生重复报考，各校重复录取，所以各校报到率都很低，最高只达录取数的 75%，有的仅 20%”②，这不仅造成高校之间招生不平衡，生源质量差异显著，而且还浪费大量人力、物力和财力，招生成本较高。

1950 年，为了有计划地培养各种专门人才和国家建设干部，调整单独招考的不合理状态及减少学生的投考困难，教育部颁发了中华人民共和国第一个高等学校招生文件——《关于高等学校一九五〇年度暑期招考新生的规定》，提出“统一公、私立高等学校报考资格、考试科目及考试与发榜时间”的要求，并号召“各大行政区之高等学校全部或局部实行联合或统一招生”③。

---

① 事实上，我国从计划经济向市场经济转型并非一个直线过程，它经历了两个转折过渡时期：一是 1949 年—1956 年由新民主主义经济向计划经济过渡，二是 1978 年—1992 年由计划经济向市场经济过渡。

② 杨学为：《中国考试通史》（卷五），首都师范大学出版社，2004 年，第 40 页。

③ 中央人民政府教育部：《关于高等学校一九五〇年度暑期招考新生的规定》，《福建省人民政府公报》，1950 年。

当年全国五大行政区中，东北、华北、华东三大行政区的 73 所高等学校进行了联合招生，其中大部分学校一次即招收满额，显示出联合或统一招生在解决生源方面的优势。

1951 年，在总结 1950 年招生工作经验的基础上，教育部提出“争取全部或局部高等学校统一或联合招生”①，同时规定“各高校的招生计划数需经教育部审核备案”。并连同“文委、财委、政法委、军委等组成高等学校招生指导委员会，就各校所报招生计划，参照各业务部门需要各类专门人才的计划，进行审核”②。基本形成了“在大区内，由大区负责，统一管理，统一招生；在高校间，进行充分、全面的联合招生；在国家，则是各大区间相互委托招生”③ 的工作思路，取得了中华人民共和国成立 3 年来高校招生工作的最高效率。

从 1949 年—1951 年的招生体制变化来看，由单独招生走向联合或统一招生的主要动因有二：一是追求招生效率的内部动因，即纠正单独招生的混乱局面及减少组织招生人力、物力及时间上的浪费；二是稳定的政局这一外部动因，中央人民政府领导下的中国为招生体制的改革提供了统一协调的可能性。

（二）统一计划的招生体制（1952—1965）

经过 3 年的恢复，1952 年国家提出以社会主义工业化为中心的过渡时期总路线。根据发展国民经济建设的需要，国家要求现有高等学校充分发挥人才培养作用，尽可能多地有计划地培养人才。为此，中央人民政府教育部进行了大规模院系调整，减少学校数量，增加在校生人数。为彻底解决不同行政区域间统一招生录取调剂的矛盾，正式取消联合招生办法，建立了全国高等学校统一招生制度，即全国统一高考制度。

关于统一高考制度，时任高等教育部部长的马叙伦作过如下经典表述：“所谓统一，是指统一的计划，统一的组织领导，统一的报考，统一的录取调配。即全国高等学校的招生名额，均由中央高等教育部、中央教育部根据国家培养干部数额、类别统一规定；招生的组织领导是全国统一的，中央有

---

① 教育部：《关于高等学校一九五一年度暑期招考新生的规定》，《人民日报》1951 年 5 月 9 日，第 1 版。

② 杨学为：《中国考试通史》（卷五），北京师范大学出版社，2004 年，第 41 页。

③ 蒋超、张小劲：《中国高考史》（改革卷），中国言实出版社，2008 年，第 380 页。

全国高等学校招生委员会，各大行政区各主要省、市有招生工作委员会，组织领导这一工作的进行；投考学生在统一的日期报名，根据统一的试题考试，根据统一的原则录取入学。”① 总之，招生考试的政策制定与实施皆是高度的统一。此后至1965年的14年间，除了1958年受反右斗争扩大化与“大跃进”的影响，曾改为由省、自治区、直辖市自行命题考试就地招生外，均实行全国统一计划招生制度。

实践表明，统一计划招生体制对于满足国家特殊时期社会经济建设的人才培养，不管是在招生任务上，还是在招生的专业调配上，都具有单独招生与联合招生难以企及的优势。统计显示，1952年高校招生计划与实际间的误差开始大幅缩小，且基本呈逐年递减的趋势（见表3-1），给国家与高校带来巨大收益。

表3-1 1952年—1956年高校招生计划及其完成情况②

年份	招生计划数（人）	实际招生数（人）	计划完成情况（%）
1952	50 000	78 856	157.7
1953	70 000	81 544	116.5
1954	90 000	92 280	102.5
1955	91 000	97 797	107.5
1956	165 500	184 632	111.6
总计	466 500	535 109	114.7

当然，实行统一招生计划体制，除了能满额甚至超额完成国家人才计划外，还有几点好处：一是统一计划可统一调配学生来源，解决各大行政区高等学校招生任务与各地区学生来源不平衡的问题，如一般学校的报到率由1950年的50%提高到了1952年的95%以上。二是统一招生计划可兼顾不同学校不同系、科的要求与特点，克服招生中的平均主义倾向。在数量和质量上优先满足稀缺专业（如工矿、交通）的招生名额需求。同时，也利于按考生成绩进行分类与分层，将本科、专科学校的招生区别开来，让成绩优异的进入条件较好的高校，便于集中培养特殊人才，如较高干部及国防工业、重工业专业人才。三是统一计划可有效把握招生质量（此指政治质量、健康

① 马叙伦：《在全国高等学校招生委员会上的讲话》，《招生简报》1953年7月2日。

② 蒋超、张小劲：《中国高考史》（改革卷），中国言实出版社，2008年，第410页。

条件及文化程度），消除单纯完成数量的形式主义偏向①。此外，国家组织招生考试的人力、物力、财力等成本也大为降低。

二、“文化大革命”期间的招生办法

1966年—1976年的“文化大革命”期间，在以“阶级斗争为纲”的“左”倾思想及政治运动影响下，高考制度遭到毁灭性破坏，高校招生被人为控制。1966年—1971年考试制度被废止，基本停止招生；1972年—1976年，根据“七二一”指示：“从有实践经验的工人、农民中选拔学生，到学校学几年以后，又回到生产实践中去”，开始采取“自愿报名、基层推荐、领导批准、学校复审”的招生办法，招生对象主要是具有2年以上实践经验的优秀工农兵，不招收应届高中毕业生。

不过，对推荐的学生，要进行严格的血缘关系和政治审查。但为了体现“政策”，还允许招收一定比例的“可以教育好的子女”，但基层不敢送，领导不敢批，学校不敢收。据统计，1972年北京几所院校新生中，“可以教育好的子女”仅占0.13％；吉林省按1％下达指标，结果只收了0.34％。事实上，所谓“基层推荐”绝大多数只是走过场，“领导批准”则成了“走后门”。如当年清华大学招生2 000人，发现并制止的“后门”有242起，占12.1％②。1975年，教育部分三次开完1976年高校招生会，但主要是介绍辽宁省的“三来三去”经验，即“社来社去、厂来厂去、哪来哪去”，旨在“改革普通高校招生分配制度，限制资产阶级法权，培养和工农画等号的普通劳动者”。由于推行“三来三去”，1976年的招生工作被拖延，直到当年十月，29个省、自治区、直辖市也没有一个完成招生工作③。

反观这段历史，以政治为纲的“文化大革命”，取消文化考试，采取推荐招生的办法，严重破坏了教育规律，导致高校生源质量和人才培养质量的严重下滑，进而造成国家科技人才的断层，迟滞了中国的发展。

三、市场经济时代的招生体制

1976年“文化大革命”结束，1977年高考恢复，1978年改革开放，为

---

① 马叙伦：《在全国高等学校招生委员会上的讲话》，《招生简报》1953年7月2日。

② 程斯辉：《高校招生考试问题研究》，大象出版社，2010年，第59～60页。

③ 杨学为：《中国考试通史》（卷五），首都师范大学出版社，2004年，第106页。

顺应政治、经济体制改革，高校招生体制在20世纪80年代中后期进入了频密的改革阶段，实现了“从单一招收国家全包下来的统招生逐步发展为统招生、定向生、委培生、自费生等多种形式，实行两种收费制度、划定两条录取分数线的‘双轨制’，继而合二为一并为划定统一录取分数线、消除收费标准差别的‘单轨制’”① 的转变。这既是我国经济社会发展到一定阶段的必然结果，也是提升我国人口素质的重要措施。

(一) 从“单轨”到“双轨”

普通高等学校年度招生计划有事业计划和来源计划两种，但均属指令性招生计划。1984年以前，由国家教育委员会统一编制。1985年，为减少中间环节，加强学校和社会的联系，国家教育委员会把编制分专业的招生来源计划交给各部门或学校，国家教育委员会只宏观负责中央各部委所属高等学校在各地招生总数的平衡②。

随着改革开放的不断深入，十年“文革”给各行各业带来的人才危机日渐突出，尤其是艰苦行业、边远地区、国防和教育等基础事业，存在严重的专业人才“分不进、用不着、留不住”的现象③。1983年，教育部正式提出“定向招生，定向分配”的办法，规定在中央部门或国防科工委系统所属的某些院校，按一定比例实行面向农村或农场、牧场、矿区、油田等艰苦行业的定向招生。1984年，教育部连同国家计划委员会、财政部共同发布了《高等学校接受委托培养学生的实行办法》，实行合同制委托培养的调节招生办法。定向生和委培生的录取分数线可适当降低，但毕业后必须回到定向或委培单位服务④。

1985年，在定向和委托招生的经验基础上，为进一步适应社会主义市场经济发展需要，中共中央做出《关于教育体制改革的决定》，指出：“要改革大学招生的计划制度和毕业生分配制度，改变高等学校全部按国家计划统一招生，毕业生全部由国家包下来分配的办法”，高等学校“在执行国家的

---

① 河北省教育考试院：《河北高考30年》，社会科学文献出版社，2007年，第137页。

② 唐佐明、黄国勋：《高校招生体制改革研究》，广西师范大学出版社，2000年，第38～39页。

③ 洪允智、胡金戈：《“并轨”：招生体制改革的必然趋势》，《安徽教育学院学报》1995年第3期，第90页。

④ 刘海峰，等：《中国考试发展史》，华中师范大学出版社，2002年，第348页。

政策、法令、计划的前提下，有权在计划外接受委托培养学生和招收自费生"[①]。即国家任务计划主要保证国家重点项目、国防建设、文化教育、基础教育学科、高新技术以及边远地区及某些艰苦行业所需人才。高等学校在保证完成国家计划招生任务的前提下，根据社会各方面的需求和高等学校具备的办学条件，由用人单位提供经费，安排招收委托培养生和自费生。自费生是委托培养的一种形式，只不过提供经费的是个人[②]。到1992年，基本形成了普通高等学校国家任务招生计划和调节性计划相结合的"双轨"招生计划体制，简称"双轨制"。

"双轨制"的实施，有效克服了计划经济体制下"统招统分"制度的诸多弊端，增强了教育主动适应经济社会发展需要的功能，打开了人才培养同市场相连的通道。但与此同时，由于"收费生"给高校带来的巨大短期收益，使高校的招生问题日益增多。

（二）从"双轨"到"并轨"

随着高校招生"双轨制"的推行，高校调节性招生计划的比例急剧增加，如"1991年仅为14.4%，1992年便骤升至30%以上，到1994年已达到40%以上，沿海省、市甚至超过了50%。调节性计划所占比例的迅速增加，已远远超出原来规定的20%（自费生5%）以内，不同计划形式录取分数标准的差距也越拉越大，尤其是降分录取的自费生所占比例过大，而且降低分数的幅度甚至高达100分以上"[③]，出现了"权力干预"、"分不够钱来凑"等不正之风。同时，由于委培生、自费生的比例过大，导致一些相对优秀的考生因经济困难无法升学，客观上致使入学机会不平等。而委培生、自费生质量的严重下滑，不仅降低了高等教育的整体质量，也给高等教育的社会声誉造成巨大损伤，与招生体制改革的初衷渐行渐远。

鉴于"双轨制"的诸多弊端，国家教育委员会于1993年提出逐步实行并轨招生改革的思路，即将国家任务招生计划和调节性计划划定两条录取线

---

① 中共中央：《关于教育体制改革的决定》，国家教育委员会政策法规司：《十一届三中全会以来重要教育文献选编》，教育科学出版社，1992年，第186页。

② 唐佐明、黄国勋：《高校招生体制改革研究》，广西师范大学出版社，2000年，第39页。

③ 唐佐明、黄国勋：《高校招生体制改革研究》，广西师范大学出版社，2000年，第39页。

选拔新生的“双轨制”，改为按照总的招生计划划定一条录取线，在同一地区实行同一录取标准和大体一致的收费标准的并轨试点。收费标准根据培养成本及地方经济发展状况，因地、因校、因专业而异。由“双轨制”转变为“单轨制”，消除收费、录取分数线和批次上的差别，其根本目的在于“转换机制，彻底改变过去上大学由国家包培养经费、毕业时包就业的制度，使之适应建立社会主义市场经济体制的要求，调动学生学习积极性。同时，有利于增加学校收入，改善办学条件，更好地体现教育的公平性；有利于公正选拔人才，提高高校人才培养质量，克服招生不正之风”①。

有分析认为，以取消两种计划体制为形式，将人才培养推向市场为目的的高教体制改革，并不意味着对“双轨制”的全盘否定，而是一次继承和发展。因为它对于调节性计划把人才推向市场的功能不仅不摈弃，而是更实际地加强，符合中国教育改革的需要。《国家中长期教育改革和发展规划纲要(2010—2020年)》指出：“高等教育是非义务教育，教育体制改革要为市场经济发展服务，要将人才培养同市场经济的发展紧密相连，市场经济规律反映到对教育体制改革的要求上来就是要进一步实现公正选才、合理培养，自费上学、自主择业，充分发挥办学效益等内容的逐步完善”。然而，随着调节性计划的飞速膨胀，导致“双轨制”无法解决的种种矛盾出现，却客观地阻碍了教育体制改革，影响了教育同市场经济的协调发展②。

第二节　招生名额:“权力上收”与“分省定额”③

高校招生名额是指“国家或高校根据社会经济发展需要及高校发展规模、办学条件、专业布局确定的招生人数”④。分配招生名额，是国家控制人才培养总量与结构分布的重要手段，旨在提高办学效益，维护区域公平，满足国家及社会对人才的需要。随着我国从计划经济时代转向市场经济时

① 唐佐明、黄国勋：《高校招生体制改革研究》，广西师范大学出版社，2000年，第39～40页。

② 洪允智、胡金戈：《“并轨”：招生体制改革的必然趋势》，《安徽教育学院学报》1995年第3期，第91页。

③ 本部分为笔者与导师刘海峰教授合著的《高考分省定额制的形成与调整》的部分内容，见《教育研究》2014年第6期，有删改。

④ 程斯辉：《高校招生考试问题研究》，大象出版社，2010年，第113页。

代，高校招生名额的分配办法同高考录取制度和测试制度一样也发生了较大变化。综观中国历史上的人才选拔名额分配变革，现今的高校招生名额分配是一个融合公平性、科学性与政治性为一体的极其复杂的问题。厘清高校招生名额分配的来龙去脉及其影响因素，是制定符合未来中国高考名额分配政策的前提。

一、高校招生名额的历史考察

我国高校招生名额分配方式的演变大致历经了三个阶段：一是过渡时期的配额权力上收阶段；二是计划经济前期的大行政区配额阶段；三是 1959 年后的分省定额阶段（“文化大革命”期间除外）。

（一）招生配额权上收阶段（1949—1951）

1949 年，高校招生基本沿袭中华人民共和国成立前的旧制，采取高校单独或联合招考，招生名额由高校自行根据办学规模制订，录取基本是“以分取人”。1950 年，随着中央人民政府对教育的关注，当年规定“高校招生名额，除华北五省二市高等学校由中央教育部另行规定外，各高等学校得由各大行政区教育部根据实际情况而定”[①]，这表明国家开始收归高校招生名额分配权。1951 年，教育部规定：“各高等学校招生，在录取名额中对曾长期从事革命工作的工农干部、知识分子干部及产业工人，应使达到一定的比例，此项名额比例由中央人民政府教育部或各大行政区人民政府（军政委员会）教育部（文教部）按当地的可能条件与报考情形规定之。”[②] 这是中华人民共和国高校招生首次做出招生名额倾向特定阶层的规定，体现了高校招生服务政治发展的功能。可见，与国家过渡时期相一致，1949 年—1951 年是统一高考建制的准备阶段，在名额分配问题上表现出“权力上收”的特征，其整体趋向是不断加强国家的宏观调控与定量化分配。

（二）大行政区配额阶段（1952—1958）

在完成对高考名额分配权力的上收后，国家开始逐步加强对高考名额的

① 教育部：《关于一九五〇年度暑期招考新生的规定》，杨学为：《高考文献（上）（1949—1976）》，高等教育出版社，2003 年，第 4 页。

② 教育部：《关于高等学校一九五一年暑期招考新生的规定及一九五〇年招生总结》，杨学为：《高考文献（上）（1949—1976）》，高等教育出版社，2003 年，第 6 页。

区域调控。1952 年，根据国家建设初期的需要，高校招生以培养国防和工业经济建设的技术干部、医药卫生干部及中等学校师资为重点，按照大行政区分配名额："华北 15 550 人，华东 15 910 人，东北 6 020 人，中南 7 560 人，西南 3 300 人，西北 1 660 人"① (见表 3-2)。

表 3-2 1952 年暑期招生名额分配表 (单位：人)

科别 地区	总计	工科	理科	农科	医科	财经	政法	文科	师范	艺术
华北	15 550	8 800	490	320	890	2 400	1 000	700	850	100
华东	15 910	10 200	600	380	1 680	850	500	750	850	100
东北	6 020	4 000	—	120	450	250	150	550	400	100
中南	7 560	4 400	360	350	900	450	200	150	700	50
西南	3 300	1 500	200	200	400	250	150	100	450	50
西北	1 660	600	150	130	180	100	—	250	250	—
总额	50 000	29 500	1 800	1 500	4 500	4 300	2 000	2 500	3 500	400

说明：工科名额中，本科与专修科之比例分别是 45%与 55%；工科中包括农业机械系全国 200 人在内，计华东 50 人，东北 100 人，华北 50 人；理学院地质系名额包括在工科名额中；文科名额中包括俄语专科名额 1 500 人；中国人民大学本科及专修科招生 2 100 人；师范科名额仅指高等师范学校中以招收高中毕业学生为对象之部分，并非其全部招生名额。资料来源：杨学为：《高考文献（上）（1949—1976）》，高等教育出版社，2003 年。

1953 年，为保证培养各类国家建设干部计划的实施，缓解各大行政区招生名额与学生来源不平衡的矛盾，教育部除统一规定全国高校招生总额、各系科名额及各高等学校的招生名额②外，还规定"华北、东北、西北三区学生来源少，不敷本区需要，上述各该区学生以报考本区高校为原则。华东、中南、西南三区学生来源较多，应鼓励和帮助这三个区的一部分学生，

① 教育部：《一九五二年暑期全国高等学校招生计划》，杨学为：《高考文献（上）（1949—1976）》，高等教育出版社，2003 年，第 8 页。

② 中央人民政府高等教育部、中央人民政府教育部：《关于全国高等学校一九五三年暑期招考新生的规定》，全国高等学校统一招生委员会：《一九五三年全国高等学校招生升学指导》，中国青年出版社，1953 年，第 1 页。

报考华北、东北、西北等区学校”[①]。1954 年又补充规定：华北、东北、西北学生除准予报考指定的几个外区学校外以报考本区学校为原则，同时，华东、中南、西南报考青年除个别情况外，一般不得互调[②]。1955 年后，又进一步开始按学校类型与地区生源情况划分录取范围，如综合大学、工科院校，少数的农学院、医学院、师范学院及语文、政法、财经、艺术、体育院校，一般在学校所在地的协作区或原大行政区范围内录取学生；北京市、天津市、唐山市、太原市的部分高校除录取本市学生外，还可在原华东、中南、西南地区录取部分学生；少数大学如清华大学、北京大学、哈尔滨工业大学、北京医学院、北京农业大学、北京师范大学，除在学校所在地区录取学生外，还可根据规定的控制人数在全国各地招生。

到 1956 年，由于“比第一个五年计划原定招生数 54.6 万人超额 3.1%”。因此，1957 年开始采取重点专业继续发展，一般专业适当压缩、着重提高质量的招生方针。但工业、国防、外交等特殊专业院校，仍可根据情况由全国高等学校招生委员会安排到非所在地招生，厦门大学除了在华东地区招生外，还可在华北、中南地区招收一部分华侨学生[③]。1958 年，“为使高校招生便于贯彻落实因地制宜、因校制宜的原则，发挥地方和高等学校办学的积极性，改为实行学校单独招生或联合招生”，但“考虑到各高等学校的性质和专业设置情况，对于各类高等学校招生的地区范围，根据就地取材与地区调剂相结合的原则作统一安排”[④]，主要是以各省、自治区、直辖市为单位招生，全国性高校可在全国招生，同时也允许部分院校在协作区招生。有分析指出，当年实行分省招生考试的原因主要有二：一是中央权力下放的需要；二是社会主义“大跃进”的需要[⑤]。不过，通过 1958 年招生计

① 中央人民政府高等教育部、中央人民政府教育部：《关于全国高等学校一九五三年暑期招考新生的规定》，全国高等学校统一招生委员会：《一九五三年全国高等学校招生升学指导》，中国青年出版社，1953 年，第 5 页。

② 高等教育部、教育部：《关于〈全国高等学校一九五四年暑期招生新生的规定〉的通知》，杨学为：《高考文献（上）（1949—1976）》，高等教育出版社，2003 年，第 52 页。

③ 高等教育部、教育部：《关于全国高等学校一九五七年招生新生的规定》，杨学为：《高考文献（上）（1949—1976）》，高等教育出版社，2003 年，第 267 页。

④ 教育部：《关于高等学校一九五八年招考新生的规定》，杨学为：《高考文献（上）（1949—1976）》，高等教育出版社，2003 年，第 326 页。

⑤ 李腾：《分省定额录取政策公平问题研究》，华中师范大学硕士学位论文，2009 年。

划的调整，特别是教育管理权的下放，我国高校招生已进入由“大行政区定额”向“分省定额”的过渡阶段。

（三）分省定额调控阶段（1959— ）

经过1958年的计划调整，1959年，“为认真贯彻按学校情况分别保证招生质量的原则，顺利完成各类高等学校的招生计划”，高校招生开始采取“统一领导与分散办理相结合的方式”，即“各中央部门领导的学校在各省、自治区、市的招生人数，以及考生来源较多的省、市支援考生来源不足的省、市、自治区的调剂人数，由教育部与有关省、自治区、市及有关学校协商制定调剂方案。各省、自治区、市之间彼此招生的少量调剂人数，由各省、市、自治区之间自行商定”①。这表明各省、市、自治区已获得因地制宜办理招生工作的权利，同时也意味着我国的高校招生开始进入分省定额录取时代。

1960年，“重点学校（包括全国重点学校和中央各部门、省、市、自治区重点学校）和其他中央部门领导的学校，采取全国统一招生的办法，其余学校可由省、市、自治区自己决定，可参加统一招生，也可自行组织招生”②。此后到“文化大革命”前，中央各部门所属高等学校在各省、市、自治区的招生人数，由高等教育部拟定。省、自治区、市所属高等学校一般在省、自治区、市招生，少数学校因特殊情况可到其他省、市、自治区招收部分学生，亦皆由有关省、市、自治区自行商定③。1977年高考恢复，继续实行分省定额的录取制度，并开始进行有计划的招生体制改革，其总体招生指导思想是：“首先保证完成重点大学和部属院校的招生任务。普通高等学校招生按照国家计划执行。面向全国的院校及专业实行全国招生，面向地区的院校及专业在地区范围内招生，面向省、自治区、市的院校在本省、市、自治区招生。同时省属院校对本地落后地区（如无1人达到最低录取线）的考生可降分录取。”④

---

① 教育部：《关于一九五九年高等学校招考新生的规定》，杨学为：《高考文献（上）（1949—1976）》，高等教育出版社，2003年，第343～344页。

② 教育部：《关于一九六〇年高等学校招生工作的通知》，杨学为：《高考文献（上）（1949—1976）》，高等教育出版社，2003年，第366页。

③ 高等教育部：《关于一九六五年高等学校招生新生的规定》，杨学为：《高考文献（上）（1949—1976）》，高等教育出版社，2003年，第553～554页。

④ 国务院转批教育部：《关于1977年高等学校招生工作的意见》，何东昌：《中华人民共和国重要教育文献（1976—1990）》，海南出版社，1998年，第1580页。

1985 年，根据《中共中央关于教育体制改革的决定》，高校招生计划体制开始进入国家任务招生计划与调节性招生计划共存的“并轨制”阶段。按照 1987 年颁布的《普通高等学校招生来源计划编制工作暂行规定》，“省、自治区、直辖市党政机关、中央、国务院部门、全民所有制企事业单位委托培养的学生，一般应在省、自治区、直辖市范围内招生，不得任意缩小招生范围。全民所有制企事业单位中工作或生活条件比较艰苦的单位，城乡集体所有制企事业单位，个体户以及山区、边远地区、少数民族聚居地区的委托培养可以划定较小招生范围，同时明确预备生源，首先在划定的招生范围内择优录取，如在规定的录取标准内录不满额，则在预备生源中择优录取”①。“双轨制”在一定程度上适应了高等教育发展的需要，挖掘了高校的办学潜力，适应了社会对多样化人才的需要，缓解了高校办学经费不足的困难，促进了高等教育的发展，同时也较好地限制了教育部直属院校招生的地域化倾向。1994 年，《中国教育改革和发展纲要》实施意见及《关于进一步改革普通高等学校招生和毕业生就业制度的试点意见》明确规定，“学生实行缴费上学制度，原则上同一学校实行同一收费制度；改革招生计划体制，在人才市场、劳动力市场比较完善，全面实行缴费上学制度后，学校可根据社会需求和办学条件自行调整招生规模，国家调控招生总规模和专业结构”，“录取时，对同一学校只规定一个最低控制分数线，不再按国家任务和调节两种计划分别划定分数线”②。至此，我国高校招生开始进入“并轨制”时代。

经过多年发展与调整，目前“经教育部批准（或备案）的具有普通高等学历教育招生资格的高校在国家核定的普通高等教育年度招生规模内，可编制本校的分省（自治区、直辖市）分专业招生计划（即招生来源计划）”。同时，“安排跨省（自治区、直辖市）招生的本科高校，可预留少量计划（不得超过本校本科招生计划总数的 1%），用于调节各地统考上线生源的不平衡”③，基本形成了国家宏观控制总量，高校根据经济社会发展需要，在对

① 国家教育委员会：《普通高等学校招生来源计划编制工作暂行规定》，人民网：http://www.people.com.cn/item/flfgk/gwyfg/1987/206004198714.html，1987-10-20/2013-01-06。

② 杨学为：《高考文献（下）（1977—1999）》，高等教育出版社，2003 年，第 524～528 页。

③ 教育部：《2010 年普通高等学校招生工作规定》，阳光高考：http://gaokao.chsi.com.cn/gkxx/ss/201003/20100326/68361300.html，2010-03-26/2013-01-07。

市场人才需求进行分析、预测，以及结合自身办学条件、毕业生就业情况自主制定分省（自治区、直辖市）招生名额的办法。

二、高考分省定额的现状及问题

从高考名额的历史演变来看，我国高校招生早已形成以本地招生为主的逻辑和惯例，而在中央与地方联合共建、部属高校下放以及强调高校服务地方经济发展的背景下，高考分省定额最终演化为“两倾”，即倾斜的高考录取分数线①与倾斜的招生名额投放。然而，在当前高考平均录取率超过75％的情况下，高考竞争的实质是对优质高等教育资源②的争夺。因此，分省定额的问题集中表现在“985工程”和“211工程”等部属高校或重点高校的名额投放与分数线的划定上，以及由此引起的高等教育入学机会的区域性差异。

2004年，全国招收的本科学生有15.93％进入部属高校，但各省（自治区、直辖市）分配到的部属高校招生名额差异显著。据张千帆教授领衔的课题组研究指出：2009年，北京大学在北京市投放的招生指标是每万名考生66.8名，在天津市为10.2名，在上海市为4.8名，全国平均为2.2名；在山东省与河南省分别为1.1名和1名；广东省和安徽省分别为0.68名和0.66名。不难发现，广东省、安徽省的考生进入北京大学的概率正好是北京市考生的1/100。换言之，北京大学对广东省和安徽省考生设置的门槛比北京市考生整整高100倍。与此“差距”相比还有更“糟糕”的，仍以2009年为例，复旦大学在上海市投放的招生指标高达每万名考生117.1名，在浙江省为5.2名，在北京市为4.2名，全国平均为2.2名，而在山东省、山西省、广东省、河北省、河南省、内蒙古自治区等10个省（自治区）投放的指标在1名以下；上海市考生进入复旦大学的机会是全国平均的53倍，山东省考生的150倍，河南省考生的274倍，内蒙古自治区考生的288倍（见表3-3）③。可见，部属高校所在地考生的入学机会远远大于外地考生。

---

① 关于高考倾斜的录取分数线问题，刘海峰等著《高校招生考试制度改革研究》第168～182页有专门研究。

② 我国目前的优质高等教育资源，主要是指中华人民共和国中央部门（单位）直属高等学校，共115所，其中，教育部直属的75所，大多是“985工程”或“211工程”大学。

③ 张千帆：《大学招生与宪法平等：国际经验与中国问题》，译林出版社，2011年，第1～3页。

表 3-3　2009 年北京大学、复旦大学在主要省（自治区、直辖市）投放指标对比表

北京大学	省区	北京	天津	上海	安徽	广东	国均	最大比差
	指标（万名）	66.8	10.2	4.8	0.66	0.68	2.2	1/100
复旦大学	省区	上海	浙江	北京	河南	内蒙古	国均	最大比差
	指标（万名）	117.1	5.2	4.2	0.42	0.41	2.2	1/288

数据来源：张千帆：《大学招生与宪法平等：国际经验与中国问题》，译林出版社，2011 年。

为消解严重的"地方保护主义"，教育部近年也采取了一些措施。2008 年，教育部会同国家发展和改革委员会启动了"支援中西部地区招生协作计划"①，并不断加强对部属高校招生计划安排的引导和调控。据统计，"2008 年—2012 年，协作计划从 3.5 万人逐年扩大到 17 万人，5 年来，相当于在东部地区建设了 68 所专门面向中西部考生、每年招生 2 500 人的公办普通高校。10 年来，部属高校属地招生比例已从 45%降到了 25%"②，总体上达到了教育部提出的"部属高校属地招生比例一般不超过 30%"的要求。但是，"从各省学生就读部属高校的入学机会指数（平均数为 1）看，不同省（自治区、直辖市）悬殊的状况依然存在，甚至加剧，入学机会指数的差异系数（标准差除以平均数的值）有逐年递增的趋势，入学机会指数的基尼系数也从 2001 年的 0.226 提高到 2010 年的 0.298。从分省的入学机会指数变化情况看，北京市、上海市、天津市的入学机会指数在 2000 年分别为 1.75，1.61，1.51，到 2010 年，分别提高到 3.64，3.73，2.84，西藏自治区、青海省、宁夏回族自治区的入学机会指数也分别提高到 2.70，1.82，1.72，但是河南省、河北省、安徽省、内蒙古自治区、广东省、广西壮族自治区、云南省、贵州省、甘肃省等省（自治区）的部属高校入学机会指数却一直在 0.50～0.70 的低点徘徊，提高幅度并不明显"③。

显然，部属高校高度人为化的地区名额分配制度所造成的入学机会巨大

---

① 即每年在全国高校招生计划中单列一部分计划，安排给高等教育资源丰富、升学压力小的东部省份的公办高校，专门面向中西部高等教育资源缺乏、升学压力大的省份招生。

② 汪大勇：《高考改革：让"独木桥"变"立交桥"》，《光明日报》2012 年 7 月 24 日。

③ 谈松华、文东茅：《高校招生名额分配研究报告》，刘海峰、李木洲：《教育部直属大学应分布至所有省区》，《高等教育研究》2012 年第 12 期，第 18 页。

差异，对个人、社会乃至国家都将造成不良后果。首先，它阻止了大量不发达地区考生向发达地区流动。如北京市考生上北京大学、清华大学的机会比外地考生均高 30 多倍。其次，它阻止了考生的横向流动，本地考生被人为地束缚在当地而不易于流动到外地上大学。如 2009 年山东省考生考入山东大学的机会至少是浙江省考生的 9 倍、河南省考生的 18 倍、广东省考生的 36 倍。再次，由于部属高校的区域集聚化［如北京市 24 所、上海市 8 所，而河北省、河南省、广西壮族自治区等 13 个省（自治区）则没有教育部直属高校］，这样加剧了各地考生被部属高校录取的机会差异。最后，由于名额限制，部分专业在有些地方无法获得招生指标，这从根本上剥夺了某些考生进入特定高校学习特定专业的机会①。因此，合理调整部属高校的名额分配规则就显得十分迫切了。

三、高考分省定额的问题成因

高考分省定额的问题成因是极其复杂的，既有历史原因，又有现实原因；既有考试发展的内部规律性原因，又有国家政治、经济及教育等外部性发展原因。但总体而言，主要包括大学分布的不均衡、省部共建的资金投入办学模式以及基础教育发展的差异性存在等原因。

（一）非均衡的大学分布②

部属大学作为我国当前高水平大学的代名词，其分布总体延续了清末高等学堂出现以来的不均衡现象，但却由民国时期的“扁平化结构分布格局”转变成了现今的“金字塔结构分布格局”。也就是说，自近代以来，我国的大学就存在分布不均的问题，只不过发展到现今，这种不均衡表现得更为严重。综观国内高校，“尤其是重点大学，大多位于经济较发达省、市，且在实力、名气等方面也均远胜于位于西部省区的为数不多的重点大学”③。如北京市、上海市等城市的高等教育就比较发达，教育资源十分丰富，具有独特的地域优势。而西藏自治区、新疆维吾尔自治区、青海省、海南省等地的

① 张千帆、曲相霏：《大学招生与宪法平等：国际经验与中国问题》，译林出版社，2011 年，第 344～345 页。

② 本部分为笔者与导师刘海峰教授合作的《教育部直属大学应分布至所有省区》的部分内容，刊载于《高等教育研究》2012 年第 12 期，现有更新。

③ 陈伟、李梅、李联国：《从高校招生“地方化”透视教育公平问题》，《商洛学院学报》2006 年第 3 期，第 81 页。

高等教育则处在较低水平，中西部一些地区重点大学很少甚至没有重点大学(如河南省没有“985 工程”高校)。

当前，在全国 2 600 多所高校中，部属高校共有 115 所[①]（具体分布见图 3-1)，其中又以教育部直属的 75 所高校最受瞩目，因为除中央美术学院和中央戏剧学院外，其他的都进入了“985 工程”大学或“211 工程”大学行列，基本代表着现今中国的高水平大学。截至 2012 年，教育部直属高校的分布情况如下：北京市 24 所；上海市 8 所；江苏省、湖北省各 7 所；陕西省 5 所；四川省 4 所；山东省 3 所；广东省、天津市、重庆市、湖南省、辽宁省、吉林省各 2 所；浙江省、黑龙江省、安徽省、甘肃省、福建省各 1 所（见表 3-4、图 3-2)。

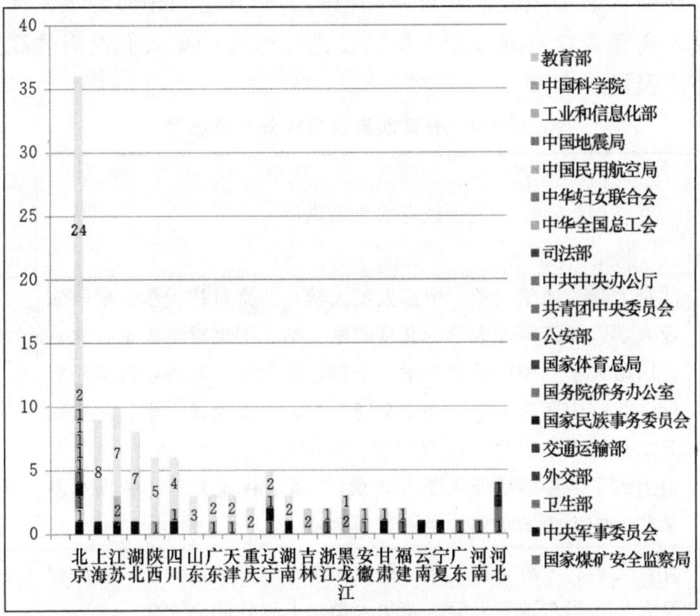

图 3-1　中央部属高校分布情况图

① 中央部属高校共 115 所，其中，教育部直属 75 所、中国科学院直属 1 所、工业和信息化部直属 7 所、中央军事委员会直属 2 所、卫生部直属 1 所、外交部直属 1 所、交通运输部直属 1 所、国家民族事务委员会直属 7 所、国务院侨务办公室直属 2 所、国家体育总局直属 1 所、公安部直属 5 所、共青团中央委员会直属 1 所、中共中央办公厅直属 1 所、司法部直属 1 所、中华全国总工会直属 1 所、中华妇女联合会直属 1 所、中国民用航空局直属 3 所、中国地震局直属 1 所、国家煤矿安全监察局直属 1 所、国家海关总署直属 1 所、国家林业局直属 1 所。

当然，中央直属中的非教育部直属高校也有部分是“985 工程”大学或“211 工程”大学，如北京市的北京航空航天大学、北京理工大学、中央民族大学，安徽省的中国科学技术大学，黑龙江省的哈尔滨工业大学、哈尔滨工程大学，江苏省的南京航空航天大学、南京理工大学，陕西省的西北工业大学，湖南省的国防科学技术大学，辽宁省的大连海事大学，广东省的暨南大学等。而其他高校，诸如外交学院、国际关系学院、北京电子科技学院、中国人民公安大学、中国民用航空学院、中国民航飞行学院等虽未进入“985 工程”大学或“211 工程”大学行列，但它们在某些行业或专业领域也处于全国甚至国际领先地位。总体而言，就高校的综合影响力，特别是在高考招生过程中，还是以教育部直属高校的名额分配问题最受国人关注，这也是人们批评高等教育资源分配不均以及由此衍生的受人们诟病的高考不公与教育不公的聚焦点之一。

表 3-4　教育部直属高校分布情况表

省（自治区、直辖市）	教育部直属高校	数量
北京	北京大学、清华大学、中国人民大学、北京科技大学、中国农业大学、北京师范大学、北京邮电大学、中央财经大学、北京外国语大学、中国政法大学、中国传媒大学、对外经济贸易大学、北京中医药大学、北京交通大学、中国地质大学（北京）、北京化工大学、北京语言大学、中国石油大学（北京）、华北电力大学、中国矿业大学（北京）、北京林业大学、中央戏剧学院、中央美术学院、中央音乐学院	24
上海	复旦大学、上海交通大学、同济大学、华东师范大学、上海财经大学、华东理工大学、东华大学、上海外国语大学	8
江苏	南京大学、东南大学、河海大学、中国矿业大学、中国药科大学、江南大学、南京农业大学	7
湖北	武汉大学、华中科技大学、中国地质大学（武汉）、中南财经政法大学、华中师范大学、华中农业大学、武汉理工大学	7
陕西	西安交通大学、西北农林科技大学、西安电子科技大学、陕西师范大学、长安大学	5
四川	四川大学、电子科技大学、西南交通大学、西南财经大学	4

续表

省（自治区、直辖市）	教育部直属高校	数量
山东	山东大学、中国海洋大学、中国石油大学（华东）	3
广东	中山大学、华南理工大学	2
天津	南开大学、天津大学	2
重庆	重庆大学、西南大学	2
辽宁	大连理工大学、东北大学	2
湖南	中南大学、湖南大学	2
吉林	吉林大学、东北师范大学	2
浙江	浙江大学	1
黑龙江	东北林业大学	1
安徽	合肥工业大学	1
甘肃	兰州大学	1
福建	厦门大学	1

注：1. 河南、河北、江西、山西、青海、贵州、海南、云南、内蒙古、宁夏、新疆、西藏、广西 13 省、自治区没有教育部直属高校；2. 含 3 所同名大学。

表 3-4 还可以转换为更直观的教育部直属高校分布情况（见图 3-2）。

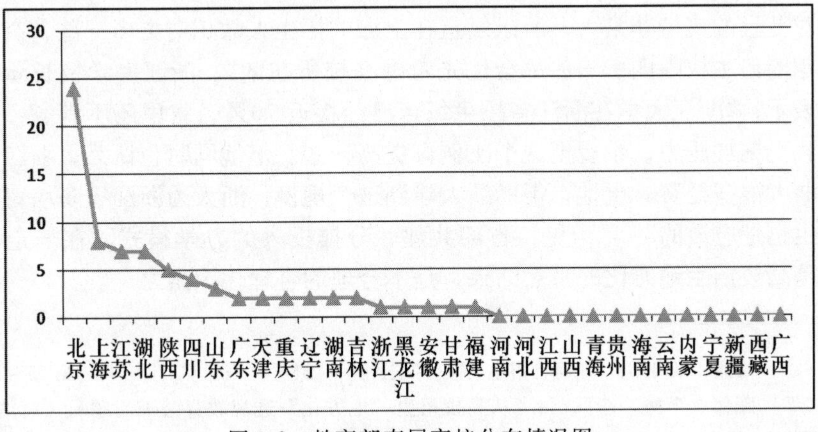

图 3-2　教育部直属高校分布情况图

由上述统计与图表可见，我国重点大学的分布严重不均，是分省定额体制下，造成区域之间招生名额分配失衡的重要原因之一。

（二）分摊共建式办学模式

1998年以来，全国有200多所原部属大专院校下放到地方，实行中央和地方共建，并以地方为主的管理体制。而教育部保留的38所重点院校虽都是中央直属，但在现实条件下它们对地方的依赖性依然很强，尤其是财政上的依赖。这种财政上的依赖决定了这些院校在招生时必须向其所在地给予政策上的倾斜。按教育部与部门及地方签署的协议，38所重点大学中，除清华大学和北京大学2所“世界一流大学”的投资全部由中央政府负责外，其余的重点大学都由中央与地方联合共建。在9所“国内一流、国际知名高水平大学”中，视各地情况，中央和地方政府承担不同比例的经费投入。地方财政较多的省，按合同负担50%的经费投入。如按当时的合同，浙江大学3年内应得的拨款经费总量为14亿元，其中7亿元为教育部拨款，7亿元为浙江省拨款。中国科技大学3年内应得拨款经费总量为9亿元，其中3亿元为教育部拨款，3亿元为中国科学院拨款，3亿元为安徽省拨款①。

在这种省部共建、分摊投入的办学模式下，按照“谁投资，谁受益”的原则，各省（自治区、直辖市）为发展区域经济，必然要求当地的高校履行适当的义务，即通过人才培养，提供经济发展的智力支持。而在共建协议中，有的甚至明确规定增加本地区招生名额。当然，高校为获得更好的发展空间与资源，也必然寻求所在地政府的大力支持。因此，在追求双赢的利益格局中，高校招生地方化在所难免。正如复旦大学校长王生洪坦言，“上海市对复旦的支持非常大，所以复旦在上海的招生人数相对要多一些，高校在一定的自主权限内，一般都会优先考虑高校所在地”。浙江大学校长潘云鹤也表示，“浙江大学在浙江省招生每年已经接近70%，省里还不满意，还在给我们施加压力，希望把这个比例再提高一些。但他同时也认为，浙江省给了浙大很多经费、土地，帮助浙大建到这个规模，浙大为浙江省多培育一些学生也是应该的”②。可见，省部共建、分摊投入的办学模式，在一定程度上是高校招生地方化的必然结果，是不合理的合理化因素之一。

---

① 戴廉、张冉燃：《如何看招生名额分配公平》，《瞭望》2006年6月5日，第23～24页。

② 陈伟、李梅、李联国：《从高校招生“地方化”透视教育公平问题》，《商洛学院学报》2006年第3期，第82页。

（三）经济水平决定的基础教育差距

由于政治、历史、地理及文化等多因素影响，我国东中西部的经济发展长期存在巨大差异。据《中国统计年鉴》的资料显示，"'一五'计划的第一年（1952 年）贵州省的人均 GDP 为 58 元，而上海市为 419 元，两个区域间有 7.22 倍的差距。到 2008 年，这一差距则扩大为 10.06 倍"①。这种区域经济发展结构的严重失衡影响极为深广，最直接的莫过于导致区域间的教育发展水平产生巨大差异。

有关研究表明：东部基础教育的各项教育经费指标平均是中西部的 1～2 倍，在各项指标中，教育公用经费差距最大。由于近年来西部大开发战略的实施，西部地区教育的发展有所加快，但东部地区与中部地区的差距又凸显出来，有多项指标呈现"中部凹陷"现象。在人均教育经费差距方面，2001 年，东部地区的平均值为 619 元，中部地区为 264 元，西部地区为 282 元。排名前三位（上海市、北京市、天津市）的平均值是排名后三位（贵州省、安徽省、河南省）的平均值的 5.2 倍②。另也有研究指出，"从生均预算内教育经费来看，全国小学投入水平最高的地区是投入最低地区的 6.86 倍，初中为 6.67 倍。小学、初中投入最多的省份投入水平分别是全国平均水平的 4.33 倍、4.07 倍，而投入最低的省份投入水平分别是全国平均水平的 63％、61％。以北京市、山西省和甘肃三省、市为例来看东、中、西部的差距，北京市的小学生均预算内经费分别是山西省和甘肃省的 3.53 倍、4.13 倍，初中预算内经费分别是山西省、甘肃省的 4.14 倍和 4.32 倍"。在高等教育区域差异方面，《中国教育统计年鉴（2008）》的数据显示："2007 年全国有 71.8％的高中毕业生升入大学，高等院校集中的北京市这一比率为 200.7％，天津市为 146.9％，上海市为 141.1％。而西部地区一些省份高中升学率还不到 50％，如青海省、宁夏回族自治区、新疆维吾尔自治区分别为 35.0％，45.1％和 48.3％。"③

---

① 金相郁、武鹏：《中国区域经济发展差距的趋势及其特征——基于 GDP 修正后的数据》，《南方经济研究》2010 年第 1 期，第 79 页。

② 课题组（袁振国执笔）：《缩小差距——中国教育政策的重大命题》，《北京师范大学学报》（社会科学版），2005 年第 3 期，第 7 页。

③ 张艳华：《教育机会公平性失衡及其制度性原因研究》，《调研世界》2012 年第 56 期，第 54 页。

此外，从历年高校招生来源计划的编制来看，也存在生源质量的政策偏向。1987 年，《普通高等学校招生来源计划编制工作暂行规定》明确指出，“应贯彻择优的原则，在考生较多、质量较好的地区多安排一些名额”①。2006 年，教育部直属高校招生来源计划编制会议也提出，“要依法自主、科学、合理地决策，坚持以生源质量为主兼顾地区包括考虑少数民族地区平衡的原则”②。可见，各省（自治区、直辖市）的生源质量是影响高校招生名额分配的一个重要指标。然而，生源质量是以基础教育为依托的，基础教育质量又与经济的投入密切相关。在全国东、中、西部经济发展不平衡的背景下，各省（自治区、直辖市）的基础教育投入差距甚大，并形成不均衡的省际基础教育发展格局，影响到各地区招生名额的分配，进而决定着各地考生在高等教育入学机会竞争中所处的地位。

（四）高考分省定额制的调整

综上分析，各省（自治区、直辖市）存在的高水平大学高考录取机会差异，表面上是由高考分省定额造成，实质则是隐藏在高考分省定额制背后的优质高等教育资源分布不均、分摊共建大学办学模式以及基础教育发展存在较大差距等深层原因所致。或者可以说，很大程度上，分省定额这一自古实行的“善制”，只不过是政治、经济、教育等现实因素发展不均衡而引起的高考不公的“替罪羊”，其本身非“恶制”也。因此，当前关于高考分省定额的改革，应认清如下两点：其一，若废除高考分省定额制，将进一步加剧各地的高考录取机会差距。换言之，在经济、教育等区域发展严重不均的历史阶段，高考分省定额必须坚持，以确保高考录取的相对区域公平。其二，仅改变高考分省定额规则，难以从根本上消除历史形成的各地高考录取差异。显然，在“不可废，只能改”的现实面前，应力图通过国家宏观调整逐步使其回归到一个相对公平的位置。

首先，从分省定额制的原本精神——维护公平出发，高考分省定额制的调整至少应遵循三大原则。一是国家利益最大化原则。一方面，人才是第一资源，乃国之宝也。在越来越以人才之“优劣”、“多寡”决定国家综合实力的时代背景下，利用有限的优质资源培养一定数量的高、精、尖人才，在某

① 国家教育委员会：《普通高等学校招生来源计划编制工作暂行规定》，杨学为：《高考文献（下）（1977—1999）》，高等教育出版社，2003 年，第 296 页。

② 李腾：《分省定额录取政策公平问题研究》，华中师范大学硕士学位论文，2009 年。

种程度上是国家的最大利益。另一方面，公平事关人心向背，稳定与发展是国家永恒的最大利益，因而应从全局着眼，合理分配国家的优质、次优及普通高等教育资源，采取分类式区别分配的办法，使之效益最大化。二是兼顾考试公平与区域公平的原则。考试公平就是以自由竞争为形式，注重考试结果的公平，强调分数至上；区域公平则以考试结果为参照，注重区域人才的培养与分布，强调地区平衡。尽管二者具有一定的内在矛盾性，但从千年科举由最初完全“凭才取士”发展到产生“逐路取人”的历史教训和经验来看，一方面，“考试公平和区域公平都只能是相对的”①；另一方面，为使存在经济、教育及文化等多重差异的国家保持统一与稳定，必须兼顾考试公平与区域公平。三是生源多样化原则。其又包含两个方面：一为生源的民族多样化。我国是一个拥有 56 个民族的大家庭，从民族平等和民族融合的视野看，高校招生应坚定民族生源的多样化原则。二为生源的地区多样化。为促进地区间的人才交流与文化互补，高校招生应注重地区生源的多样化。事实上，同为多民族国家的美国，其大学招生便十分注重生源多样性，甚至用法律的方式规定生源的比例分割，它不仅利于不同文化甚至不同语言背景的学生相互交流与学习，更利于不同思维方式的学生彼此之间产生思想碰撞的火花，是多向思维和创新精神的重要源头。

其次，从高考的功能及其现实价值与影响来看，依据上述原则，针对高考分省定额制的现存问题，可采取分层调控的办法加以矫正。所谓分层调控，即根据高校的办学水平与层次采取不同的方式进行调控。鉴于当前的高考平均录取率已逼近 80％，高考竞争的实质已转为对以“985 工程”大学及“211 工程”大学等为代表的优质高等教育资源的竞争，因而，高校招生名额的调控应以“985 工程”大学为主，“211 工程”大学次之，省属及其他高校再次之。具体而言，“985 工程”大学的分配调控，应秉承精英办学的理论，在严格控制招生规模的同时，克服本地化招生倾向，把全国最优质的高等教育资源办成名副其实的全国性大学甚至世界性大学，主要通过自由竞争和划分一定比例的民族与地域性（含贫困区、山区及农村乃至国际生等）生源的方式分配招生名额。“211 工程”大学的名额调控，可以服务地方经济发展为导向，允许较高比例（不宜超过 40％）的地方化招生，但应注重生

① 李木洲：《困境与出路：“异地高考”问题剖论》，《湖北大学学报》（哲学社会科学版）2014 年第 1 期，第 106～112 页。

源多样性，最好按比例明确分割。省属重点及其他一般高等院校，则可完全以服务地方为主或以自身办学定位及生源情况，完全自主地分配招生名额。如此其利有三：一是确保国家优质高等教育资源的效益最大化，利于培养拔尖创新人才；二是以较优质的高等教育资源满足地方经济发展人才需求的同时，也较公平地满足广大考生的升学竞争需要；三是完全自主分配名额的省属及一般院校，利于高等院校的特色化与多元化发展，利于形成一个层次有致、类型鲜明、丰富多样的高等教育生态系统。

最后，需要强调的是，由于各省（自治区、直辖市）的高等教育资源分布与人口数量存在较大差异，对于北京市、上海市、江苏省、湖北省、陕西省等优质高等教育资源特别集中与相对集中的省市，应充分考虑生源多样性和区域公平问题，可由国家根据各省（自治区、直辖市）的考生总量宏观调控，使之名额分配趋于相对合理，同时通过制度设计与资源调整逐渐促进高考录取机会的均等化。当然，要实现高考录取机会的均等化，调整名额分配只可治标，难以治本，关键还有待于经济高度发展推动并实现高等教育资源与基础教育资源的均衡化。

第三节　录取规则：多元、公平与现代化

录取规则，宏观上涉及各省（自治区、直辖市）之间高等教育入学机会的分配，中观上影响到高校人才的选拔与培养，微观上涉及千万考生的升学利益与公平。因此，它是高考制度改革的重要组成部分。综观建制以来的高考录取规则变迁，主要有四个方面：一是录取途径从“一统”发展为“多元”；二是录取体制实现了“责任主体”的易位；三是录取技术完成了由“人工操作”到“计算机录取”的现代技术革命；四是录取办法的改进，即志愿填报由“段段清”转向了“平行志愿”及“一档多投”。这些变化在很大程度上促进了高考公平性，增加了入学机会，提高了录取效率。但同时，由于主、客观条件的限制，也存在难以克服的问题。

一、录取途径：从“以统为主”到“多元并存”

所谓录取途径，即考生的入学管道。统一高考制度建立之前，高校招生基本采取单独招考和联合招考两种管道。1952 年，统一高考制度建立后，虽奠定了统一高考招生录取的主导地位，但因兼顾院校办学特色，或为扩大

高校办学自主权，或为促进素质教育等各种原因，在以统一高考招生录取为主要升学途径的基础上，逐步发展出高校单独考试、招生录取以及保送生招生录取等多种入学管道并存之格局（见表 3-5）。

表 3-5 2012 年中国高校招生录取管道

录取管道	①统一高考	统一高考成绩
		统一高考成绩 ＋ 自主招生考试成绩
		统一高考成绩 ＋ 学业水平考试成绩 ＋（或）综合素质评价
		统一高考成绩 ＋ 专业培养特殊要求（师范、政治、国际关系等）
		统一高考成绩 ＋ 军（体）检、政审、面试
		统一高考降分录取（定向或有明确服务意向的地、矿、油、航海、飞行等专业，及须参加专业测试的艺体类部分专业）
	②单考单招	艺体类单独考试招生
		高职高专单独考试招生
		特殊人群（如实践青年、残疾人等）
	③免试入学	保送生（已异化，须测试）
		著名优秀运动员等先进群体

注：2012 年北京大学“校长推荐”的合格者免参加北京大学自主招生笔试而直接进入面试，面试合格者在录取时享受降至当地本科一批控制分数线录取的优惠政策。

（一）以统一高考为主的招生录取管道

中国有着悠久的统考选才历史。在官员选拔方面，影响最大的莫过于科举考试；在教育选拔方面，1938 年—1940 年间也曾短暂出现过统考招生局面。显然，统一选拔录取（或录用）人才的重要标志是以统一考试为基础。因而以统一高考成绩为主要依据的招生录取管道，也是以统一高考制度的建立为前提的。

1. 统一高考录取管道的形成

任何制度的出现都有其客观原因。就统一高考制度的建立而言，大致有三个原因：“一是中华人民共和国成立初期社会政治、经济建设的客观需要。1952 年，抗美援朝战争还在继续，‘三反’、‘五反’运动正在进行，中共中央提出了过渡时期的总路线，制定了发展国民经济的第一个五年计划，各条战线都急需大批高级专门人才。二是教育布局的大调整。1952 年国内开始全面学习苏联，取消私立大学，全部将其改为公立，所有教会大学一律被撤销或合并，同时进行了第一次大规模院系调整，包括院系合并、院校增设、专业调整等，为使调整后的各类院校能招收到合格足额的新生，以巩固重新布局成果，亟须加强高等学校招生的计划性。”① 三是 1949 年—1951 年由“高校单独招考”到“大区联合招考”的实践，不仅证实了联合或统一招考具有众多优势，还为实行全国统一高考积累了丰富经验。

由此，从国家政治、经济建设需要和教育结构的调整等外部因素，以及历史上的统考实践、文化、经验及观念等来看，实行全国统一招生考试的各方面条件已基本成熟。1952 年，教育部适时发布了《关于全国高等学校一九五二年暑期招考新生的规定》，正式宣布：“为便于组织领导高等学校的招生工作，中央成立全国高等学校招生委员会，并规定除个别学校经中央教育部批准外，全国高等学校一律参加各区统一招生。”② 以此为标志的统一高考制度的建立，不仅开创了中华人民共和国教育考试的新篇章，还确立了中华人民共和国未来高校招生考试的基本框架。

1952 年的统一招生考试除了高度的计划性外，另一个典型特点就是高度的统一性，即“统一的计划，统一的组织领导，统一的报考，统一的录取调配”，具体而言，“全国高等学校的招生名额，均由中央高等教育部、中央教育部根据国家培养干部数额、类别统一规定；招生的组织领导是全国统一的，中央有全国高等学校招生委员会，各行政区各主要省（市）有招生工作委员会，来组织领导这一工作的进行；投考学生在统一的日期报名，根据统一的试题考试，根据统一的原则录取入学”③，总之，整个招生环节可谓“无一不是统一的”④。回顾中国统一高考录取管道体系的形成，其大致历经了一个由单独招录——联合招录——统一招录的过程，它“是高校招生考试发展到一定阶段或高级阶段的产物”⑤，也是一定的政治、经济、文化及考

---

① 刘海峰：《1952—2012：高考建制的花甲记忆》，《高等教育研究》2012 年第 6 期，第 78～84 页。

② 教育部：《关于高等学校一九五二年暑期招考新生的规定》，全国高等学校招生委员会：《升学指导》（1952），全国高等学校招生委员会，1952 年，第 12 页。

③ 马叙伦：《在全国高等学校招生委员会上的讲话》，《招生简报》1953 年 7 月 2 日。

④ 华东军政委员会教育部转发：《高等学校招生工作报告》（1952 年 9 月 26 日），厦门大学档案馆，人事处 52—13 号档.

⑤ 刘海峰：《1952—2012：高考建制的花甲记忆》，《高等教育研究》2012 年第 6 期，第 78～84 页。

试组织机构发展到一定阶段的产物。

2. 统一高考录取管道的现状

事实上，1952 年统一高考录取的对象主要是“应届毕业的高中学生（包括修业已满五学期准予提前毕业的春季班学生）及具有相当于高中毕业程度的同等学力的青年”。而对于“已在高等学校补习之部队及机关干部”[①]则是以其所补习科目的考试成绩及志愿为依据录取的。可见，高校招生录取从一开始便存在统一高考之外的录取管道，只是统一高考录取的影响最大、涉及人数最多而已。后由于以高考成绩为主要依据的录取方式不利于改变“应试教育”、“片面追求升学率”等教育问题，同时，也难以满足高等教育大众化和社会产业结构变化对多样化人才的需求，这客观上迫使统一高考制度必须进行多元化改革。

20 世纪 80 年代后，高中毕业会考（现为学业水平测试）、综合素质评价及高校自主招生考试先后出现，不过这些新的考试或评价方式并未撼动统一高考的主导地位，它们在现行的录取体制中仅作为统一高考的补充或参考条件而已。综观当前全国各省（自治区、直辖市）的高考方案，以统考为主的录取方式主要有以下几种：一是完全以统一高考成绩为依据的录取，也称“裸考”；二是由“统一高考成绩 ＋ 自主招生考试成绩”的录取；三是由“统一高考成绩 ＋ 学业水平测试成绩 ＋（或）综合素质评价”的录取；四是由“统一高考成绩 ＋ 专业培养特殊要求（如师范、政治、国际关系等专业）”的录取；五是由“统一高考成绩 ＋ 军（体）检、政审、面试”的录取；六是以统一高考为基础的降分录取，主要包括定向或有明确服务意向的地、矿、油、航海、飞行等专业，以及须参加专业测试的艺体类部分专业。总之，以统一高考为基础是这些录取途径的共同特点。

（二）单独考试招生录取管道

经过数十年的发展，目前我国单独考试招生录取管道主要适用于两类院校和两类人群。前者指艺体类等特殊院校（专业）和高职高专院校；后者指实践青年和残疾人群体。由于后者涉及群体较小，社会影响不大，本研究不做专门探讨，仅就前者详述如下。

① 教育部：《关于全国高等学校一九五二年暑期招考新生的规定》，《人民日报》1952 年 6 月 13 日，第 1 版。

1. 艺体类的单独招生录取

艺体类院校（专业）即音乐、美术、戏剧、电影、体育等特色鲜明的专业性院校。由于其专业性对人才选拔的特殊要求，在招生录取方面与全国统一高考录取一直保持着若即若离的关系，且基本在这种若即若离的辩证关系中向前发展。

(1) 艺体类招生录取的历史

中华人民共和国的单独考试招生录取办法最先用于艺体类等特殊专业或院校招生。1952 年的暑期招生规定，“全国高等学校，除个别学校经中央教育部批准者外，一律参加各区统一招生”①，其中“个别学校”即指艺术和体育院校，不过当年除术科专业考试由艺体院校或系自行组织加试外，考生还需参加全国统一高考，“录取时政治常识、国文、外国文（俄语、英语）、中外史地四科分数之和占总分的 40%，数学、物理、化学、生物四科分数之和占总分的 30%，加试术科之成绩占总分的 30%，依据计划名额以文化合格、专业择优的办法录取”②。1953 年—1954 年的录取办法变化不大。从考试录取的情况看，这一时期的考试录取模式基本是“文化统一高考 + 院校专业测试”，因此只能算是半独立单独招生录取。

到 1955 年，随着国家对艺体类院校办学特色及其招生特殊性的重视，开始在全国统一高考之外，另行单独组织考试招生录取。当年的招考新生规定：“全国高等学校除民族、音乐、美术、戏剧和中国人民大学等院校外，实行中央统一计划、省（市）组织领导、高校参加，并以原来的大行政区为范围集中进行录取的全国高等学校统一招生。”③ 1966 年—1976 年高考基本停废。1977 年恢复高考后，艺体类院校继续实行单独命题考试招生录取的方式。这一时期的考试录取模式基本为“院校自行命题 + 单独考试”，即从统一高考招生录取中分离而出，实现了真正的单独考试招生录取。

1980 年，教育部批准艺体院校提前单独招生。然而，1982 年为提高报考艺体类院校考生的文化要求，教育部、国家体委及文化部分别规定：“从

① 教育部：《关于全国高等学校一九五二年暑期招考新生的规定》，《人民日报》1952 年 6 月 13 日，第 1 版。

② 杨学为：《中国高考史述论（1949—1999）》，湖北人民出版社，2007 年，第 10 页。

③ 教育部：《教育部．关于全国高等学校一九五五年暑期招考新生的规定》，《人民日报》1955 年 6 月 9 日，第 2 版。

1983 年起，报考体育院校的考生，要参加全国高校招生统一文化考试（理工农医类）；从 1984 年起，报考艺术院校的考生，文化考试要参加全国高校招生统一考试（文史类），并对录取新生的文化成绩逐步提高了要求”①，形成了“文化统一高考 + 院校专业测试单考”的录取模式。1989 年，艺术类院校的招生考试分专业考试和文化考试两次进行，按照文化考试达到录取分数线，再以专业考试成绩排名的方式择优录取②。1994 年，中央部门所属高等艺术院校招生计划不作分省、市来源计划，并增加从高等艺术院校附属中等艺术学校（或中专部），省、部级重点中等艺术学校、各地舞蹈艺术学校推荐少数优秀应届毕业生免试入学的途径③。1999 年，国家体育总局直属体育院校开始免试招收部分退役优秀运动员④进入运动训练专业和民族体育专业学习。

2000 年以后，随着高等教育的扩招及分省命题政策的推行，2006 年停止了中等艺术学校（附中）推荐免试生，报考艺术类专业的考生的统考数学成绩全部计入其文化考试成绩总分⑤，再次强调文化成绩在艺术专业招生中的重要性。2008 年教育部下发的《2009 年普通高等学校艺术类专业招生办法》对艺术类专业招生政策又进行了系统调整，基本形成了“文化统一高考＋省级专业统考＋院校专项测试”的三级考试录取模式。体育类院校方面，2003 年，教育部、国家体育总局宣布废止《普通高等学校体育专业招生工作暂行规

① 《中国教育年鉴》编辑部：《中国教育年鉴（1982—1984）》，湖南教育出版社，1986 年，第 145 页。

② 文化部、国家教委：《高等艺术院校（系、科）招生工作暂行规定》，法律教育网：http://www.chinalawedu.com/falvfagui/fg22598/59646.shtml,1989-01-30/2012-12-27。

③ 文化部办公厅、国家教委办公厅：《关于印发〈高等艺术院校（系科）招生工作暂行规定〉补充意见的通知》，人民网：http://www.people.com.cn/item/flfgk/gwyfg/1994/234003199401.html,1994-02-08/2012-12-27。

④ 具体包括六类退役优秀运动员：一是曾获得奥运会项目、全运会项目、全国竞标赛项目、全国冠军赛项目前三名；二是曾获得非奥运会项目、全运会项目、全国竞标赛项目、全国冠军赛项目冠军；三是曾获得亚运会项目、亚洲杯赛项目、亚洲锦标赛项目前六名；四是曾获得奥运会、世界杯、世界锦标赛前八名；五是曾获球类、田径项目运动健将称号，武术项目取得武英级称号和其他项目国际健将称号，符合普通高校体检和政审要求，高中毕业或相当于高中文化水平，年龄在 30 周岁以下，经国家体育总局审批同意可免试进入六所直属体育院校学习。

⑤ 教育部：《2006 年普通高等学校艺术类专业招生办法》，中国教育在线：http://www.eol.cn/article/20051206/3164456.shtml,2005-12-06/2012-12-27。

定》，开始“由各省（自治区、直辖市）自行确定术科测试项目、内容、比例、评分标准，高校有权决定录取办法，形成了只测试素质项目、素质项目＋专项技术、身体素质＋基本技术考试项目科目等多种体育术科测试模式，由省（自治区、直辖市）招办统一组织、招生学校组织、招生学校联合组织等多种形式”① 的招生录取格局。

（2）艺体类招生录取的现状

伴随我国经济社会的发展，尤其是教育体制改革的深化，艺体类招生录取改革也一直是高考制度改革的重要内容。由艺体类专业的特殊性所决定，它们在与高考若即若离的互动中，总体经历了由“联姻高考”到“脱离高考”再到又与“高考挂钩”的变迁过程，改革主线基本是围绕文化考试与专业考试的关系问题展开。

当前，根据艺体类专业及院校各自的特性，其招生录取方式主要分化为三类：一是独立设置的本科艺术院校可自行划定本校艺术类专业分数线和文化考试录取控制分数线，主要包括中央美术学院、中央音乐学院等31所知名艺术院校和清华大学、中国传媒大学等10所高校的艺术类本科专业。二是文化考试录取分数线由生源所在省（自治区、直辖市）划定，专业考试分数由院校自行划定。独立设置本科艺术院校的艺术类专科专业及其他高校所有艺术类专业录取考生的文化成绩须达到生源所在省（自治区、直辖市）省级招办划定的相应录取控制分数线。各省（自治区、直辖市）级招办划定的艺术类本科录取控制分数线不低于本省（自治区、直辖市）确定的第二批次普通本科录取分数线的60%，艺术类高职（专科）录取控制分数线不低于本省（自治区、直辖市）确定的高职（专科）批次最低录取控制分数线的70%。专业考试由院校自行组织，专业考试分数线由院校自行划定。三是文化考试录取分数线和专业考试分数线都由生源所在省（自治区、直辖市）划定。其他高校所有艺术类专业录取考生的文化成绩须达到生源所在省（自治区、直辖市）省级招办划定的相应录取控制分数线。各省（自治区、直辖市）级招办划定的艺术类本科录取控制分数线不低于本省（自治区、直辖市）确定的第二批次普通本科录取分数线的60%，艺术类高职（专科）录取控制分数线不低于本省（自治区、直辖市）确定的高职（专科）批次最低

① 谈松华、王建，等：《艺体类招生考试改革研究报告》，国家教育咨询委员会：《考试招生制度改革组专题调研报告汇编》（上），国家教育咨询委员会，2011年，第54页。

录取控制分数线的 70%。专业考试分数线由生源所在省依照省级专业统考进行划定。此外，在具体录取过程中，还可对高考成绩及专业成绩进行不同形式的加权组合①。

体育类招生录取方式也有三种：一是参加统一高考进入高等学校体育教育、社会体育专业等。二是以一定资格（如二级运动员）的身份通过单独招生考试进入高等学校运动训练、民族传统体育专业等。三是以优秀运动员的资格免试进入独立体育院校和高等学校体育专业。

总体而言，当前的艺体类招生基本按照分省定额的原则（仅少部分院校专业不做分省计划），以考试招生录取为主。在招生计划方面，由国家宏观规划，高校自主编制，存在分省计划与不分省计划两种情况；在考试方面，高校具有一定的招生考试自主权，但总体实行国家、省级统考和学校单独组织考试相结合的方式；在录取方面，主要依据各省录取名额或省内外录取名额，以文化考试与专业考试成绩之“和”依次从高到低录取，具体录取方式包括专业达线按文化分数录取、文化过线按专业分数录取、文化专业分数相加录取或按一定比例相加录取三种，但具体采用何种方式由高校根据自身办学或专业特点决定②。此外，还有“单考单招”、“推荐免试”等入学形式。因此，我国艺体类招生总体形成了多元录取格局。

(3) 艺体类招生录取多元化之主因

纵观艺体类单独招生录取模式的变迁，主要有三点动因：

一是追求生源质量。生源质量在一定程度上决定着办学质量。为提高人才培养效益，不管是普通高校，还是艺体类院校，都非常注重生源质量。然而，衡量艺体类院校生源质量却长期在文化成绩与术科成绩之间存在较大争议。与普通高校注重智力的全面发展不同，艺术类院校的生源必须具有一定艺体特长。事实上，自高考建制以来，艺体类院校的考试模式在文化是否需要参加统一高考上发生了多次变易或反复，如中华人民共和国成立初的“文化统一高考 + 院校专业测试”，1977 年—1982 年的“院校单独命题组织考试”，1983 年—1999 年的“文化统一高考 + 院校专业测试”，再到 2000 年

① 罗立祝、谷振宇：《特长选拔还是升学捷径：艺术招生考试之困惑》，《招生考试研究》2010 年第 3 期，第 13～14 页。

② 谈松华、王建等：《艺体类招生考试改革研究报告》，国家教育咨询委员会：《考试招生制度改革组专题调研报告汇编》（上），国家教育咨询委员会，2011 年，第 55～57 页。

以来的“文化统一高考 ＋ 省级专业统考”等。从这种关系变化不难看出，文化成绩与专业成绩之间具有某种矛盾性，但随着艺体类院校人才培养的发展，实践表明，艺体类招生也须具备一定的文化素养，尽管有个案表明文化成绩起点较低者也可获得专业方面的成就，但“放松高考分数的要求，不等于放松对文化素质的要求，反而是进一步提升相关专业素养需要较好的文化基础”①。也就是说，对绝大多数艺体类学生而言，文化素养高的，在专业领域的发展往往也会较快较好。可见，追求生源质量是艺体类院校招生录取不断调整考试设置模式以及停止推荐免试制度的内在动因。

二是实施高校扩招。改革开放以来，中国经济高速增长，人民生活水平逐渐提高，社会各行各业对艺术、体育人才的需求不断增加，特别是1999年高校扩招后，艺术、体育类报考人数呈逐年上升态势。据统计，“1981年，全国高等艺术院校为27所，招收学生1 448人”②。“1997年，全国的艺术院校招生总数仅为5 947人，2008年则高达90 325人，12年间增长15.2倍，而同期普通高校扩招为6.07倍，艺术专业招生是普通高校扩招速率的2.5倍”③。到2009年，艺术类招生继续增扩，当年“艺术高考报名数为549 669人，招生人数93 079人，录取比增至5.9∶1”。体育招生方面，“1981年全国体育院校为12所，当年招收学生1 889人”④。到2009年，体育院校增至30所，“招生人数从1997年的6 879人增加到30 023人，录取比例从1997年的7.5∶1下降到2009年的5.3∶1”⑤。艺体类院校报考人数的增加，客观上迫使其招生录取方式发生变革，以适应不同层次、不同区域艺体类院校的生源变化需求。

---

① 有受访者举例：中央音乐学院现任教的某教授，其当年高考成绩仅12分，后出国留学至成名后被引进该学院。见国家教育咨询委员会：《考试招生制度改革组调研报告、会议记录及相关资料汇编》，国家教育咨询委员会，2011年，第356页。

② 《中国教育年鉴》编辑部：《中国教育年鉴（1949—1981）》，中国大百科全书出版社，1981年，第278页。

③ 罗立祝、谷振宇：《特长选拔还是升学捷径：艺术招生考试之困惑》，《招生考试研究》2010年第3期，第8页。

④ 《中国教育年鉴》编辑部：《中国教育年鉴（1949—1981）》，中国大百科全书出版社，1981年，第327页。

⑤ 教育部发展规划司：《中国教育统计年鉴（1997—2009）》，人民教育出版社，2010年，第21～32页。

三是高考政策变化。自 1985 年上海市率先实行单独命题改革试验，“2002 年北京市也开始自主命题。2003 年教育部决定开始实行分省命题。2004 年，先后增加了天津市、辽宁省等 14 省、市单独组织本省、市全部或部分高考科目的命题工作”①。“2006 年，全国（除港、澳、台地区）实行分省命题的省份达 16 个，涉及的考生占全国考生的 65%左右”②。此后自主命题的省份数量虽未再增加，但就全国而言，自主命题的省份已占大多数，这意味着统一高考的内涵已发生根本转变，即由每一科目的全国一张卷，至少增加到全国的 17 张卷。这种考试命题方式的变化，一方面导致艺体类文化科目考试与高考的联姻部分转为与分省命题的联姻；另一方面，也为各省（自治区、直辖市）自行统一组织专业科目测试提供了思维模式与现实机遇，2000 年以后的“文化统一高考 ＋ 省级专业统考”即是分省命题政策推行的必然结果。

2. 高职高专的单独招生录取

高职高专系指高等职业院校和高等专科院校。由于二者的办学性质、特色及层次与普通本科院校具有明显差异，在长期的发展过程中，高职高专院校与普通本科院校的招生录取逐渐分化，趋向两途。

(1) 高职高专单独招生录取的由来

自 1978 年邓小平同志在全国教育工作会议上提出扩大职业技术学校的比例后，许多城市进行了中等教育结构改革试点。1980 年，国务院批转了教育部和原国家劳动总局《关于中等教育结构改革的报告》。经过几年努力，单一化的中等教育结构开始发生变化，职业技术教育有了初步发展。到 1982 年，全国城市职业中学（班）、职业（技术）学校在校学生达到 35 万余人，与普通高中在校学生的比例已达到 1∶5③。若将中等专业学校、技工学校在校学生计算在内，接受职业技术教育的学生比例则更大。

到 20 世纪 80 年代中期，随着经济社会的发展，尤其是教育体制改革的

---

① 李木洲：《从“交替”到“交杂”：高考命题方式统与分的历史选择》，《考试研究》2011 年第 5 期，第 24 页。

② 教育部考试中心：《高考分省命题适合国情》，中国教育网：http://www.eol.cn/kuai_xun_3075/20060930/t20060930_198980.shtml，2006-09-30/2012-12-27。

③ 教育部、劳动人事部、财政部、国家计委：《关于改革城市中等教育结构、发展职业技术教育的意见》，国家教育委员会政策法规司编：《十一届三中全会以来重要教育文献选编》，教育科学出版社，1992 年，第 128 页。

不断推进，我国的高中教育逐渐分化为普通高中和职业高中两类，且中等职业教育一度获得较大发展，部分省（自治区、直辖市）开始试行专门针对中等职业教育毕业生升入高职高专院校的考试招生办法，计划单列、单考单招。1999年高等教育实行大规模扩招，“全国共录取本专科新生164.6万人，平均录取率为48.2%（上年为36.1%）。其中本科生91.9万人，占55.8%，普通专科生52.2万人，占31.7%；新高职20.5万人，占12.5%”①。高等教育规模的极大扩张和高等教育体系的进一步分化，从学术性精英到高级技能人才的选拔使用同一张试卷考试录取，其科学性、合理性开始引起人们的重视，并成为高考制度改革的重要动因之一。

2002年，为适应我国经济社会发展对人才结构的需求，国务院做出大力发展职业教育的决定，这一决定在促进中等职业教育发展的同时，也加速了高校扩招后普通专科教育向高等职业教育的转变。而为进一步适应高等职业教育发展对人才选拔的要求，国家也加快、加大了高职高专招生录取制度的改革。如2002年广西壮族自治区率先在制度层面进行本专科分开考试试验，遗憾的是，因制度设计、运行成本等内、外部原因，2005年又回到了改革原点。

（2）高职高专自主招生录取之路

长期以来，由于高职院校采取与普通高校相同的考试招生模式，忽视了高职院校的应用性、技能性等办学特色，批次也排在专科之后或与专科平行，其导致众多高职院校存在生源少、生源质量差等办学问题，严重影响了高职院校的发展和国家技能型人才的培养。随着国家发展战略的调整，在高校招生制度整体改革的背景下，高职院校也在自主招生改革中获得了新的机遇。

所谓高职院校自主招生即指“由学校自主进行人学测试、自主确定人学标准、自主实施招生录取”②。由高职院校办学特色所决定，其自主招生改革率先突破了高考招生标准的藩篱，打破了长期僵化的通过高考“独木桥”走向高等教育殿堂的唯一途径，为有某方面特长或技能的考生提供了接受高等教育的机会。与普通高校自主招生改革相比，国家推进高职院校自主招生

---

① 《中国教育年鉴》编辑部：《中国教育年鉴2000》，人民教育出版社，2000年，第222页。

② 王寻：《高职：自主招生露出曙光?》，《中国新闻周刊》2006年第23期，第36页。

改革的力度更大。近年来，国家通过多种形式引导高职院校开展自主招生试点并有序推进。

上海市作为教育部批准的教育综合改革试验区，很多改革都走在前沿，先后进行了“三校生”高考改革①、春季招生改革、秋季高考录取后期高职院校试点放开等高职招生制度改革，为高校招生制度改革积累了丰富经验。2005年，上海市按照教育部提出的“高端多元，中端稳定，末端放开”②的高校招生制度改革思路，又率先对上海市三所民办高职院校③进行自主招生改革试点。2006年，教育部、财政部在启动“国家示范性高等职业院校建设计划”时，便明确要求鼓励各地开展单独招生试点，保证生源质量。

在2006年—2011年出台的关于普通高等学校招生工作的政策中，每年都强调“要稳步推进高等职业院校单独招生改革的试点工作”。《教育规划纲要》也提出职业教育要“改革招生和教学模式”。在多年政策的主导下，自主招生的试点院校与招生人数逐年扩增。至2011年，200所列入“国家示范性高等职业院校建设计划”的示范和骨干高职院校立项建设单位，基本上都获得了自主招生的资格④，已经开展单独招生试点的高职院校，其单独招生计划数已升至“校年度招生规模的20%”⑤。

① “三校生”高考改革，是指上海市从1996年起，针对全日制中专、职校、技校应届毕业生（以下简称“三校生”）举行的单独高考改革。考试时间安排在每年5月。“三校生”高考考试科目为3门文化课（即语文、数学、外语）和2门专业技能课，其中文化课考试由上海市教育考试院统一命题，专业技能课考试由招生学校自行组织。招生学校拥有一定的自主权，包括：1. 学校可以自主设定专业技能课考试科目及考试内容；2. 学校可以在文化成绩达到全市最低资格线的前提下自主确定文化成绩和专业成绩的比例进行录取。

② 所谓高端是指北京大学、清华大学等名牌院校，其招生方式应日趋多元化；所谓末端，指的是专科层次的院校，对它们将逐渐放开招生方式的管制；而剩余的高校处在中端，其招生模式仍将以高考为主。

③ 三所高职院校均为民办，分别是上海杉达学院、上海建桥学院、上海新侨职业技术学院。

④ 详见《教育部办公厅关于2011年部分高等职业院校开展单独招生改革试点工作的通知》。

⑤ 教育部：《关于2011年部分高等职业院校开展单独招生改革试点工作的通知》，河南阳光高考信息平台：http://gaokao. haedu. gov. cn/2011/04/18/1303095257203. html,2011-04-18/2012-12-08。

一般而言，因高职院校拥有较大的自主权，各地区试点院校的招生方式不尽相同。但总体来看，在考试方式上，主要采用笔试与面试相结合的办法；在测试内容上，通常包括语、数、外等传统科目（有些院校甚至不考），但更加注重时事、人文基本素养及中学成绩等综合考核；录取标准方面，通常包括文化测试成绩和综合能力测试成绩、文化测试总成绩和高中阶段综合测评分、文化测试成绩和面试成绩（或专业技能加试成绩）、综合能力测试成绩和专业加试成绩等①多种标准。简言之，高职院校的招生考试形式、内容及录取模式灵活多样，重点在于发现特长，招收合适新生。以浙江省高职院校为例，其自主招生模式有两种②：

一是“校考单录”模式，即高职院校根据自身的招考要求组织考核与测试，高考前单独录取，考生无需再参加高考。其考试分为以语、数、外等课程为主的文化课考试和以专业技能考核为主要内容的综合素质测试。在2012年的自主招生高职院校中，有3所高职院校实施了“三位一体”的选拔方式，这种选拔方式将高中会考成绩也作为总成绩的一部分，即自主招生的总成绩由文化课成绩 ＋ 综合素质测试成绩 ＋ 高中会考成绩组成。

二是“校考加高考”模式。该模式要求考生先参加报考院校的校考，后参加高考（第三类考试科目）。其中，“校考”包括文化课的笔试和综合素质测试的面试两个环节。招生院校按不超过自主招生计划150%的比例确定入选考生名单，并根据有关要求确定考生参加高考录取的降分幅度（一般在10分～50分之间），且必须在同批次线上。

此外，目前高职院校的自主招生还有“上海模式”、“北京模式”等，已初步形成多元化的招生录取体制（见表3-6）。

表3-6 2012年全国高等职业教育招生录取途径

入学方式	考试科目	招生对象	招生学校	录取方式	实施范围
统一高考	同本科统考	不限	不限	同本科	
单考单招	语、数、外加专业，省自命题	中职毕业生为主	省市批准	单独录取 省市组织	

① 张永红：《上海高职院校自主招生改革政策评析》，华东师范大学硕士学位论文，2011年。

② 丁建洪：《高职院校自主招生：问题与策略》，《教育发展研究》2012年第19期，第8页。

续表

入学方式	考试科目	招生对象	招生学校	录取方式	实施范围
单独提前	学校自定，可数校联合	不限	省市批准	学校自行录取	上海市
示范高职提前单招	同上	不限	教育部批准	同上	
“高加技”	语、数、外同统一高考，技术课校考	不限	不限	省里统一组织录取	浙江省
“高加会”	语、数、外同统一高考，另加会考前条件	不限	不限	同上	北京市

资料来源：周军：《高职单考单招研究报告》，国家教育咨询委员会：《考试招生制度改革组专题调研报告汇编》（上），国家教育咨询委员会，2011 年。

表 3-6 所列的 6 种高职入学方式又可分为三类：一是以全国统一高考（含分省命题）为入学考试，这是当前高职入学的主要方式；二是“3 种单招方式”，或是专门针对中职生，或是高职学校提前单独进行考试招生，本质上区别不大且所占比例较小；三是在全省市范围内统一进行的高职入学方式改革，以 3 门本科统一高考的语、数、外成绩为录取基础依据，以部分学业水平考试科目成绩为录取前提，虽属制度创新，但 3 门主要考试课程仍为统一高考课程，尚有较大改革空间①。

然而，尽管自主招生能有效“克服传统高考招生形式中只重文化课考试成绩，轻视或忽略考生专业意向和潜质的偏颇做法，引导考生和家长根据考生自身特长和兴趣爱好，在专家和高职院校的测试、分析、引导下理性选择适合自己未来发展的专业与方向”② 等优点。但根据目前的试点情况来看，依然存在较严重的问题，主要包括：一是本科的扩招“吃掉”了大批专科生源③，导致高职高专生源紧缺；二是传统就业思想观念，致使社会、家长及

① 周军：《高职单考单招研究报告》，国家教育咨询委员会：《考试招生制度改革组专题调研报告汇编》（上），国家教育咨询委员会，2011 年，第 42 页。

② 于洋：《国家示范性高职院校的自主招生》，《天津市经理学院学报》2012 年第 5 期，第 43 页。

③ 吕孟仁、滕远杰：《关于高职高专招生问题的思考》，《吉林商业高等专科学校学报》2002 年第 2 期，第 1 页。

考生对高职院校存在认识偏差；三是自主招收的录取成本较高，且毕业生的就业发展前景不及本科生；四是由于考生文化基础普遍不高而难以开展有效的专业考核等问题。

（三）“保送生”招生录取管道[①]

保送生制度是指由中等学校推荐综合素质优异、具有学科特长、突出贡献者及其子女类学生，经高校考核同意，免予参加统一高考的高校招生制度。该制度自1984年试点推行以来，就内部而言，其保送条件、推荐办法、考核程序、录取规模等均历经多次调整；就外部而言，面临《教育规划纲要》提出建立破格、自主、推荐等多元录取制度之变。

1. 历史：试点、推广、调整

保送生作为我国高校招生录取方式之一，可追溯至1958年免试保送工农速成中学毕业生、工人、农民、工农干部及老干部直升高校的做法。“文化大革命”期间（1972年—1976年）也采取过“自愿报名、群众推荐、领导批准、学校复审”的类似于保送生的招生办法。1978年，为打破常规选人才，规定“在各省、自治区、市举办的高中应届毕业生和在校生的学科学习竞赛中，成绩特别优秀的青年，结合其他学科在原校的学习情况，经政审、体检合格，可不参加统一高考，根据意愿分配入学”[②]。而当今的保送生制度，若以政府文件的出台为标志，其发展大致可分为三个阶段：

一是试点阶段（1984年—1987年）。1984年，国家教委令北京师范大学、山东矿业学院等冷门的行业性院校试点招收保送生；1985年颁布《关于做好普通高等学校试招中学保送生工作的通知》，试点院校迅速扩大到包括北京大学在内的43所高校，随该“通知”还下发了《关于1986年普通高等学校试招中学保送生的意见》及《1986年试招中学保送生的高等学校名单》。

二是推广阶段（1988年—2000年）。经过4年试点，1988年国家教委印发《普通高等学校招收保送生的暂行规定》，开始正式以制度形式推广招收保送生。该“规定”具有招收保送生资格的高校增至52所，保送者须具备下列条件之一：① 德、智、体、美和在劳动教育中表现一贯优秀的高中

① 本部分为笔者与导师刘海峰教授合作的《多元分解：保送生制度改革之道》的部分内容，刊载于《中国高教研究》2011年第12期，现有更新。

② 国务院转批教育部：《关于一九七八年高等学校招生工作的意见》，杨学为：《高考文献（下）（1977—1999）》，高等教育出版社，2003年，第106页。

应届毕业生；② 德、智、体全面发展，学习成绩优秀，志愿献身教育事业，并具备从事教师工作素质的高中及中等师范学校的优秀应届毕业生；③ 德、智、体全面发展，各科成绩优良，并参加国际中学生学科奥林匹克竞赛集训的优秀高中应届毕业生。高校对保送生的“招生数量最多不得超过该校当年招生计划总数的3%，师范院校可达10%”，有权保送的“中学原则上不应超过该校当年应届毕业生总数的5%，中等师范学校不应超过2%”①。此后至20世纪90年代，保送生政策情况基本保持稳定，但学科特长生的认定范围则逐年扩大，招生人数也逐年上升。

三是调整阶段（2001年至今）。由于保送生制度推广过程中，弄虚作假、拉关系、走后门、徇私舞弊等不法现象日盛，造成严重的社会不良影响。教育部发出《关于2001年普通高等学校招收保送生工作的通知》，采取了“压缩规模、严格标准、严格管理”的调整办法，变过去的“软标准”为“硬标准”，取消指标分配，变“数量控制”为“质量控制”，并实施网上公示、接受群众监督的方法②。此后，保送生制度又进入了较稳定期。

尽管保送生制度的发展演变可分为上述三个阶段，但总体上自1984年试行以来，若以2001年为分水岭，可分为两个政策重点有明显差别的阶段：从保送生规模来看，在前阶段保送生范围从农、林、师等冷门专业扩展到所有专业，招收的人数多达25 000人，占整个招生计划的2%左右，但后阶段每年的规模在6 000人至8 000人左右，占整个招生计划的1%左右；从保送标准来看，前阶段试图回避统一高考“死标准”的弊端，偏重于保送的“软标准”，人为操作的空间非常大，而后阶段为维护保送生政策的公平性，侧重于保送的“硬条件”，政策的弹性空间很小，特别是2006年开始对保送生实行文化测试和相关考查制度，几乎使得原始意义的保送生政策荡然无存；从政策导向来看，前阶段重内容建设，不断丰富政策的适用范围，后阶段重政策意义建设，不断增强政策的公平性③。

---

① 国家教委：《普通高等学校招收保送生的暂行规定》，人民网：http://www.people.com.cn/item/flfgk/gwyfg/1988/206004198803.html,1988-02-02/2011-09-15。

② 《中国考试》杂志社组：《恢复高考30年——高考改革与发展》，中国传媒大学出版社，2007年，第73页。

③ 李峻：《保送生政策变迁的多源流分析》，《大学教育科学》2011年第2期，第48页。

2. 现实：类型丰富、名目繁杂、因类而异、处罚较重

经过多年数次的改革调整，形成了当前的《2010年普通高校招收保送生办法》(按照《2011年普通高等学校招收保送生工作的通知》，2011年保送生招收工作亦遵照执行)，其基本现状如下：

(1) 具有招收保送生资格的高校类型多样、层次丰富。即具有高等学历教育招生资格的普通高校（本科专业）均可按保送生办法与要求招收保送生，高校类型涉及理、工、农、林、医、政、师范、地质、财经、体育、军事等，高校层次涵盖一本、二本、三本等本科专业。2011年，全国具有招收保送生资格的高校包括中国人民大学、南京理工大学、外交学院、西南交通大学、清华大学、北京大学、河海大学、天津大学、重庆大学、复旦大学、厦门大学、大连理工大学、华中师范大学、中山大学、中国青年政治学院等86所。

(2) 保送条件要求虽高，但名目繁多。即能够获得保送生资格的条件达8种[①]之多。但总体来看，8种保送条件又可分为三大类别：一是综合评价类，即被评定为省级优秀生者，主要指条件①；二是竞赛优胜类（也称学科特长生），主要包括各类国家级竞赛优胜生，主要指条件②、③、④、⑤、⑥五种；三是政策照顾类，即对国家或社会做出突出贡献者或其子女给予的优惠与鼓励就学政策，主要指条件⑦和⑧（优秀退役运动员、公安英烈子女等）。值得一提的是，2011年全国具有推荐保送生资格的外国语中学只有16所，但其推荐名额却多达2 480个。

(3) 考核与录取程序“因类而异”，各不相同。按照保送生考核与录取规定，不同类型的保送生，其考核与录取程序不同。如：① 高校须对本校拟录取的保送生（含外国语学校的推荐生）进行文化测试及相关考核；

① 8种条件：①高中阶段被评为省级优秀学生的应届高中毕业生；②高中阶段在全国中学生学科奥林匹克竞赛全国决赛中获得一、二、三等奖的应届高中毕业生；③高中阶段在全国中学生学科奥林匹克竞赛省赛区竞赛中获得一等奖的应届高中毕业生；④高中阶段在全国青少年科技创新大赛中获得一、二等奖的应届高中毕业生；⑤高中阶段在国际科学与工程大奖赛或国际环境科研项目奥林匹克竞赛中获奖的应届高中毕业生；⑥具有推荐保送生资格的外国语中学向高校的外国语言文学类专业推荐的应届高中毕业生；⑦符合《关于进一步做好退役运动员就业安置工作的意见》的退役运动员；⑧符合《普通公安院校招收公安英烈子女保送生的暂行规定》的公安英烈子女。具体详见《2010年普通高校招收保送生办法》。

② 高校对符合保送条件的退役运动员进行考核后，须将合格名单报国家体育总局，再由国家体育总局于次年 4 月统一报教育部备案；③ 公安英烈子女须参加公安部统一组织的考试。经复审达到要求的，有关公安院校须将拟录取名单报生源所在省级招办备案。公安部直属院校面向全国招收符合保送条件的公安英烈子女，其录取人数不超过当年全国公安英烈子女保送生总数的 20%。但总体而言，一般程序基本是先由个人申请，再经所在单位推荐与公示，最后由相关主管部门与招生单位审核。

（4）保送违规风险较高，处罚力度较大。对保送主、客体的违规监管及处罚具体规定有两条：一是对提供虚假身份证明或获奖材料取得保送资格的学生，一经发现并核实，将取消其保送生资格和高考资格，并记入高考诚信电子档案，而已被录取者，将取消学籍；二是对在推荐保送生工作中提供虚假证明材料或违反规定推荐的中学，一经发现并核实，将通报批评，并由相关部门对其当年所有推荐保送学生进行重新审查，视情节轻重，暂停其 1～3 年的推荐保送资格，对造成恶劣影响的中学，将取消其今后的推荐保送资格。

3. 保送生制度的本质与问题

自 1952 年高考建制，高考成绩便是高校招生的主要录取依据，尤其是“文化大革命”后高考的再度恢复，将其逐步推向了极致。而随着“片面追求高分”与“应试教育”弊端的不断加剧，以及受社会发展需求调控导致高校专业出现“冷热之分”，主客观两方面都促使人们积极探索多元入学方式，以打破“一考定终身”与“冷门无人问津”之局面，此可谓保送生制度产生的本因。因而，国家实行保送生制度的目的十分明确：一是通过全面考核保送生在中学阶段的德、智、体情况，对鼓励中学生全面发展产生良好的导向作用；二是使高校通过对保送生进行面试了解其专长，选拔出具有较好专业适应性的优秀人才，扩大高校招生自主权；三是建立一种以考试为主、以保送为辅的招生制度，把考试与保送两种形式的长处集中起来，以克服各自的不足①。可见，保送生制度本质上是试图突破以分取人、促进素质教育、扩大高校自主权及保障部分行业性专业人才培养的一种招生方式，其目的在于弥补高考单一化评价录取在人才选拔方面的功能性缺陷。

客观而论，保送生制度推行 20 余年，利弊并存。尽管它在相当程度上

① 郑若玲：《保送生制度：异化与革新》，《教育发展研究》2006 年第 2 期，第 43 页。

达到了上述目的，产生了一定的实际效果，但也存在诸多弊端，其主要问题可从以下两方面得以管窥：

(1) 理论方面：存在制度缺陷，易遭权力黑洞

保送生制度通过其软标准化的多元评价方式，可避免高考唯成绩论而失去差异性选才之弊端，使偏才、怪才不被遗漏。然而，也正因其评价方式的“软标准”存在，致使制度本身易遭钱、权侵蚀。对中学而言，为了追求升学率，出现“荐良不荐优”、“推劣不推良”，甚至拉关系、走后门、徇私舞弊；对高校而言，则可将保送作为寻租的有效手段。具体而言，理论上其制度设计存在两大漏洞：

一是保送条件过于弹性化。在《普通高等学校招收保送生的暂行规定》中，除第 3 条“参加国际中学生学科奥林匹克竞赛集训”的标准较为明确外，第 1 条“德、智、体、美和在劳动教育中表现一贯优秀”，第 2 条“志愿献身教育事业，并具备从事教师工作素质”都是软性标准，随意性大、可信度低，之后又不断降低保送标准，很难利用技术手段防止“荐良不荐优”和弄虚作假等问题①。据统计，“某市 1988 年—1994 年的 1 718 名保送生中只有 210 人获得过国家级或省级学科竞赛奖，而校级‘三好学生’和无获奖者达到 766 人，占总人数的 43.8%”②。而现行保送生办法，依然存在可人为操作的“软标准”，如“省级优秀生”、“青少年科技创新大奖”以及“小小明天科学家”等，这些构成了保送生制度的软肋和黑洞。

二是权力机制失衡。《普通高等学校招收保送生的暂行规定》指出：“保送工作坚持考生的报名权、中学的推荐权、高校的录取权和教委的审批权‘四权分离’原则，四者既要互相信任、支持，又要互相监督、制约。”但由于高校录取权缺少实质性的制约，致使其“一权独大”。到 20 世纪 90 年代中期，各高校都有内定的保送名额，保送生政策开始出现异化。权力天生具有逐利的本性，只要有利益存在，就会有权力渗透的可能。高考政策的实质是利益分配机制，如果这个机制没有刚性的制度壁垒，就会逐步被权力吞噬。如 1995 年，河南省鹤壁市某中学保送的 8 名学生中有 7 人成绩作假；1997 年，中国人民大学清退了 3 名成绩弄虚作假的保送生；2000 年，湖南省某重点中学的 14 名保送生中，有 13 人是学校校长、副校长及县级领导的

---

① 李峻：《保送生政策变迁的多源流分析》，《大学教育科学》2011 年第 2 期，第 48 页。

② 罗立祝：《高校招生考试政策研究》，华中师范大学出版社，2007 年，第 208 页。

子女[①]；等等。可见，保送生制度在设计上缺少有效的权力制衡机制，给权力寻租提供了各种天然漏洞。

(2) 实践方面：保送机会存在较大阶层差异

罗立祝博士以D市1988年—2005年的3 525份原始保送生档案资料为样本，从阶层再生产理论入手，采用辈出率作为研究方法，对不同社会阶层的子女获得重点大学与热门专业的保送机会差异进行了实证研究。其结论大致如下[②]：

其一，保送高校层次的阶层差异。从获取保送重点大学的机会来看，干部阶层子女所占比例为50.5%，其阶层辈出率是6.35，而农民子女只占4.9%，其辈出率为0.17，两者辈出率为37.35，这表明前者是后者入学机会的37倍；处于社会优势地位的国家与社会管理者阶层子女占23.5%，其辈出率为5.84，而农、林、牧、渔阶层子女只占2.3%，其辈出率仅为0.08，这意味着前者是后者入学机会的73倍，表现出巨大的阶层不平等性。

其二，保送热门专业的阶层差异。兼有权力、文化、社会网络资本较高优势的国家与社会管理者阶层的子女占据计算机与电子信息、外语、国际贸易三大热门专业保送生人数的比例分别为21.16%，21.88%和23.53%，阶层辈出率分别达到了5.25，5.43和5.84，而处于社会弱势地位的农、林、牧、渔阶层子女分别只占4.4%，6.3%和0%，辈出率分别只有0.15，0.21和0.00，这说明国家与社会管理者阶层子女获得保送三大热门专业的入学机会分别是农、林、牧、渔阶层子女的35倍和25.85倍。

其三，保送生获奖等级的阶层差异。国家级竞赛获奖者中，干部阶层子女所占百分比为50%，辈出率为6.16，而农民和工人阶层子女所占比例较低，辈出率分别只有0.17和0.44，表明前者是后者奖项机会的36.24倍与14倍。省级竞赛获奖者的阶层分布情况与国家级竞赛获奖者相似。从各获奖等级所占比例来看，获国家级与省级各学科竞赛奖项的210人中有193人保送至重点大学；省、区、校级“三好学生”（或优秀干部）与无获奖者合计有1 505人，其中有1 085人（占72%）保送至一般本科院校，有162人（占10.7%）保送至重点大学。须指出的是，校级“三好学生”是刚性与可

① 李峻：《保送生政策变迁的多源流分析》，《大学教育科学》2011年第2期，第48页。

② 罗立祝：《社会阶层对保送生高等教育入学机会的影响》，《高等教育研究》2008年第8期，第38～44页。

信度很低、人为操作性很强的奖项，但它却成为保送生入学的最大通道。

其四，保送生高中学业成绩的阶层差异。按照保送生在班级（或年级）排名以20%为分界，高中学业成绩排名在班级（或年级）前20%的1 182名保送生即使参加高考，也能凭其学业能力考上大学。但另有149人（占总数的11%）排名在班级或年级20%之后，理论上是无法通过高考进入大学的，而这149人中，干部阶层子女占了一半比例，辈出率竟达到6.15，所获得的保送入学机会是工人阶层子女的13.7倍。可见，权力在保送机会竞争中发挥了明显作用。

4. 多元分解：保送生制度的改革设想

随着高考制度整体改革的不断推进，保送生制度的内、外部环境也发生了较大变化。《教育规划纲要》明确提出：建立健全有利于促进入学机会公平、有利于优秀人才选拔的多元录取机制，即“普通高等学校本科招生以统一入学考试为基本方式，结合学业水平考试和综合素质评价，择优录取；对特长显著、符合学校培养要求的，依据面试或者测试结果自主录取；高中阶段全面发展、表现优异的，推荐录取；符合条件、自愿到国家需要的行业、地区就业的，签订协议实行定向录取；对在实践岗位上做出突出贡献或具有特殊才能的人才，建立专门程序，破格录取”① 的多元录取体系。

结合保送生制度的本质及其所覆盖的受益群体，笔者认为可将其纳入这一多元录取改革系统，即以“推荐录取”、“自主录取”和“破格录取”三种录取方式分解招收保送生制度所鼓励、优惠的各类优秀人才。具体分解办法如下：(1)“推荐录取”方式分解保送生中的第①、⑥②类，即“高中阶段

① 教育部：《国家中长期教育改革和发展规划纲要（2010—2020年）》，人民出版社，2010年，第40～41页。

② 8种条件：①高中阶段被评为省级优秀学生的应届高中毕业生；②高中阶段在全国中学生学科奥林匹克竞赛全国决赛中获得一、二、三等奖的应届高中毕业生；③高中阶段在全国中学生学科奥林匹克竞赛省赛区竞赛中获得一等奖的应届高中毕业生；④高中阶段在全国青少年科技创新大赛中获得一、二等奖的应届高中毕业生；⑤高中阶段在国际科学与工程大奖赛或国际环境科研项目奥林匹克竞赛中获奖的应届高中毕业生；⑥具有推荐保送生资格的外国语中学向高校的外国语言文学类专业推荐的应届高中毕业生；⑦符合《关于进一步做好退役运动员就业安置工作的意见》的退役运动员；⑧符合《普通公安院校招收公安英烈子女保送生的暂行规定》的公安英烈子女。具体详见《2010年普通高校招收保送生办法》。

被评为省级优秀学生的应届高中毕业生与具有推荐保送生资格的外国语中学向高校的外国语言文学类专业推荐的应届高中毕业生”；(2)“自主录取”方式分解保送生中的第②、③、④、⑤类，即“高中阶段各种竞赛优胜生，包括全国中学生学科奥林匹克竞赛全国决赛、全国中学生学科奥林匹克竞赛省赛区竞赛、全国青少年科技创新大赛（含‘明天小小科学家’活动及全国中小学电脑制作活动)、国际科学与工程大奖赛或国际环境科研项目奥林匹克竞赛以及外国语中学的优秀应届高中毕业生群体”等；(3)“破格录取”方式分解保送生中的第⑦、⑧类，即“优秀退役运动员与公安英烈子女”等。当然，欲科学、规范地实现对应分解，还需加强完善自主、推荐、破格等录取方式。

事实上，西方发达国家的高校招生大多并不采用保送生制度，如加拿大、澳大利亚、德国等，尤以德国最为典型，它为了杜绝任何入学舞弊，保证招生公平、公正，坚决不实行保送生制度。而其他诸如美国、日本、俄罗斯、韩国及中国台湾地区等，即使有类似的保送生入学方式，一般也都要参加学校另外举行的加试，其保送条件只作为录取参考，并不具决定作用。因而，结合国外经验，反观我国保送生制度面临的理论与实践困境，以优化、建立一套公平公正、科学规范、严谨合理的高校多元录取招生制度为根本宗旨，取消保送生制度并非不可。

二、录取体制：从“招办负责”到“高校负责”

“录取体制，是在录取新生工作中，地方招生办公室、高等学校、考生之间的关系，核心是权利和责任。”① 随着我国政治、经济、社会及教育的不断发展，围绕权利和责任，招办、高校、考生三者之间的关系在招生录取过程中发生了较大变化，主要包括两个方面，即录取的责任主体由“招办”转为“高校”，录取规则由“段段清”发展到“平行志愿”。

（一）录取责任主体的易位

1952年统一高考制度建立，基本确立了“统一录取体制”（或称招办负责制)，即高校在省、自治区、直辖市招生办公室的统一领导下，按统一的分数线一次录取，录取名单由招办批准，录取工作实际上由招办负责。录取

① 河北省教育考试院：《河北高考30年》，社会科学文献出版社，2007年，第197页。

办法为“分段录取”（也称“段段清”），就是政府按重点、非重点把录取学校分成三批，全国重点大学和其他经批准的学校第一批录取，其他本科院校第二批录取，专科学校（专业）第三批录取。以考生总分或总平均分为根据，把考生分成若干分数段，从高分到低分，依次按统一的分数段录取，上一段不清，下一段不开始①。这种办法的优点是分数面前人人平等，可防止高分考生落榜；缺点是过分突出总分的作用，强调了共性，忽略了个性，不利于德、智、体全面考核，不利于某些学科成绩突出的考生，且同一学校、同一系科所录取的学生分数差异不大，高校几无选择余地等。这种录取体制，是由“国家出钱，为自己培养干部”的计划体制决定的，是高度集中的、政府直接管理的体制，高校几乎没有招生自主权②。在整个计划经济时代基本实行的是招办负责制。

为扩大高校招生自主权，更好地贯彻“德、智、体、美全面考核，择优录取”的原则。1984 年，教育部在部分省进行改革统一录取体制与分段录取办法的实验，即试行“单独录取”体制，取得了较好效果。1985 年，第一批录取的学校全部试行“单独录取”体制，第二批录取的学校实行“根据志愿，按比例投档”的办法，即根据考生的志愿（首先是第一志愿），按计划录取数 120％的比例，一次将考生档案投给学校，由学校根据规定录取。该办法打破了省（自治区、直辖市）内统一录取的分数段，学校可在比较大的范围内选拔新生。不难发现，统一录取体制的权利和责任高度集中于省、自治区、直辖市招生办公室，是“学校招生，政府录取”模式，学校无权亦无责③。“单独录取”体制，则赋予了高校部分录取选择权，是录取主体易位的过渡体制，即由省（自治区、直辖市）招办负责制向学校负责制过渡。

1987 年，国家教育委员会颁布了中华人民共和国第一部招生工作的法规性文件——《普通高等学校招生暂行条例》，明确规定普通高等学校实行全国统一考试，并根据国家核定的年度招生计划以省（自治区、直辖市）为单位，由招生委员会组织录取。高校设立招生办公室，在学校的领导下，根

① 唐佐明、黄国勋：《高校招生体制改革研究》，广西师范大学出版社，2000 年，第 40 页。

② 河北省教育考试院：《河北高考 30 年》，社会科学文献出版社，2007 年，第 197 页。

③ 唐佐明、黄国勋：《高校招生体制改革研究》，广西师范大学出版社，2000 年，第 40～41 页。

据国家核定的年度招生计划和来源计划录取新生。同时，也明确指出要逐步实行"学校负责、招办监督"的录取体制，即在政治思想品德考核和身体健康状况检查合格，统考成绩达到控制分数线的考生中，调阅考生档案、录取与否由学校决定，遗留问题由学校负责处理；省（自治区、直辖市）招生委员会办公室实行监督①。对于条件不具备的省、自治区、直辖市，部分学校仍可实行"根据志愿，按比例投档"的录取办法②。至此，沿着不断扩大高校招生自主权的发展路径，从"段段清"到"根据志愿，按比例投档"再到"学校负责，招办监督"，基本完成了我国高考录取体制改革的三部曲。

"学校负责，招办监督"的录取体制，保留了1952年实行统一招生制度中的统一考试，克服了统一录取长期存在的难以体现"择优录取"的弊病，在一定程度上"恢复了学校招生的真实含义，把招生录取的自主权还给了学校"③，较好地处理了统一招生中共性与个性的关系④，符合高等教育的发展规律，使统一招生制度迈入了新阶段。然而，该体制与办法在突出考生志愿作用与增加高校选择权的同时，也增加了考生录取与否的不确定性，导致部分考生因志愿选择不当而落选的问题开始凸显出来。

（二）录取规则的改进

所谓录取规则就是在招生录取过程中所遵循的具体操作办法，它是招生机构、高等院校及考生之间的行为准则。我国自20世纪80年代实行"学校负责，招办监督"的录取体制以来，一直延续着"志愿优先"的"差序志愿"填报与录取方式，即"高校必须按志愿的顺序来录取，参加录取的院校只有在其第一志愿报考的上线考生不足时，省级招办才会给它投放第二志愿考生的档案。对考生而言，同样也只有在未达到第一志愿院校的投档条件，

---

① 国家教委：《关于发出〈普通高等学校招生暂行条例〉的通知》（已失效），法律教育网：http://www.chinalawedu.com/falvfagui/fg22598/59919.shtml，1987-04-21/2012-12-29。

② 即：在政治思想品德考核和身体健康状况检查合格、统考成绩达到控制分数线的考生中，根据志愿，从高分到低分，按学校计划招生数120%提供档案，由学校进行德、智、体全面考核，择优录取。

③ 华实昭：《浅淡招生录取体制改革和完善》，《上海高教研究》1990年第4期，第79页。

④ 河北省教育考试院：《河北高考30年》，社会科学文献出版社，2007年，第198～199页。

或是达到了却又由于某种原因被退档的情况下，才有可能被后续志愿院校录取"①，因此，如何选报第一志愿就显得尤为重要。

从"差序志愿"填报录取的实践来看，第一批本科院校的第一志愿录取率基本保持在80%甚至90%以上。这使得同批次的后续志愿基本上成为"点缀"，导致部分考生因志愿填报失误而"高分落榜"，无形增大了考生与家长的心理压力。同时，高校也易出现招生"大小年"或生源"扎堆"、"撞车"、断档现象，降低录取效率。另一方面，随着公民维权意识的增强，保护考生利益、维护教育公平的呼声日益高涨，特别是高等教育大众化为考生提供了丰富多样的入学条件与选择机会，客观上迫使录取规则必须加以调整。

2002年，湖南省在维持原有录取整体框架不变的基础上，率先引入"平行志愿"概念，并在当年的第二批次的录取中试行；2003年，开始实行"多个平行志愿"和"多次征求志愿"的办法。此后，试行或实行平行志愿的省（自治区、直辖市）逐渐增多（见表3-7）。截至2012年，有湖南省、江苏省、浙江省、上海市、安徽省、辽宁省、河北省、吉林省、江西省、福建省、海南省、广西壮族自治区、云南省、贵州省、四川省、宁夏回族自治区、陕西省、广东省、河南省、重庆市、天津市、新疆维吾尔自治区、湖北省、山西省24个省、自治区、直辖市实行平行志愿（少部分仅在一本实施）。此外，山东省在本科一批征集志愿中和本科二批的第一次和第二次征集志愿中也已实行平行志愿试验。

表3-7　2005年—2012年试行"平行志愿"的省（自治区、直辖市）

年份	新增试行省（自治区、直辖市）
2005	江苏省
2007	浙江省
2008	上海市、安徽省、辽宁省
2009	河北省、吉林省、江西省、福建省、海南省、广西壮族自治区、云南省、贵州省、四川省、宁夏回族自治区
2010	陕西省、广东省、河南省、重庆市、天津市
2011	新疆维吾尔自治区、湖北省
2012	山西省

① 王彬：《"平行志愿"改革七年述评》，《复旦教育论坛》2010年第4期，第68～69页。

所谓“平行志愿”，即在每个录取批次的高校中，考生可填报若干个平行的学校，然后按“分数优先、遵循志愿”的原则进行投档录取，不同于过去同一批次录取时“志愿优先、依据分数”的原则①。其中，“平行志愿”又有“大平行”和“小平行”之分。前者是指在高考录取的大部分批次，在“第一志愿”位置实行平行志愿；后者是指在录取的少部分批次，在“非第一志愿”位置实行平行志愿。其具体投档办法是：按普通类上线考生成绩从高到低的顺序，由计算机对每个考生所填报的平行院校志愿 A，B，C 三个（提前和本科批次）或 A，B，C，D，E 五个学校（专科批次）依次检索，首先将考生档案投给考生填报的 A 学校，如成绩不够，则投给 B 学校，依此类推，只要被检索的 3 所或 5 所院校中一出现符合投档条件的院校，即向该院校投档，档案投出则完成该考生投档过程，投档后由院校决定录取与否。如果经检索未出现符合投档条件的院校，也完成了该考生的投档过程（见图 3-3）。同时，在每批“平行院校志愿”录取后，对该批未被录取的考生提供了又一次填报志愿的机会，即“征求平行院校志愿”。届时，将分别在每批的“平行院校志愿”录取结束后，由省招办统计并向社会公布生源未满的院校及专业缺额数，并由各市、县（区、市）招办组织本批次未被录取的考生再次填报志愿，即“征求平行院校志愿”，其投档办法按“平行院校

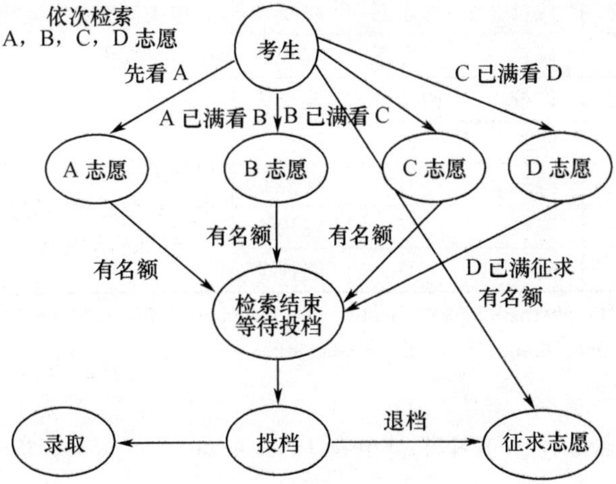

图 3-3　平行志愿投档办法

① 《什么是“平行志愿”》，教育部阳光招生指定平台：http://gaokao.chsi.com.cn/gkxx/zytb/200803/20080311/4011490.html，2008-03-21/2012-12-30。

志愿”的操作办法进行①。

“平行志愿”与“差序志愿”相比，前者的特点是：“分数优先，遵循志愿”，即先看分数再看志愿。如考生在第一、二批可同时选择A，B，C，D四个院校，录取投档时遵循“不同人之间看分数，同一人之间看志愿”的原则。具体而言，第一步，按考生成绩从高分到低分顺序排序；第二步，每个考生投档时，按志愿中先A学校，再B学校，后再C学校的顺序检索，依此类推。后者的特点是：“志愿优先，择分录取”，即先看志愿再看分数。投档前，先提取所有达到本批录取控制分数线考生名单。考试机构根据考生第一志愿进行归类，然后将所有填报A大学的考生按成绩排序，根据院校招生计划数1∶1.2的比例投档，院校根据招生专业的计划数及考生专业志愿确定录取名单，将20%没有录取的考生名单退回考试机构。第一志愿录取结束后，再将未录取考生按其所填的第二志愿院校分别排序，然后从高分往低分投档。依此类推②。简而言之，二者的区别在于：过去是“志愿优先”，每个批次考生只能填一个第一志愿；而平行志愿则是“分数优先”，每个志愿都是第一志愿，对高分考生有利（见表3-8）③。

表3-8　差序志愿与平行志愿之比较

考生甲（500分）			考生乙（490分）		差异
差序志愿	一志愿	院校1	一志愿	院校2	若甲未被院校1录取，对于院校2，乙比甲优先
	二志愿	院校2	二志愿	院校5	
	三志愿	院校3	三志愿	院校6	
	四志愿	院校4	四志愿	院校7	
平行志愿	A	院校1	A	院校2	甲的A、B、C、D志愿依次检索完毕，在对乙的志愿检索，对于院校2，甲比乙优先检索
	B	院校2	B	院校5	
	C	院校3	C	院校6	
	D	院校4	D	院校7	

资料来源：http://baike.baidu.com/picview/288569/288569/0/86d5bac222908c5f0ff47777.html#albumindex=0&picindex=2.

---

①“平行志愿”，百度百科：http://baike.baidu.com/view/288569.htm，2012-08-23/2012-12-30。

②《“平行志愿”与“志愿优先”的特点》，教育部阳光招生指定平台：http://gaokao.chsi.com.cn/gkxx/zytb/200803/20080311/4012302.html，2008-03-11/2012-12-30。

③《“平行志愿”与“志愿优先”的区别》，教育部阳光招生指定平台：http://gaokao.chsi.com.cn/gkxx/zytb/200803/20080311/4012320.html，2008-03-11/2012-12-30。

应该说，“平行志愿”是多年来各地方在实践中探索出的降低志愿填报风险，保护考生权益的一种有效办法。其最大的意义是“增加了学生填报志愿的高校数量，使得高校和学生之间的相互选择面有所扩大，提高了两者之间的满意度。湖南省、江苏省、浙江省等省的实践证明，第一志愿实行平行志愿，高校一志愿录取率比以前提高了3～5个百分点”[①]。其次是较好地克服了“考得好不如报得好”的弊病，缓解考生在填报志愿时的焦虑心理，改变非第一志愿歧视，遏制被迫“高分低就”甚至落榜状况，从而大大增加考得好的考生进入“好大学”的机会。然而，有研究指出，“高分低录”的成因和以考分作为分配资源的公平原则是矛盾的。“高分低录”是产生录取不报到现象的重要原因之一，而录取不报到对于考生和学校都是成本巨大的。同时，“高分低录”现象与录取机制的“志愿优先，相同志愿分数优先”的性质引起考生志愿填报博弈有关，且总是存在没有纯策略均衡的情形。因此“高分低录”是不可避免的[②]。

客观而论，“平行志愿”保留了原有录取制度的主要特点，即按批次集中录取、只有一次被录取机会以及录取的核心依据均没有变化。因而，平行志愿填报与录取方式，并没有整体改变高考分批次集中录取的格局，既不影响高等教育资源配置效率，也没有真正扩大考生对学校的选择权[③]。此外，平行志愿在投档方式和填报顺序方面也存在一定的认识误区和问题。

就“投档方式”而言，由于第一志愿平行和第二志愿平行的投档原则一样，只是一个志愿多所学校而已，投档时依然按一个志愿看待，即无论志愿中有多少所学校，都只投给符合投档条件的一所学校。而一旦学校退档，也不会再投给其他平行志愿学校，只能转下一个志愿。因而平行志愿有两种可能同时存在的风险：一是考生填报志愿过高，档案投不出；二是档案投出，学校退档。那些认为平行志愿可减轻填报志愿压力、增加录取机会的想法，实际上是一种认识误区。就“填报顺序”而言，平行志愿中的多所学校理论上是没有顺序的，但在具体操作中，招生部门只能从一所学校检索开始，以

① 高福勤：《普通高等学校招生录取中的几个要素——兼论高考平行志愿改革》，《考试研究》2009年第1期，第29页。

② 聂海峰：《填报高考志愿哪种方式对考生有利?》，《南方经济》2006年第6期，第88～89页。

③ 熊丙奇：《平行志愿改革的问题与出路》，《考试研究》2009年第1期，第13～14页。

从上到下的顺序逐个检索考生所报平行志愿中的不同学校，在检索过程中，一旦符合投档条件，就自动投档。一旦出现考生所报平行志愿中的多所学校都符合投档条件，网上录取系统只能投向最靠前的一所学校，不可能同时投向多所学校，而一旦接受投档的学校因学生条件、所报专业等不予录取需要退档，也不会再投向其他平行志愿学校[①]。因此，对考生而言，实行平行志愿依然存在较大风险。

三、录取加分："公平"与"效率"的博弈

高考加分[②]政策是"指中央与地方教育主管部门、高校在高考招生录取中根据考生的身份、民族、社会贡献及竞赛、德智体表现等情形给予其高考分数优惠与照顾的行为规则"[③]，其"实质是政府出于某种政治目的而对高等教育入学机会进行调整的一种手段"[④]。若以价值取向为标准，可分为政策性加分和鼓励性加分。前者是对某些阶层、特殊行业、归国华侨、少数民族、弱势家庭及特殊贡献者群体等给予的补偿性照顾与优惠加分；后者是对先进对象（三好生、优秀学生干部等）和竞赛优胜者给予的竞争性激励加分。在不同时期，国家根据需要采取了不同的加分政策，对促进教育公平、改善应试教育以及保障行业性人才紧缺等发挥了积极作用。但近年来，高考加分政策的公平性与科学性不断受到社会质疑，亟须调整与规范。

（一）加分政策的历史演变

以加分的性质与目的为依据，高考加分政策的演变大致可分为三个阶段：

---

① 高福勤：《普通高等学校招生录取中的几个要素——兼论高考平行志愿改革》，《考试研究》2009年第1期，第29～30页。

② "高考加分"其实包含加分投档和降分录取两种方式。中华人民共和国成立到"文化大革命"时期对工、农和革命干部子弟的优先录取，采取的是下降录取标准，一般下降在10分—20分之间；改革开放后逐渐实行优先录取和降分录取两种方式，优惠的范围在20分—50分之间；2001年后实行加分、降分和优先录取相结合的方式，优惠的最高分为20分。

③ 罗立祝：《高考加分政策的历史演变与反思》，《考试研究》2008年第3期，第36～37页。

④ 李子江、杨志：《我国高考加分政策演变的制度分析——基于历史制度主义的分析范式》，《清华大学教育研究》2011年第1期，第62页。

1. 以政策性照顾加分为主的阶段（1950 年—1977 年）

中华人民共和国成立初期，由我国的国家性质所决定，高考以实现专政阶级内的平等为宗旨，强调高考服务政治建设的功能，招生政策明显倾向于工农阶层、革命军人、少数民族群体及归国华侨等，表现出鲜明的政治利益导向。1950 年，教育部发布的《关于高等学校一九五〇年度暑期招考新生的规定》，要求从宽录取“工龄在三年以上的产业部门青年工人；参加革命三年以上的革命干部及军人；少数民族学生；华侨学生”①。此后加分规定虽有调整，但变化不大。1954 年，取消了产业工人的工龄限制和革命干部的工作年限规定。1955 年，增加了“工农子女”、“复员建设军人和转业军人”两类人员。1956 年，又增加“烈士子女”和“香港、澳门学生”两类群体。1959 年，规定对高中毕业生中的党团干部给予照顾等。直到 1965 年，加分对象基本维持在六类：① 工人、农民、工农速成中学毕业生、工农干部；② 复员建设军人、转业军人；③ 参加革命工作满三年的在职人员；④ 烈士子女；⑤ 少数民族学生；⑥ 华侨、香港、澳门学生。1966 年—1976 年“文化大革命”期间高考被废，实行工农兵推荐上学政策，高考的政治性与阶级性取代了高考的科学性与公平性，生源质量极度恶化，直接导致高等教育质量严重下滑，造成人才断层。1977 年，高考恢复，但因当年来不及调整，加分政策基本沿袭“文化大革命”前的做法。

在加分幅度方面，1956 年之前基本采取同等条件下优先录取或从宽录取的模糊办法。直到 1956 年，高等教育部发布的《全国高等学校一九五六年暑期统一招生录取、分配办法》才明确提出，“对于合乎优先录取条件的考生，如果他们的政治、健康条件合格，学科成绩够最低录取标准，在与一般考生成绩相同或相近（指总分少 20 分左右的）时，就应该优先录取”。同时还规定了优先录取的具体做法，即“按比一般考生每 1 分级低 10 分，将合于优先录取条件的考生，逐级在一般考生录取之前先行录取后，再录取一般考生”②。此后我国高校招生渐成惯例，即“无论是降分还是加分，分数

① 教育部：《关于高等学校一九五〇年度暑期招考新生的规定》，《人民日报》1950 年 5 月29 日，第 1 版。

② 高等教育部学生管理司：《全国高等学校一九五六年暑期统一招生录取、分配办法》，杨学为：《高考文献（上）（1949—1976）》，高等教育出版社，2003 年，第 210～212 页。

优惠幅度基本控制在20分以内"①。概言之，这一阶段高考加分政策的显著特征是不断加大对工农成分学生优先录取的力度，以达到提高工农成分学生在高校新生中的比例。据统计，工农成分学生占在校大学生的比例由1958年的55.28%上升至1964年的70.1%②。

2. 以竞争性激励加分为主的阶段（1978年—2000年）

十一届三中全会后，伴随政治、经济的改革，高考改革也驶入快车道。在加分政策方面，除保留对少数民族学生、港澳台地区及归国华侨青年等实行优先录取外，开始逐渐取消对工农成分学生及革命干部的入学照顾，并大力推行对品学兼优、竞争性获奖及报考艰苦行业考生的优惠政策，以促进拔尖及紧缺人才的发展。如1978年，加分照顾对象取消了工农、军人和革命干部子弟等家庭成分或身份的限制，增加了"对教育基础薄弱及农村地区考生，以及报考煤炭、石油、地质等艰苦专业考生，实行适当放宽录取"③ 的政策。1980年，首次提出"应届高中毕业生连续两年被评为'三好生'及工作积极、表现突出的学生干部，在与其他考生同等条件下，优先录取"。1981年，规定对报考师范、农林、煤炭、地质、石油等院校的考生录取分数可适当放宽。1982年，增加对高中阶段参加地区级以上体育竞赛获单项前五名或集体前三名的主力队员的照顾。1983年规定："对具有三年以上经验的省、市、自治区级以上的劳动模范、先进工作者、新长征突击手等优秀青年，可适当降低分择优录取。"1984年，照顾人群增加"省、市、自治区级以上科技发明创造奖获得者"。1985年，恢复对退役义务兵的照顾。1986年，规定获得国家二级运动员称号的考生可降低20分提供档案，参加1985年、1986年重大国际比赛或由国家举办的全国性比赛获前六名者以及1985年、1986年获运动健将、一级运动员称号的考生，可降50分提供档案。1986年是1949年以来高考降分幅度最大的年份④。

总体来看，从1977年—1986年，高考加分政策几乎每年都有变化，直到1987年《普通高等学校招生暂行条例》颁布，高考加分照顾对象才明确

① 罗立祝：《高考加分政策的历史演变与反思》，《考试研究》2008年第3期，第38页。

② 罗立祝：《高考加分政策的历史演变与反思》，《考试研究》2008年第3期，第37页。

③ 国务院转批教育部：《关于一九七八年高等学校招生工作的意见》，杨学为：《高考文献（下）（1977—1999）》，高等教育出版社，2003年，第106页。

④ 罗立祝：《高考加分政策的历史演变与反思》，《考试研究》2008年第3期，第38页。

确定为十大类①。此后十余年间，高考加分政策基本保持平稳，直到2000年又开始了新一轮的规范化调整。与第一阶段相比，第二阶段的高考加分政策变化主要如下：一是鼓励优秀人才的范围由智育方面扩展到德育、体育等领域；二是照顾弱势群体的范围由“少、边、远”地区，扩大到少数民族地区的汉族考生以及劳动模范、先进工作者等突出贡献者群体；三是创新能力开始得到重视。这些变化表明我国的高考加分政策在此阶段实现了由单纯的政治性补偿加分向多元激励与扶弱的鼓励性加分的转变，体现出效率优先，兼顾公平的高考改革原则。

3. 鼓励与照顾加分并重的阶段（2000年—　）

经过多年的实践与调整，为切实体现公平与效率兼顾的高考改革原则，2000年，教育部将招生加分政策部分下放到地方，规定：“高中阶段受省、自治区、直辖市表彰的三好学生、优秀学生干部；高中阶段思想政治品德方面有突出事迹者；省、自治区、直辖市级以上科技发明创造奖获得者或单学科竞赛优胜者”②，可由省（自治区、直辖市）招生委员会决定，适当增加分数投档。这表明高考加分政策开始走向鼓励性加分与政策性加分并重之路。

2001年，教育部又做出调整，将加分对象分为“加分投档”和“降分投档”两种类型（见教育部出台的《2001年普通高等学校招生工作规定》）。2004年，“降分投档”取消了荣立二等功以上的退役军人。2005年，增加了两类加分对象：① 自谋职业的城镇退役士兵、在服役期间荣立三等功的退

① 十大类为：①高中阶段受地区级以上表彰的“三好生”、优秀学生干部；②政治思想品德方面有突出事迹，相关科目或平时成绩特别优秀，省、自治区、直辖市级以上科技发明创造奖获得者或单科竞赛优胜者；③应届高中毕业生中，在高中阶段参加地区级以上体育竞赛获单项前五名的队员或集体前三名的主力队员，获国家二级运动员称号的考生，总分低于同批录取学校控制分数线20分以内，可提供档案，由学校审查择优录取；④近两年参加重大国际比赛以及由国家举办的全国性比赛获前六名者；⑤近两年获运动健将、一级运动员称号的考生；⑥边疆、山区、牧区、少数民族聚居地区的少数民族考生；⑦散居于汉族地区的少数民族考生；⑧归侨、华侨子女、归侨子女和台湾地区籍考生；⑨退出现役的义务兵，荣立二等功以上的退役军人；⑩烈士子女。

② 教育部：《关于做好2000年普通高等学校招生工作的通知》，中华人民共和国中央人民政府网：http://www.gov.cn/gongbao/content/2000/content_60150.htm，2000-04-03/2013-01-04。

役军人，可享受增加10分投档；② 在服役期间荣立二等功（含）以上或被大军区单位授予荣誉称号的退役军人，可享受增加20分投档。2006年，又增加了三类对象：① 获得全国青少年科技创新大赛（含全国青少年生物和环境科学活动)、“明天小小科学家”奖励活动及全国中小学电脑制作活动一、二等奖者；② 在国际科学与工程大奖赛、国际环境科研项目奥林匹克竞赛中获奖者；③ 残疾军人和警察、因公牺牲军人和警察子女、一级到四级残疾军人和警察子女，驻边疆国境的县（市)、沙漠区、国家确定的边远地区中的三类地区和军队确定的特、一、二类岛屿部队现役军人的子女。前两类给予“加分录取”，第三类给予“优先录取”①。

2007年，在其他政策性加分基本不变的情况下，教育部又将加分项目扩展至7项：① 按《中共中央办公厅国务院办公厅关于适应新形势进一步加强和改进中小学德育工作的意见》和《教育部关于学习贯彻〈中共中央办公厅国务院办公厅关于适应新形势进一步加强和改进中小学德育工作的意见〉的通知》评选获得省级优秀学生称号者；② 高级中等教育阶段思想政治品德方面有突出事迹者；③ 高级中等教育阶段获得全国中学生学科奥林匹克竞赛省级赛区一等奖或全国决赛一、二、三等奖者；④ 高级中等教育阶段获得全国青少年科技创新大赛（含全国青少年生物和环境科学实践活动）或“明天小小科学家”奖励活动或全国中小学电脑制作活动一、二等奖者；⑤ 高级中等教育阶段在国际科学与工程大奖赛或国际环境科研项目奥林匹克竞赛中获奖者；⑥ 高级中等教育阶段参加重大国际体育比赛或全国性体育比赛取得前六名者（须出具参加比赛的原始成绩)；⑦ 高级中等教育阶段获国家二级运动员（含）以上称号，且在报考当年通过省级招生委员会会同体育行政部门统一组织的测试并被认定的考生②。

然而，随着加分权的下放，加分项目不断增多，特别是由于部分加分本身缺乏硬性标准，加之监督机制尚不健全，加分逐渐成为滋生教育腐败的巨大诱因，严重威胁到高考的权威性、公平性及公正性。为阻止这一态势继续发展，2010年，教育部、国家民委、公安部、国家体育总局、中国科协五

① 教育部：《2006年普通高等学校招生工作规定》，中国教育在线：http://www.eol.cn/article/20060222/3174359.shtml,2001-02-22/2013-01-04。

② 教育部：《2007年普通高等学校招生工作规定》，新浪教育：http://edu.sina.com.cn/l/7423.html,2007-03-06/2013-01-04。

部门联合发文，对中学生奥林匹克竞赛、部分科技类竞赛及体育特长生加分政策进行规范与调整。当年，山东省取消了省内制定的所有照顾性政策加分项目，重庆市、安徽省、浙江省先后取消了省（市）级三好生、优秀学生干部等的加分政策。2014 年，北京市、辽宁省、广西壮族自治区、广东省、河南省及湖北省等省（自治区、直辖市）又普遍对学科奥林匹克竞赛、科技竞赛获奖者及少数民族考生的加分分值做出了下调 5 分～15 分的重大调整。这一系列调整，可谓既是教育行政部门顺应民意、回应社会的需求，也是高考改革追求公平、公正的内在需求，总体上反映了高考加分政策呈现出去政治化的兼顾公平与效率的发展路径。

（二）加分政策的演变特点

关于高考加分政策的演变，有学者从形式上认为其有两大特征：一是高考加分对象呈逐渐增加的趋势。1950 年的高考加分对象主要为工农干部、少数民族学生及华侨学生；1956 年，增加了烈士子女和港澳地区学生；1977 年，增加了三好学生、学科竞赛获奖者、体育艺术特长生、思想品德表现突出者、受政府表彰的优秀青年、报考农林等特殊院校者等对象。近年，随着加分权的下放，部分省级招考主管部门和高校又陆续出台了一些针对本地区、本部门的高考加分政策，如针对见义勇为者、三峡库区移民子弟、农村独生女等。二是高考加分幅度由模糊走向具体。从中华人民共和国成立至 1965 年，实行“优先录取”政策，具体操作控制在降分 10 分至 20 分之间；改革开放初期实行“降分录取”与“优先录取”并用的政策，根据不同对象降分幅度控制在 10 分至 50 分之间；2001 年后，无论是加分还是降分，幅度基本控制在 20 分以内。“优先录取”也由“文化大革命”前的降分投档逐渐转变为目前的在一定投档比例内同等条件下优先录取①。

也有学者基于历史制度主义的视角，认为高考加分政策的演进有四大特征：其一，集体行动的主导作用。高考加分政策的制定并非个人意志，而是教育部制定，报请国务院批准，然后再由教育部组织实施。这种集体行动的主导作用导致回报递增，即改变现行政策的成本递增。因为改变现行政策不但要得到教育部的支持，更要得到国务院的批准。其二，制度的高密度。纵观高考加分政策的发展历程，不难发现其日益成为高考制度不可分割的一部

① 罗立祝：《高考加分政策的历史演变与反思》，《考试研究》2008 年第 3 期，第 40 页。

分。特别是 1978 年后，高考加分政策肩负起提高高考效率和保障高考公平的重担，这使它同国家教育制度、政治制度乃至经济制度紧密地结合在一起，因为效率和公平是教育制度、政治制度与经济制度的核心追求。换言之，要想改变现行高考加分政策就必须解决现行高考制度的效率和公平问题。其三，政治权威提高权力的非对称性。其典型案例就是毛泽东同志对高考加分政策的影响。1961 年刘少奇同志、邓小平同志等在执行中央工作时，一度废除了高考加分政策，然而 1964 年，高考加分政策不但得到恢复，还在“文化大革命”期间成为进入大学的基本前提。这与毛泽东同志的政治权威密不可分，表明高层权威的支持保证了高考加分政策的延续性。其四，政治生活的复杂性和不透明性。公开的资料显示，高考加分政策是由教育部制定、国务院批准的，但具体政策是谁制定的、谁批准的则无从知悉。正是因为高考加分政策制定过程的复杂和不透明，使得改变这项政策的成本加大①。一言以蔽之，上述四点原因导致改变高考加分政策的成本加大，即回报递增，回报递增又导致路径依赖，而路径依赖的存在则是高考加分政策延续的根本原因。

从上述两种不同视角的分析，可以得出两点结论：一是由于高考加分项目总体趋于“有增无减”，且基本沿用非量化评价方法，这在客观上存在制度漏洞，致使高考加分易滋生腐败，威胁高考公平；二是由于高考加分涉及众多“利益集团”，如少数民族、国家体育总局、公安部及其他竞赛举办团体等，已形成了较强的路径依赖，增加了高考加分政策改革的成本与阻力。此外，由于将部分加分权力下放至省、自治区、直辖市，而随着加分“主体”的增加，客观上导致加分项目急剧增多，呈泛滥之势。这在很大程度上是诱发高考加分政策偏离初衷，影响公平公正的一大因素。

（三）加分政策存在的问题

从实践上看，加分作为我国高校招生制度的一项重要配套政策，在弥补弱势群体接受高等教育机会、选拔行业性特殊人才、引导学生个性化发展、改变“一考定终身”等方面发挥了积极作用。但随着加分权力的下移、社会环境的变革、利益主体的增多，高考加分政策的问题也日益突出，主要表现如下：

---

① 李子江、杨志：《我国高考加分政策演变的制度分析——基于历史制度主义的分析范式》，《清华大学教育研究》2011 年第 1 期，第 64～65 页。

1. 政出多门，导致加分项目繁多，加分标准不一

20 世纪，高考加分的决策权在中央政府。进入 21 世纪后，随着教育分权的推进，省（自治区）级政府获得了较大权力，各地方政府先后针对不同对象出台了各自的加分政策。后随着高校自主权的扩大，一些高校也开始拥有加分权。目前已形成了中央政府、地方政府和高校三者都有权制定高考加分政策的局面①。然而，加分权由集中走向分散，必然导致政出多门、名目倍增、幅度各异等问题。统计显示，2009 年，“教育部规定高考加分的情况大约 14 项，而各地林林总总的优惠种类累计达到 192 项之多，涉及体育、外事、残联、民政、计生等 10 多个部门和单位”②。2008 年，北京市文史类高考“在考取 600 分以上的所有 599 名考生中，得到加分照顾的考生达到了 214 人，这个比例高达 35.7%”③，而重庆市文科状元当年进入北京大学的分数仅高于投档线 1 分，其原因是净分。由此，加分在高考录取中的作用可见一斑。另外，由于加分项目众多，各地获得加分的人数也逐年增加，如重庆市 2009 年获得加分的高达 7 万人，占全市考生总数的 35% 以上。2010 年，获得加分的人数也占全市考生总数的 17.2%。而各省（自治区、直辖市）之间获加分人数的比例差距也很大，如 2010 年，全国各省（自治区、直辖市）获加分人数比例之差高达 17 个百分点（见表 3-9）。而在加分幅度方面，有学者统计 2007 年部分省市对省级优秀学生、省级优秀学生干部、省级“三好学生”的加分情况发现，北京市考生与新疆维吾尔自治区考生的加分相差达整整 10 分④。可见，高考加分权分散下移后，还必须进行集中管理与监督，增强加分的可比性与科学性。

表 3-9　2010 年各地获得高考加分人次的不完全统计

名次	省（自治区、直辖市）	报考人数（万人）	加分人数（万人）	比例（%）
1	重庆市	19.6	3.37	17.19

① 罗立祝：《高考加分政策的历史演变与反思》，《考试研究》2008 年第 3 期，第 46 页。

② 程默、罗曼：《加分公示：阳光高考的防腐剂》，《中国教育报》2009 年 7 月 8 日，第 3 版。

③ 田国磊：《“裸分状元”只超北大投档线 1 分，加分对录取影响大》，大楚网：http://hb.qq.com/a/20090703/000123.htm，2009-07-03/2013-01-05。

④ 向莉娟、孟立军：《教育公平视阈下我国高考加分政策探析》，《内蒙古师范大学学报》（教育科学版），2008 年第 6 期，第 2 页。

续表

名次	省（自治区、直辖市）	报考人数（万人）	加分人数（万人）	比例（%）
2	北京市	8.1	1.08	13.33
3	河北省	50.3	5.83	11.59
4	湖南省	41.3	4.5	10.9
5	海南省	5.4	0.58	10.74
6	辽宁省	25.5	2.34	9.18
7	四川省	51.1	4.57	8.94
8	黑龙江省	19.5	1.45	7.43
9	天津市	7.1	0.42	5.91
10	湖北省	49.2	2.72	5.53
11	河南省	95.2	2.14	2.25
12	福建省	29.2	0.56	1.91
13	浙江省	30	0.43	1.43
14	安徽省	56.2	0.49	0.87
15	山东省	66	0.45	0.68
16	广东省	61.5	0.41	0.67
17	江苏省	52.7	0.21	0.4
18	江西省	31.2	0.04	0.13
说明：新疆维吾尔自治区、广西壮族自治区、宁夏回族自治区、西藏自治区、内蒙古自治区及港澳台地区未纳入统计范围；因未公示或公示不完整等原因，云南省、甘肃省、青海省、贵州省、陕西省、山西省、吉林省、上海市等未纳入统计范围。				

资料来源：《中国青年报》，2010 年 7 月 27 日，转引自杨东平：《高考加分政策研究报告》，国家教育咨询委员会：《考试招生制度改革组专题调研报告汇编》，国家教育咨询委员会，2011 年。

2. 政策弹性过大，导致权力寻租，滋生教育腐败

制度的设计水平与政策的执行效度同行使权力的群体素养及其所处立场

密切相关。高考加分权自 2000 年部分下放后，各省（自治区、直辖市）招生委员会及部分高校开始行使加分权。然而，受本位主义影响，各省（自治区、直辖市）及部分高校在制定加分政策时往往从本位利益出发，使某些加分政策不仅失去区域可比性，还产生严重的价值偏差，异化为服务地方经济发展、人才引进等手段，如“纳税大户”、“教育世家”子女等（见表 3-10）加分项目已超出教育部规定的政策范围①。另一方面，部分加分项目缺乏硬性指标，易致权力寻租、滋生教育腐败。如教育部规定“省级优秀学生”或“思想品德突出者”最高可加 20 分，而到了各省（自治区、直辖市），这些项目不仅增多，而且差异显著。以“省级优秀学生”为例，新疆维吾尔自治区、辽宁省将其扩大到省级“优秀学生”、“三好学生”、“优秀学生干部”、“优秀团干部”、“优秀团员”等项；山西省等省只包括前三项，陕西等省则没有此类加分。繁多的加分项，不仅使得不同省份的考生面对相同的试卷时，面对不同的加分，而由于缺乏统一标准，又使得这些加分项难以受到舆论及公众的有效监督，导致加分腐败屡见报端。此外，诸如奥林匹克竞赛、科技创新大赛、“明天小小科学家”等加分项目，不仅需要考生自身的天赋与努力，更需要一定社会资源及物质基础，而城乡教育资源的差距与不同社会阶层所享有的教育资源质量的差别使得无条件的考生往往被排除在外，成为少数人的专利②。据统计，仅 2010 年由《中国青年报》整理曝光的加分丑闻就达 6 条之多③。正如有学者指出：“众多事实表明，‘加分’教育并没有真正培养出一批艺体、科技创新方面的特殊人才，而只是少数成绩优等生巧取考分的跳板；腐败通道滋生的权力分、金钱分仅是少数权贵者的红利。这样，通过‘加分’教育和造假加分，一些权贵阶层子女以‘合法’手段抢占了弱势（特殊）群体的高等教育入学机会，危害了其他考生的正当权益和整个社会的公平正义。”④

① 程家福、李瑛，等：《资本侵蚀下高考加分政策的异化与回归》，《教育理论与实践》2011 年第 7 期，第 15 页。

② 崔华华、方美：《对我国高考加分政策的理性分析及思考》，《高教探索》2011 年第 3 期，第 84 页。

③ 程枝文、周薇：《近年来高考加分丑闻一览》，《中国青年报》2010 年 7 月 28 日，第 3 版。

④ 程家福、李瑛，等：《资本侵蚀下高考加分政策的异化与回归》，《教育理论与实践》2011 年第 7 期，第 15 页。

表 3-10 部分省（自治区、直辖市）高考加分政策目标统计表

政策目标	计划生育类	吸引人才类	社会福利类	其他类
加分项目	农村户口独生子女或二女结扎户等	回国工作的高层次留学人才随迁子女等	公办中小学教师、卫生技术人员子女；具有博士学位或高级职称人员子女等	因公感染非典死亡或持非典伤残证子女；三峡库区淹没城市、乡镇地区考生；省授予“教育世家”的子女等
主要省（自治区、直辖市）	甘肃省，湖北省，新疆维吾尔自治区，贵州省，河南省，云南省，重庆市，河北省，海南省，青海省	天津市，广东省，江西省，河北省	宁夏回族自治区，福建省，贵州省，黑龙江省，云南省，河北省，青海省	内蒙古自治区，重庆市，河北省

资料来源：崔华华、方美：《对我国高考加分政策的理性分析及思考》，《高教探索》2011 年第 3 期。

3. 受益主体泛化，有违制度初衷，形成教育误导

高考加分政策是对高等教育资源的一种权威性分配，以公平和效率作为价值目标。在精英教育背景下，奉行效率优先的原则，教育资源向强势群体倾斜，公平作为补充；在大众教育背景下，恪守公平优先的原则，教育资源则向弱势群体倾斜，效率作为补充。在教育实践中，为有效调解两者之间的关系，须确立更高层次的价值规范——捍卫和实现社会公正。教育公正就是要求对那些在“一考定终身”的情境下，给予“最少受益者”合理的、有差别的补偿，使其获得公平的高等教育入学机会①。目前，我国高考加分政策所惠及的 11 种对象可分为 3 大类：一为补偿类，含少数民族学生、烈士子女、华侨及港澳台地区学生及报考艰苦行业者。二为鼓励类，指各类竞赛与思想品德突出者。三为因特殊时期、地区或部门需要而制定的加分政策，如“非典”期间医护人员的子女、专家子女、独生子女加分等。其中，第一类符合教育补偿原则，利于维护社会正义，基本无争议。第二类的政策立意符

① 程家福、李瑛，等：《资本侵蚀下高考加分政策的异化与回归》，《教育理论与实践》2011 年第 7 期，第 14 页。

合社会公共利益原则，但操作中分化出“硬”、“软”两种加分标准，前者虽有应试导向问题，因有刚性指标，争议不大；后者则易遭权力、人情关系的侵蚀，受到社会诟病。第三类则被认为严重违背高考公平原则，易引发社会公平危机，不应因一时之需或满足部门、地区利益而利用高考加分，将加分变为“万能工具”[①]。可见，在某种意义上，高考加分对象存在被“泛化”的危险，这既违背加分政策初衷，又易产生制度漏洞，加重高考负担，增加改革难度。此外，对于区域性、民族性等覆盖面较大的照顾加分，也存在“泛化”的情况。事实上，随着经济社会的发展，西部地区与民族地区也有城市与农村之分、先进与落后之别，而不论“强弱”，一概加分，既不利于区域内公平竞争，也不利于区域性教育发展。有研究指出：“在高考竞争异常激烈和西部地区基础教育相对落后的背景下，高考加分政策的实施，使西部地区基础教育正在或者已经异化为‘加分教育’”，而“加分教育则严重背离了基础教育对学生全面发展的要求，使西部地区基础教育畸形发展态势日益加剧”[②]。因此，高考加分政策实施不当，也会对基础教育发展造成误导。

4. 权力配置分散，增大监管难度，阶层优势明显

由于高考加分政策制定权过于分散，缺乏基本的约束机制，导致多部门争夺加分项目。有研究指出，在加分政策的制定与执行过程中存在三个问题：一是社会监督体制不完善，即公众没有参与政策制定与执行的制度保障；二是政策信息不透明，虽有公示制度，但并没有对公示什么、如何公示等问题做出详细规定；三是行政部门的自我约束机制不健全。一方面没有明确的加分政策制定规则，对于制定主体、制定程序、政策试行与终止等方面缺乏制度保障；另一方面在执行过程中，有关执行主体、执行流程、公示要求、监督问责等也无明确规定。这些都导致加分政策制定与执行权力的运行失去监控[③]。同时，由于加分项目尚无统一的操作标准，且“涉及科协、体

① 罗立祝：《高考加分政策的历史演变与反思》，《考试研究》2008 年第 3 期，第 43～44 页。

② 冯菊香、郝琦：《高考加分政策对西部教育发展的负效应》，《探索与争鸣》2009 年第 8 期，第 66 页。

③ 赵新亮、周娟：《高考加分政策的基本问题与修订思路》，《教育理论与实践》2011 年第 7 期，第 8～10 页。

育、外事、民委、计划生育、残联、公安、民政、工会等10多个部门和单位，通过关系找教育部门要求出台高考加分政策的行业、部门或人士更是层出不穷”①，易发权力寻租。因此，建立完善的监督机制和责任追究机制是保证高考公平的关键所在。此外，有研究显示，处于社会优势地位的高级管理、技术人员和中层管理、技术人员的阶层，其子女在加分政策中获得了更多的优惠。据对北京理工大学的一项调查，“中上层的高级管理、技术人员和中层管理、技术人员的子女获得高考各类加分的，占加分总人数的63.1%；而农民和工人子女约占22.1%。农民子女主要是少数民族优惠政策加分，这属于不容易操作的硬性加分政策。优势阶层子女获得自主招生和‘三好学生’加分的占此类加分人数的72.7%，获竞赛获奖加分人数占获此类加分人数的71.4%（见表3-11）”②。究其原因，主要是优势阶层拥有更多的社会资源、文化资源、经济资源，在文体特长生、科技竞赛等项目中明显占优。同时，这些依托外部资源的加分项目在全国范围内的推行，对中西部经济、教育发展较落后的地区而言，在整体上又形成了“东、西”不均的格局，造成落后地区的二次不公平现象。

表3-11　北京理工大学2005年—2008年本科生高考加分的阶层分布情况

（单位：人）

阶层	少数民族	竞赛获奖	特长生	“三好学生”	自主招生	其他
高级管理、技术人员	10	3	5	7	10	6
中层管理、技术人员	23	2	2	2	5	2
私企业主	2	0	0	0	1	0
办事人员	0	1	3	0	2	0
个体经营者	0	1	2	0	0	6
工人	1	0	2	1	1	2
农民	13	0	1	4	0	2

数据来源：清华大学NSSE-China项目，2009年。

① 叶铁桥：《全国人大代表洪可柱致函全国人大常委会建议清理规范高考加分政策》，《中国青年报》2006年8月14日，第3版。

② 杨东平：《高考加分政策研究报告》，国家教育咨询委员会：《考试招生制度改革组专题调研报告汇编》（下），国家教育咨询委员会，2011年，第426～427页。

（四）加分政策的理性之思

从实践来看，高考加分政策在不同时期承担着不同的历史任务。中华人民共和国成立初期，主要为政治服务，照顾工农及革命干部和军人，扩大与巩固工农政权；“文化大革命”期间，则被极左思想异化为政治运动的工具；改革开放后，主要为激励人才发展，保障区域性、民族性及行业性人才需求。同时，作为我国高校考试招生制度的重要配套措施，它在很大程度上弥补了考试招生难以兼顾的考试公平与区域公平之不足，促进了不同群体入学机会的相对公平。但正如大多数的制度本义公正，却在具体实施中常被人为操纵，导致异化一样，由于高考加分政策的复杂性与局限性，其调整应注重制度公平的设计与监督机制的建设，避免引起新的高考矛盾。

从变迁来看，高考加分政策的问题主要源自三个方面：一是由于高考加分项目总体趋于“有增无减”，且基本沿用非量化评价方法，这在客观上存在制度漏洞，致使高考加分易滋生腐败，威胁高考公平；二是由于高考加分涉及众多利益集团，有少数民族地区、国家体育总局、公安部及其他竞赛举办团体等，已形成了较强的路径依赖，增加了高考加分政策改革的成本与阻力；三是高考加分权的分散，即由于部分加分权力下放至省、自治区、直辖市乃至高校，加分主体的增加，客观上导致加分项目急剧增多，呈泛滥之势。这些问题是诱发高考加分政策偏离初衷，影响公平、公正的主因。因此，未来的高考加分政策应加强统一调控，规范加分主体行为，并逐步推进项目“瘦身”计划。

综上所述，高考加分政策在不可废、只能改的背景下，其调整至少应遵循四大原则：一是促进公平原则。坚持以适当加分的方式补偿区域经济、教育等发展不平衡而造成的入学机会弱势群体，确保诸如少数民族、贫困山村与农村等发展滞后地区考生的录取率，同时，为艰苦行业提供后继人才。二是提高效率原则。继续发挥加分的激励功能，引导中小学形成竞学、争优、创新的学习氛围，促进学科性、专业性及特长性拔尖人才的培养。三是相对统一原则。加分项目与分值的相对统一不仅是消除加分乱象的根本办法，也是加分简便易行、减少争议与矛盾的必要手段。四是标准客观原则。加分标准的客观性、可量化是抵御权力、人情关系侵蚀的关键所在，同时也是深化公示、公开的内在要求。总之，新阶段高考加分政策的调整，在政策层面，受制于区域教育发展不均以及激励创新人才选拔培养之需，应继续兼顾公平与科学的改革价值导向，既保障弱势群体与突出贡献群体的照顾录取，又确保促进先进及竞争性优胜群体的优惠录取；在操作层面，为防范人为因素的干扰，应逐步清除非量化或不可量化的加分项目，确保加分内容与程序的公平、公正。此外，还应加快考试立法，增强对加分主体及受益主体的监督。

四、录取技术：从“人工”到“计算机”

技术是决定制度发展的关键因素之一。在很大程度上，提高制度的科学性、公平性及效率性有赖于技术的引进与突破。高考作为我国乃至世界上规模最大的人才选拔制度，其科学性、公平性、效率性是其存在的主要价值。因此，不断加强高考技术的引进与开发，是 20 世纪 80 年代以来高考制度变革的又一重要维度。特别是计算机网络、信息技术的兴起与引进，已经或正在改变着高考制度的方方面面。就目前所引起的变革来看，主要包括网上报名、网上阅卷、电子监控以及防“枪替”指纹身份识别技术等的广泛应用。

（一）网上报名的兴起

报名是组织考试的基本环节。招生考试报名阶段工作的核心是要把各类学校的招生信息及时、准确、全面地发布出去，并且能够准确、及时、完整地把考生的报名信息集中起来，分类处理和管理①。原来的考试报名由主考单位把考试的各项信息传达给学校和老师，再由老师把考试的信息传达给各位考生，收集整理报考情况以后再层层反馈到招考单位。这样多环节、多层次的考试报名模式容易产生诸如报名耗费时间较长、信息发布不够及时、耗费的成本较高、数据汇总与传递易遗漏等问题②。随着网络信息技术的发展与普及，互联网络技术逐渐被运用到高考的报名程序之中。2005 年，浙江省在成人高校招生考试中首次全面运行网上报名和网上考务管理系统，取得圆满成功；2006 年，上海市秋季高考采取网上报名和现场确认的方式；2008 年，北京市高考也采取网上报名采集信息与现场确认的办法；2010 年，江苏省高考首次全面实行远程网上报名采集信息的方式。目前，网上报名是高考报名的主要方式。网上报名技术的兴起使得考试管理更加集中、统一、

① 王后雄、何家军：《恢复高考 30 年考试技术的变革述评》，《中国考试》2007 年第 8 期，第 48 页。

② 王后雄、李木洲：《公平而科学：中国教育考试评价制度改革的新追求》，戴家干：《教育考试与评价制度创新——理论研究与实践探索》，高等教育出版社，2010 年，第 162 页。

规范，使考试实施向信息化、专业化、科学化更近了一步，对提高整个考试系统的运行质量和效率大有裨益。

（二）网上阅卷的发展

网上阅卷是“评卷史上的一场革命”，又被称为“网上评卷”或“网上无纸化评分”。它是“以计算机网络技术和电子扫描技术为依托，以控制主观题评分误差、实现考试公平性原则为最终目的，把多年来人工评卷积累起来的丰富经验和现代高新技术相结合，把考生答卷电子化。阅卷人员不是对考生的原始答卷直接评分，而是在计算机上对考生电子化了的答卷评分”[①]。早在 1985 年，广东省就率先尝试使用光电阅读器配以微电脑进行阅卷评分，于 1987 年电脑阅卷改革实验并获得了成功。1999 年，广西壮族自治区率先将网上阅卷技术试用于高考英语阅卷。此后，上海市、辽宁省、新疆维吾尔自治区、安徽省、山东省、湖北省等 20 多个省（自治区、直辖市）先后实行高考网上阅卷。阅卷科目也从英语单科的作文，发展到语、数、英、文科综合、理科综合、物、化、生、史、地、政、高考保送生综合能力测试等科目。到 2003 年，广东省和福建省获得了高考全科目计算机网上辅助评卷的试验成功[②]。目前，高考网上阅卷在全国范围内已得到广泛应用。

网上阅卷的基本原理是：在考试后，把考生试卷通过 OCR 扫描成试卷图像并识别出考生考号，将其存储到数据库中，实现“物流”到“电子流”的转变。阅卷人员再通过计算机网络按事先确定的规则进行评分，不同类型的题目，采用与之相应的误差控制模型，达到缩小评分误差的目的，其运行大致有 10 个基本流程[③]。实施网上阅卷，优势明显：一是优化了人工传统考务管理环节，提高了阅卷效率，降低了考试成本；二是阅卷速度与过程可控，解决了原来部分教师阅卷速度过快的问题，保证了阅卷的质量；三是降低了人工阅卷过程中“冤、假、错案”的发生概率，有效控制了评分误差；四是便于成绩管理与统计分析，促进了考试信息的综合开发与利用[④]。当然，网上阅卷也存在一些亟待解决的技术问题，如阅卷教师随即搭配中的

① 马世晔：《网上阅卷的回顾与思考》，《考试研究》2004 年第 7 期，第 24 页。

② 罗友花、刘铁明：《网上评卷研究综述》，《中国考试》2009 年第 11 期，第 36 页。

③ 王后雄：《教育考试的理论与方法》，北京大学出版社，2011 年，第 278 页。

④ 马世晔：《网上阅卷的回顾与思考》，《考试研究》2004 年第 7 期，第 26 页。

“宽宽”、“严严”问题；试卷随即分发不利于发现作弊雷同卷以及阅卷软件的适应性与升级问题等。

（三）电子监控与指纹识别技术的应用

随着电子技术与计算机网络技术的不断发展，现代化监控系统在考场中逐步得到广泛应用，“人防 + 技防”的考场监控模式已逐渐普及。电子考场是利用电子信息技术作为监考的辅助手段，将考场的信息在监考中心集中存档管理，以防止作弊，具有绝对的公正性。电子监考或监控在高考中的应用主要有以下几个方面：一是考场内的监控。主要是对考试过程进行监控和录像，避免考试人员及监考人员主观的错误和冲突，可为相关部门提供详细的查询资料，以达到公平竞争和净化考场的目的。二是考卷存放地点的监控。由于考卷是考试的核心，且重要考试的“漏题事件”也多出自此环节，因此通过全程监控这一环节可有效减少试卷泄露事件。三是监控考卷押送，即对考卷押送车进行全程监控①。目前，监控技术已在高考标准化考场得到普遍应用，成为防止作弊的必备设备之一。

传统的高考身份鉴定是“身份证 + 考生 ID”，即由监考人员通过反复核对考生的身份证、准考证和座位标签来鉴别考生的“真伪”。随着科学技术的发展，这种传统的身份鉴别技术的准确性和可靠性程度不断降低，而利用指纹这一人体生物特征的“唯一性”来鉴别个人身份，则成为目前最为准确和可靠的识别方式，也是消灭“枪手”的有效办法。这是由指纹的“显著唯一性”、“终身不变”、“摄取方便”等独特优势所决定的。考生的指纹，一般在考生注册时通过指纹采集仪采集并存入考生数据库，然后再对指纹仪采集到的图像进行增强、平滑、二值化、细化、修饰等预处理，以提高指纹图像的分辨率。在考生进入考场时，只需利用指纹验证系统，把考场采集到的考生指纹与已经登记注册的指纹进行对比便可准确无误地确认考生身份，防止“枪替”事件发生②。据悉，2011 年，安徽省砀山县等地已经在考点率先试行指纹测试，考生进考场前通过指纹核对身份，有效杜绝了替考等作弊现象发生。由于该技术目前还存在拒判、误判等现象，未能达到 100%正确

---

① 王后雄、何家军：《恢复高考 30 年考试技术的变革述评》，《中国考试》2007 年第 8 期，第 52 页。

② 黄熹：《考试管理的智能化与指纹识别技术》，《南京广播电视大学学报》2002 年第 4 期，第 46 页。

识别，因而该技术尚未在全国大规模推行，但随着指纹识别技术的不断发展，运用指纹识别技术鉴别考生身份是未来高考管理的又一个发展趋势。

（四）网上录取的实施

录取是整个高考活动的关键环节。传统的人工操作录取，不仅效率低下，而且存在人情、权力及金钱的介入危险。为了维护高考公平、公正，赢得广大群众对高考制度的信任，有效完成不断增加的录取工作量，杜绝各种非成绩因素对录取造成的困扰[①]，在计算机网络技术迅猛发展的背景下，20 世纪 90 年代初，教育部开始酝酿网上录取的改革措施。所谓网上录取是以计算机网络技术为支撑、以电子档案信息为基础的录取方式。1996 年，广西壮族自治区、天津市率先进行了网上招生试点。1999 年，教育部开始大力推广远程网上录取试点工作，利用中国教育科研网建立全国大学生招生远程录取、学籍学历管理、毕业生远程就业服务一体化的信息系统，且天津市的试验首次实现了远程网上录取院校数及学生数过半的“双过半”目标，取得了网上录取探索中有标志性意义的成绩[②]。2000 年，又有 21 个省、直辖市参加了网上录取试验，并实现了省（直辖市）数、录取高校数、录取考生数“三过半”，即全国实行网上录取的试点省（自治区、直辖市）数、院校数、网上录取数均超过 50%，其中远程网上录取新生超过 30 万人[③]。到 2001 年，全国已都实现了网上录取，比教育部预定目标提前一年完成，实现了录取方式的革命性、历史性进步。网上录取的实现，使高校的录取工作和招办的管理完全在计算机上进行，不仅录取速度大大提高，节约了人力、财力、物力，解放了生产力，而且切实减少了人为的干预和干扰，保障了高考录取工作的公平、公正。同时，由于录取时间的缩短，也为高考制度的其他项目改革提供了空间，如录取批次的适当细化等。

（五）网络化考试的前景

网络化考试是指利用先进的计算机技术和网络技术开展的考试，它是考

---

① 刘海峰，等：《中国考试发展史》，华中师范大学出版社，2002 年，第 358 页。

② 中国教育年鉴编辑部：《中国教育年鉴 2000》，人民教育出版社，2000 年，第 223 页。

③ 河北省教育考试院：《河北高考 30 年》，社会科学文献出版社，2007 年，第 225 页。

试理念、考试手段和考试组织的一种改革和创新。网络化考试能够实现基于网络平台的动态实时考试，为评价教学效果提供科学依据和及时准确的反馈。与传统考试相比，网络化考试的主要特点如下：一是考试组织过程更高效。传统考试通常要经历命题、制卷印刷、分成试卷、回收试卷及登分评分等一系列过程，时间长，成本高。网络化考试依托通用网考平台，只需要事先进行题库建设，试卷的生成、下发、回收及评阅都可以依靠计算机完成，从而大大节约时间和成本。二是考试题型更多样。除了传统的客观题和主观题，网络化考试还可以利用先进的计算机手段，通过模拟仿真、过程检测等方法实现对学生实际操作能力的考核，使评测结果更加真实可靠。三是考试时间更灵活。传统考试由于试卷的唯一性，出于保密的要求，只能在规定的时间里进行考试。而网络化考试能够实现随机自动组卷，可以更好地为满足学生灵活方便的个别化考试服务。①

然而，网络化考试也有诸多不足之处。如，题库的建设仍然有许多需要改进的地方：主观题受现有系统智能化程度的限制，完全依靠计算机自动评判比较困难，所以还要借助教师评阅；对于实验题，应加强对考生操作过程的考核和记录，而不仅仅是关注答案正确与否；再有，如案例分析题和论述题还是依照传统纸卷考试出题，就需要考生有较快的打字速度才能在短时间内完成大量的论述分析，这对于非计算机专业的考生或是年龄较大的考生来说比较困难，是一个需要统筹考虑的问题②。

目前，网络化考试只是纸笔考试的一种补充，但是随着计算机技术的不断进步，尤其是网络化考试系统的不断完善、经验的不断累积以及大众接受度的不断提高，网络化考试将会成为现代考试的主流。就高考而言，目前虽未实施网络化考试，但随着网络化考试在其他考试中的运用不断增多，特别是网络化考试的技术不断成熟，高考“在方法和技术层面，在确保考试科学安全高效公平的前提下，探索多样化、个性化、信息化的考试方法，从笔试向计算机化和网络化方式发展”③，并非遥不可及的梦想。

---

① 乔兴媚：《自主化与个别化的网上考试发展趋向——四川广播电视大学网络化考试实践初探》，《现代远程教育研究》2006 年第 5 期，第 64 页。

② 王后雄：《教育考试的理论与方法》，北京大学出版社，2011 年，第 279 页。

③ 戴家干：《建议高考从笔试向网络发展》，人民网：http://edu.people.com.cn/GB/79457/9192604.html,2009-04-24/2012-12-28。

第四节　高考录取制度改革的反思[①]

伴随计划经济到市场经济的转型以及高等教育大众化的推进，录取制度作为最直接受动于政治、经济、社会等外部因素影响的高考子制度，在招生体制、名额分配、录取途径、录取办法、录取技术等方面发生了深刻的变革。这一系列变革，对于完善高考制度，促进高考公平，提高高考的外部适应性等具有重要意义。但同时，由于教育水平差异、侧重强调公平、测评技术欠发达以及诚信机制不完善等原因，高考录取制度改革仍面临众多亟待突破的现实问题。反思与总结这些问题，并从制度视角分析其变迁路径，对正确把握高考录取制度的改革时机与方向显得尤为重要。

一、录取制度改革取得的成效

高考录取制度，一方面作为国家控制人才培养规模与层次结构的重要手段，关涉国家经济社会和高等教育的发展；另一方面，因其决定着各省（自治区、直辖市）的高等教育资源分配方式，又直接影响着教育与高考公正。沿着这两条思路审视录取制度改革，其主要成效如下：

（一）招生体制：从“计划”到“市场”的并轨制改革，拓展了高等教育筹资渠道，促进了高考公平，增强了学生、家长及社会参与高校发展的意识

在国家统包统分的模式下，学生毕业虽无就业压力，但也没有选择余地。高校通过计划招生和分配，只对领导负责，无需考虑社会劳动力市场的竞争。长期以来，形成了计划经济的惰性思维，其严重束缚了学生的学习积极性和高校的办学主动性，不仅制约了高等教育的质量提升，也不利于市场经济发展对人才的个性化需求。而招生并轨制改革则较好地扭转了这一局面。其一，实行自主择业、缴费上学，使学生在经济和竞争就业的双重压力下，必须明确学习目的，积极利用在校时间贮备一定的知识量，构筑较为专业化的知识结构，这在很大程度上提高了毕业生的质量；其二，并轨后的高

① 本部分刊载于《湖北大学学报》（哲社版）2015 年第 2 期，见《高考录取制度的改革与变迁：成效、难点及趋势》，略有删改。

校招生打破了计划内和计划外的隔阂，并通过贷学金和奖学金保障贫困学子入学，这从制度上保证了高校招生的公平与公正[①]；其三，招生并轨将市场力量引入了高等教育领域，拓展了筹资渠道，激活了高校的办学主动性，使高校必须在专业设置、课程建设、教学管理及师资队伍建设等方面加大投入与改革力度，这极大地提升了高等教育办学质量。此外，从社会角度来看，“缴费上学”增进了学生与学校、家长与学校、社会与学校的联系，增强了学生、家长及社会各界对高校管理与发展的参与意识[②]，同时也让学校感到来自社会的压力，使其主动保持与社会需求的动态适应。

（二）录取体制：从“招办负责”到“高校负责”的转变，优化了招生录取的权利、责任及监督关系，为高校实行全面考核、择优录取扫清了障碍

录取体制改革的核心在于不断优化招生管理部门与高校、考生之间在录取中的权利和责任关系。我国自 1952 年实行统一高考后，长期采用“统一录取体制”，国家在录取中完全处于主导地位，高校和学生的自主权很小，基本处于“被动接收”和“被分发”的状态，即“教育部和省级招办根据考生档案，按‘分段录取’的办法，向高校提供录取名单，并向学生签发录取通知书”[③]。将分数绝对化这种体制，剥夺了高校的选才权与考生择校权，不利于人才的选拔与培养。改革开放后，为贯彻“德智体全面考核，择优录取”的原则，逐步扩大高校招生自主权。1984 年，教育部对“统一录取体制”进行了调整试验，采取“根据志愿，比例投档”的办法，虽增大了高校的录取权，可在 20%的范围内挑选考生，但难以满足特殊系科、专业的选择，且最终的录取审批权仍在省招办。后于 1987 年出台了《关于扩大普通高等学校录取新生工作权限的规定及其实施细则》，对试验体制又做了进一步改进，并命名为“学校负责，招办监督”录取体制，较大幅度地调整了权限关系：一是高校可在最低录取控制线以上决定调阅考生档案数；二是录取与否由学校决定；三是遗留问题由学校处理，实现了权力与责任的统一；四

---

① 张民选：《高校招生考试制度改革研究》，上海教育出版社，2008 年，第 45 页。

② 蒋超、张小劲：《中国高考史》（改革卷），中国言实出版社，2008 年，第 223～224 页。

③ 河北省教育考试院：《河北高考 30 年》，社会科学文献出版社，2007 年，第 197 页。

是省招办有权监督整个录取过程，并纠正高校录取中的不当行为①。可见，新体制较好地优化了招办、高校及考生之间的权利关系，不仅增加了考生的被选机会，还“归还”了高校在招生中的主体地位，为实行“全面考核，择优录取”扫清了障碍。或者说，它至少在形式上做到了权责清晰、责权结合及有所监督。

（三）录取途径：初步构建了立体式多元入学管道体系，扩大了考生选择权，为不同类型与层次的高校选拔适才新生奠定了基础

如果说录取是基础教育阶段的终点和高等教育阶段的起点，那么录取途径就是贯通两个教育层次的桥梁。综观世界发达国家及地区的高校招生录取途径：美国采取的是分类多元入学模式，按照高校类型与层次分为“申请入学的完全开放招生制”、“基准淘汰的有限开放招生制”和“高竞争的综合选拔招生制”。英国类似于美国，其精英类大学、普通类大学与继续教育学院等不同类型与层次的高校采取要求或难度不一的招生录取方式；日本的大学拥有完全的招生自主权，其录取途径更加多元，不同高校的招生录取方式可能不尽相同。我国台湾地区自 2002 年实行多元入学方案后，现形成了“甄选入学”和“考试分发入学”两大管道。可见，世界大学招生录取途径的共同特点不外是分层分类多元入学。回顾我国高校招生录取途径，中华人民共和国成立初已逐渐分化出来的艺体类院校或专业采取单独招生考试，20 世纪 80 年代后又分化出保送生入学及自主招生考试入学等多种途径。尽管当前仍以统一高考及其组合为主要录取通道，但保送生与自主招生考试的出现，意味着我国已初步构建起了立体式多元入学管道体系。无疑，多元入学管道体系的构建，不仅为考生提供了多种入学选择途径，还为不同类型与层次的高校选择适合自身办学特色与要求的个性化选拔方式奠定了基础。

此外，随着现代信息技术的开发应用，经过近 30 多年的试点、推广与发展，目前我国的高考录取，已基本实现了由过去传统的人工全程操作录取转变为网上报名、网上填志愿、网上阅卷及网上录取的现代化转型，不仅大大提高了录取效率，而因信息公开化，还有效抵制了人情、关系、金钱及权势对录取环节的人为干扰，维护了高考录取的公平公正。这也是录取制度改革的重大成果之一。

---

① 马文卿、刘文超：《中国高考走向》，山东人民出版社，2004 年，第 34 页。

二、录取制度改革面临的问题

受中国整体改革进程的影响，如同当前的政治、经济、文化、教育及社会各领域均处于重大转型期一样，高考录取制度也处于改革关口，特别是在名额分配、多元录取、自主招生、加分政策及投档规则等方面，亟待取得进一步实质性突破，否则不仅会迟滞高考制度的整体改革，还将加剧高考公平问题。

（一）部属高校招生名额分配不合理

高等教育大众化后，“能不能上大学”的问题已逐步让位于“上什么大学”的问题。由于部属高校是我国当今优质高等教育资源的主体，因此其入学机会便成为广大考生和家长追逐的目标，其公平性也成为衡量我国教育公平的重要标尺。然而，由于历史、地理、经济及文化等因素的影响，部属高校的分布在全国总体呈现为“金字塔”结构的非均衡状态，再加之属地共建等因素推动，部属高校的入学机会在各省（自治区、直辖市）之间存在很大差异。而造成这种差异的一个直接原因就是招生名额的分配问题，即属地化倾向过于严重。据统计，2007 年“34 所‘985 工程’大学的属地化比例平均高达 36.18%，其中 19 所超过 30%，最高的竟达 61.60%”①。而 2012 年北京地区高校的“农村学生比例只占 12%，其中‘985 工程’高校仅有 1.7%”②。这表明部属高校招生目前不仅存在巨大的区域差异，还存在巨大的城乡差异。尽管近年教育部提出了“支援中西部地区招生协作计划”以及要求部属高校属地招生名额不得超过 30%，但这些高校却把调整的名额大多投放于经济发达地区，从而导致不同地区学生就读部属高校的机会差异更为悬殊。如“不同省区学生就读部属高校入学机会指数的基尼系数从 2001 年的 0.226 提高到 2010 年的 0.298”③，不减反增。无疑，差异悬殊的入学机会不仅让人们质疑高考的公平性，还成为引诱“高考移民”的主因，

---

① 吴根洲：《“985”高校招生属地化问题的实证研究》，《教育学术月刊》2009 年第 12 期，第 28 页。

② 单秀巧、文东茅：《呼吁推广高校招生 N+X 计划》，搜狐网：http://business.sohu.com/20120511/n342955962.shtml，2012-05-11/2013-03-08。

③ 谈松华、文东茅：《高校招生名额分配研究报告》，刘海峰、李木洲：《教育部直属大学应分布至所有省区》，《高等教育研究》2012 年第 12 期，第 18 页。

形成了地方割据的既得利益集团，进而又成为阻止进城务工人员随迁子女就地高考的主要障碍。因此，为促进教育公平，缩小区域间高等教育发展差距，必须重视部属高校生源计划投放的合理性与公平性。

（二）多元录取管道体系功能不健全

目前我国虽初步构建了包括保送生和自主招生在内的多元录取管道体系，但基本上仍以统一高考为主要录取通道。从规模上看，保送生制度因公平性质疑，其招生人数“从 2001 年开始由 2000 年的 2.5 万人压缩至每年 5000 人左右。2012 年，北京大学、清华大学、上海交通大学等高校录取的保送生约占本科招生计划的 10%左右”①。而自主招生的规模则基本“控制在试点学校年度本科招生计划总数的 5%以内”②。从运作来看，保送生与自主招生的最大区别在于：前者通过资格审查与文化测试后无需再参加高考，而后者的绝大部分（除上海交通大学和复旦大学自主试点等外）仍须参加高考。此外，2008 年教育部规定：“试点开展自主选拔录取的有关高校须将保送生文化测试和相关审核工作纳入本校自主选拔录取考试中，并做好统筹协调”③，自此保送生制度与自主招生的高校考核环节合二为一，致使保送生和自主招生不仅招生规模小，而且二者的功能性差异越来越小，甚至“被重合”，难以体现多元特色。事实上，在全国高考录取率超过 75%的背景下，“将每年一次的高考成绩作为高校录取的唯一依据，难以有效满足不同类型高校的人才选拔需求，而随着高等教育普及程度的不断提高，高职院校应该而且也可以考虑实行注册入学，本专科层次全国统一高考的必要性更值得商榷”④。另外，从世界发达国家及地区来看，高校招生采取多元录取也是大势所趋。因此，我国当前的多元录取管道体系不仅应注重分类、分层的制度

---

① 晏扬：《弊大于利的保送生制度何不取消》，《中国青年报》2012 年 5 月 29 日，第 2 版。

② 教育部：《普通高等学校自主招生办法》，阳光高考：http://gaokao.chsi.com.cn/gkxx/zzzs/200912/20091230/277859.html，2009-12-30/2013-03-08。

③ 教育部：《关于做好 2008 年普通高校招收保送生工作的通知》，中国教育新闻网：http://www.jyb.cn/cm/jycm/beijing/jybgb/gdjy/t20080229_145224.htm，2007-11-30/2013-03-08。

④ 钟秉林：《积极稳妥地推进高等学校考试招生制度改革》，《高等教育研究》2012 年第 9 期，第 20 页。

建设，还应重视不同录取管道的特殊性功能，打破统一高考为主要通道的录取模式。

（三）高校招生自主权仍十分有限

《中华人民共和国高等教育法》规定，高等学校根据社会需求、办学条件和国家核定的办学规模，有“制定招生方案，自主调节系科招生比例”① 的权利，但遗憾的是，“在招生实践过程中，高等学校从未真正有过完全的招生自主权”②，这既有体制机制的原因，也有历史遗留以及担忧招生公平等原因。然而，随着我国高等教育大众化的实现，诸如北京市、上海市等发达省市甚至进入普及化阶段，全国的高校不仅数量庞大，已达到 2 000 多所，而且在教育结构上，类型各异、层次不同。尽管采取以统一高考成绩为主要依据，按照志愿从高分到低分排序录取，具有操作简便、效率高、成本低以及有效维护招生公平等特点，但它既制约了高校和学生的双向选择权，又不利于高校发展特色、增强竞争力，严重影响着我国高等教育质量的提升和现代大学制度的构建。因此，“扩大高校招生自主权不仅是扩大高校办学自主权的重要内容，还是高校自身发展、学生健康发展、普通中学教育正确发展的需要，同时也是社会经济和文化发展的需要”③。另外，从教育规律来看，不同类型与层次的高校都有自己的办学定位，即使同一类型与层次的高校也有自己的特色，尤其是专业设置和培养目标不同，它从客观上要求高校招生必须按照自己的条件和定位招收适合自己培养的学生。从世界发达国家及地区的高校招生来看，拥有较大或完全招生自主权是最基本的特点。另外，从目前我国高考制度改革的方向来看，扩大高校自主权也是形成分类考试、综合评价、多元录取以及实现学生多次选择的必由之路。

（四）录取投档规则的科学性与公平性难兼顾

纵观我国录取制度改革历程，其投档规则先后采取过梯度志愿投档、梯度志愿加上平行志愿投档、平行志愿投档等多种模式，但归根到底，它们的区别主要在于是以志愿优先还是以分数优先为原则进行投档，可谓各有利

---

① 全国人民代表大会常务委员会：《中华人民共和国高等教育法》，法律图书馆：http://www.law-lib.com/law/law_view.asp?id=412，1998-08-29/2013-03-08。

② 田建荣：《论高校招生自主权的意蕴》，《陕西师范大学学报》（哲学社会科学版）2010 年第 4 期，第 32 页。

③ 郭晓萍：《试论扩大高校招生自主权》，《中国高教研究》2003 年第 2 期，第 72 页。

弊，均未能从根本上解决高考录取存在的现实问题。在“志愿优先”模式下，若第一志愿落选，即使分数达到或高于第二志愿所报学校的录取线，也只有在该校第一志愿没有招满的情况下才有可能被录取，这使得考生第一志愿落空后，其他志愿落选的可能性很大，极易导致“考得好不如报得好”的情况①。而在“分数优先”的平行志愿模式下，尽管考生获得了更多的第一志愿选择机会，让更多的考生能在“第一志愿”投档时被录取，但同时也剥夺了其他一些考生的选择机会。更为严重的是，“平行志愿”过于突出分数面前人人平等，致使高校出现生源单一化、分数扁平化，不仅让学生群体失去了多样性，还使原本可以捡漏高分生的学校彻底失去可能。另外，“分数至上主义”倾向使得考分在高考中的重要性被推到极致，以致大多数高校在实际招生中毫无自主权，使其招生办变成“接生办”。无疑，实行“平行志愿”投档模式是出于公平压倒一切的考虑，但在具体实施时量化为分数压倒一切，将考试分数的作用推向极端，与“素质教育”的改革方向似乎又是背道而驰②。可见，录取投档规则的科学性与公平性难兼顾，亟待优化创新。当然，也有学者提出“一档多投，招办监督，院校预录，考生确认”③ 的模式，这不失为一种可供参考的改革思路。

此外，随着经济、社会及教育的发展，高考录取加分政策需不断调整，高考录取技术需不断优化升级等。

三、录取制度改革的变迁分析

根据新制度主义变迁理论，所谓录取制度变迁是指高考录取规则的替代与转换，其实质是更为高效的录取规则替代低效录取规则的过程。由于高考录取制度主要包含招生规则与录取规则，因而其整体变迁又是由招生与录取两方面规则的局部变迁所推动的。分析其变迁方式、变迁因素及变迁路径，

---

① 郑若玲，等：《苦旅何以得纾解——高考改革困境与突破》，江苏教育出版社，2011 年，第 123 页。

② 刘海峰：《“平行志愿”投档模式的利与弊》，《教育发展研究》2011 年第 18 期，时评。

③ 即考生档案给所报考的所有院校，所有院校都能预定录取考生，但是由考生最终选择确定其中一所作为最终去向。该模式不仅能充分满足考生的意愿和院校多元选才的标准，也使得省级招生部门真正成为考生和院校的服务机构和监督机构，为考生和院校提供相互选择的平台。

有益于整体把握高考制度改革的变迁规律。

（一）变迁方式：强制性与诱致性变迁的交替

高考的建制及其改革属于供给主导型的制度变迁模式。在这种变迁模式中，“由于制度供给与制度需求在目标函数与约束条件上的不同，以及双方对制度安排的成本与收益的预期值不一致，再加上在制度变迁过程中因信息不对称、不确定性和实施层级、地方差异等因素的影响，难免会造成制度供给与制度需求、意愿制度供给与实际制度供给之间的偏差”①。因此在制度供给与制度需求之间存在一种常态化的博弈，而这种博弈决定着高考制度变迁方式的非单一性，即会交替出现强制性变迁与诱致性变迁。正如诺思所指出：“制度变迁是由对构成制度框架的规则、规范和实施的复杂结构的边际调整所组成”②，是制度在非均衡状态下，人们追求潜在获利机会的自发交替过程。

在 1952 年—1984 年间，高考统考制度的确立及其变革的基本价值取向是以单一的社会发展为根本旨趣的，其关注的核心与重点是社会和国家发展的需要③。因此，这一时期从高考招生计划的编制到统一录取的设计皆是在政府宏观调控下，以行政指令的形式自上而下强制推行的计划运行模式。但随着改革开放的深化，特别是经济体制的改革，新型经济实体对大学毕业生的需求不断增强，高度集中的统一性计划招生与分配体制难以填补新的人才缺口，而通过单位支付委托高校培养的方式能够满足它们对实用性人才的需求，使“成本—收益比”符合或超过自身预期。对高校而言，额外的经济来源，较好地弥补了办学经费的不足，自然地成为激发高校参与招收“委培生”的原始动机。而随着“委培生”的增加，特别是其对“计划生”的冲击越来越大，从而引起政府对变革单一计划形式招生的关注。如 1984 年发布了《关于改革教育部部署高等学校招生来源计划的意见》，对生源计划类型、比例以及管理制度都进行了政策调整，并于 1985 年写进《中共中央关于教育体制改革的决定》，推动了招生体制的制度化进程。另一方面，由于高校

① 柳博：《我国高考制度变迁及改革路径分析》，《教育研究》2010 年第 6 期，第 56 页。

② 道格拉斯·C. 诺思：《制度、制度变迁与经济绩效》，杭行译，格致出版社，2008 年，第 15 页。

③ 曾本友：《中国高考制度变革理路与未来走向探析》，《教育学术月刊》2010 年第 6 期，第 80 页。

“计划外”招生渠道是其与委培单位主导的背景下完成的，其招生方式早已超出原来政府直接负责的管理框架，加速了由“招办负责”向“学校负责”的转变，以及保送生等录取方式的产生。不难发现，这一时期的招生编制与录取体制的变迁表现出“自下而上”的推进，从局部到整体逐渐展开的趋势，体现了营利性、自发性、渐进性和源自实践的超前性。但由于诱致性变迁是非正式制度创新赖以进行的形式，在正式制度供给滞后、缺失的情况下，造成稀缺资源利用的低效率，因此政府开始予以重视并逐渐认可，将非正式制度转变为正式的制度安排①。

进入 20 世纪 90 年代，随着改革开放的深化，市场经济体制的初步形成，高校在与社会互动的过程中，利用所掌握的潜在人力资源进行逐利的意识被唤醒，而由诱致性变迁促成的招生“双轨制”的矛盾也不断暴露与积累，特别是高校为实现利益最大化，在国家计划招生与市场调节招生的选择中，不断向后者倾斜，以致引起严重的高考不公平与生源质量下滑等问题。然而，由于诱致性制度变迁会碰到外部性和“搭便车”问题，不仅难以消除道德危机，而且也难以满足一个社会中制度安排的最优供给，此时必须由国家对制度供给的不足进行强制性干预补救。1993 年，国家教育委员会开始酝酿包括高等教育招生收费、教学、学生管理及毕业生就业等在内的“并轨制”改革。1997 年，国务院在《关于中国教育改革和发展纲要的实施意见》中明确提出：“积极推动招生收费改革，逐步实行学生缴费上学，大多数毕业生自主择业的制度。”② 到 2000 年基本实现了招生计划形式、录取批次和录取分数从“双规制”到“单轨制”的新旧体制的转轨。可见，由“双轨”到“单轨”的转变，在变迁方式上表现为由诱致性变迁到强制性变迁的交替过程。

有研究指出，招生“并轨制”完成后的招生录取政策变迁，其突出特点是“以招生计划编制权的下放为演进的主要线索，突破了原本长期存在于高校招生中的瓶颈问题——招生计划编制权与招生权的分离”，使“原本带有深刻计划经济烙印的高等教育管理制度等硬约束得到解除，高考招生制度变

---

① 李峻：《我国高考政策变迁研究——基于“利益相关者理论”的分析》，华中科技大学硕士学位论文，2009 年。

② 北京教育考试院：《北京普通高等学校招生改革与发展（1977—2002）》，北京师范大学出版社，2005 年，第 429 页。

革和演进过程由最初的外部制度供给框架严格限定逐渐转化为各利益相关者的微观主体行为。在高校招生计划编制权的禁锢被打破的背景下，高校开始在制度变迁中扮演‘第一行动集团’的角色，市场配置资源的基础性作用得到凸显。高校开始按照自身的需求来制定自己的招生计划以及在中央政府的总体框架下决定招生计划的投向与专业设置。而中央政府也逐步从原来的招生细节管理中抽身而出，其作用更多地体现在总结、推广及创造宽松的制度环境等”①。当前，伴随我国市场经济体制的不断发展，在利益主体格局由一元到多元的变革过程中，高校的办学自主权逐步扩大，逐渐转变为面向社会具有独立法人资格的办学实体。一方面，高等教育的管理权正有计划地从中央向地方转移；另一方面，高校的管理权也正从教育行政部门逐渐向高校转移，总体上使高校焕发出蓬勃生机与活力②。由此，高考招生录取制度基本进入了利益启动、政府决策、高校实施的诱致性与强制性交融的制度变迁模式。

（二）变迁因素：多种外部变量的合奏

由高考录取制度结构的复杂性与功能的外部性所决定，其变迁因素涉及政治、经济、文化及技术等多个方面。而这种变迁因素的多样性，不仅规定着高考录取制度变迁方式的多元化，还影响着高考录取制度变迁的历史进程。不过，不同因素在不同发展阶段对高考录取制度的影响方式及程度有所差异，且基本受制于国家整体发展水平的制约，因而，某种程度上，高考录取制度的变迁节点表现为多种外部变量共同作用的结果。

首先，录取制度最主要的是关于政府、高校及考生在高等教育资源分配中的权、责、利的关系规定。但由于“制度是一个中层结构，它由社会宏观结构塑造”③，在最原始的权利格局及其调整过程中，制度的创造者——国家处于毋庸置疑的权威性支配地位，它决定着制度变迁的方向与速度。因此，在国家处于相对集权的时期，高考录取制度的变迁基本根据政治的需要

① 李峻：《我国高考政策变迁研究——基于“利益相关者理论”的分析》，华中科技大学硕士学位论文，2009 年。

② 于文明：《中国公立高校多元利益主体生成与协调研究——构建现代大学制度的新视角》，高等教育出版社，2007 年，第 90 页。

③ 李峻：《基于新制度主义的高考政策变迁分析》，《江苏高教》2010 年第 2 期，第 100 页。

而演变，或者说“制度供给的基本原则，是以政治支持最大化为主要目标”①。中华人民共和国成立初期，为巩固新政权，培养大批社会主义建设所需的各级各类高级人才成为最大的政治任务，采取计划招生、统一录取的制度安排无疑是最优方案。“文化大革命”期间，受极左思潮的影响，上大学成为工农的“专利”，“成分”不纯者被排除在招生录取范围之外。而随着“文化大革命”的结束，高考作为教育战线上拨乱反正的突破口，成为重构社会公平、公正的重要制度安排，高校招生录取走向了“去政治化”，即开始以本人表现为主，不再过分强调出身与成分。后随着改革开放以及政治体制改革，在权力逐渐下放的背景下，高校招生又完成了由“招办负责”到“高校负责”的权利转移。总之，政治因素是制度变迁的正式约束，它可在短时间内促使制度结构发生根本性变化。

其次，任何影响重大的正式制度变迁必然依托并受制于一定的经济运行环境。中华人民共和国成立初期，统一高考制度的建立在很大程度上是为节省制度运行成本的需要。由于采取高校单独考试招生的方式往往要求考生到报考院校参加考试，尤其当考生同时报考多所院校时还需东奔西跑，且对偏远地区的考生而言，昂贵的交通费用等令他们望而却步，不得不选择报考本地院校，制约了人才流动及精英高校的选才范围。而采取全国统一考试、统一招生、统一录取的模式，不仅节约了国家教育投资成本，减轻了考生经济负担，而且考生在本地一次报考可选报多个志愿，使高校有效避免了招生不足额及报到率低的现象②。到改革开放初期，由于高校办学经费的紧张，以及新型经济实体对专业人才的需求，二者很快达成默契，迅速诱致了招收“委培生”、“自费生”的录取制度变迁。此外，在录取制度的变迁过程中，不仅“新制度在设计、试验、应用阶段需要耗费社会资源，而且在实施、监管、完善等阶段也需要付出相应的交往和协调成本”③。简言之，经济因素在很大程度上制约着高考录取制度的现代化与科学化进程。

再次，中国传统文化与主流价值观以及现代信息技术的发展也是影响高考录取制度变迁的重要变量。社会文化与价值观作为典型的非正式制度约

---

① 唐任伍：《中国经济制度变迁与经济增长》，前进出版社，2004年，第26页。

② 刘海峰、李立峰：《高考改革与政治经济的关系》，《教育发展研究》2002年第6期，第38页。

③ 柳博：《我国高考制度变迁及改革路径分析》，《教育研究》2010年第6期，第54~55页。

束，通过思维方式、道德判断等规定着人们的行为选择，从而对制度变迁产生深远影响。如社会公平正义的理念，既曾是录取加分政策出台的基本依据之一（公平的补偿性原则），后又成为促进其走向规范化与科学化的主要力量。而作为弥补统一高考招生不足的保送生制度，也在中国人情、权势及金钱的腐蚀下，在社会公平正义的“拷问”下，其生存空间被不断压缩，不仅招生规模大大削减，而且离其原始的免笔试制度设计越来越远。至于现代信息技术的引入，不但极大地提高了录取效率，降低了录取成本，精简了人工操作的中间环节，而且为录取模式在制度设计上的创新提供了巨大空间，如“内蒙古模式”的网上实时动态录取，以及福建省艺术类单独提前批试行的一档多投录取模式（即“平行检索、一档多投、院校预录、考生确认”模式，又简称“一档多投”）。可以说，正是强大的信息技术支撑，促成了高考录取制度的革命性变迁。

总而言之，高考录取制度的变迁既受到政治制度、经济制度等外部正式制度的规约，又受到来自社会的文化价值理念等非正式制度的制约。前者主要影响着录取制度利益相关者之间权、责关系的调整；后者主要从意识形态方面规定着录取制度的价值取向，并在很大程度上决定着录取制度的变迁路径。这表明录取制度的改革必须综合考虑各种变量因素的影响，否则会增大改革的物质成本与社会成本。

（三）变迁路径：从“统一录取”到“自主录取”的大势所趋

新制度主义认为，制度变迁之所以存在路径依赖性质，是由于自我增强机制在起作用，它主要包括四个方面：一是规模效应。设计和推行一项制度必须投入大量的初始资本，而随着这项制度的推广，单位成本和追加成本都会降低。二是学习效应。在一个制度框架中，所提供的机会集合会产生显著的组织学习效应，适合于这一制度框架的组织会逐步建立，并在历史的进程中积累经验。三是协作效应。在既定的制度框架下组织与组织之间会产生显著的协作效应，是人们习惯于既定的制度框架，如计划经济体制下，整个社会都习惯于上、下隶属式的协作关系。四是适应性预期。即正式规则的确立将会导致大量与之相适应的非正式规则的产生，从而形成对正式规则的补充并且延伸到具体的应用中，这必将诱致人们产生对于该规则的永久性预期[①]。

---

① 卢现祥：《新制度经济学》，武汉大学出版社，2011年，第188页。

从不同视角综观高考录取制度的变迁，其大致有三条路径：一是技术变迁路径，从人工操作录取发展到计算机辅助录取，实现了录取制度的信息化与现代化；二是录取标准变迁路径，从以单一的高考成绩为录取依据发展到综合考量智力与非智力因素为录取依据的初步转变，并继续沿着录取标准的多元化与科学化方向发展；三是录取权利变迁路径，由国家统一集中录取逐渐过渡到由高校自主录取的权力转移，使原本属于高校的录取权力得到了基本回归，但仍不彻底。不过，从制度变迁的路径依赖性质来看，就技术变迁路径而言，随着“规模效应”的不断拓展，录取制度的信息化、科学化及现代化程度随着技术的追加，即计算机网络技术的不断发展，特别是其在高考录取中的应用得到不断开发与完善而将继续提升。就录取标准变迁路径而言，随着“学习效应”、“协作效应”，特别是“适应性预期”的不断增强，录取标准的多元化必将进入实质性阶段，即随着非智力因素测评技术的发展及应用的推广，不仅会积累大量的测评经验，还会逐渐增加人们对非智力因素测评的信心与诚信，并产生一定的制度预期，最终会促使多元录取标准实施的内外部环境走向成熟。

就录取权力而言，它是录取制度变迁最为重要的一条路径，也是高考制度改革的关键所在。自 20 世纪 90 年代初，伴随计划经济的消退与市场经济的兴起，高考录取权利在政治经济体制改革的大背景下，完成了由“招办负责”到“高校负责”的转变，基本理顺了高校招生录取中权、责、利的关系，在一定程度上扩大了高校办学自主权。然而，受录取投档规则，特别是“平行志愿投档规则”的制约，以及社会公众对高考公平的极度追求，致使高校在录取中难以真正自主择优录取。不过，路径依赖原理告诉我们：“历史是至关重要的”，“人们过去做出的选择决定了他们现在可能的选择”①。由于录取权利转移的启动，特别是在当今全球化、国际化的背景下，高考制度改革不仅存在“制度学习”② 的可能，而且已经成为高考制度改革不可或缺的一环。综观世界发达国家及地区的大学入学录取制度，其显著的共同特

---

① 道格拉斯·C. 诺思：《经济史中的结构与变迁》，上海三联书店，1991 年，第 1～2 页。

② 诺思认为制度变迁的动力取决于两个因素，即学习与竞争，而学习又是制度变迁最基本的长期源泉。所谓制度学习，就是一地区学习另一地区先进的制度安排的过程。

点就是高校具有完全或较大的录取自主权，这种录取自主权不仅包括高校拥有自定录取标准的权力，还有自定录取方式及录取时间等权力。因此，可以说，高考录取制度早已进入了由“统一录取”到“自主录取”的变迁路径，从长远看实现高校自主录取是大势所趋。

第四章　高考管理制度的进化历程

任何正式制度的运行都必须依托一定的组织机构，而健全的监督机制则是保障制度公平和高效运行的必要条件。高考作为国家重大教育考试制度，自建制起便开始了不断探索、完善高考组织管理机构与监督机制的历程。从高考管理的内容来看，主要包括考试机构的专业化建设与“异地高考”的治理等；从高考监督机制的运行来看，主要包括高考法治建设与监督机制的健全。它们作为确保高考制度正常化、规范化运行的基础性实体存在和配套性制度建设内容，在高考制度的发展完善中具有重要的作用。

第一节　招生考试机构的改革

考试机构即“负责考试组织管理工作的机构”①。纵观中国历代的考试机构，其不仅肩负着为国选才的功能，同时还兼具调整利益格局、缓解社会矛盾及巩固国家政权等作用②。为此，历朝历代都高度重视考试机构的建设，民国时期甚至还将考试权作为国家“五权”③ 之一，成立了专门组织管理国家考试的机构——考试院。中华人民共和国成立之初，高考一度担负着古代科举与民国文官考试的功能，即为国家选拔、培养干部。改革开放后，高考虽淡化了培养国家干部的功能，但却强化了选拔培养高级专业人才的功能，在教育兴国战略中依然占有极其重要的地位。因此，高考事务一直便是

① 杨学为：《中国考试大辞典》，上海辞书出版社，2006 年，第 118 页。

② 邱可：《试论国家教育考试机构定位》，《考试研究》2012 年第 6 期，第 52 页。

③ 所谓“五权”是指行政权、立法权、司法权、监察权及考试权。“五权分立”是孙中山先生提出的一种政治主张，旨在“救三权鼎立之弊”，其中，考试制度用以避免盲从滥选和任人唯亲，利于人才选拔。

国家事务，而以高考为核心的招生考试机构（也称“教育考试机构”）也是国家机构的重要组成部分，并通过国家行政权力主导，由政府机构及其行政官员组织实施。随着国家政治、经济、文化及测量技术等的发展，招生考试机构也随之发展变迁，目前业已形成国家、省（自治区、直辖市）、地市和县区四级相对独立的组织管理体系，并开始向专业化考试机构转型。

一、招生考试机构的发展演变

我国招生考试机构是一个结构复杂、规模庞大、影响因素众多的组织管理系统。经过半个多世纪的发展与探索，特别是1977年恢复高考后，其已形成了较为规范的管理体系。而随着政治、经济及教育体制改革的深化，为进一步适应高考制度改革步伐，不断提高考试服务水平，招生考试机构目前处于加快、加强专业化建设的阶段。

（一）行政与业务并重阶段

中华人民共和国成立以来，为适应不同时期的高校招生工作需要，招生考试机构发生了一系列变革。中华人民共和国成立初期的1949年—1951年，为贯彻“维持现状、立即开学、逐步改革”的方针，实行的是高等学校联合招生和单独招生共存的管理体制。

1952年，为做好全国统一招生考试管理工作，人民政府成立了全国高等学校招生委员会，主管全国的招生工作；各大行政区设立招生工作委员会，在全国招生工作委员会的领导下，组织各大行政区的招生工作；各省成立招生工作委员会，并设立高等学校招生办公室，在大行政区招生工作委员会的领导下，负责组织、领导本地区的招生考试工作①，初步形成了中央统一计划、大行政区组织实施、学校录取新生的工作体制。1955年，“作为以往几年高等学校统一招生组织工作纽带的大行政区机构被撤销”②。1956年，采取“中央统一计划、省（市）组织领导、高等学校负责实施”③的招生录取体制。此后，除1958年与“文化大革命”期间因特殊原因不同

① 杨智磊、王兴亚：《中国考试管理制度史》，中州古籍出版社，2007年，第856页。

② 高等教育部、教育部：《关于全国高等学校一九五五年暑期招考新生的规定》，《人民日报》1955年6月9日，第2版。

③ 高等教育部、教育部：《关于全国高等学校一九五六年暑期招考新生的规定》，杨学为：《高考文献（上）（1949—1976）》，高等教育出版社，2003年，第181页。

外，至今基本实行全国统一招生考试工作体制，即由教育部制定招生工作的政策与计划，并命制试题、评分标准及参考答案①，各省（自治区、直辖市）的招生委员会及其办公室，负责组织报名、政审、体检、实施考试、组织评卷及录取等具体工作。

1964 年，全国统一招生考试工作的管理职责从原来的人事二司转到新设立的学生管理司。1978 年，恢复统一高考制度的同时，也意味着恢复了“文化大革命”前行之有效的“全国统一命题，省、自治区、直辖市组织考试、评卷”的体制。1985 年，《中华人民共和国教育法》规定：“国家教育考试由国务院教育行政部门确定种类，并由国家批准的实施教育考试的机构承办”②。1987 年，国家教育委员会考试中心成立，负责承担教育考试专项任务，并赋予了部分行政管理职能。

1990 年，国家教育委员会考试中心经过职能、内设部门及人员编制改革，确定了教育考试机构的事业单位性质。1994 年，为整合教育系统国家考试的资源和职能，国家教育委员会考试中心与全国高等教育自学考试指导委员会办公室合并，成立了新的国家教育委员会考试中心（即现今的“教育部考试中心”③）。1995 年，广西壮族自治区招生考试委员会办公室和广西壮族自治区高等教育自学考试委员会办公室合并，成立广西壮族自治区招生考试院，率先成为全国业务涵盖四大国家教育考试（高考、成考、研考、自考）的省级考试机构。其后，随着高考与自考的业务合并，各省、自治区、直辖市陆续成立教育考试院（有的称“局”或“中心”），负责统一管理与实施国家教育考试，并开展面向社会的考试服务，肩负招生考试管理和社会考试业务的双重职责，形成了兼顾考试行政管理与考试业务管理并重的混合型专门机构④。

这一时期，从管理体制上看，招生考试机构随着国家政治、经济及教育

---

① 分省命题的省、自治区、直辖市也具有部分试题的命制、评分及参考答案等的命制权力。

② 杨智磊、王兴亚：《中国考试管理制度史》，中州古籍出版社，2007 年，第 860 页。

③ 1998 年，国家教育委员会改称教育部，国家教育委员会考试中心相应改称教育部考试中心。

④ 参见教育部考试中心：《专业化考试机构研究报告》，国家教育咨询委员会：《考试招生制度改革组专题调研报告汇编》（下），国家教育咨询委员会，2011 年，第 519 页。

体制的改革，总体上呈现出“分散管理——中央统一管理——分散管理——中央统一领导、中央与地方分级负责管理”的演变过程。

（二）专业化建设转型阶段

“十一五”期间，教育部考试中心首次提出建立“专业化考试与评价服务机构”事业发展愿景，并“通过国家题库、考务指挥平台、应急处置预案、命题基地及考试评价研究院等重点工程建设”，向专业化考试机构转型迈出了历史性的一步。近年来，教育部考试中心又在“网络评卷、考务指挥、标准化考场等方面开始研究制定一系列标准和体现专业化理念的业务工作规范”①，使考试机构的专业化建设进入了新的发展阶段。

然而，长期以来，“教育考试机构基本上是附着在政府的行政体制之上，管理意识强而服务意识弱，主观意识强而法律意识弱，行政意识强而市场意识弱，这不利于教育考试机构科学合理地实现选拔功能，也不利于教育考试机构为国家的招生制度改革服务”②。而当前，随着我国教育发展与考试招生制度改革逐渐步入“关键区”和“深水区”，以及现代考试技术的广泛应用和考试服务功能不断扩展，加快招生考试机构由专门的考试管理部门向专业化考试评价机构转型已变得越来越迫切。

有研究指出，加快招生考试机构专业化建设至少有四点必要性：一是落实考试招生制度改革任务的需要。即落实《教育规划纲要》提出的“以考试招生制度改革为突破口，克服一考定终身的弊端，推进素质教育实施和创新人才培养”目标，需不断提高考试机构的理论水平、政策水平、技术水平、研究能力、执行能力及创造能力等。二是加快转变机构职能的需要。随着我国事业单位改革的推进，各省级招生考试机构正由管理型向管理与服务型转变，这要求考试机构从思想观念、思维方式、组织体系、理论研究、技术发展及队伍素质等方面加快专业化建设，提升核心竞争力。三是基础教育课程改革的需要。新课程改革倡导学生主动参与、乐于探究、勤于动手，培养学生搜集和处理信息、获取新知识、分析和解决问题以及交流与合作等能力，而教学目标的改变需要与之相适应的考试评价方式的转变。四是教育评价理论与实践快速发展的需要。目前我国以分数作为评价的理念与方法已难以适

① 王和军：《教育考试机构专业化建设比较及其路径的思考》，《中国考试》2011年第4期，第8页。

② 戴家干：《谈教育考试机构的职能与定位》，《教育与考试》2007年第1期，第4页。

应学生多元化、个性化的发展目标，同时也制约着基础教育学校的多样性发展，为了使评价更好地发挥促进学生发展、教师提高及改进教学实践的职能，评价的理念和方法由单一向多元转换是大势所趋①。

显然，要满足上述四点“需要”必须加强考试机构的专业化建设，即从考试机构的定位、理念、职能、人员、目标及技术等方面适应新形势下高考由单一考试选才转向全面评价选才的需要。此外，在政策层面，《教育规划纲要》也明确提出要“加强考试管理，完善专业考试机构功能，提高服务能力和水平”②。可见，招生考试机构的专业化建设，“既是考试机构自身发展的需要，也是社会进步的需要；既是一个科学问题，也是一个政治或政策问题”③。总之，它是适应招生考试机构内外部环境变化的必然趋势。

二、招生考试机构的现实问题

关于我国招生考试机构专业化建设存在的问题，有不少考试机构的领导同志及研究人员撰文探讨，大致可总结归纳为以下几点：

（一）认识存在误区

正确认识专业化考试机构的内涵与边界是加快考试机构专业化建设的前提。目前人们对专业化考试机构的认识至少有四点误区④：一是将专门机构等同于专业机构。事实上，专门侧重的是机构的外部职能关系，强调职能分工；专业侧重的是机构的业务素质水平，决定着机构的核心竞争力。考试专门机构不一定是考试专业机构，但考试专业机构一定是考试专门机构。二是把机构的表象与本质混同。本质通过表象呈现出来，但同时表象也会掩盖本质的存在。专业化招生考试机构的本质在于其与政府教育行政部门及学校的关系、考试思想、独立的市场化基础，而非外在的专业人员岗位、内部机构设置、考试产品等表象。三是把行政与管理混淆。考试机构的专业化管理不

① 张静：《关于加快教育考试机构专业化建设的思考》，《考试研究》2012 年第 6 期，第 58～60 页。

② 教育部：《国家中长期教育改革和发展规划纲要（2010—2020 年）》，人民出版社，2010 年，第 39 页。

③ 戴家干：《改造我们的考试》，高等教育出版社，2008 年，第 35 页。

④ 王和军：《教育考试机构专业化建设比较及其路径的思考》，《中国考试》2011 年第 4 期，第 7～8 页。

能简单地把行政手段排斥在外，管理除了行政方式，还有司法、舆论，甚至道德评判等手段。行政强调的是执行过程，管理注重的是实现结果。四是将考试与教育割裂。教育考试的本质功能之一是服务教育发展，因此不能仅为了考试的“科学性”而导致其“教育性”的迷失，即不能因提升考试技术，实现考试的精细和可度量，而把人异化为数字和图表，忽略其服务教育发展的本性。

（二）职能定位不明

由于当前我国大多数招生考试机构还是具有一定行政职能的事业单位，再加上长期习惯于行政型管理，尚缺乏主动服务教育的责任和意识，因此在功能定位方面还存在行政管理意识强，服务意识弱；考试组织功能强，评价功能弱的问题。在业务领域方面，尚缺乏市场运营意识和机制，主动着眼于开发用户需求的产品意识淡薄，大多还依靠行政指令运作。在命题等考试核心业务的理论研究和技术开发中也没有积累足够的技术实力，满足于依靠经验及管理解决问题，与科学地提供技术服务之间差距明显。在保障体系方面，尚以经验型管理为主导，科学管理水平有待提升，特别是在组织运作模式、制度体系建设、核心业务流程与标准、激励机制等方面难以适应专业化建设需求。而由于机构职能长期定位于管理，现有人员智力结构中管理人员比重过大，加之传统的人员培训失之偏颇，专业的市场运营人员、教育测评人员、命题人员等严重缺乏，人力资源现状不能应对发展的需要。此外，因缺乏现代管理理念，组织文化建设也未能受到太多国内招生考试机构的关注，存在忽视现代组织文化的营造等问题①。

（三）机构设置不统一

作为国家同一职能的招生考试机构，目前，“从性质看，有行政机构，也有参公事业单位，还有公益事业单位；从级别看，有正厅局级单位，也有副厅局级单位，还有副处级单位；从名称看，存在教育考试院、教育招生考试院、招生办公室、教育招生考试中心、招生考试管理中心、考试管理中心及考试局”②等多种称谓。有调查显示，“省级考试机构以‘考试院’命名

---

① 乔丽娟、赵彤璐：《对我国教育考试机构专业建设的几点思考》，《中国高等教育》2006 年第 7 期，第 52 页。

② 邱可：《试论国家教育考试机构定位》，《考试研究》2012 年第 6 期，第 52 页。

的达到近70%的比例；单位级别为副厅（局）级的机构占74%；机构的性质均为事业单位，属公益一类（参照公务员管理）的占多数；经费全额拨款的占多数，自收自支的是极少数；高考、成考、研考、自考、社会证书考试为各省级考试机构共有的业务，但在是否承担中学学业水平测试、中考、海外考试等业务方面各省（自治区、直辖市）情况有较大区别”[①]。无疑，这种机构设置的差异导致不同省（自治区、直辖市）的考试机构在职能职责方面存在较大不同。除行政机构或经授权具有行政管理职能的事业单位外，大多数招生考试机构不具有行政管理职能，对下级招生考试机构只有一定的指导权，而无独立的行政执法权与处罚权，不仅易生管理漏洞，甚至还会引发管理失控。如考试处罚虽由考试机构来实施，但却无行政处罚权，这实际上是“带病处罚”、“违规处罚”；而作为省级招生考试机构，仅有少数负责辖区内的所有国家教育考试，大多数则仅负责辖区的部分国家教育考试[②]。因此，我国招生考试机构系统在组织协调方面还有待进一步改革、理顺。

（四）人员配置差距较大

作为同级机构，目前各省（自治区、直辖市）招生考试机构的人员配置存在较大差距。一般而言，经济及教育发达地区的人力资源占有明显优势，即各类人员配额较多、较全，反之亦然。调查显示，在人员编制上，人数在50人以上的有18个（占78%）省。其中，北京市、天津市、江苏省、上海市、山东省编制人数在100人以上，北京市最多，为184人。省级机构常聘人数最多的达116人，部分省市（广东省、天津市）常聘人数超过或接近在编人数，包括常聘人员在内，北京市、天津市两个直辖市考试机构的人数总规模分别接近250人（见图4-1）。专业技术职称人员所占的比例各省差别较大，但总体上比例较低，人员规模较小的省级机构的比例相对较高，个别省市没有。另外，在分省命题的16个省（自治区、直辖市）中，仅北京市建有试题资料库，这说明我国省级招生考试机构的总体命题专业化程度较低[③]。

---

① 教育部考试中心：《专业化考试机构研究报告》，国家教育咨询委员会：《考试招生制度改革组专题调研报告汇编》（下），国家教育咨询委员会，2011年，第520页。

② 邱可：《试论国家教育考试机构定位》，《考试研究》2012年第6期，第52～53页。

③ 教育部考试中心：《专业化考试机构研究报告》，国家教育咨询委员会：《考试招生制度改革组专题调研报告汇编》（下），国家教育咨询委员会，2011年，第521页。

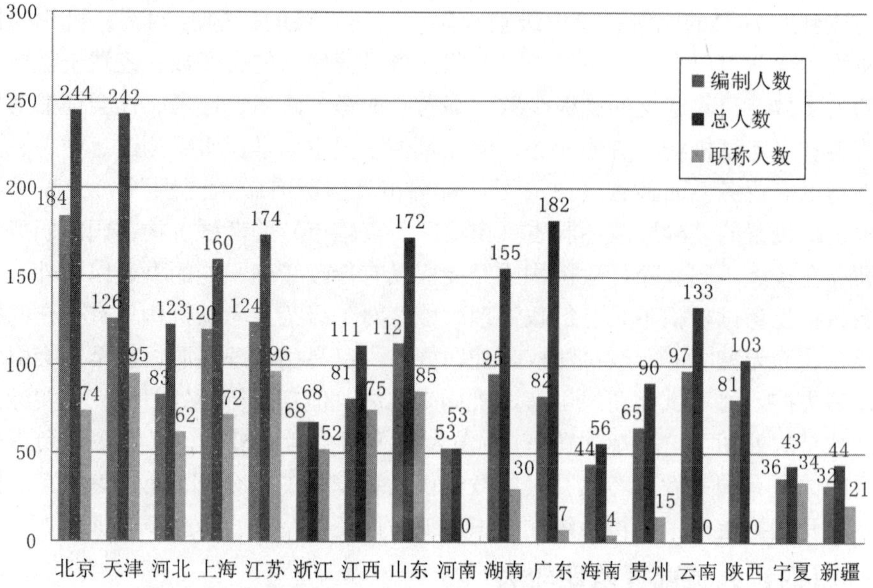

图 4-1　部分省（自治区、直辖市）招生考试机构人员情况

人力资源是第一资源。专业化考试机构的建设不仅涉及面广、项目多，而且对命题、评价、管理、信息化等专业知识和技术的要求很高。没有一支高素质的专业人员队伍，考试机构的专业化建设只能是一句空话。当然，我国招生考试机构的专业化建设，当前尚处于学习与借鉴国外先进教育考试评价理念、技术及经验的初级阶段，本土化的招生考试科学研究也较落后，自主创新的研究意识也不够强。要解决这些问题，加快专业化建设进程，除需自身不断深化改革外，还有待招生考试机构的外部诸多因素的协调改进。

第二节　“异地高考”问题[①]

恢复高考后，我国高考报名基本以户籍为核心，即考生“须在户籍所在省（自治区、直辖市）高校招生委员会规定时间和指定地点报名”[②]。因此，

① 本部分刊载于《湖北大学学报》（哲学社会科学版）2014 年第 1 期，见《困境与出路：“异地高考”问题剖论》，略有变动。

② 教育部：《2010 年普通高等学校招生工作规定》，阳光高考：http://gaokao.chsi.com.cn/gkxx/ss/201003/20100326/68361300.html,2010-03-26/2013-01-18。

所谓“异地高考”是指突破固有户籍限制在非户籍所在地参加高考。而根据成因及“突破”性质的不同，其又分为两种情况：一是高考移民，主要包括省际高考移民、省内高考移民及国际高考移民；二是移民高考，即流动人口随迁子女就地高考，也称进城务工人员随迁子女在流入地参加高考。也正因二者的成因与性质不同，政府所采取的政策也不同。前者是严令禁止的，后者是正在寻求解决之道的。总体而言，它们之间既有联系又有区别，但要求打破既定高考利益格局是二者的最终诉求与共同指向。因此，从长远看，解决两种“异地高考”的方案必须合流，即从根本上清除催生“异地高考”的土壤。

一、“异地高考”之辨

长期以来，由于“高考移民”和“移民高考”之间的界限难以严格区分，特别是二者在户籍的甄别手段上难以剥离，使人们大多把注意力集中在“高考移民”上，导致“高考移民”的非法性遮掩了“移民高考”的合理性，损害了正常流动人口子女的高考权利①。因此，辨明二者之间的关系是解决“异地高考”问题的基本前提。

（一）“高考移民”与“移民高考”之别

“高考移民”与“移民高考”表面上都是“突破”现有户籍政策限制而在非户籍所在地参加高考，但实质上二者之间有天壤之别。

首先，形成动因不同。“高考移民”是为高考而移民，是主观违背现有高考报考政策而追逐高考潜在利益的结果。即指“未在户口迁入地实际居住和接受高中教育的考生，在普通高校招生全国统一考试报名前利用省际录取分数线差异，通过办理非正常户口迁移手续，在分数线较低的省份获取报考资格和较多录取机会的一种现象”②。也就是说，“高考移民”是主动破坏现有制度规则，通过非诚信的手段，侵犯既定高考利益者利益的一种行为。而“移民高考”则是因移民而高考，是劳动者客观工作区域的变换而引起的随

① 韩娟、米红：《流动人口子女高考权利保障的困境与方向》，《学术论坛》2009年第12期，第201页。

② 教育部、公安部：《关于做好普通高校招生全国统一考试考生报名资格审查工作的通知》，中国教育在线：http://www.eol.cn/article/20051012/3155262.shtml，2005-10-12/2013-01-28。

迁子女的高考诉求，并且其子女通常在就业地接受或长或短时间的基础教育。它是现阶段我国市场经济快速发展以及由此引起的城镇化进程所推动或带动的大规模人口在区域间流动的应然诉求，同时也是户籍制度改革的滞后性在教育领域的具体体现。在某种意义上它具有被动的性质，即是社会发展变迁引起现有制度供给不足的典型表现，与高考考生及其家长的主观逐利关系不大，是被迫要求分享现有机制下既定高考利益者利益的行为。

其次，流动倾向不同。由动因所决定，“高考移民”与“移民高考”在流动倾向上存在较大差异。就“高考移民”而言，在主动逐利的驱使下，通常是有选择性地由“高考高地”向“高考洼地”流动，即以中部地区为主的诸如豫、鲁、鄂、湘等“高考高地”向录取分数线低、录取比例高的青、琼、藏、新等西部政策照顾地区和高等教育资源丰厚的京、津、沪等“高考洼地”流动，但因为由中部向西部流动的成本远远低于向高等教育资源丰富的发达省市流动的成本，因此，向西部流动是“高考移民”的主要倾向，并一时表现出大规模、群体化等特征，如海南省的高考移民“在 1999 年—2005 年间，由 198 人猛增至 9 803 人”①。就“移民高考”而言，其流动主要受市场经济的发展所引导，表现为劳动力输出省向劳动力需求省、市流动，没有像“高考移民”那样强的选择性和目的性，理论上各省、市间应呈现出“互动”的格局。不过，由于经济发达省、市的就业容量或劳动力需求一般较大，特别是京、粤、沪等，所以“移民高考”在很大程度上与“高考移民”又具有重合性与模糊性，造成鱼龙混杂、真假难辨，这也是移民考生的高考权益长期难以得到有效保障的主因所在。

再次，移民主体不同。从移民考生的成绩看，主要可分两类：“一是在原籍考不上大学的学生，希望通过移民来考取大学；二是那些成绩不是特别优秀的考生，渴望上更好的大学。成绩非常优秀的大多不需要移民，成绩太差的也不会移民，因而‘高考移民’一般是在本籍成绩中等的学生。”② 而“移民高考”由于缺少事先的功利性选择，可能涵盖优、良、中、差各类考生。从移民的社会阶层来看，在“高考移民”潮中，受移民成本的限制，如 1994 年上海市规定：“在上海市投资 100 万元（或 20 万美元）及以上或购

---

① 赵允德：《浅析“高考移民热”的成因》，《考试研究》2005 年第 3 期，第 93 页。

② 黄庆峰：《“高考移民”及其背后的制度原因探讨》，中国政法大学硕士学位论文，2006 年。

买一定面积的商品房者可申请上海市蓝印户口，满一定期限后可转为常住户口。”[①] 2001 年北京市规定：“外地投资者连续 3 年每年纳税达到 80 万元，或者近 3 年纳税总额达到 300 万元，可办理进京户口。”[②] 因而向京、津、沪等转移户籍的大多是政治、经济地位较高的富裕阶层考生，且可获得合法化的高考资格；“向西部移民的则主要是家庭收入中等的考生，因为经济条件太差的家庭无力支付移民费用”，一般不会选择移民。因此基本可以认为：流向西部的移民“大多是家庭收入中等，学习成绩中等的考生”[③]。就“移民高考”而言，现阶段主要是指进城务工人员随迁子女就地高考，尽管有脑力劳动和体力劳动之分，但从我国目前社会经济发展结构来看，以密集型产业的体力劳动者居多，即俗称“农民工”，因此在社会阶层上以较低收入者为主。相对于“高考移民”而言，大多属于弱势群体阶层。

可见，“高考移民”是主观的，其流动是趋利避害的非正常的社会流动。从历史上的科举“冒籍应试”与现实来看，只要“移民”能够带来较大的考试收益，就难以完全消除，且一般只能通过政策设定加以防控和减少，是名副其实的历史性社会“顽疾”；“移民高考”则是客观的，其流动是社会经济发展到一定阶段的必然产物，是需要正视与面对的，若不加以解决，将会导致社会矛盾的增加，迟滞经济社会的发展，并最终不利于社会和谐与稳定。

（二）“高考移民”与“移民高考”之同

从问题的产生和矛盾的症结来看，“高考移民”与“移民高考”至少有两大共同之处。

其一，问题产生的根源相同。“高考移民”与“移民高考”之所以会产生并成为问题，其直接根源主要有两个：一是“倾斜”的录取分数线。在分省定额的招生体制下，由各地高校招生指标、考生水平差异及试卷不等值所决定，高考录取分数线因省而异，且存在较大差距。仅以 2012 年的高考录取分数线为例，在全国高考总分为 750 分的 26 个省（自治区、直辖市）中，

---

① 上海市人民政府：《上海市蓝印户口管理暂行规定》，中国上海：http://www.shanghai.gov.cn/shanghai/node2314/node2316/node2341/node2577/userobject6ai496.html，1993-12-29/2013-01-29。

② 北京市人民政府：《关于外地来京投资开办私营企业人员办理北京市常住户口试行办法》，法律图书馆：http://www.law-lib.com/law/law_view.asp?id=37390，2001-09-27/2013-01-29。

③ 黄庆峰：《“高考移民”及其背后的制度原因探讨》，中国政法大学硕士学位论文，2006 年。

文史类第一批高线前三的广东省、安徽省、山东省分别为589分、577分、573分，低线前三的青海省、宁夏回族自治区、内蒙古自治区分别为433分、489分、492分，两者均差为108分；理工类第一批高线前三的广东省、安徽省、山东省分别为585分、544分、582分，低线前三的青海省、宁夏回族自治区、内蒙古自治区分别为401分、440分、469分，二者均差为134分。文史类第二批的均差为94分；理工类第二批的均差为95分（见表4-1）。也就是说，表面上当前我国高考高线前三的二批线考生基本皆可被低线前三的一批线院校录取。当然，需要指出的是，由于多数省份自主命题，各省之间的高考成绩并不具有绝对可比性。但在总分相同的情况下，往往会给社会大众造成错觉，即认为不同省（自治区、直辖市）录取分数线悬殊，从而形成误解甚至误导。二是不相等的录取率。有研究对2004年“985工程”院校的招生情况分析指出，“用招生人数除以报名人数得到录取百分比，上海市位列第一，比例为6.86，其次为天津市（6.18）、北京市（5.05）、重庆市（4.95）、吉林省（4.51）、辽宁省（4.10）、青海省（3.98）、湖北省（3.60）、海南省（3.59）、四川省（3.36）。报考人数最多的山东省（2.31）、河南省（1.32）和江苏省（2.41）分列第18、30和17位，西部地区除了青海省因报考人数少而排名较为靠前之外，其余的西藏自治区、甘肃省、宁夏回族自治区和新疆维吾尔自治区分列第31、22、16、21位，也都在全国平均水平之下”①。这表明京、津、沪等优质高等教育资源集中的省、市，其考生进入国内高水平大学的机会远远高于其他省（自治区）。显然，这些反差极大的录取分数线和录取率，对那些在本籍徘徊在高校入口的考生及其家长而言，无疑是巨大的诱惑。

表4-1　2012年全国高考录取分数线低线与高线前三之比较

项目		低线前三			高线前三			均差
		青海省	宁夏回族自治区	内蒙古自治区	广东省	安徽省	山东省	
第一批	文史类	433	489	492	589	577	573	108
	理工类	401	440	469	585	544	582	134
第二批	文史类	372	453	429	545	541	450	94
	理工类	355	401	390	523	478	430	95

说明：1. 为比较方便，表中省（自治区）的高考总分皆为750分（共有26个省、

① 刘海峰，等：《高校招生考试制度改革研究》，经济科学出版社，2009年，第3页。

自治区、直辖市），其余 5 个省（自治区、直辖市）各不相同（不含港澳台地区）；2. 由于分省命题，各省（自治区、直辖市）的高考成绩并不具备绝对可比性；3. 西藏自治区处于低线，但分汉族、少数民族两条分数线，此处未用；4. 广东省二批分 A 线和 B 线，此处皆取 A 线。资料来源：教育部：《2012 年全国各省市高考录取分数线》，阳光高考：http://gaokao.chsi.com.cn/z/2012 gkbmfslq/fsx.jsp，2013-1-30。

就深层根源而言，导致录取分数线与录取率差异乃至“异地高考”问题的根本原因是区域高等教育资源的分布失衡。由于历史遗留和高等教育体制改革等原因，我国高等教育资源在东部、中部、西部和省际的分布长期失衡，而随着市场机制的引入，这种地域间的非均衡分布被进一步恶化。如 1997 年，“全国共有高校 1 020 所，中央部委属高校为 345 所，其中 2/3（269 所）的学校集中分布在 1/3（12 个）省份，另外 2/3 的省份只拥有1/3 的部委属高校，贵州省、西藏自治区和青海省三省（自治区）连 1 所部委属高校都没有”①。另有学者按照高等教育资源的多寡，将我国各省分为三类：一是以北京市、上海市、天津市为代表的高等教育资源丰富地区；二是以山东省、河南省、湖南省、安徽省、江西省为代表的高等教育资源有限地区；三是以海南省、西藏自治区、青海省为代表的高等教育资源贫乏地区，并以《2011 年中国教育统计年鉴》为依据统计分析指出，“从本科院校所占当地高校的比例②来看，第一类地区明显高于其他地区，第二、三类地区不仅低于第一类地区，而且低于全国平均水平，第二、三类地区虽然有些省份高校数量不少，但本科院校所占比例低，最小值为海南省的 27.27%，与最大值北京市的 68.48%相差近 2 倍。河南省虽然有 131 所普通高校，但本科院校比例只占 33.59%，也不到北京市的一半；山东省有 152 所普通高校，但本科院校比例 38.16%，也刚够北京市的一半多”；“从生均本科院校拥有率来看，全国平均值为 0.10%，北京市、上海市、天津市分别是 0.76%、0.51%和 0.29%；山东省、河南省、湖南省、安徽省和江西省分别是 0.09%、0.04%、0.08%、0.06%、0.07%，海南省、西藏自治区和青海省

① 陈中原：《中国教育平等初探》，广东教育出版社，2004 年，第 159 页。

② 全国本科院校占普通高校比例是 46.64%，各省本科院校占普通高校比例，北京市、上海市、天津市分别是 68.48%、42.31%和 43.48%；山东省、河南省、湖南省、安徽省、江西省分别是 38.16%、33.59%、45.74%、30.08%和 31.46%；海南省、西藏自治区与青海省分别是 27.27%、33.33%、37.5%。参见翟月玲：《“异地高考”的根源、理念探究与对策》，《中国高教研究》2012 年第 7 期，第 26 页。

分别是 0.09%、0.17%和 0.08%”①。这一系列数据充分表明，我国不同区域与省际的高等教育资源严重失衡。

无疑，在高等教育资源严重不均的情况下，实行分省定额招生录取，不仅在客观上造成各省（自治区、直辖市）高考录取分数线和录取率的巨大反差，还在主观上诱使“高考高地”考生向“高考洼地”流动，形成“高考移民”；同时出于地方保护主义，为维护“高考洼地”的考生利益，“移民高考”被严格控制在一定范围内或干脆被拒绝。

其二，殊途而同归的矛盾指向。通过分析不难发现，不管如何区分“高考移民”与“移民高考”，其共同指向是要求打破现有高考制度框架下的高考既定利益格局。而所谓既定高考利益格局，其实就是由不同省、自治区、直辖市之间不同的高考录取机会所造成的“高考洼地”与“高考高地”格局，而正是“高考洼地”的存在，才诱发为高考而移民，以及因移民而难以高考的真正原因。然而，随着“高考移民”政策的封堵，“高考移民”不断“前移”（即增长在流入地接受基础教育的年限），其隐蔽性越来越强，与“移民高考”之间的界限也开始越来越模糊，因此从长远看，“高考移民”与“移民高考”终归合流。特别是随着社会经济的发展，“移民高考”人口的骤增，“异地高考”的主要矛盾已经转向了“移民高考”。而某种程度上，造成这种矛盾的另一个重要原因，是高考制度的改革未能顺应国家经济发展与人口政策变化的必然结果。如市场经济的发展、产业结构的变化、城镇化进程的快速推进，不仅需要包括义务教育在内的各级教育的调整，还需要有与之相协调的升学制度加以配合，否则在某些教育环节必定脱节，并造成或加剧社会矛盾。再如，长期以来，我国高校招生依计划而行，过去那种根据本地区与高校实际情况预测招生人数，并下达招生指标的做法，在人口流动“相对静止”的状态下，基本可以适应。但随着社会的变迁，人口流动的速度、规模及范围不断增大，随迁子女的教育及升学问题“应运而生”，而依然以户籍为核心的高考报名制度，必定难以适应这种社会变迁的节奏。或者说，“异地高考”其实也是国家制度系统内部不够协调的必然性结果。因此，不管是从社会公平与教育公平，还是从未来国家经济社会发展的趋势来看，改变既定高考利益格局是大势所趋。

---

① 翟月玲：《“异地高考”的根源、理念探究与对策》，《中国高教研究》2012 年第 7 期，第 25～26 页。

二、“异地高考”之困

从大规模竞争性考试的历史来看，“异地高考”现象中国古已有之，最典型的莫过于科举考试中的“冒籍”。因此，从某种意义上讲，“异地高考”问题是一个千古难题。换言之，今人不仅要面对古人曾面临过的困境，还要面对时过境迁后的新情况、新问题。无疑，把准并认清这些困境，是合理、有效地解决“异地高考”问题的关键所在。

（一）考试公平与区域公平的矛盾

从现象上看，“异地高考”问题是由考生或人口流动（包括正常流动和非正常流动）造成的，但实质是高考分省定额与原籍应试原则的问题，而隐藏在分省定额与原籍应试原则的背后，则是考试公平与区域公平的选择问题①。这一点，现今的“异地高考”与古代科举时的“冒籍”如出一辙。北宋中叶，欧阳修与司马光就科举“南北举额分配”展开了首次激烈争辩，双方在“凭才取士”还是“逐路取士”的问题上争论不下。宋真宗大中祥符二年（公元1009年）改“比例解额制”为“固定解额制”。由于各地解额不均，由此出现了固定解额较少的州郡的士人纷纷到解额相对较多的州郡去取解的做法，人称“冒贯寄应”②。可见，考试公平与区域公平的矛盾，是一个自宋代以降就存在的历史难题。

就高考而言，自从各省、市之间的高考分数线和录取率出现差异，分省定额招生的做法就一直备受争议，主要有两种观点：一是认为全国应该按照统一考试分数线录取；二是认为高考分数线的倾斜有一定的历史必然性和现实合理性。这与科举时代讲求完全依据考试成绩选拔录取考生的“凭才取士”与注重通过区域配额调控各地区间考中人数悬殊差异的“逐路取人”之争不谋而合。然而，1300年的科举演变史表明，“考试公平与区域公平的矛盾互动，是一个从重视考试公平向重视区域公平发展的渐进过程。但无论怎样发展，在基本遵循考试规则的前提下，考试公平和区域公平都只能是相对的”。对考生而言，“一切以程文定去留”的自由竞争固然体现了科举考试的公平、公正性，但科举不仅仅是一种公正的考试制度，它还和政治紧紧地捆

---

① 刘希伟：《清代科举冒籍研究》，华中师范大学出版社，2012年，第327页。

② 刘海峰、樊本富：《论西部地区的“高考移民”问题——兼论科举时代的“冒籍”现象》，《教育研究》2004年第10期，第77页。

绑在一起；对于主持考试的政府而言，这种制度“还要达成另外可能更为远大的目标，它必须满足社会的、地缘的，尤其是道德评判的要求”①。这种“远大的目标”，便是统治者所共同认定的“公平分配利益”的公道理念。而这种以达成地域平衡、照顾弱势群体的“天下之大公”为表现形式的政治和社会理念背后，则隐藏着统治者维护和巩固封建政权的深远考虑②。

正如有学者分析指出，科举“分路取人，可以普及文化。而其为弊，文化低落之地，亦必照例取录。凭才取人，可以吸收英彦，而其为弊，多京师国学之人，鄙陋之乡难及焉”③。显然，分区定额取中带有优待照顾边疆和文化相对落后地区的用意，从自由竞争的角度来看，它与考试的公平原则有某些矛盾之处。但从调动落后地区士人的学习积极性、促进当地人文教育水平提升以及维护中华民族的统一的角度来看，则有其合理之处④。以此反观当前我国区域间的经济、文化、教育等发展差异，通过调控高考名额的分配来消解这种差异，对维护民族统一与和谐，进而实现国家整体的均衡发展，不无现实意义。因此，在中国这样一个幅员辽阔、各地社会经济及教育发展又很不平衡的多民族国家，在一定历史阶段内必须坚持以区域公平优先，同时兼顾考试公平的方式选拔人才。

（二）国家政策系统层面的制度性障碍

从内外部关系看，“异地高考”至少关涉三个系统：一是高考制度系统；二是教育系统；三是社会系统。因此，“异地高考”是一个极其复杂的问题，且任何一个系统的制度设计出现偏差，或不同系统间的制度设计协调不顺，都将成为产生或化解“异地高考”问题的制度性根源或障碍。

在高考制度系统中，由于实行分省命题政策，多数省（自治区、直辖市）的高考试卷甚至科目不尽相同，特别是在新课程改革的背景下，各省（自治区、直辖市）的基础教育与高考之间形成了捆绑式的独立状态，这在考试层面极大地阻隔了省际的异地高考。而分省定额、各省（自治区、直辖

① 李弘祺：《宋代官学教育与科举》，台湾联经出版事业公司，1994 年，第 230 页。

② 郑若玲：《考试公平与区域公平：高考录取中的两难选择》，《高等教育研究》2001 年第 6 期，第 54～55 页。

③ 邓嗣禹：《中国考试制度史》，南京考选委员会，1936 年，第 173 页。

④ 刘海峰：《科举取才中的南北地域之争》，《中国历史地理论丛》1997 年第 1 期，第 168 页。

市）单独划线以及由此造成的不同录取率则更是“异地高考”的直接诱因。在教育系统中，随着高等教育改革的不断深化，特别是1997年招生并轨后“缴费上学，自主择业”政策的出台，改变了过去毕业生就业按国家计划统一分配的状况，使就业不再受户口、计划指标等因素的限制，消除了“高考移民”的后顾之忧，加速了“高考移民”现象的形成。而为充实教育经费，在构建多渠道筹措教育经费的制度背景下，鼓励学校招收“择校生”的政策，不仅为“高考移民”提供了合法途径，“也为学校直接参与、组织‘高考移民’提供了政策平台”①。

在社会系统中，最大的制度性障碍莫过于户籍制度与高考挂钩。表面上，异地高考是流动人口子女在读书、高考方面遇到的问题，但本质上，则是改革开放以来，中国在经济社会发展中，因既定的制度设计，人们的社会经济角色和公民权利、国民福利被剥离的后遗症，即城乡二元户籍制度隔离了两个处于不同的“经济—社会”结构的人群②。而这种户籍制度实行的前提是社会没有流动，然而，改革开放在重构中国政治、经济、社会结构的同时，伴随工业化、市场化、现代化及城镇化的进程，必然引起大规模的社会人口流动并要求重新划分各种社会资源。否则，将迟滞经济社会的发展，甚至引发社会矛盾。正如教育部前新闻发言人王旭明所说，“异地高考改革的根本是户籍制度改革，正是因为有了户籍制度，才有所谓的异地高考制度”③。

此外，从法律视角来看，我国宪法规定：“公民有受教育的权利和义务”；教育法规定：“公民不分民族、种族、性别、职业、财产状况、宗教信仰等依法享有平等的受教育机会”，并且“受教育者在入学、升学等方面依法享有平等权利”；1997年10月27日，中国政府正式签署的《经济、社会、文化权利国际公约》第13条明确规定：“高等教育应根据成绩，以一切适当方式，对一切人平等开放。”④ 不难看出，国家的“异地高考”政策存

① 韩欣欣：《“高考移民”的政策与法理分析》，陕西师范大学硕士学位论文，2007年。

② 石勇：《“异地高考”的阻碍》，《南风窗》2012年第20期，第34页。

③ 贺莉丹：《北上广异地高考破冰难：户籍制度是最大障碍》，21世纪网：http://www.21cbh.com/HTML/2012-12-30/xNNjUxXzU5NDkxNA.html，2012-12-30/2013-03-26。

④ 张俊浦、陈经富、王海洋：《结构化理论视角下的“高考移民”现象分析》，《内蒙古师范大学学报》（教育科学版）2008年第8期，第66页。

在自相矛盾之处，即一方面国家的法律从公民权利方面为异地高考提供了合法依据，但另一方面国家及地方政府又同时出台各种封堵政策，致使下位法违背上位法，凸显了政府在高等教育公平中的责任缺失。其次，有些地方政府利用户籍政策拉动内需、吸引投资、刺激经济增长，也是异地高考的政策诱因之一。正如有学者所指出："国家高考政策倾向于增进社会利益的效率目的，而忽略分配社会利益的公正目的，是催生异地高考现象的政策根源。"①

可见，"异地高考"的产生有其制度性根源，其问题的化解不仅需要包括高考制度在内的教育内部制度的调整，还需要包括户籍制度、就业制度等在内的教育外部制度的协同改革。若不打破"头痛医头、脚痛医脚"的思维定势，仅在教育制度内部寻找"药方"，终归难以从根源上解决问题。

（三）城市资源承载力等客观条件的制约

从产业经济学视角看，教育属于劳动密集型和资源消耗型产业，即教育本身不直接产生经济效益，却需要耗费大量的人力、物力和财力。同时，教育的准公共属性决定了其资助主体主要是政府，政府财政拨款是我国当前大多数学校赖以生存的主要资源②。据统计，"十五"期间，我国进城务工人员数量每年增加 600 万人～800 万人。2003 年农村劳动力外出务工数量为 1.1 亿，比 2002 年增长 8.6%；2004 年为 1.2 亿，比 2003 年增长 3.8%。"十一五"期间，农村人口向城镇转移的总规模达到 7 500 多万人，年均转移为 1 500 万人以上，高于 20 世纪 90 年代以来每年转移 1 200 万人左右的规模；同期农村劳动力流动就业总规模已达 4 500 万人以上③。

为了解决进城务工人员随迁子女义务教育问题，国务院于 2003 年、2006 年、2008 年先后发布了《关于进一步做好进城务工就业农民子女义务教育工作的意见》、《关于解决农民工问题的若干意见》以及《关于做好免除城市义务教育阶段学生学杂费工作的通知》（以下简称《通知》），基本形成

---

① 邹东升、耿俊峰：《"高考移民"现象的政策学审思与对策》，《社会科学家》2008 年第 1 期，第 119 页。

② 伍宸、洪成文：《我国异地高考问题、原因及解决对策》，《中国教育学刊》2012 年第 11 期，第 23 页。

③ 段娟、叶明勇：《新中国成立以来农村剩余劳动力转移的历史回顾与启示》，当代中国研究所：http://www.iccs.cn/contents/301/8251.html，2009-12-22/2013-02-19。

了由流入地政府负责，将进城务工人员子女接受义务教育的工作纳入当地教育发展规划体系，并提供相应财政资助的管理模式。如 2008 年的《通知》明确规定："地方各级人民政府要按照预算内生均公用经费标准和实际接收人数，对接收进城务工人员随迁子女的公办学校足额拨付教育经费"，"对符合当地政府规定接收条件的进城务工人员随迁子女，要按照相对就近入学的原则统筹安排在公办学校就读，免除学杂费，不收借读费"①。这些规定为妥善解决农民工子女接受义务教育提供了前提和保障，但同时也给各地方，特别是因政治、经济、文化等集聚效应明显的热点地区或大型城市的社会资源，诸如教育资源、土地资源、财政资源及水资源等带来了前所未有的挑战。

据悉，目前北京市义务教育阶段跨省进城务工人员随迁子女比例超过了 40%，天津市达到 18%，广东省超过 10%，福州市达到 19.4%，厦门市超过 30%，福建省晋江市和石狮市达到 60%以上，深圳市和东莞市进城务工人员随迁子女占当地义务教育阶段学生总数的 2/3。由于中央财政和省级财政共同负担的"两免一补"费用实行户籍所在地管理政策，拨付到学生的户籍所在地，且不能转移支付，使流入地政府在履行进城务工人员随迁子女义务教育职责时得不到相应的财政补贴。而随着随迁子女就学规模的不断扩大，各地现有的教育资源不断被消耗，先后出现教学经费紧张、教学场地紧张、教师队伍紧张的现象。如福建省泉州市有 24 万左右外来人口子女接受义务教育，97%以上在公办学校读书，为此当地政府投入已超过 10 亿元，并且投入 5 000 万元建了一所外来工子女学校。广东省东莞市 2010 年义务教育阶段学生中随迁子女新增 64 338 人（小学 49 501 人，初中 14 837 人），按广东省规范化学校生均占地面积相关规定，当年需新征地不低于 922 亩；按东莞市 2010 年财政教育经费年生均小学 7 900 元/人、初中 11 200 元/人计算，当年需多投入财政性教育经费 37.3 亿元。北京市仅海淀区在 2010 年出台同城待遇政策后，就读的外地子女数量激增，当年较上年增加 2 000 人，2011 年又增加了 6 000 人。目前海淀区有进城务工人员随迁子女 6 万人左右，占义务教育阶段学生总数的 31%。按生均 2.1 万元计算，海淀

① 国务院：《关于做好免除城市义务教育阶段学生学杂费工作的通知》，中华人民共和国中央人民政府网站：http://www.gov.cn/zwgk/2008-08/15/content_1072915.htm，2008-08-15/2013-02-19。

区每年为此需多投入 13 亿元①。另据第六次全国人口普查显示，截至 2010 年，北京市常住人口达到 1 961.2 万人，已超过北京市“十一五”城市发展规划规定的 2020 年的人口发展目标，基本达到了北京市人口承载极限，使本已短缺的水资源问题更加突出。

可见，在流动人口集聚性城市的相关基础设施及基本制度建设，特别是消耗性资源紧张的状况下，若断然放开“异地高考”，无疑会给当地的基础教育系统和社会资源系统带来较大冲击，这些现实问题客观上制约着“异地高考”的改革进程。

三、“异地高考”之解

“异地高考”既是中国教育领域的独有现象，也是中国特定历史发展时期不可避免的阶段性问题。据统计，2012 年全国流动人口达 2.3 亿，占全国总人口的 17%，在流入地的平均家庭规模达到 2.5 人。同时，全国“在流入地接受义务教育的有 1 260.97 万人，其中在小学就读的有 936.74 万人”②。这表明我国已进入人口大流动的历史发展阶段，同时也表明“异地高考”是一个必须直面应对的重大社会问题。从“异地高考”的形成、特点及其困境来看，求解“异地高考”至少应从以下几方面入手：

其一，从国家层面统筹教育内外部制度关系。新制度主义强调要构建立体化制度结构，即“特定时期内，一定范围的社会管理制度不仅包括经过协商一致而形成明文规定的制度（即所谓正式制度），还包括一些非正式的、潜在的制度等”③，并促使正式制度与非正式制度之间形成相辅相成、彼此促进的制度体系。由于“异地高考”并不是一个单纯的高考问题或者教育问题，而是一个涉及经济发展、人口管理、城市建设乃至社会稳定与和谐的国家战略问题。因此，化解“异地高考”问题非教育部门一己之力可完成，它需要包括户籍、财政、社会安全与管理、城市发展规划与资源管理以及法律

① 谈松华、范卫宏、夏鲁惠：《进城务工人员随迁子女在当地参加高考研究报告》，国家教育咨询委员会：《考试招生制度改革组专题调研报告汇编》（上），2011 年，第 85～87 页。

② 谭文娟：《异地高考改革方案已获国务院批准》，新浪网：http://book.sina.com.cn/news/c/2012-07-07/1520300751.shtml,2012-07-07/2013-01-21。

③ 伍宸、洪成文：《我国异地高考问题、原因及解决对策》，《中国教育学刊》2012 年第 11 期，第 25 页。

法规制定等在内的多个国家或地方监管及建设部门的统筹协调。尤其是在“异地高考”制度的设计、改革与推进方面，必须从国家层面出发建立统一协调的制度体系。具体而言，应既包括高考制度系统内的考试制度与录取制度的改革，又包括教育系统内的基础与高等教育制度改革，还包括社会系统内的户籍制度、财政制度、经济制度（主要是经济布局及产业结构调整）及城市资源分配制度等的一系列改革。无疑，只有在国家统筹的前提下，才能真正实现教育内外部制度关系的协调改革。

其二，逐步缩小省际高等教育入学机会差异。从根本上说，异地高考之所以难以解决，在很大程度上与由政治、经济及社会发展所造成的高等教育入学机会尤其是优质高等教育入学机会存在显著的地区差异密切相关。从长远来看，根据各省考生规模与比例调整高校招生名额的省际投放比例，对减少“高考移民”将具有积极意义。但在高等教育诉求层次上移的背景下，调整优质高等教育入学机会的省际差异则更为重要。因此，调整重点大学或部属高校招生名额的省际投放比例，增加河南省、山东省等“高考大省”的优质高校入学机会，是解决“高考移民”问题的一个关键方面①。同时，省际高等教育入学机会特别是优质高等教育入学机会差异的缩小，对缓解移民高考也具有重要作用，它至少利于引导部分移民的流向，缓解特大型城市的承载压力。当然，合理引导流动人口布局关键还在于国家经济发展战略与产业结构的调整。此外，注重调整城乡之间、省内不同地区之间的高等教育入学机会差异也是化解“异地高考”问题的重要途径之一。而高等教育入学机会差异的均衡化，不仅需要投放指标的调整，更需要加大中、西部地区的基础教育与高等教育资源的投入力度。

其三，采取有条件地分步实施异地高考策略。在现有客观条件与制度框架下，从“异地高考”诉求群体的规模来看，不管是考虑流入地的资源承载力，还是为减少流动人口子女与流入地高考既得利益者之间的利益冲突，都必须采取有条件地分步实施的策略。具体包括以下几个方面：首先，在高考制度的改革设计中，要实现户籍与高考的脱钩，即在高考的报名、考试及录取等环节，逐步从以户籍为主向以学籍为主的方向过渡，以消除户籍对流动人口子女参加高考的束缚，保障公民接受高等教育入学机会的公平、公正。

---

① 刘希伟、刘海峰：《清代科举考试中的冒籍问题及其现代启示》，《教育研究》2012 年第 1 期，第 146 页。

其次，通过国家经济发展战略的转移，特别是产业结构的布局，有效引导流动人口的流向，减少特大城市的聚集效应，以达到分散流动人口，实现人口结构的合理分布。再次，加大对中、西部地区教育的扶持及投入力度，逐步推进区域间的教育资源均衡化，同时注重不断缩小城乡之间的教育差异，实现省际、城乡间入学机会的均等化，消除“异地高考”的利益位差，从根源上消解“异地高考”的动力势能。

从实践看，2012 年教育部提出：“随迁子女在流入地参加高考要满足三项条件：一是家长在当地要有稳定工作、住所、收入并交纳了各种保险，也就是说考生家长可以不是户籍人口，但须是常住人口；二是学生在当地要有一定的学习年限；三是流入城市的发展规模及承载能力等。根据这三项条件，各地提出具体的解决办法。”① 这一解决思路至少表明了两点：一是现阶段的“异地高考”是有严格条件的，而不是一下子完全放开；二是具体的“异地高考”解决方案制定权在地方，需因地制宜。从 2012 年黑龙江省、安徽省、山东省、福建省等省已出台的具体方案来看，其设限门槛已基本实现了以学籍为主的“去户籍化”，代表着“异地高考”改革的未来发展方向。但应清醒地认识到，“如果放开户籍限制让随迁子女就地参加高考，大量的人必定会跟进移民，不仅会与当地的考生及其家庭产生利益冲突，像北京、上海这样的特大城市人口承载规模已近极限，‘移民高考’与控制人口规模会产生尖锐的矛盾”②。因此，在特定的历史阶段，高考“去户籍化”对京、沪等特大城市缺少可操作性借鉴意义，只能在分数公平与区域公平之间尽量求得平衡，以相对合理的办法渐进解决。而真正解决“异地高考”问题，可能要建立在全国高考录取分数线相对平行、高校享有高度招生自主权以及高等教育资源合理布局且供求平衡的基础之上，但无疑，要实现这种目标任重而道远。

第三节　高考制度的保障机制建设

任何制度的运行、发展及完善都离不开相应的保障机制。高考制度的保障机制是指为高考制度的正常运行提供物质和制度条件的机制，主要包括高

---

① 李莉：《随迁子女高考需满足三项条件》，《北京晚报》2012 年 9 月 6 日。

② 刘海峰：《高考移民与移民高考》，《中国教育报》2012 年 12 月 10 日。

考法治、诚信、监督及阳光工程等几方面内容。其中，法治侧重从国家层面，通过强制性手段来规范高考主客体的行为；诚信侧重从道德层面，通过非强制性手段或自律方式来规诫高考主客体的行为；监督侧重从社会层面，强调通过制度设计来确保高考过程处在相关利益主体的监察与督导之下。而阳光高考则是从理念层面转化为操作层面的，保证高考公开、公正、公平、透明运行的一种工作方式或监督平台。此四者之间既相互联系，又彼此促进，在高考制度的运行中发挥着不同的功能。综观高考制度的保障机制建设，大都历经了从无到有的过程，很多方面也才刚刚起步，需要加强和完善的空间很大。

一、高考法治的建设

高考法治是国家法治在教育领域的自然延伸，是指通过法律法规的形式界定高考的地位，明确高考权利主体的责任与义务，规范高考主客体的招考行为，以确保高考制度在公平、公正的环境下运行。换言之，就是通过法律法规建设，使高考制度的运行、改革及发展能够有章可循、有法可依，实现“依法治招”、“依法治考”。然而，尽管中国“依法施考”的历史源远流长，但中华人民共和国成立以来，由于各种原因，考试立法总体上较为迟滞，特别是随着国家政治、经济、文化、科技及教育等方面的发展，高考制度运行的内外部环境已发生了巨大变化，以“法”的形式保障高考公平、公正已变得越来越迫切。

（一）中国历史上的考试法掠影

早在科举时代，为防止徇私舞弊，维护科考公平、公正，自唐宋以降，就已开始有科场方面的法规。到清代，科举制度已建立起极其完备的法律体系，清代的《钦定科场条例》可谓是古代科举法治的巅峰之作。《清史稿·选举制》称：“有清以科举为抡才大典，虽初制多沿明旧，而慎重科名，严防弊窦，立法之周，得人之盛，远轶前代。”[①] 清代不仅对科考的考试时间、录取名额、考试资格、考试内容、阅卷、揭晓、解卷、复试、磨勘、殿试、朝考、翻译等相关程序进行细致的规定，还对科考主客体的行为规范严苛到至极的程度，其中不乏连坐、处死等酷刑。然而事实上，清代中后期科场舞

① 赵尔巽：《清史稿·第一〇八卷》，中华书局，1977年，第3149页。

弊不仅没有因统治者实施严刑峻法而减少、收敛，反而越来越严重。究其原因，主要是科举制度科学选才与追求公平的目标易位。正如有学者指出："当法制将科考舞弊控制在合理的范围内，则能起到保障公平的作用，促使选才的顺利进行。这时科举制度与科举法的目标是相互协调的。但当社会把注意力过度集中到注重公平、防止舞弊上，科举追求科学选才的根本目标就让位于追求考试公平的次位目标了，其结果必然导致科举科目由多渐少、考试内容由繁至简、考试文体由多样向单一转变"①，致使科举选才的功能不断弱化，并成为其最终走向消亡的重要因素之一。

清末以降，科举虽然退出了历史舞台，但考试选才的方法却一直被沿用，且为考试立法的做法也得到了继承与发展。特别是受孙中山五权宪法思想的影响，考试权在民国时期还被作为国家权力制衡的重要一权。因此，民国时期又是考试立法的黄金时代。综观民国时期的考试立法，大致呈现出四个特点，即数量众多、种类繁杂、内容齐全及因时而变。如仅南京国民政府考试院秘书处 1947 年编印的《考铨法规集》，就"分为官制、官规、考选、铨叙四类，其中'考选'部分就收录'一般法规'22 种，公职候选人考试法规 8 种，任命人员考试法规 77 种，专门职业及技术人员考试法规 23 种，奖学考试法规 3 种，合计达 133 种"②。不仅形成以《考试法》为核心的关于考试基本原则与方法的法规（包括各类考试的单行法规等），还建立了以《典试法》为核心的关于考试组织管理、操作实施的法规，如《襄试法》、《监试法》、《典试规程》等。可以说，民国时期的考试制度是以一套完整的考试法规体系为基础，且奉行"先立法、后考试"的原则，形成了一切考试均依法举办的运作模式③。

诚然，与科举考试制度相比，民国时期的考试制度已开始迈入法制化轨道。但由于民国时期多处于政局不稳的状态，特别是军治、党治以及派系斗争等色彩浓重，依法施考、依法选才很多时候也只是一种奢望，常常会受到权、钱、情等人为因素的干扰，并未摆脱人治的窠臼。

---

① 覃红霞：《高校招生考试法治研究》，华中师范大学出版社，2007 年，第 24～25 页。

② 李里峰：《现代性及其限度：民国文官考试制度平议》，《安徽史学》2004 年第 5 期，第 69～70 页。

③ 胡向东：《民国时期中国考试制度的转型与重构》，湖北人民出版社，2008 年，第 139 页。

（二）高考法治建设的历史脉络

1949年中华人民共和国成立，不仅意味着新的国家政治制度的建立，也意味着与之相匹配的一系列社会制度将被重构。高考作为选拔培养国家高级专门人才的重要制度，也是在中华人民共和国成立初期所建立的。纵观高考制度法治建设历程，以国家教育委员会于1987年颁布的《普通高等学校招生暂行条例》为分水岭，大致可分为两个阶段：一是以规[①]代法的高考阶段（1949年—1986年）；二是高考法制化建设阶段（1987年至今）。

1. 高考“法治”之以规代法（1949—1986）

1949年，中华人民共和国成立的第一年，由于政府来不及制定和部署有关招生的方针、政策，因此采取的是“维持现状，立即开学”的过渡办法，即由各高校自行组织招考新生。自1950年，中央人民政府教育部颁布《高等学校一九五〇年暑期招考新生的规定》以来，此后几乎每年都会发布高校招生暑期（或春季）招考新生的规定、意见、通知、批示及指示等文件。特别是自《全国高等学校一九五二年暑期招考新生的规定》颁布后，不仅标志着统一高考制度的建立，也基本勾勒了中国至今以来的高考制度基本框架。同时，经过多年的不断发展与完善，这些《规定》等文件，基本形成了包含统一高考命题、招生名额、报考条件、考试科目、政治审核标准、健康检查标准、录取新生原则与办法、评卷、阅卷、保密及计分等一系列高校考试招生组织实施的基本原则与实施细则，基本确保了各个时期高考的顺利进行。

然而，依据《中华人民共和国立法法》，我国的法律法规按效力高低依次是：法律、行政法规、地方性法规、自治条例和单行条例、规章[②]。因此，从名称与实际法律效力来看，1987年以前的高考各类文件均未达到正式法律法规的层次，故而称其为“以规代法”。不过，也有学者认为，尽管1987年以前的“有关招生考试的管理办法往往以‘规定’、‘通知’、‘批示’、‘指示’及‘意见’等文件形式出现，而不是严格意义上的法规名称。但在某种程度上，也均是特定时代的特殊法规形式，是政策与法规还缺乏明

---

① 此处的“规”具体是指“规定”，并包含与其同等效力的各项“通知”、“批示”、“指示”及“意见”等高考文件。

② 第九届全国人民代表大会第三次会议通过：《中华人民共和国立法法》，中华人民共和国中央人民政府门户网：http://www.gov.cn/test/2005-08/13/content_22423.htm，2005-08-13/2013-01-22。

显区分（事实上由于政府是全能的政府，政策与法律也没有必要区分）的情况下一种实质上的法规”①。但从具体的实施情况来看，这一时期的高校招生确实没有取得法律与法理上的独立地位，也常受到来自政治、行政等外部力量的干预与控制，且对于高考利益主体的相关责任与义务以及违规处罚等尚缺乏系统、细致、规范而严谨的规定。

2. 高考法治化之初建（1987— ）

1978 年，党的十一届三中全会总结了中华人民共和国成立以来的经验、教训，把工作重点转移到社会主义现代化建设上来，开始形成“一个中心，两个基本点”的基本路线，同时提出要“发展社会主义民主、加强社会主义法制”。全会决议明确指出：“为了保障人民民主，必须加强社会主义法制，使民主制度化、法律化，使这种制度和法律具有稳定性、连续性和极大的权威，做到有法可依，有法必依，执法必严，违法必究。”② 在这样的政治背景下，中国开始进入了法制建设的历史轨道。

高考作为“文化大革命”期间的重灾区，在历史的洗礼中获得了重生，其重要性也逐渐被人们所认识。如何构建科学、公平、合理的高考制度，成为中国教育改革乃至中国改革的重要组成部分。1987 年，在总结历年考试招生工作实践经验的基础上，在深刻认识到加强法制建设、坚持依法招考，以及用法律的手段代替过去宣传教育式、行政命令式的管理手段的基础上③，教育部颁发了《普通高等学校招生暂行条例》、《关于扩大普通高等学校录取新生工作权限的规定及其实施细则》、《普通高等学校招生管理处罚暂行规定》、《普通高等学校招收保送生的暂行规定》等一系列法规及细则，意味着中国统一高考制度已被纳入国家法治建设的行列。正如郑若玲教授所指出：“《普通高等学校招生暂行条例》的颁布，实现了我国普通高校在招生考试法规建设上零的突破，标志着普通高校招生工作开始步入法制化轨道。”④究其原因，不外乎它第一次以法律的形式规定了高校招生机构的主体及其职

① 覃红霞：《高校招生考试法治研究》，华中师范大学出版社，2007 年，第 45 页。

② 顾昂然：《回顾新中国法制建设的历程》，《中国人大》2004 年第 15 期，第 20～21 页。

③ 覃红霞：《高校招生考试法治研究》，华中师范大学出版社，2007 年，第 45 页。

④ 郑若玲：《普通高校招生考试法规建设述评——兼谈考试立法的必要性》，《广东工业大学学报》（社会科学版）2002 年第 4 期，第 5 页。

责、高考报名的条件与方式、政治思想品德考核的内容、身体健康状况的检查要求、考试的方式与科目、招生来源计划的制订、录取的主体与办法、招收保送生的原则与办法、招生的经费来源以及考试违规处罚办法等。简言之，《普通高等学校招生暂行条例》的颁布，标志着高考制度的实施已超越了“规定”、“指示”、“意见”等仅具有行政效力的规范层次，正式跨入了具有法律效力的规范层次。

20 世纪 90 年代中期以后，高考的法治建设又迈入了新的阶段，从《中华人民共和国教育法》到《中华人民共和国高等教育法》都对高考制度的基本问题做出了规定，如《教育法》规定：“国家教育考试由国务院教育行政部门确定种类，并由国家批准的实施教育考试的机构承办”①；《中华人民共和国高等教育法》规定：“高等学校根据社会需求、办学条件和国家核定的办学规模，制定招生方案，自主调节系科招生比例。”② 进入 21 世纪以来，教育部又于 2004 年发布了《国家教育考试违规处理办法》以及《教育行政处罚暂行实施办法》等，进一步对高等学校考试招生的性质及其承办机构，特别是考试招生所涉相关人员，包括考生、考试相关工作人员等的违规行为进行了较详细的规定，使高校考试招生的组织及实施获得了较好的法律保障，对促进高考公平具有重要意义。2011 年，为进一步保障考试安全，维护考试秩序，规范对国家教育考试中违规行为的处理，保障参加国家教育考试人员的合法权益，教育部又对《国家教育考试违规处理办法》进行了修订，使高校考试招生工作更加规范与完善。

总体而言，目前我国高考制度法治建设已取得了初步成效，形成了包括《宪法》、《教育法》、《高等教育法》以及部门规章在内的，涉及不同层次和法律效力的法律法规体系，为现行高考制度的运行、组织实施及管理提供了一定的法律基础。但需要明确的是，由于我国法治建设起步较晚，且长期以来缺乏法治传统，人们的法律意识也较淡薄，特别是随着考试招生制度外部环境的变化，诸如考试人数居高不下、网络信息技术的介入、公民公平意识的增强、社会流动人口的增加及其对高考的诉求以及区域、阶层、城乡入学

① 全国人民代表大会：《中华人民共和国教育法》，法律图书馆：http://www.law-lib.com/law/law_view.asp?id=11220,1995-03-18/2013-01-23。

② 全国人民代表大会常务委员会：《中华人民共和国高等教育法》，法律图书馆：http://www.law-lib.com/law/law_view.asp?id=412,1998-08-29/2013-01-23。

机会差异的存在等，都要求现有考试招生制度必须不断加强法治建设，尤其是应注重考试招生中的权力制约、权利保障、程序公正及违规处罚等的建设与规范。

（三）高考法治建设的现实问题

纵观高考法治建设的历史脉络，不难发现现行考试招生法规经历了完全依靠行政政策到行政政策与部门规章并行的阶段。从立法层次、法规体系、权利关系及实践操作等方面来看，当前的高考法治建设还存在以下主要问题：

1. 以规代法仍存在

受中国古代法律文化传统的影响，特别是1949年工农革命取得政权后，“中国贫民蔑视法律的传统社会心理，被上升为一种国家的普遍意识和国家政策”，并形成“法规是政策的定型化思想”。以致长期以来，中国的“法与政权联在一起，法依附于权力，为政权所掌握。而不是像西方社会那样，法律与政权保持较大的独立性，法官和法学家形成独立的社会阶层”①。在公民法律意识普遍淡薄的情况下，中国的法治建设受到影响与迟滞，特别是以行政政策、规定等取代法规的弊端难以清除。当前的《国家教育考试违规处理办法》、年度《普通高等学校招生工作规定》以及《普通高等学校招生考试考务工作规则》等行政性法规依然是当下高考组织实施的主要依据。“而在考试招生的法治实践中，还普遍存在管理部门与管理者常常用政策逾越、替代法规的现象，甚至政策包括法规、法规包括政策，如在相当一部分教育法规汇编中，仍将一些由中共中央发布的政策收入其中，而在一些政策汇编中，法规文本也是其重要内容。”② 从当前考试招生法规的名称来看，依旧存在对有关法规加注“暂行规定”或“暂行办法”等字样，或者专门针对具体单项问题做出的规定，仍以“办法”、“通知”、“批复”、“指示”、“指导意见”等形式出现，凸显了当前招生考试法规的不成熟③。因此，有效地区分政策、规定等行政文件与法律、法规，改变考试招生政策或规定等替代法律、法规这一现实，仍是高考法治建设亟待解决的问题之一。

---

① 蔡定剑：《对新中国摧毁旧法制的历史反思——建国以来法学界重大事件研究（五）》，《法学》1997年第10期，第4～5页。

② 覃红霞：《高校招生考试法治研究》，华中师范大学出版社，2007年，第208页。

③ 刘海峰，等：《高校招生考试制度改革研究》，经济科学出版社，2009年，第138页。

2. 立法层次待提高

立法是指由特定主体依据一定职权和程序，运用一定技术制定、认可及变动法这种特定社会规范的活动。我国现行的立法体制是“中央统一领导和一定程度分权的，多级并存、多类结合的立法权限划分体制，具体包括全国人大及其常委会立法、国务院及其部门立法、一般地方立法、民族自治地方立法、经济特区和特别行政区立法”①。因此，从中央到地方，不同立法主体所立之法，其效力、权威性及影响力呈递减之势。从现有的考试招生法规来看，尽管《教育法》、《高等教育法》先后对考试组织机构及高校的招生权限、法律责任等作了相应规定，但都零散、不系统，缺少可操作性。而实践中，专门针对考试招生制定的法规多以行政法规为主，大都是由国务院或政府有关职能部门制定的（以教育部为主），属于行政法规，不是立法机构制定的独立的法律，不具有广泛的适用性。然而，事实上，教育部制定的教育法规，在法律效力上属于第五层次的部门规章。这种较低的立法层次，在实践中一般难以有效规范整个普通高校考试与招生活动②。如，“一旦发生考试权益纠纷，司法机关由于无法可依难以受理案件，只能转给行政机关，通过行政手段处理，但行政处理，变通性又太强，结果使很多问题不了了之”③。因此，要保证考试招生的公平、公正、有效，在注重考试立法的基础上，还必须强调逐步提高立法层次，加强考试招生法规的执行效力、权威性及威慑力。只有如此，才能真正做到依法治招、依法治考，使考试招生能够有法可依，有法必依，执法必严，违法必究。

3. 法规内容不成熟

完善的高考法规体系，不仅应涵盖层次合理、内容协调的法规内容，而且法规内容还应具有切实的可操作性。从当前的高考法规体系来看，尚存在诸多不足，主要包括以下几个方面：一是法规内容抽象不全，如尽管属于法律范畴的《教育法》与《高等教育法》对考试招生有重要规定，但其具体内

---

① 《立法制度》，百度百科：http://baike.baidu.com/view/297700.htm，2011-09-28/2013-1-24。

② 覃红霞：《高校招生考试法治研究》，华中师范大学出版社，2007 年，第 208～209 页。

③ 郑若玲：《普通高校招生考试法规建设述评——兼谈考试立法的必要性》，《广东工业大学学报》（社会科学版）2002 年第 4 期，第 8 页。

容却失于抽象，而且不全①，基本属于性质界定或基本原则规定；二是考试招生立法滞后，整个考试招生规范依附于教育行政而存在，不管是招生的目的、招生机构及其职能，还是招生来源等，仍以教育行政部门对高校实行自上而下的单向管理；三是考试招生所涉及的相关权利主体，如考试部门、高校、考生等在考试、招生行为中的法理、法律地位不明，职责、权利及义务划分不清等；四是从“文本上的法律”转变为“行动中的法律”尚缺乏实操性，如违纪处罚措施单一，法律责任比较笼统，当前的《普通高等学校招生管理处罚暂行规定》主要以招生纪律处分和行政处罚为主，缺乏必要的刑事责任追究规定，以致高考集体舞弊屡禁不止；五是重实体、轻程序，如从高校 120％的投档范围来看，高校有权决定录取与否，教育行政部门履行监督职责，但对如何监督，却缺乏有效的程序规定，易使个别考生十年寒窗之努力成为招生随意性的牺牲品等②。简言之，完善的高考法规体系应包含从高考权利主体到高考法规内容再到高考权利监督在内的一系列健全而具可操作性的法规规定，是一项庞大而复杂的系统工程。

4. 权利关系不对等

法治体系是“法的统治”在法律的价值层面、事实层面和形式层面的有机统一。在控制范畴中，主要包括对私权和公权控制两类。从目前我国法治体系中私权与公权控制的情况来看，存在一定的不平衡，最为明显的表现就是我国法治体系对公权的控制相对偏软，而对私权的控制相对偏强③。综观当前考试招生管理法规，尚存在“对考生的规定偏重于对违规行为的处罚，而轻于对权益的保障；对考试管理部门和高校，则较多规定权利，较少规定义务”④ 等问题。但从法理角度看，权利和义务应该是对等的，如同马克思所言：“没有无义务的权利，也没有无权利的义务。”⑤ 黑格尔也表达了相同

---

① 应朝帅：《现行招生考试管理办法的法律空白与完善》，《中国考试》2006 年第 5 期，第 16 页。

② 覃红霞：《从科举法到考试法》，《中国考试》2006 年第 6 期，第 15～16 页。

③ 魏治勋：《从法律体系到法治体系——论党的十八大对中国特色社会主义法治体系的基本建构》，《北京行政学院学报》2013 年第 1 期，第 1 页。

④ 应朝帅：《现行招生考试管理办法的法律空白与完善》，《中国考试》2006 年第 5 期，第 16 页。

⑤ 马克思、恩格斯：《马克思恩格斯全集》（第 16 卷），中共中央马克思恩格斯列宁斯大林著作编译局译，人民出版社，1972 年，第 16 页。

的意思，即“权利与义务各以对方的存在作为自己存在的前提”①。换言之，权利与义务既有联系又有区别，二者在结构上是不可分割的，在功能上是互补的，在价值上则是辩证统一的。一方面，“权利主体要实现自身权利，必须要有对应的义务主体承担相应的义务，以保障权利主体的权利实现；另一方面，权利主体在享有权利的同时，也必须承担具体、明确的义务，这既是对权利主体的一种制约，也同时是一种保障”②。而建立相应的考试招生法律救济制度，通过合理运用知情权、参与权及申诉权等，既是体现考试招生中权利与义务对等关系的必要措施，又是维护招考过程中应试者及管理、监考者的合法权益，避免相关人员投诉无门与主管部门互相推诿，使考试招生活动得到有力监督的必要途径。

5. 部分规定制约改革

随着高考制度外部环境的变化，诸如公民公平意识的增强、法治意识的觉醒、扩大高校自主权的需要以及信息技术的发展等，在考试招生立法滞后的条件下，部分规定不仅不适宜，甚至制约着高考改革。如在“学校负责、招办监督”的原则下，“是否录取以及录取的专业由高校自行确定，高校负责对已投档但未被录取考生的解释”③。这一本来赋予高校自主招生权的规定，却因招生的责、权、利不清晰，高校或为避免考生因“高分低就”甚至落榜而造成矛盾④，往往选择“以分取人”，使高校处于欲“自主”而不能的尴尬境地。再如，《中华人民共和国教育法》第七十九条规定：“在国家教育考试中作弊的，由教育行政部门宣布考试无效，对直接负责的主管人员和其他直接责任人员，依法给予行政处分。”显然，对于一项关乎千万考生前途命运的大规模考试，“只给予行政处分不能满足考试管理的需要，也与一些舞弊行为的性质不相符”⑤。事实上，国外对全国性统一考试的作弊处罚

---

① 李步云、杨松才：《权利与义务的辩证统一》，《广东社会科学》2003 年第 4 期，第 126 页。

② 应朝帅：《现行招生考试管理办法的法律空白与完善》，《中国考试》2006 年第 5 期，第 16 页。

③ 教育部：《2010 年普通高等学校招生工作规定》，阳光高考：http://gaokao.chsi.com.cn/gkxx/ss/201003/20100326/68361300.html，2010-03-26/2013-01-18。

④ 瞿振元：《深化改革，依法治招》，《中国教育报》2001 年 12 月 5 日。

⑤ 应朝帅：《现行招生考试管理办法的法律空白与完善》，《中国考试》2006 年第 5 期，第 16 页。

十分严厉，如美国对托福考试的作弊者，通常会以“危害国家安全罪”判处3年以上有期徒刑，并处以罚金。据报道，“2002年，美国对逮捕的58名托福考试‘枪手’，经司法部指控，若罪名成立，将面临最高5年监禁和25万美元罚款的处罚”①。显然，在现代信息科技发展迅猛的背景下，防止考试舞弊将面临严峻挑战，若无强有力的法律作为保障，仅以行政处罚很难起到有效的威慑作用，不利于促进高考公平。无疑，健全的法制是确保高考制度改革顺利推进的必由之路。

此外，还有学者指出，目前我国在考试招生管理中尚存在许多法律空白：一如因各级招生委员会、招办的权利与义务规定不明，致使高考事件或事故难以追究相应的责任，2003年江苏省高考数学试卷质疑案与浙江省乐清某考点英语听力故障事件②等最后都不了了之，便是突出案例。二如若有人无意或有意扰乱考场秩序，侵害了其他考生享受安静考试环境的权利，其损失如何补偿？三如因招生院校缺乏有力的权利保障机制，致使实行120%比例投档省区的高校大多要求降低投档比例，以减少社会压力，不仅难以发挥自主权，甚至还使“以分取人”合理化。四如为限制“高考移民”，教育部严格规定考生须在户籍所在地报考，一些省市甚至禁止户籍进入本省未到一定年限的考生报考，这两个层面的政策实质上都在实践中剥夺了正常迁徙的考生正常参加高考的权利等③。

诚然，任何一项制度或法律法规体系的完善，绝非一日之功，一般都需要经过长期的研究探索、实践磨合以及检验修正等过程。正如伯尔曼教授所指出：“所有重大革命没有在第一天就成功地废除革命前的法律，并在第二天就建立起一种新的和永久的革命的法律制度。每次重大革命都经历了一个过渡时期，在这期间，相继迅速地制定了新的法律、法令、规章和命令，并迅速地对它们进行修改、废除和更换。”④ 就高考法治而言，从2002年全国

① 于建坤：《国外对考试作弊的处罚》，《中国青年报》2007年2月7日。

② 2003年，江苏高考有一道数学试题的科学性受到数学专家的质疑，但直到录取结束仍无定论，最后不了了之。同年，浙江乐清某考点英语听力出现播放故障，因未能得到及时解决，造成一起集体上访事件，影响了社会安定等。这些不得不让人们思考类似事故的法律责任问题。

③ 应朝帅：《现行招生考试管理办法的法律空白与完善》，《中国考试》2006年第5期，第16～18页。

④ 伯尔曼：《法律与革命——西方法律传统的形成》，贺卫方，等译，中国大百科全书出版社，1993年，第34页。

教育科学“十五”规划将“教育考试立法研究”作为重点课题立项，到2003年教育部向国务院汇报提出“启动教育考试立法程序，争取早日颁布教育考试法”，再到2004年十届全国人大二次会议，123名人大代表提出5个关于制定国家考试法议案①至今，尽管目前尚未出台国家教育考试法，但足见教育考试立法已进入相关程序。特别是党的十八大在十五大报告提出“依法治国，建设社会主义法治国家”的基本方略的基础上，提出了“全面推进依法治国”② 的宏伟目标，为高考法治建设提供了良好的政治环境与历史机遇。

二、高考阳光工程的启动

所谓“阳光工程”是指以公平、公正为核心，从制度建设、信息公开、从严管理、优化服务、加强监督等方面，建立和完善更加公开透明的考试招生工作体系，不断提高考试招生战线诚信度、国家教育考试公信度以及人民群众满意度的高考基础改革工程。该工程自2005年启动以来，在深化高考制度改革、规范高考行为、改善高考服务、防止招生徇私舞弊、捍卫高考及教育公平等方面取得了显著成效，赢得了广大考生及家长的信任与支持，获得了良好的社会声誉，是一项顺应高考内、外部环境变化，旨在维护广大考生合法权益，确保高考公平公正的民生、民心工程。

（一）阳光工程启动之因

改革开放后，我国经济社会一直保持高速发展，特别是在优先发展教育的战略布局下，经过短暂的扩招，在世纪之交的1998年—2004年间，全国高等教育毛入学率从9.8%提高到19%，高考报考人数从320万增长到729万，高考录取率从34%增至61%③，实现了高等教育由精英化向大众化的转变，有些发达省、市（如北京市、上海市等）甚至已迈入普及化阶段。

① 赵亮宏：《教育考试事业的一项基本建设——关于依法治考和教育考试立法》，《中国考试》2004年第10期，第5页。

② 胡锦涛：《坚定不移沿着中国特色社会主义道路前进　为全面建成小康社会而奋斗——在中国共产党第十八大全国代表大会上的报告》，《人民日报》2012年11月18日，第1版。

③ 《全国历年参加高考人数和录取人数统计》，中国教育网：http://gaokao.eol.cn/kuai_xun_3075/20100125/t20100125_444378.shtml,2010-01-25/2013-01-25。

与此同时，高考舞弊案件频发，如2000年相继曝光的山东泰安一中、湖南隆回一中等保送生舞弊事件。这些事件令人触目惊心："在班里成绩属下游的A，其父是市级领导，被保送到北京一所非常著名的大学；会考都未过关的B，也因其父是大官而被保送；甚至连考试成绩居全班倒数第一的C，也被保送到北京一所名牌大学。"以致社会上流传："所谓保送生实际上就是关系生、权钱交易生。"① 而随着信息科技的发展，通过电子产品及网络进行高考作弊，以及迅速扩散泄密的风险大大增加，直接威胁到高考公平与社会和谐。此外，受中国传统文化的影响，"望子成龙，望女成凤"是中国家长的普遍心理，在基本解决上大学的问题后，上好大学依然是民众持续追求的目标之一，社会对高考的高度期望，容不得高考出半点差错和不公的情况。

由于高考内外部环境的巨大变化，原来行之有效的考试招生制度与管理办法面临许多新问题、新挑战。在管理层面最突出的特点是：管理对象数量巨大化，管理形式多样化、管理内容复杂化，工作难度与压力也大大增加。尽管各级教育行政部门、招生机构及高等学校认真执行国家招生政策规定，但在原有体制机制内，招生腐败仍层出不穷、防不胜防。特别是2004年北京航空大学发生严重违规招生乱收费事件，它警示："在高校招生中的某些环节还存在着信息透明度不高、政策宣传不到位、管理不够规范，个别地方政府和学校为了本地区或本单位的局部利益，突破国家招生政策违规招生等问题。"② 因此，如何做到从严管理、堵塞漏洞，建立更加科学合理、公开透明的招生工作体系，有效监督与规范教育行政部门、招生考试机构及高校的招生行为，确保考试招生工作的公平和公正，已成为势在必行的改革重点之一。高考"阳光工程"正是在这种形势和背景下得以启动的。

（二）阳光工程的具体运作

实施高考"阳光工程"，在政治意义上，是坚持立党为公、执政为民、维护广大人民群众利益的需要；在教育意义上，是依法治教、加强招生管理、深化招生改革的需要。为切实维护广大考生的合法权益，确保高考公平公正，"阳光工程"以制度建设为基础，以信息公开为重点，以严格管理为

---

① 吴湘韩、罗达雄、叶铁桥：《保送生制度为何要改革》，《中国青年报》2001年2月19日。

② 姜钢：《实施阳光工程，办人民满意的高考》，《中国高教研究》2005年第12期，第23页。

根本，以优质服务为依托，以有效监督为保障，从制度和机制两方面逐步建立并完善与我国社会发展相适应的、更加公开透明的高校考试招生工作体系。其核心内容：一为“六公开”，即实行招生政策、高校招生资格及有关考生资格、招生计划、录取信息、考试咨询及申诉渠道、重大违规事件及处理结果公开；二为“六不准”，即要求招生工作人员不准违反国家有关招生规定，不准徇私舞弊、弄虚作假，不准采取任何方式影响、干扰招生工作正常秩序，不准协助、参与任何中介机构或个人组织的非法招生活动，不准索取或接受考生及家长的现金、有价证券，不准以任何理由向考生及家长收取与招生录取挂钩的任何费用①。

为贯彻落实高校招生“阳光工程”，教育部于 2005 年 5 月 10 日正式开通“阳光高考”信息平台（网址 http://gaokao.chsi.com.cn）。该平台整合国内各类高校资讯，集招生公示、招生章程、院校信息、在线咨询、招生计划、高考动态、志愿参考、专业与就业介绍以及各类考生的资格名单等内容，为考生和家长提供全方位的网上招生信息咨询服务。它集权威性、多视角、互动性、自主管理、便捷高效等特点于一体，为高校招生宣传提供强大的网络工具。2008 年 1 月，教育部还在“阳光高考”信息平台中正式启用政务功能，各省级教育行政部门、省级招办和各高等学校通过平台进行高考政策发布、招生计划发布、公示名单管理、招生章程报送审核及发布、公告管理及公文收发等，与“阳光高考”信息平台原有服务功能实现了一体化整合②。值得一提的是，该平台还开通了“高考填报志愿综合参考系统”，依托历年高校招生录取数据库，从往年录取分数和位次角度为考生填报志愿选择报考院校提供参考。并从学科专业角度比较不同学校间的差异，包括学校基本信息、专业招生录取平均分、专业相关学科点设置（含本科、硕士和博士点）、学科排名以及是否属于国家重点学科等能够反映学科专业培养能力的数据信息，为考生提供多角度的参考。

（三）阳光工程的实施成效

综观近年来的“阳光工程”实践，在教育部、省级教育与考试部门及各

① 《中国考试》杂志社：《恢复高考 30 年：高考改革与发展》，中国传媒大学出版社，2007 年，第 77 页。

② “阳光高考”信息平台，百度百科：http://baike.baidu.com/view/3909087.htm?subLemmaId=3909087&fromenter=%D1%F4%B9%E2%B8%DF%BF%BC%D0%C5%CF%A2%C6%BD%CC%A8，2010-12-24/2013-01-26。

类高校的积极配合下，当前考试招生制度的健康发展与规范运作取得了积极的成效，具体表现如下①：

一是形成了良好的领导管理体系，即加强了组织领导，明确了招生工作责任制。各省级教育行政部门实施了高校招生“一把手”工程，厅长、主任亲自抓高考工作，并要求各高校、各市县教育行政部门成立以“一把手”为负责人的招生领导小组，层层签订承诺书、责任书，任务分解到人，责任落实到人。各高校也普遍成立了由校党政主要领导及有关方面负责人组成的招生工作领导小组，明确责任制，并制定严格的决策、管理程序。二是构建了严格的纪律监督保障体系。各招生机构或单位严格按照“六不准”的要求制定工作纪律，纪检监察部门全程参与招生工作，并建立了考生申诉渠道和重大违规事件及处理结果公开制度，公布举报电话、信访接待站等信息。实践表明，该体系有效减少了信访及举报人次。三是建立了更加公开透明的录取工作体系，即按照“严紧政策、严密程序、严格管理”的原则，坚持“六公开”。目前得到社会高度肯定的至少有三项：公示具有加分资格的考生名单、公开高校未完成的招生指标以及实时公开招生录取状况等。四是实施“三项重点治理”，建立了部门配合齐抓共管的有效工作体系，使违规招生、中介诈骗、乱收费等问题得到了有效遏制，考生、社会投诉率下降了50%～70%，有些省市和高校实现了零投诉。同时在公安部的支持下，“高考移民”也得到了有效遏制。五是建立了安全、有效的全国录取保障体系。2005年以来，通过加强教育、公安、信息部门的协调，采取安全培训、加大人力值守监控、加强应急处理等一系列措施，有效防范黑客和非法网上攻击，网上录取系统运转正常，未发生重大突发事件。六是通过集发布、公示、宣传、咨询等功能于一体的“阳光高考”信息平台，优化了招生服务，提高了考生及社会的满意度。

另据统计，2007年经“阳光高考”信息平台集中公示的保送生、艺术特长生、高水平运动员、自主选拔录取等资格考生达32 600多人，地方招办和大学、中学也分级公示了相关名单，未接到一起投诉举报②。因此，总

---

① 姜钢：《实施阳光工程，办人民满意的高考》，《中国高教研究》2005年第12期，第24～25页；刘海峰，等：《高校招生考试制度改革研究》，经济科学出版社，2009年，第372～374页。

② 《高考生将建立诚信档案》，新浪网：http://news.sina.com.cn/c/2007-05-29/083811914765s.shtml,2007-05-29/2013-01-26。

体来看，“阳光工程”的实施及不断完善，很大程度上规范了招考机构及高校的招生行为，减少了招生腐败及作弊的发生，起到了维护考生利益，促进高考公平、公正的作用。然而，由于高考形式多样，录取管道多元，涉及面广，程序与环节众多，稍有疏忽就存在被钻空子的危险。如2006年，有媒体报道了“湖南省在进行应届高中毕业生体育竞赛优胜者统一测试的丑闻”①，这表明“阳光高考”仍有尚未照到之处，“阳光工程”仍须不断完善，“阳光高考”必须警钟长鸣。

三、高考诚信制度的建设

高考诚信是社会诚信的重要组成部分，是指高考所涉各方都自觉遵守高考相关规定的一种道德自律品质。它在很大程度上影响着高考的公平、公正，是高考管理的重要内容。构建科学合理的高考诚信制度，不仅能起到促进考生提升自身道德素养、净化社会环境的作用，还是进一步深化高考制度改革的关键所在。

（一）高考诚信制度建设之由

中国是世界四大文明古国之一，有着悠久的诚信史和灿烂的诚信文化。“大约在晚商至春秋之际，信作为成文的行为规范已出现在金文②上”，而随着后来儒家学说的兴起，诚信更是“从社会潜意识形态演变发展为社会显意识形态”③，并上升为中国伦理价值的核心，成为“做人之本，为政之则和成业之道”④。而诸如“人而无信，不知其可也”、“言必行，行必果”、“敬事而信”等诚信观念对中国社会的发展一直发挥着不可忽视的正能量。然而，诚信作为一种道德品质，属于伦理范畴，不具备强制性约束，且会随着社会环境的变化而变异。特别是在相应体制机制不健全的情况下，受利益驱动，诚信往往比较脆弱。高考作为我国分配高等教育资源的主要杠杆，关涉着千万考生的命运走向，而伴随着高考由一统走向多元，制度弹性的增加，

① 张沿河：《“阳光高考”尚未照到之处》，《南方日报》2006年6月15日。

② 金文是刻铸在青铜器上的文字，即青铜器铭文，又称钟鼎文。如中山王鼎上所铸“余知其忠韵（信）也”。

③ 王锐：《中国古代对诚信的理解》，《昭通师范高等专科学校学报》2009年第1期，第1页。

④ 涂争鸣：《试论诚信的内涵与价值》，《江汉论坛》2006年第4期，第78页。

必然突出诚信这一变量的重要性。

20 世纪 90 年代以来，随着高考改革的深入，越来越多的人认识到社会诚信的缺失是造成国外大学入学制度的部分“先进做法”在中国“水土不服”的重要原因之一。近年来，作为统一高考有益补充的保送生制度为高校输送了大量优秀人才，却因部分地区的“送劣不送优”而大幅缩减规模，程序日已繁琐；对少数民族、经济社会发展落后地区考生给予的入学机会补偿，却引来“高考移民”潮；作为扩大高校招生自主权的“2％调节计划指标”在取消前，被一些学校违规操作、沦为个人敛财的工具；而“综合素质评价”在诸多省区的高考方案中由于没有对其操作程序、评价标准进行详尽的规定，受到公平与否的质疑①。

此外，随着信息科技的发展，在考试过程中，作弊手段已从过去简单的资料夹带、交头接耳，发展到近年的传呼机、手机，再到现今具有高科技含量的微型耳塞、针孔摄像眼镜、内置接收器钢笔等，与反作弊之间呈现出“道高一尺，魔高一丈”的严峻局面。另据“对江苏省七所高校 5 000 名在校大学生的调查表明，近一成的被调查者承认自己在考试中经常作弊，另有 59.5％的被调查者承认偶尔会作弊，而在即将到来的考试中，肯定不准备作弊的则只占 58.1％”②。可见，从主、客观两方面，不管是为维护高考公平、公正，还是教育考生诚实守信，加强高考诚信建设，是深化高考制度改革的必然选择。

（二）高考诚信制度建设的具体内容

我国正式的高考诚信制度建设起步较晚，始于 2004 年“诚信考试承诺书”的问世，即从 2004 年起，教育部规定在国家教育考试前每名考生都要签订“诚信考试承诺书”，以此加强考生诚信意识，防止和减少考试作弊行为发生的。据统计，该政策实施后，当年的“全国高考违规人数为 3 099 人，违规率万分之四点五，是 1995 年以来十年间最低的一年”③。这表明，通过加大对诚信、守规、守纪、守法考试的宣传与教育，是可以有效

---

① 王恒，等：《高考改革何以动辄得咎——兼论高考改革的价值取向》，《江苏工业学院学报》2009 年第 1 期，第 79 页。

② 张江琳：《关于诚信考试若干问题的思考》，《中国考试》2006 年第 12 期，第 28 页。

③ 《中国考试》杂志社：《恢复高考 30 年：高考改革与发展》，中国传媒大学出版社，2007 年，第 76 页。

减少考生考试作弊行为发生的。此后，教育部为进一步加强高考诚信管理，先后出台了若干高考诚信规定与办法，加快了高考诚信制度建设的步伐。

2005年，为进一步规范高等学校招生工作，确保高等学校招生全国统一考试的公平、公正，加大考试诚信教育力度，切实维护广大考生的合法权益，教育部发布了《关于建立高等学校招生全国统一考试考生诚信档案的通知》，要求依据《国家教育考试违规处理办法》、《2005年普通高等学校招生工作规定》，由各省级招生考试机构负责建立本省、自治区、直辖市参加全国统考考生考试诚信档案。其主要内容如下①：

(1) 参加全国统考考生考试诚信档案的主要内容为考生参加全国统考发生违规行为的简要事实及处理结果。各省级招生考试机构负责采集、确认本地区考生的考试诚信记录信息，并建立相应的参加全国统考考生考试诚信档案数据库。

(2) 承办全国统考的各级招生考试机构要严格按照《国家教育考试违规处理办法》和考务工作规定的有关要求，认真实施考试程序，如实准确记录违规考生的情况，在调查事实和证据确凿的基础上，切实做好对所涉及考生的违规行为进行认定及处理工作，加强对考生考试诚信档案的规范化管理。

(3) 用于普通高校招生网上录取的考生电子档案必须含有考生历年参加全国统考的考试诚信记录信息，并按有关规定在考生特征标志信息项中，对有违规记录的考生统一用字母W予以标识。录取时，省级招生考试机构须以附加表的方式向高等学校提供违规考生历年参加全国统考的违规简要事实及处理结果，作为高等学校决定是否录取考生的重要参考依据之一。

(4) 高等学校在录取工作中，应贯彻公平竞争、公正选拔，德智体美全面考核、综合评价、择优录取的原则，在认真审阅考生电子档案以及其中考试诚信记录信息等附加表的基础上，提出是否予以录取等相关审录意见。

(5) 各省级招生考试机构须在全国统考结束后2日内完成本省

① 教育部：《关于建立高等学校招生全国统一考试考生诚信档案的通知》，阳光高考：http://gaokao.chsi.com.cn/gkxx/zcdh/200506/20050602/29578.html，2005-06-02/2013-01-26。

（区、市）在本次考试实施过程中发现的考生实施违规行为的数据统计汇总工作，并及时报教育部。各省级招生考试机构在本省（区、市）录取工作开始前，应将已经认定的本省（区、市）违规考生考试诚信记录信息以数据库形式报教育部备案，正在处理过程中的，认定后及时上报。

（6）各省级教育行政部门、招生考试机构和学校要加强对考生的诚信考试教育，加大对诚信、守规、守纪、守法考试的宣传力度，通过全社会的共同努力和有效监督，营造“诚信光荣”的良好社会风尚。

2007 年，在上述《通知》的基础上，教育部又决定实施部、省两级国家教育考试诚信档案网络管理，并对有关规定进行了补充，如诚信记录由考试环节要求扩展到报名等其他招生工作环节，各级招生考试机构都将考生在招生考试相关环节的诚信表现记入其电子档案，进一步丰富了考生诚信档案数据库①。同时还规定，考生诚信档案数据库将提供给高校、招生单位甚至将来的用人部门查询，对严重违规的考生予以严肃处理，这意味着“作弊一次，污点一生”。同年，高中新课程改革的 4 个试验省区，还将应届高中毕业生综合素质评价信息提供给高校，以利于全面衡量、择优录取②。由此，不仅进一步完善了高考诚信制度建设的内容，还极大地扩展了诚信档案的使用范围，增强了诚信档案的可靠性、权威性及影响力。

（三）高考诚信制度建设的成效与问题

通过一系列诚信教育措施及诚信管理办法的实施，从实践上看，确实取得了较好的成效，提升了高校考试招生制度的权威性与公信力。首先，考试作弊现象同比有较大幅度的下降。自 2004 年推行签订“诚信考试承诺书”以来，在各地相关部门、单位的积极宣传、配合下，考风考纪明显好转，考试安全得到明显加强。据统计，2007 年高考违规率降至万分之三；2008 年全国共查获违规人数 2 645 人，占考生总人数的万分之二点六，实现了高考违规率 10 年来首降至万分之三以下③；2012 年，全国省均违规人数降至

① 刘海峰，等：《高校招生考试制度改革研究》，经济科学出版社，2009 年，第 374～375 页。

② 《中国考试》杂志社：《恢复高考 30 年：高考改革与发展》，中国传媒大学出版社，2007 年，第 80 页。

③ 教育部：《2008 年全国高考违规 2 645 人，首次降到万分之三》，中国教育在线：http://gaokao.eol.cn/08gkbdkun_6569/20080618/t20080618_303260.shtml，2008-06-18/2013-01-27。

49人，全国高考违规率降至万分之一点七[①]，再创历史新低。其次，进一步提高了普通高等学校招生工作的公信度、满意度。考试诚信规章对高考公平、公正提供了制度保障，大量考试违规现象被扼制在萌芽状态，已经出现的考试违规行为也以诚信规章为依据而得到快速、合理的解决，考试风气进一步改善，社会对高考权威性和严肃性的认同度和满意度也得到了提高。

不过，从高考诚信制度的建设情况来看，目前至少存在两个主要问题：

一是国内尚未形成良好的社会诚信文化。高考诚信是社会诚信的重要组成部分，存在于整个社会文化之中，既受社会诚信文化的影响，又能起到净化社会诚信文化的作用。然而，目前我国的市场经济仍处于初级阶段，市场体制还不健全，市场秩序也不完善，诸如假冒伪劣、欺诈哄骗、随意毁约等行为常有发生，严重干扰和破坏了市场经济的健康发展，诚信危机业已成为制约经济发展的新瓶颈。由于经济基础不仅决定上层建筑，还深刻地影响、引导着社会意识与文化的发展走向，这种经济领域的诚信危机必然辐射、波及社会其他领域，致使整个国家社会存在某种程度的诚信危机，不利于高考诚信体制、机制及文化的形成。有调查显示，“社会上近70%的民众担心‘综合评价’难以保证公正、公平”[②]，这正是社会诚信文化缺失的表现之一。

二是诚信制度本身侧重对考生作弊行为的惩戒，缺乏对招生机构与招生单位的监督。综观《关于建立高等学校招生全国统一考试考生诚信档案的通知》、《国家教育考试违规处理办法》以及历年普通高等学校招生工作规定，尚存在重于对考生作弊行为防惩，而轻于对主考与招生机构的防惩。事实上，教育部门、考试机构及高校等相关人员同样存在失信可能，特别是诸如“高考移民”、民族身份造假、冒名顶替、大型集体舞弊以及修改档案信息等，并非考生单独所能完成，而是需要大量的“外援”才能办到。如2009年重庆市31名高考考生民族身份造假，骗取高考加分；2009年天津师范学院毕业生罗某在办理教师资格证时，发现4年前她已被高中同学王某冒名顶替上了大学；2009年教育部对中国高等教育学籍学历管理平台注册学

---

① 该数据根据全国部分省区公布的违纪作弊人数统计得出。中国统一教育网：《2012年高考结束，全国部分省区公布违纪作弊人数》，中国统一教育网：http://www.tongyi.com/index.php/article/news?id=3013，2012-06-11/2013-01-27。

② 宋晓梦：《高考改革：对社会诚信度的一场大考》，《光明日报》2009年5月25日。

籍的普通本专科在校生数据库清查，发现两个欧某[1]等事件，皆是相关部门协助完成的。因此，高考制度诚信建设必须双管齐下，同时注重对考生与考试招生主体的防惩。

此外，还存在少数诚信规定惩罚性过强，而教育性偏弱的问题。如2007年规定，国家教育考试中的诚信记录将不仅提供给高校、招生单位参考，还将提供给未来的用人部门查询，意味着“作弊一次，污点一生”。这种规定诚然能起到较好的威慑作用，但考生毕竟处于受教育阶段，教育的目的在于改造人，而不是毁掉人，且很多作弊行为并非完全由考生主观所为，还有其他因素的参与。因此，从育人的角度来看，此规定应慎重使用，适当给予犯错考生一些改过自新的机会，避免矫枉过正。总之，为维护高考正常秩序，确保高考公平、公正，必须重视高考诚信在高考制度运行中的价值，深入研究高考对诚信的内在需求及诚信在高考中的作用机制，并以法治、教育及文化为基础加快推进高考诚信制度建设，使高考制度沿着健康轨道向前发展。

第四节　高考管理制度改革的反思[2]

作为保障高校招生有序运行的基础性规范体系，高考管理制度随着高考测试制度、录取制度及政治、经济、文化等内、外部环境的变化而不断演进。特别是恢复高考后的30余年，它在考试机构、考试法治、“异地高考”、社会监督及诚信体制建设等方面取得了重大进展，但受制于特定历史条件，也面临诸多亟待突破与完善的制度性建设问题。而这些问题的解决既是高考改革的重点与难点，也是高考管理制度改革的发展方向。总结成效、理顺问题，是把握高考管理制度变迁趋势及其规律的重要前提。

一、高考管理制度改革的成效

管理是人类社会的一项基本活动，是管理者遵循事物发展规律，运用科学手段与方法，通过计划、组织、领导与控制，使管理客体发挥整体效能，

---

① 罗长文：《高考考生个人档案信息的真实性与诚信管理》，《兰台世界》2010年9月。

② 本部分刊载于《教育研究与实验》2014年第3期，见《高考管理制度的改革与变迁：成效、难点及趋势》，略有改动。

实现预期目标的过程①。因而，从高考管理制度所发挥的效能及达到的目标来看，其改革成效主要如下：

（一）考试机构：树立了由“考政与考务合一”转向“考政与考务分离”且考务不断专业化发展的改革理念，促进了高考制度的现代化转型

考试机构是组织考试活动的实体性存在，其职能定位决定着其所能发挥的效能，即能否提供科学、安全、规范、公平的考试服务。“十一五”之前的半个多世纪里，招生考试机构肩负着招生考试管理和组织考试业务的双重职责，是一个考试行政管理与考试业务管理并重的混合型专门机构，且在行政体制上依附于政府。长期以来，形成了“管理意识强而服务意识弱，主观意识强而法律意识弱，行政意识强而市场意识弱”② 的运行思维模式，既不利于招生考试机构独立法律责任的承担，也不利于高考实务和服务水平的提升，严重制约着高考制度的现代化转型。而随着 21 世纪人事组织机构的调整，“十一五”期间教育部考试中心正式提出建立专业化考试与评价服务机构的发展愿景，开始加强国家题库、考务指挥、应急处置、命题基地、网络评卷、标准化考场及考试评价研究等重点工程建设，这表明在思想与认识上我国已确立了构建专业化考试机构的基本立场，对加快由传统的“考政与考务合一”逐步向“考政与考务分离”转变具有重大推动作用，为招生考试机构由兼具考试行政与业务的混合型机构向专业化、职业化考试评价机构的转型奠定了良好基础。同时，考试机构的专业化发展，对转变考试评价理念、创新考试技术、提升高考服务水平以及促进高考制度的现代化与国际化提供了组织保障。

（二）异地高考：由“一律封堵”转向了“有条件地放开”，进一步促进了高考适应经济社会发展及教育公平的需要

“异地高考”是伴随改革开放和高考制度改革所产生并凸显出来的一个极其复杂的问题，它不仅关涉区域间的高考利益博弈与高考公平，还涉及国家户籍制度及产业经济发展；它既是一个教育问题、高考问题，又是一个社

① 黄贵庭：《新编现代管理学》，企业管理出版社，2011 年，第 2 页。

② 戴家干：《从教育考试看教育考试机构的职能与定位》，《中国考试》2006 年第 2 期，第 5 页。

会问题甚或政治问题。从近年来的“异地高考”政策变化来看，基本实现了两个转变：一是从“一刀切”到“理性区分”的转变，即由最初不加区分的“一律严格封堵”发展到将“异地高考”分为“高考移民”和“移民高考”两种类型，并分别采取相应措施，表明高考制度改革在理性层面得到了较大提升。二是在现有高考制度框架内，对“移民高考”，主要是进城务工人员随迁子女就地高考进行了较大力度的调整，开始准许符合一定条件的考生在当地高考，这作为一个政策的突破口，代表着未来“异地高考”改革的基本方向。由于“异地高考”，尤其是“移民高考”在很大程度上是由中国经济社会发展所引起的大规模人口流动而产生的，尽管它可能存在为高考而移民的现象，但有一个现实背景不可忽略，那就是目前各省、自治区、直辖市之间存在相当大的入学机会差异。因此，当前采取“有条件地放开”政策是渐进式改革的必然要求。从长远看，它不仅有利于促进全国的高考公平和教育公平，也有利于促进中国经济社会的可持续发展。

（三）保障机制：现代化法治建设及阳光工程与诚信体制的构建，较好地完善了高考管理制度，促进了高考公平

随着高等教育和高考制度的改革发展，尤其是国家法治建设的推进及现代信息技术的发展，从国家制度层面和考试安全层面都要求不断加强高考保障机制的建设。纵观高考改革60余年，其保障机制建设虽起步较晚，但发展较快。在法治建设方面，基本实现了从无到有的转变，即由传统的“以规代法”走向了正式的法律法规建设之路。如2004年出台的《国家教育考试违规处理办法》，统一了各项国家教育考试违规处理办法，提高了有关违规处理条款的可操作性①。在社会监督方面，2005年教育部正式开通了“阳光高考”信息平台，向社会公布全国各高校分省分专业的招生来源计划、招生政策、具有招生资格院校名单及各类考生资格名单，并对保送生、自主招生录取考生等相关信息进行公示，极大地促进了高考信息的公开化与透明化，有效地接受了社会的广泛监督。在诚信体制建设方面，以2004年教育部要求考生考前签订“诚信考试承诺书”为标志，启动了高考诚信的制度化建设工程。同年，国务院还建立了国家教育统一考试工作部际联席会议制度（至2012年已增至11个部门协同配合）。2005年教育部又发布了《关于建

① 应朝帅：《现行招生考试管理办法的法律空白与完善》，《中国考试》2006年第5期，第16页。

立高等学校招生全国统一考试考生诚信档案的通知》，进一步规范了高校招生工作，加大了考试诚信的教育力度与考试失信的惩罚力度。总体来看，这些制度建设在确保高考安全、打击高科技舞弊及净化考点和网络环境等方面取得了明显成效，为切实维护广大考生的合法权益编制了一张安全网，使高考违规率处于历史最低水平，较好地促进了高考的公平、公正。

二、高考管理制度改革的难点

随着高考改革的不断深化，尤其是政治、经济体制与国家法治建设的不断推进，结合发达国家及地区高校招生考试管理制度的实践经验，我国高考管理制度改革还面临一系列有待加强、完善甚至突破的制度空白和政策瓶颈。

（一）考试机构的专业化程度不高

随着“分类考试、综合评价、多元录取”等高考制度改革目标的确立，现行招生考试机构面临全面挑战。当前，从教育部考试中心到各省、自治区、直辖市招生考试机构均处于专业化建设的意识期或起始阶段，在高考命题、考试组织、综合评价、个性化服务等方面尚未达到高度的职业化与国际化水准，已成为推进高考制度现代化转型的重要制约因素。综观世界发达国家及地区考试机构之共性，我国招生考试机构的专业化建设至少应注重五个方面：一是树立教育考试评价服务理念。改变传统的行政管理思维定势，树立为考生、高校、中学及社会提供专业化考试服务的理念，通过建立多元评价标准，为不同考生与高校提供个性化服务，尤其是为考生提供客观认识自己、发现自己的科学依据，指引其向着利于教育的方向发展。二是构建国家教育考试安全体系。以推进标准化考点建设为重点，完善多级指挥系统、防控作弊系统、应急处理系统等，提升考试各环节的安全保密、考风考纪、突发事件处理能力，提高考务人员的业务水平，形成科学、规范、公平、安全的考务管理与服务体系。三是提高考试评价技术。以现代教育测量理论与考试技术、数据库技术、网络技术及信息管理技术等为依托，构建信息化、科学化、标准化的考试命题、监控、评价服务平台，为各类教育考试提供信息查询、考试评价及教育决策支持服务。四是建立国家教育考试评价服务体系。在全国各级招生考试机构形成相互联系、相互配合的协调机制，在不同层面上开展专业化建设，建立起服务教育、面向社会的国家教育考试评价服务体系。五是建立考试评价质量控制标准体系，按照现代质量管理的方法制定标准化的业务流程，把质量控制分解到各个考试环节，以提升整体考试服务质量①。此外，还应大力加强考试评价专业化人才队伍建设等。

（二）特大城市随迁子女就地高考难突破

经过多年博弈及社会呼吁，随迁子女就地高考政策在2012年取得了重大进展，当年发布的《国务院办公厅转发教育部等部门关于做好进城务工人员随迁子女接受义务教育后在当地参加升学考试工作意见的通知》，规定要“因地制宜制定随迁子女升学考试具体政策”，即“各省、自治区、直辖市人民政府要根据城市功能定位、产业结构布局和城市资源承载能力，根据进城务工人员在当地的合法稳定职业、合法稳定住所（含租赁）和按照国家规定参加社会保险年限，以及随迁子女在当地连续就学年限等情况，确定随迁子女在当地参加升学考试的具体条件，制定具体办法”②。此政策的出台与以前不加区分地一律封堵相比是一个历史性的进步，但从各地已经出台的“异地高考”政策来看，主要形成了两大类：一是以山东省、福建省、江西省等省为代表的以“学籍”为依据的就地高考政策；二是以京、沪、粤等特大城市或流动人口大省为代表的以“学籍”＋“居住证”等附加条件为依据的就地高考政策，且开放的高校多以高职高专为主，表现为低层次开放。但同时不难发现，开放力度较大的省份其高考录取分数线偏高或录取率偏低，而开放力度较小的省、市其高考录取分数线偏低或录取率偏高。因而，整体上，尽管“异地高考”已逐渐开始破冰，但对于要求放开呼声最高的京、沪、粤等省、市依然存在较高门槛，在高考公平、教育公平面前依然显得有些不足。甚至有学者批评道：“国家将随迁子女就地高考的门槛设置权限全部交给地方的做法，是通过回避高考制度改革来解决异地高考的难题”，“也是导致北、上、广这种流入人口极多的现行高考招生录取体制下既得利益省市，会根据学历、稳定职业、合法稳定住所及社保证明等条件设立很高门槛的必然结果。”③ 可见，在当前区域经济、教育等发展不平衡的背景下，要短期

① 教育部考试中心：《专业化考试机构研究报告》，国家教育咨询委员会：《考试招生制度改革组专题调研报告汇编》（下），国家教育咨询委员会，2011年，第530～534页。

② 国务院：《关于做好进城务工人员随迁子女接受义务教育后在当地参加升学考试工作意见的通知》，中华人民共和国中央人民政府官网：http://www.gov.cn/zwgk/2012-08/31/content_2214566.htm，2012-08-31/2013-03-22。

③ 贺莉丹：《北上广异地高考破冰难：户籍制度是最大障碍》，21世纪网：http://www.21cbh.com/HTML/2012-12-30/xNNjUxXzU5NDkxNA.html，2012-12-30/2013-03-26。

内消除这种客观存在的利益矛盾困难重重。

（三）高考法治与诚信建设较为滞后

改革开放后，我国基本确立了以法治为核心的治国理念，整个社会随着普法宣传的开展，公民的法律意识、维权意识被唤醒，行政法的权力结构也从“重权力、轻权利”转向了“权力与权利并重”。另一方面，“随着政治、经济体制改革的发展，政府开始将部分职能让渡于社会，政府职能逐渐从全能型政府向有限型政府、从管制型政府向服务型政府转变。高校在这一过程中获得了更多的自主权，众多招生考试机构也在部门重组中成为事业单位，如何规范它们的行为、加强权力监督是一个不可回避的问题。同时，社会也更加关注和维护个人的受教育权”。因此，“近年来考生与高校、考试机构等利益主体之间的法律纠纷日益增多，通过信访、传媒、诉讼等方式维护权益的事件也越来越多，而现代信息技术的发展也为防止高科技舞弊提出了新的挑战，传统的行政干预和相关规定或法律法规对解决这类纠纷往往是捉襟见肘”①，特别是迟滞不前的《教育考试法》立法工作，以及“存在着许多法律空白区，使考试管理机构、招生院校、考生三方主体的权益都无法得到有力的法律保障”②。因此，在建设社会主义法治国家的背景下，加强与深化高考法治建设就显得十分迫切。另外，人们在期盼新课改高考加入综合评价、打破高考唯分数论和一考定终身坚冰的同时，也广泛存在担心和焦虑，如“广大教师、学生、家长并未对综合评价表现出‘久旱逢甘露’的欢呼雀跃，不少高中校长的反应反而是‘对这种权力不想要、不敢要、不好操作’等”。据调查显示，“社会上近70%的民众担心‘综合评价’难以保证公正、公平。这些忧虑和担心表明：这场高考改革，是对社会诚信度的一场大考”③。因此，高考改革欲在考试内容、形式及录取方式等方面实现突破性进展，减少来自非正式制度带来的改革阻力，必须建立一套人们共同遵守与尊重的社会诚信机制和高考诚信体制，并从诚信文化的高度加强社会主义诚信建设。

---

① 覃红霞：《高校招生考试法治研究》，华中师范大学出版社，2007年，第80～81页。

② 应朝帅：《现行招生考试管理办法的法律空白与完善》，《中国考试》2006年第5期，第16页。

③ 宋晓梦：《高考改革：对社会诚信度的一场大考》，《光明日报》2009年5月25日。

三、高考管理制度改革的变迁分析

高考管理制度变迁即高考管理制度为适应高考测试制度、录取制度及外部环境变化而引起的替代、转换及创新过程。由于高考管理制度以外部干预的形式保障考试招生过程的公平、公正，事关社会和谐稳定，是国家治理的重要组成部分，因此其变迁方式、变迁因素及变迁路径有着自身特点，分析这些特点利于管窥其变迁规律与发展趋向。

（一）变迁方式：诱致性变迁与强制性变迁共存

诱致性制度变迁是指一群（个）人在响应制度不均衡引致的获利机会所进行的自发性变迁；强制性制度变迁则指由政府法令引起的变迁。要发生诱致性制度变迁须有某些来自制度不均衡的获利机会，而引起制度不均衡有四种原因：一是制度选择集合改变；二是技术改变；三是制度服务的需求改变；四是其他制度安排的改变[①]。由于高考管理制度既涉及实体性考试机构建设，又包含确保招考安全与公平的社会监督体系，还包括促进不同高考利益主体利益平衡的“异地高考”政策等。因此，在不同层面高考管理制度表现出不同的变迁方式。

就招生考试机构而言，其变迁方式基本以强制性变迁为主，即表现为由政府机构设置调整所引起的变迁。自 1952 年为适应全国统一招生考试管理工作而首设全国高等学校招生委员会以来，招生考试机构大致历经了三次大的变迁节点：一是 1985 年《中华人民共和国教育法》的颁布，第一次以法的形式规定我国实行国家教育考试制度，国家教育考试由国务院教育行政部门确定考试种类，并由国家批设的招生考试机构承办。在此规定之下，1987 年成立了国家教育委员会考试中心，正式成为肩负教育考试业务与行政管理职能的专门机构。二是 1990 年在启动政府职能转变的背景下，国家教育委员会考试中心经过职能部门调整及人员编制改革，开始演变为事业单位性质的招生考试机构，同时也促进了各省级招生考试机构的陆续成立。三是进入 21 世纪后，随着国家培养创新型人才战略的确立，尤其是《教育规

① 程虹：《制度变迁的周期——一个一般理论及其对中国改革的研究》，人民出版社，2000 年，第 192 页。

划纲要》明确提出了“加强考试管理，完善专业考试机构功能，提高服务能力和水平”① 的改革目标，现已成为当今乃至未来一个时期招生考试机构的改革方向。

就社会监督机制而言，主要包括法治、诚信及“阳光工程”建设，从整体上看，历经了由强制性变迁到诱致性变迁的转变。纵观高考法治建设的变迁轨迹，由于高考属于典型的政府主导型制度供给，在 1949 年—1986 年的以规代法时期，高考法治建设基本由政府单方面根据招考实际需要进行制度创新。后随着改革开放的深入，由于高校招生未曾取得真正的法律与法理独立地位，招考工作常常受到来自政治、行政等外部力量的干预和控制，各高考利益主体的利益难以得到有效维护，传统的招考规定等文件难以满足现实的招考需要，高考法治开始出现严重的制度供给不足。因此，1987 年教育部先后颁布了《普通高等学校招生暂行条例》、《关于扩大普通高等学校录取新生工作权限的规定及其实施细则》等一系列法规及细则，以取代过去宣传教育式、行政命令式的管理方式，成功诱致了高考法治的变迁。当前，尽管已有《国家教育考试违规处理办法》，但在法律层次与法律内容等方面仍难以满足解决招考纠纷及高考制度现代化转型的需要，高考法治仍处于非均衡的制度供给状态。

而高考“阳光工程”与诚信体制的创生以及“异地高考”政策的变化，在很大程度上皆属于由“其他制度安排的改变”而诱致的制度变迁。如高考“阳光工程”与诚信体制的创变，基本是因高考形式的多样化、素质评价的综合化及录取途径的多元化改革所引起的制度非均衡需求的产物，即原有高考制度安排对人为因素的控制难以满足人们对高考公平的追求。而“异地高考”政策的变迁，尽管其根源在于经济发展失衡引起的教育资源分布不均，但也有制度性安排所引起的动因，如户籍制度、地方人才引进及招商引资政策，分省定额、分省命题及由此引起的区域入学机会差异等，正是这些因素极大地诱发了人们追逐优质高等教育资源的行为，并不断冲击与打破旧有高考制度，迫使政府必须进行强制性制度干预，以相对的制度均衡实现暂时的利益平衡。总之，高考管理制度的复杂性决定了其变迁方式的多样性。

① 教育部：《国家中长期教育改革和发展规划纲要（2010—2020 年）》，人民出版社，2010 年，第 39 页。

(二)变迁因素：内生变量与外生变量的交织

由高考管理制度在高考制度中的特殊作用所决定，其变迁是根据确保高考与录取安全的需要以及外部环境的变化而做出相应调整的过程。因此，其变迁因素既有来自高考内部的考试、录取等制度改革形成的变因，又有来自高考制度外部的政治、技术、人口等发展形成的变因，而这些变因又从不同方面共同推动着高考管理制度的变迁。

所谓“内生变量”是指由考试与录取制度改革所引发的变因，如新课程高考、保送生制度、自主招生等改革或试点，打破了统一高考招生的考试思维模式与录取方式，开始强调非智力因素在录取中的作用。然而，由于素质评价综合化与录取管道多元化增加了考生、高校之间的活动环节，且人为因素发挥着重要作用。由此引发了人们对高考制度公平性、正义性的关注，如何规范各方行为，维护高考公正，切实为招考纠纷提供合法依据，使打破的制度均衡再次均衡化，高考管理制度不得不加强法治建设以满足招考可能出现的违规行为，不得不开展“阳光工程”以信息公开、政策透明来加强社会监督，不得不重视考试诚信体制建设以促进综合评价与多元录取的推进。所谓“外生变量”是指由政治、经济、科技、人口等外部因素发展所引发的变因，如随着政治体制改革，特别是权力下放与政府职能的转变，促使招生考试机构由行政与业务并重的混合型机构向事业单位性质的专门考试机构演变，并加快了招生考试机构的专业化发展进程。现代信息科技的发展，不仅使考生电子诚信档案的建立成为可能，同时也为招考过程的监控提供了技术支持。而随着城镇化的推进，大量的城际、省际的人口流动对现有高考制度的合法性、公平性、科学性提出了新的挑战，迫使“异地高考”政策由“一律封堵”转向了“有条件地放开”，并将进一步向前推进。

此外，由于“外生变量决定内生变量，外生变量的变化又必须回应内生变量的变化”[①]。因此，高考制度内外变量又形成交织互动之势，它们不仅从不同层面引起高考管理制度的局部变迁，又在相互作用中彼此影响，从深层次有机地整体推动着高考管理制度的变迁。这意味着高考制度的改革必须注重系统性与协调性，从全局出发充分考量各方影响因素。

(三)变迁路径：由“传统管理”向“现代化管理”的必然趋向

高考管理，在政府层面可视为国家治理的一个重要组成部分，在高考活

---

① 曼昆：《宏观经济学》，中国人民大学出版社，2011 年，第 3～4 页。

动层面则属于部门管理或制度管理的范畴。因而，它具有两种不同的发展向度，一是在政府层面要有战略管理的高度；二是在活动层面要有科学化、现代化管理的精度。尽管高考管理制度是一个相当复杂的系统，但总体上可分为两类：一是承担组织、管理考试与评价活动任务的招生考试机构；二是规范各高考利益主体行为的规则体系或制度安排。这也意味着高考管理制度的变迁至少存在机构变迁和规则体系变迁两条路径。

从招生考试机构的变迁来看，其变迁动力主要来源于两个方面：一是政治体制改革引起的政府职能转变；二是高考制度多元化发展对考试机构专业化的内在要求。可以说，招生考试机构的变迁是强制性变迁与诱致性变迁共同作用的结果。而从我国未来的政治体制改革方向来看，随着经济体制改革特别是市场经济的发展，深化政府职能转变是大势所趋，这表明考试机构的事业单位性质将得到强化，并不断增强服务社会的功能；另一方面，随着高考制度多元化发展方向及其路径的确定，对考试机构提供专业化服务的要求将愈来愈强烈。而根据路径依赖原理，21 世纪初教育部考试中心确立的考试与评价服务机构的事业发展愿景，及其相关业务、人员及技术活动的启动，随着投资的追加与收益的递增，在没有革命性事件冲击的情况下，它无疑将继续沿着既定的方向前进。同时，为了不断提升机构效益，招生考试机构也将主动向管理思想现代化、管理体制合理化、管理人才专业化、管理方法科学化、管理信息系统高效化及管理手段自动化方向发展。

在规则体系的变迁方面，根据我国人口预测，未来很长一段时期内高考人数虽会呈下降趋势，但由于人口基数庞大，它依然会保持很大规模。随着国家教育考试专业化的发展，特别是高考制度的多元化发展，考试管理的环节将随之增多。而在我国社会诚信体系难以短期内达到健全和完善的国情下，加之信息技术的飞速发展等原因，未来高考的组织和管理工作不仅更加复杂，而且在公平呼声渐高的背景下其难度与压力也会更大。如近年来，“各种干扰和破坏高考的活动猖獗，而且组织化程度不断提高，作弊手段花样翻新，加之网络信息技术的快速传播和空前普及”①，对高考安全构成严重威胁。因此，加强高考信息公开、政策透明，尤其是加强法治建设，将是未来高考管理规则体系发展的必然选择。

就“异地高考”政策而言，由于其产生原因不仅复杂，而且存在难以跨

---

① 唐冰开、戚欣：《教育考试法制化问题研究》，吉林大学出版社，2010 年，第 1 页。

越的历史性障碍。同时，从制度变迁理论来看，“异地高考”在利益博弈中只存在利益博弈的双方，“而不存在社会总体利益和整体利益”，而当“某项制度安排减少了某一利益集团的收益时，它们为了集团的利益而将继续维持一项不合理的制度安排”①。这正是当前北、上、广等出台的“异地高考”政策门槛最高的根本原因所在。但必须看清的是，随着国家发展战略的调整与区域政策扶持，区域间的经济发展均衡化程度必将不断提高，同时，为了保持一定的经济发展速度与经济的可持续发展，政府通过强制性制度安排逐步解决特大型直辖市与人口流动大省的进城务工人员随迁子女就地高考问题已是形势使然。另外，其他省（如福建省、山东省、山西省等）“异地高考”政策的大突破将从旁逼使北、上、广加速“异地高考”政策的调整。

因而，从长远看，为维护高考公平、促进国家法治及诚信建设，高考管理制度将向着利于国家治理的现代化管理方向发展。当然，管理“不仅是一种追求效率的活动需要，它更是一种文化现象，其水平的提高与所处社会人们的文化、科学水平、身心素养、思想观念、价值取向、行为习惯和作风密切相关”②。因此，高考管理的现代化不可能在短期内很快实现，它是一个长期而艰巨的重大系统工程。

① 程虹：《制度变迁的周期——一个一般理论及其对中国改革的研究》，人民出版社，2000 年，第 154 页。

② 黄贵庭：《新编现代管理学》，企业管理出版社，2011 年，第 11 页。

第五章　部分域外现行“高考”制度的借镜

“他山之石，可以攻玉。”通过重点考察不同政治、文化背景的发达国家及地区的现行大学入学考试制度（以下统称“高考制度”），探究它们在考试、录取及管理等方面的共同性、趋势性及可资借鉴的改革经验，对于正确认识和破解我国当前高考制度改革面临的转型与瓶颈问题，具有重要的现实启示意义。

第一节　美国的现行“高考”制度

美国是典型的多民族移民联邦制国家，实行三权分立与制衡的政治制度，不仅经济发达、文化多元，而且高等教育是世界公认的最为发达的国家之一。据统计，“美国现有高等教育机构超过 4 200 所，在 18 岁～22 岁年龄段的青年中有 77.3％的人进入了高等院校；在 25 岁～29 岁的成年人中有 57.4％的人受过高等教育”①，早已进入马丁·特罗提出的高等教育普及化阶段。但美国的高等教育规模扩张与高入学率，并未简单、自然地解决“生校双选”的问题。相反，美国社会对其高校招生仍然怨声载道，招生考试的改革也很频密，高校选拔方式也多变无常②。因此，考察美国高考制度对初步进入高等教育大众化阶段的我国高考制度改革，具有重要的借鉴意义。

一、自主与分类的招生录取模式

美国实行分权制政体，教育权在地方，全国没有统一的招生考试制度。

① National Center for Education Statistics (2005), Education Condition in USA 2004, Washington DC: NCES.

② 张民选：《高校招生考试制度改革研究》，上海教育出版社，2008 年，第 99 页。

大学享有充分的招生自主权，皆可根据自己的办学层次与定位[①]，决定自己的招生录取标准与办法。但总体上可分三类：一是完全开放招生制。对社区学院所在地所有申请入学的中学毕业生和 18 岁以上的任何公民全部录取；二是有限开放招生制，也称基准淘汰型招生。对本州内全部中学毕业生全部录取而对其他州的中学毕业生附加一定的要求，它是美国招生的主体类型；三是综合选拔招生制，也可称高竞争选拔型招生。根据综合考量学生的学术能力测验（SAT）或美国大学考试（ACT）、学业成绩测验（CBATS）等一系列规定的大学入学考试成绩和中学平时成绩、教师评语、校长推荐信、个人申请材料及面试表现甚至种族等诸因素决定是否录取。"研究型大学"一般采用该制[②]。此外，为保证大学生的培养质量，多数高校对招录的最低标准的学生定有筛选淘汰政策。

从招生计划来看，基本"因校制宜"，主要有三种，即提前招生（Early Admission）[③]、常规招生（Regular Admission）、滚动招生（Rolling Admission）。其中，提前招生一般要求学生在每年的 11 月 1 日前递交申请，12 月中旬出录取结果。全美除数百所大学采取这种办法外，多数大学还是采取常规招生计划（实行提前招生的大学也兼行常规招生）[④]。常规招生的申请截止日多为 1 月 1 日，3 月底或 4 月初出录取结果，被录取的学生要求在 5 月 1 日前答复学校，并交纳保证金。竞争性不强的大学则多实行滚动招生，即"边申请边录取"，以刺激学生积极申读，滚动招生一般在入学前 6 个月～9 个月开始受理申请材料。由于申请不久便可知晓录取结果，它对

---

① 按照功能与层次，卡内基教学促进基金会将美国高校分为六种类型：一是授予博士学位的高等学校；二是综合性大学与学院；三是文理学院；四是两年制的社区学院、初级及技术学院；五是职业学院或其他专科学院；六是非传统教育学院。三个层次，即第一层为"研究型大学"，第二层为"四年制大学和学院"，第三层为"两年制学院"。

② 刘向荣：《美国高校招生制度的特点与成因探析》，《黑龙江高教研究》2005 年第 3 期，第 153 页。

③ 提前招生又分为"提前决定（Early Decision）"与"提前行动（Early Action）"，其区别在于：前者为捆绑式，即学生申请一旦通过，须缴纳一定的入学保证金，并同时撤销对其他高校的同类申请，否则便是违规；后者则是非捆绑式，即学生即使被录取，也可在其他高校之间做出比较与选择。

④ HUGHES C，What It Really Takes to Get Into the Ivy League and Other Highly Selective Colleges，The McGraw-Hill Companies，2003：176.

部分学生的吸引力相当大①。此外，还有少量学校实行“当场录取”的办法，即招生人员审阅学生申请材料后，当场告知录取结果②。

需指出的是，自2006年以来，美国有不少研究型大学诸如哈佛大学、普林斯顿大学、弗吉尼亚大学等著名大学先后宣布将取消“提前招生”。究其原因主要有二：一是维护招生公平；二是简化招生程序。正如时任哈佛大学临时校长的德里克·博克指出：“提前录取使本身就有优势的人更占优势。那些经济实力雄厚和背景复杂的高中生常通过提前录取来增加录取机会，而少数族裔和来自农村、外国及教育资源贫乏的高中生则没有这些机会。”该“机制不仅破坏了学校学生的多样性，也不利于贫困和少数族裔学生进入大学，而且被提前录取的学生在高中的最后一年也易放弃刻苦学习”。此外，取消提前招生“还可减轻学生压力，简化过去录取过程太复杂的局面，使学生入学申请变得更简单、更公平”③。

二、多元而重公平的考试评价体系

与多元录取制度相适应，美国的考试评价方式也丰富多样。若以中国的高考制度相类比，美国的高考有两种：一是学术能力测试（SAT）；二是美国大学入学考试（ACT）。它们分别由民间考试机构美国教育考试服务处（ETS）和美国大学测验处（ACTP）承担，两种考试成绩都可用于向大学提出入学申请。其中，SAT测试每年7次，“由推理考试和学科考试两部分组成，前者主要考查学生的语言和数学推理能力，后者则测试学生特定学科的基本知识和技能，以及应用学科知识解决问题的能力”④。ACT考试每年5次，“它与中学教学的关联程度稍高一些，试题范围比SAT测试的语言和数学部分有所扩展，直接测量考生的分析、解决问题和批判性评价书面材料等高校学习所必需的能力与技能”⑤。值得一提的是，两种考试都是全美统

---

① REINGOLD D，How to Humanize the College Adimission Game，The Journal of College Adimission，Summer，2004.

② 刘海峰，等：《高校招生考试制度改革研究》，经济科学出版社，2009年，第241页。

③ 胡乐乐：《美国高校招生录取制度最新改革综述》，《比较教育研究》2007年第5期，第23页。

④ 陈丹：《美国大学入学考试对我国高考改革之启示》，《世界教育信息》2009年第2期，第85～86页。

⑤ 陈俊珂：《美国高考因何没有导致应试教育》，《教育导刊》2008年第12期，第42页。

一，且考试都不与某一州或某一具体课程教材直接挂钩，因而它们“提供了在各州、各校、各位学生之间进行平等客观比较的共同测量标准，可以客观地比较不同学校、不同背景的学生的素质”[①]，为高校的公平录取提供了一种绝对参照依据。

一般而言，美国的研究型大学及四年制大学或学院的招生录取（尤其是前者），其考核或录取标准除依据 SAT 或 ACT 成绩外，还要全面考查学生的多方面素质，如学生的领导能力、特殊才能、社会实践能力、组织与交往能力、艺术修养等。若按重要性从高到低则依次为：① 高中所学课程的学术水准，尤其是在高中是否选修了大学水平课程（AP）等严格学术课程及所获成绩（90%）；② SAT 或 ACT 等标准化大学入学考试的成绩（88%）；③ 高中各科成绩总评（88%）；④ 在高中的年级排名（65%）；⑤ 咨询辅导员推荐信（61%）；⑥ 教师推荐信（59%）；⑦ 学生提交给大学录取委员会的论文或写作样本（58%）；⑧ 工作经验与课外活动表现（47%）；⑨ 面试表现（38%）；⑩ 学生展现出来的、可证实的兴趣（36%）（括号内数据为“认为该因素相当重要的大学所占比例”[②]）。此外，为确保招生的公平性和生源的多样化，美国高校在招生时通常还考虑考生所处的成长环境，如地区性、国际性、种族、文化背景以及父母职业、家庭经济状况等。如加利福尼亚大学洛杉矶分校、威斯康星大学等先后采用“整体分析法”[③] 审议入学申请，改革本科生招生录取制度，“以便允许一些学业成绩低于该校要求，但在其他方面优秀的学生也能入学念书”[④]，以此促进生源多样化。同时，美国政府也较注重开展一些针对社会弱势群体的补偿政策，如对贫困学生实行

① 任长松：《美国大学入学考试 SAT 与 ACT 对我国高考的启示》，《教育理论与实践》2008 年第 3 期，第 28 页。

② 任长松：《美国大学入学考试 SAT 与 ACT 对我国高考的启示》，《教育理论与实践》2008 年第 3 期，第 27～28 页。

③ 所谓“整体分析法”就是在注重申请者学术成就及潜力的基础上，将非学术因素也纳入考量范围，即要求学术审议是在一系列广泛而多样的标准之上进行，通常具体包括课堂表现、高中期间的课程成绩、寻求挑战的动机性、领导能力、社区服务、创造性思维、问题解决等。

④ TWOHEY M. Holistic Admissions Alter Little，UW Says：http://www.jsonline.com/story/index.aspx?id=496308，2006-09-13.

多种入学资助项目，对少数民族采取“肯定性行动计划”[①] 等。

但要指出的是，随着美国经济社会的发展，原先以“历史纠错论”[②] 为主流的针对少数民族及弱势群体的加分政策与平权政策正面对“越来越大的反对声浪”[③]，取而代之的是更加注重现实公平和法理依据的“百分比计划”、“阶级加分制”。所谓“百分比计划”，也称“X%计划”，是指给予地区内某一比例的学生的入学优待计划。通常，根据地区差异，不同的地区或州所采取的比例及优待政策有所不同。以少数族裔最集中的三个州为例，得克萨斯州规定公立和私立高中前 10%的最优毕业生可自动升入州内公立大学；加利福尼亚州规定州内高中排名前 4%的毕业生可升入加州大学；弗吉尼亚州州内高中排名前 20%的毕业生可入州立大学。所谓“阶级加分制”，即以阶级为基础的肯定行动[④]，旨在打破纯粹的“种族优待”标准，给所有来自低收入家庭的学生“加分”，不仅利于黑人及少数族裔弱势群体的学生，也利于白人及其他移民等弱势群体的学生。

有研究指出，美国高校招生的公平与效率协调经验可归结为：“高等教育的入学公平主要是政府通过一系列行政立法和政策来推动的，如《高等教育法》、《民权法》、平权行动和补偿教育政策；人才选拔效率是各高校通过多样化录取模式和多元化评价标准来实现的。越是处于高等教育系统‘金字塔’底层的院校，越开放招收有意愿接受高等教育的人，公平性越强。顶尖大学坚持基于学生学术才能的选优政策，强调人才选拔效率，兼顾公平。”[⑤] 无疑，这种公平与效率协调机制，较好地解决了高校招生公平与效率之间的矛盾，即一方面有效地维护了社会的公平公正，另一方面又较好地满足了国家培养尖端人才的需要。

---

① “肯定性行动”是美国政府为改善黑人及其他少数民族和妇女的社会经济状况的一种补偿性计划。它主要通过配额制等形式确保有关法律贯彻落实，以达到消除升学、就业、教育等领域的种族与性别歧视。

② 即认为“历史上长期的种族歧视和不平等待遇造成的社会现实，不通过特定的优待照顾就无法改变”。

③ 于时语：《美国高考“少数民族加分”走向终结?》，《南风窗》2012 年第 26 期，第 93 页。

④ 李靖：《美国高校录取中的优惠政策分析》，《大学》（学术版）2010 年第 12 期，第 39 页。

⑤ 吴向明：《美国高校招生的公平与效率研究》，《比较教育研究》2008 年第 10 期，第 20 页。

三、市场化的招生考试组织管理

美国高校招生基本实行“面向市场、自我管理、自我负责”的方式，政府一般不直接影响或干预高校的招生、考试及录取各环节事务。招生工作皆由“招生委员会”或“招生办公室”等高校自设的专门招生业务机构负责。其中，招生办公室具有业务管理和行政管理的双重职能，成员大都包括招生专职职员、顾问、教授及学生辅导员等。招生委员会是招生政策的制定、审议及咨询机构，同时负责监督招生办公室的工作。它一般由教授、招生办公室负责人和学生代表组成，具体负责研究、确定招生工作方针、新生入学条件与资格、入学手续及个别学生录取决定等工作。而为了使招生工作既适应市场运行机制的要求，又符合高校人才选拔的内在规律，各高校的具体运作方式不尽相同。值得一提的是，美国高校招生工作还吸收在校学生参与，不仅参加招生委员会对招生政策、方针的审议，还参加考生的调查、走访、面试及申诉代理等工作。这一做法无疑对增强招生工作的透明度和维护招生的公平正义具有实质性意义①。

美国的招生考试主要由民间团体办的考试机构承担。其中，SAT 和 ACT 考试均由美国最大的非营利性考试机构——美国考试服务中心（ETS）主办，其业务部门有学历教育考试部、考务注册管理部、职业考试部、国内考试部、大学委员会项目、科研部 6 大部门。后勤管理设有技术系统部、人事管理部、财务管理部、营业部、法律部等②。ACT 考试则由美国大学考试中心（ACT）主办，是一个独立的、非营利性教育考试研究和服务性机构，下设测验开发部、教育服务部、行业考试服务部、科学研究部、信息系统部、考务运行部、公共事务部、财务部等，其运作经费主要来自考试收费及社会团体的赞助③。总体而言，这两家考试服务机构的专业化程度可谓世界领先，早已形成了从报名到施考、从命题到试题开发、从一般考试到个性化考试服务等一系列完备的组织运行机制。

有分析指出，美国大学招生考试的市场化或公司化是与美国中等教育评价的多元化、评价机构的市场化以及高等教育的多样化和市场化紧密相关

---

① 张志群：《美国高校招生管理体制及运作模式对我国的启示》，《江西教育科研》2005 年第 7 期，第 33 页。

② http://www.ets.org/vgn-ext-templating/index.jsp?vgnextoid，2013-01-12。

③ http://www.act.org/about%20act/profile.html，2013-01-12。

的，美国的分权特征使各州中等教育没有统一的教学大纲和教科书，考试与教学的松散关系为民间考试机构进行市场化竞争提供了基础，它们注重考试的高质量、高效率、公平性和周到的服务。此外，“美国高等教育类型的多样性与市场机制的主导性，也为美国招生考试的市场化提供了竞争平台，促使二者根据不同高校的招生要求开发不同类型的考试评价服务项目”①。目前，ETS 和 ACT 作为美国最具影响力的考试服务机构，都以考试质量及人性化服务吸引考生，争取大学招生部门的认同，前者约有 60%的高校选择使用，后者约有 40%的高校选择使用，已基本形成两分天下的格局。

总体而言，美国高校招生制度在招生录取方面主要表现为招生分类分层、录取标准多元综合；在考试方面，主要表现为命题方式相对统一、考试内容与高中教材不直接相关、考试次数多次化；在组织管理方面，主要是依托高度专业化的考试机构提供考试评价服务，高校只负责招生录取，实行考试与招生分离的体制。此外，对于少数族裔、移民等社会弱势群体，则以法律形式提供较为公平的入学机会竞争环境。

第二节　英国的现行“高考”制度

英国的高等教育不仅历史悠久，而且享誉全球，其牛津大学、剑桥大学在世界大学排名中一直名列前茅，是很多国家大学改革与发展的标杆。而大学招生考试制度作为英国高等教育的重要组成部分，也极具特色、影响深广，是世界很多国家及地区移植或效仿的蓝本。如新加坡和我国香港地区的大学招生，就是采行英国的以普通教育证书高级水平考试成绩为基础的“证书制”。并且这种普通教育证书高级水平考试的成绩在世界多国及地区的高校招生中被广泛认同。因此，考察英国高校招生制度，可为我国现今的高考制度改革提供有益参考。

一、分层分等的招生录取体制

与美国一样，英国的高校也具有充分的招生自主权，从招生的专业、人数、标准及最终录取权都由高校决定，因而，英国高校的招生政策与录取标准大多因校而异，但存异求同。若按招生标准的高低、难易为依据，英国高

① 刘向荣：《美国高校招生制度的特点与成因探析》，《黑龙江高教研究》2005 年第 3 期，第 153 页。

校的招生录取可划分为以下三个层次[①]：

一是精英大学及少数顶级专业学院。英国的牛津大学、剑桥大学等精英型大学，由于招生数量有严格控制，其招生标准远高于一般性大学，特别"注重学生的学术潜力、求学动机和责任与自律气质"[②]。因而，申请者都须提交学术性成绩记录、学校推荐、个人声明、相关作品、学习动机及努力程度等。具体而言，除了普通大学的一般入学要求（如年龄、语言要求）外，至少还要达到以下几项基本条件：① 至少有 3 门 A-Level 课程要达到 A 级(个别学院要求 AAB，且一般不会像其他学校那样承认可用 2 个 AS 来换取 1 个 A-Level)；② A1 阶段至少应该修 4～5 门课程，要有 3 门左右获得 A 级；③ GSCE 主要课程要达到 C 级以上；④ 面试（部分学院还要加试，如艺术类）等。此外，由于它们强调学术性而非职业性，因而同层次的职业教育证书和成绩一般不视为有效入学资格。通过这种多维度的测评考察，既能够选拔学科基础宽广、主要学科优异、善于研究问题、人格品质健全的优秀学生，又不至于遗漏申请者中的怪才与偏才。

二是普通大学与部分高等教育学院。英国的普通大学及学院的招生录取标准均低于精英型大学，且一般都接受职业资格证书，如高级水平职业教育证书（A-Level VCE)、全国普通职业教育资格证书（GNVQ）和商业与技术教育证书（BTEC）等的考试成绩。此外，学生还可以用 A1 阶段的 AS 成绩折算成 A-Level 成绩。具体而言，录取标准有两种：① 至少有 2 门合格的 A-Level 课程或等价的课程（其中较好的大学，如曼斯特大学、爱丁堡大学等可能会要求 3 门 A-Level 或 2 门 A-Level 加 2 门 AS)；② 2 门左右的 GCSE 课程（一般为英语和数学）获得 C 等及以上成绩。而对于职业学校、综合中学毕业的学生而言，还可以用 GNVQ，VCE，BTEC 等考试成绩和证书替代 A-Level 考试的成绩。

三是继续教育学院（College of Further Education，又译为"延续教育学院"）。这类高等院校一般从事非学术研究工作，即以进行职业技术教育为主，培养合格的劳动者。因此，这类院校的招生录取大都不强调学术性成绩，基本实行开放式招生制度，即只要申请者拥有 3 门 GCSE 证书或

① 张民选：《高校招生考试制度改革研究》，上海教育出版社，2008 年，第 135～138 页。

② Cambridge University (2007A)，Cambridge University Undergraduate Admission Policy：http://www.cu.ac.uk，2007-10-20。

GNVQ 初级或中级证书、普通水平或高级水平 VCE 证书、BTEC 第一级证书或 BTEC 全国证书，也即凡能证明已经完成普通中等教育或者中等职业技术教育者，皆可进入继续教育学院及部分高等教育学院学习高等职业技术教育课程①。

二、灵活多样的考试评价体系

英国目前的高等院校招生考试评价体系主要由普通教育证书高级水平（A-Level）考试和政府批准的六大非营利性综合考试认证机构组织的多种证书考试构成。大学一般不单独设考，但近年来由于 A-Level 考试高分学生的比例大增，一些学校为保证招生质量，开始加大面试比例并单独组织相关测试②。

A-Level 考试是英国申请大学入学最重要的考试。该考试体系旨在通过为学生们提供专业的教育课程使其在 3～4 门学科上有较深入的学习。A-Level没有必修课，学生可任意选择和组合感兴趣的课程并参加考试。2000 年 9 月以来的 A-Level 课程包括两个部分：Advanced Subsidiary（AS）Level 和 Advanced（A2）Level。在 A-Level 第一年（AS Level），学生可选择 4～5 门课程，每门课程考试结束后得到成绩。第二年（A2 Level）学生可选择其中的 3 门课程继续深入学习，参加考试并综合第一年的成绩获得最终成绩。A-Level 第一年和第二年各学科的学习都分单元进行，总体上一年级的课程分 3 个单元，二年级的课程分 6 个单元③。相对于最后统一一次考试，分单元考核为评价学生各个单元学习完成情况提供了灵活性。

比较而言，无论是学习量还是分值，AS 都相当于 A-Level 的一半。它们的主要特点如下：一是课程与考试密切相关，皆采用模块化方式。普通教

① 张喜军、张民选：《英国高校招生考试制度研究》，《现代大学教育》2008 年第 4 期，第 62 页。

② 自 2008 年 A-Level 考试首次超过 1/4 的考卷被评为 A 级（比例比 20 年前增加了 1 倍）后，其选拔功能开始受到质疑。目前牛津大学、剑桥大学和伦敦大学等一流学府的招生录取已不仅仅依赖 A-Level 考试成绩。如 2009 年，牛津大学超过 70%的学生被要求参加其单独举办的面试及入学考试，伦敦帝国理工学院更是要求所有候选学生参加统一的能力测验。

③ 朱莉、王焕现、田小刚：《英国高校招生改革动态》，国家教育咨询委员会：《考试招生制度改革组调研报告、会议记录及相关资料汇编》，国家教育咨询委员会，2011 年，第 427 页。

育证书高级水平及补充水平考试为学术型证书考试，参加的对象往往是具有较强学习能力的中学六学级学生，其目的是使学生掌握与所选修的学科相关知识，培养其与所选修的学科相关的理解能力和技能，考试取得优异成绩者可顺利升入高等院校学习。这两种证书考试课程采用模块化结构。其二，开科广泛，单科授证。A-Level 证书考试课程开科广泛（其结构见图 5-1），开考科目有 70 多个，采用单科结业，授予单科证书。其三，考试评分采用内部与外部结合，过程性评价与终结性评价相结合。证书考试课程的评价采用校内教师与考试机构外部评价结合的方式，校内教师实施的是“课程作业”评定，分值一般为 25%～30%（一般最高限是 30%），属过程性评价；外部公共考试机构的终结性考试分值一般为 70%～75%。考试成绩采用等第评定方式，最终成绩分及格与不及格，及格分 A，B，C，D，E 5 个等级，不及格用字母 U（不分等）表明①。

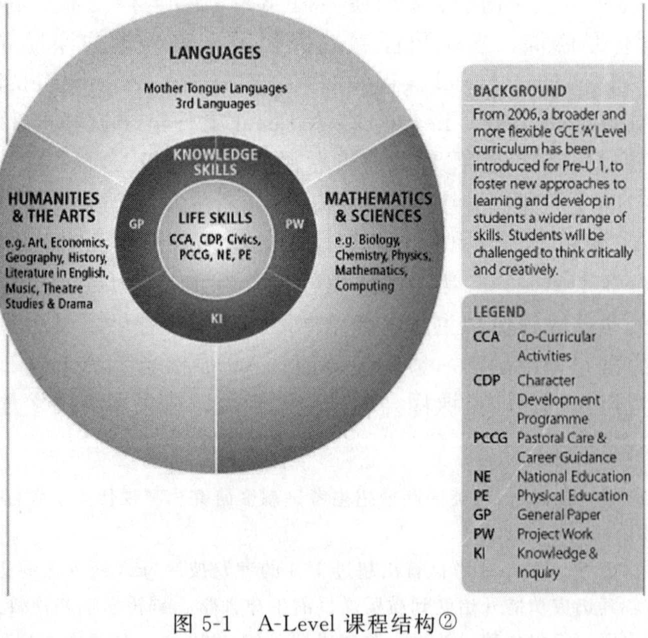

图 5-1 A-Level 课程结构②

① 王立科：《英国高校招生考试制度研究》，华中师范大学出版社，2008 年，第 348～349 页。

② A-Level，百度百科：http://baike. baidu. com/view/88669. htm，2013-01-13/2013-02-01。

其他等同 A-Level 考试成绩，并可单独或合并使用作为大学本科入学标准的成绩和证书主要有六类①：

一是英国商业和技术教育（BTEC）文凭。它是一种职业证书，用于培训技术工人。文凭学习含 18 个单元，相当于 3 门 A-Level 课程。文凭可单独作为高校入学申请条件，但一般要求申请人成绩为优异（Distinction）或优秀（Merit）。二是牛津大学、剑桥大学和皇家艺术协会考试委员会（OCR）国家延伸文凭（National Extended Diploma）。与 BTEC 文凭相似，主要是为了某一特定领域就业所进行的专门学习，其学习也分 18 个单元，可单独作为很多大学课程的入学条件，但一般要求成绩优异。三是渐进课程（Access Courses），主要是为没有获得相应文凭和证书但同时又想进入高校学习的成人设计的。一般是一年全日制学习或两年的半工半读。渐进课程为这类成人进入大学本科学习提供衔接，目的在于使这部分成人基本能够达到 A-Level 学生的水平。四是国际中学会考成绩（IB），它是世界公认的 2 年大学预科课程和考试，主要是为促进国际学生流动等提供便利。学生需进行高级（HL）和附加级（SL）学习，至少涉及 6 门课程。成绩分 1～7 级，7 为最高级，4 为及格级。2008 年 IB 成绩正式成为申请英国大学入学的条件。五是威尔士中学会考文凭（WBQ）。该文凭在威尔士试行于 2003 年，推广于 2007 年，可作为等同于 A-Level 考试成绩申请大学入学。六是 14 岁～19 岁文凭，2008 年 9 月开始实施，课程的设置广泛听取了大学和雇主的意见，确保课堂学习和课外实践相结合。目的是为 14 岁～19 岁青年人提供国家资格证书 1～3 级（NQF），其中 3 级证书相当于 A-Level 考试水平。

纵观英国考试评价体系的发展，在其“历经‘双轨制’（普通教育证书高级水平 A-Level 和国家职业资格证书 NVQs）和‘三轨制’（A-Level 证书、NVQs 证书和普通国家职业资格证书 GNVQs）资格证书制度后，政府逐渐意识到有必要建立国家资格证书框架，明确不同水平之间的证书如何‘进阶’，并在 A-Level 和职业资格证书之间建立分数互换体系”②。至

① 朱莉、王焕现、田小刚（驻英使馆教育处）：《英国高校招生改革动态》，国家教育咨询委员会：《考试招生制度改革组调研报告、会议记录及相关资料汇编》，国家教育咨询委员会，2011 年，第 428 页。

② 王立科：《英国高校招生考试制度改革动态及其启示》，《考试研究》2008 年第 4 期，第 103 页。

2004年，英国政府颁发了《国家资格证书框架》，将全国的考试证书分为8个等级，其中，具有高校招生考试功能的是第三级证书。该框架的建立"统一了义务教育之后的证书考试制度，使学术性课程和职业型课程能够更加融合，避免了职业型证书在享有与学术性证书同等地位的同时，被学术型课程的价值和文化所同化"①。同时，它也打通了英国不同考试评价方式之间的隔阂，使整个考试评价体系运转得更加顺畅。此外，英国自2010年起开始增加高考难度，"并引进新的A＋成绩，标示出最优秀的学生。一些英国中学也已开始考虑引进A-Level考试以外的其他课程，让学生可以得到更多挑战，让所有国立学校的学生除了能参加高考之外，也都能选择参加国际中学文凭考试"。另据英国教育部宣布："2012年将彻底废除目前学生根据教师估计成绩申请大学的做法，全面实行凭A-Level成绩进入大学的制度。根据拟议中的改革，目前A-Level成绩公布将提前至少一周，同时各大学将保留15%的名额，留给成绩公布以后再申请的学生。而到2012年将实行完全根据A-Level成绩申请大学的PQA（Post Qualification Application）制度。"②

总体而言，改革后的英国"高考"将使考生拥有更大的自主选择权，特别是在科目选择方面能更加自主地结合自己的兴趣和特长。而由于A-Level考试由考试成绩和论文成绩两部分组成，这使得学生必须在掌握一定学科知识并有较深思考的情况下才可能取得较好成绩。这种考查组合模式可有效辨别考生的学科能力和基本素养，利于学术型人才早日脱颖而出，便于不同类型人才的分流。同时，由于考试分多次进行，不仅利于减轻学生心理压力，降低考试偶然因素的影响，还有助于促进学生珍惜考试机会，改进学习方法等。

三、分权合作的招生组织结构

与英国的教育管理体制一样，其高校招生考试管理体制也是分权式的，经过长期的改革演变，目前已形成了一套成熟的高校招生考试公共服务体系，具体由政府机构、非官方的实施机构和半官方的监督机构组成。

其中，政府对招生考试有很大的控制权，但并不直接介入具体的招生考

① 刘海峰，等：《高校招生考试制度改革研究》，经济科学出版社，2009年，第256页。

② 夏欣茁：《英国高考制度及对中国高考改革的借鉴意义》，《辽宁教育行政学院学报》2007年第3期，第41～42页。

试事务，其主要职责是制定宏观的招生考试法规、政策及标准，进行间接管理。非官方的实施机构主要是指由政府批准成立的 6 家非营利性综合考试认证机构，即评价与资格证书联盟（AQA）；北爱尔兰课程、考试与评价委员会（CCEA）；爱德思国家职业学历与学术考试委员会（EDEXEL）；牛津大学、剑桥大学、皇家艺术联合考试委员会（OCR）；威尔士联合教育委员会（WJEC）；苏格兰资格证书局等①。半官方的监督机构，又可分为两类：一是对考试具有监督功能的资格证书与课程局、考试申诉委员会以及教育水准办公室②；二是对招生录取负有监督责任的公平入学办公室、高等教育拨款委员会等。通过这种分权式的职能分工，英国高校的考试、招生、录取呈现出相对分离但又密切合作的格局。

就考试而言，主要是由经资格证书与课程局审批的综合考试认证机构组织实施，同时，考试监督机构通过每年发布考试实施细则，规定保障证书考试评价和质量的原则和操作规程、考试机构与考点的地位与职责、考试过程顺利进行的要求，以确保证书考试在不同考试大纲和不同考试机构之间能够做到优质、一致、准确和公正③。考试实施的一系列环节，包括报名注册、试题命制、组织考试、成绩评定（含内部评定和外部评定）、成绩公布以及考后的考试申诉等，皆由分工明确的考试专业人员执行。

就招生与录取而言，主要是由各高校的招生办公室与大学及学院招生服务中心（UCAS，Universities and Colleges Admissions Service）④ 协调运作，“它们之间没有权利制约关系，工作的展开主要依靠双方密切的合作来完成”⑤。其操作流程大致是⑥：首先，由申请人通过 UCAS 网上填报系统

---

① 王立科：《英国高校招生考试制度研究》，华中师范大学出版社，2008 年，第 348 页。

② 何家军：《英国高校招生管理体制及运作模式研究》，《教育与考试》2007 年第 2 期，第 34 页。

③ Qualifications and Curriculum Authority（QCA），GCSE，GCE，GNVQ，and AEA Code of Practice（2007/8），London：QCA，2007.

④ WARNER D，PALFREYMAN D，The State of UK Higher Education：Managing Change and Diversity，Backingham：Open University Press，2001：115.

⑤ 张喜军、张民选：《英国高校招生考试制度研究》，《现代大学教育》2008 年第 4 期，第 59 页。

⑥ 王立科：《英国高等院校招生考试研究》，厦门大学硕士学位论文，2007 年。

填报申请表。申请表通常涵盖高等院校用以考虑是否录取的个人资料，如考试成绩、申请的专业及个人陈述等。在高校及专业选择上，申请人最多可填写 6 个志愿。其次，UCAS 将收到的申请材料进行分组、编号、核对；将资料输入资料库后，复印 6 份并分别寄到有关大学。再次，高校收到 UCAS 转来的申请人资料后，按照学校的招生政策和录取要求，分析申请人的学业成绩、技能及学习潜力，同时综合考量申请人的中学学习情况、教师推荐信、个人陈述信息以及生源多样化需求。最后，根据综合审查，初步挑选高校拟录取的申请人，再通过 UCAS 向申请人发出录取通知书。而落榜生将由 UCAS 根据其再次申请的志愿，在剩余名额的大学中调剂录取①。

当然，英国的高考制度也存在多种问题，如考试过于频繁，考生负担较重；考试标准下降，导致信任危机；学术型证书与职业型证书地位不平等；估分申请不利于弱势群体学生；高校录取过程透明度不够等②。但总体而言，英国的高考制度有其自身的优点：其一，分层分等的招生录取制度较好地满足了不同类型高校与不同性向学生之间的匹配，有效地保证了学术型大学的生源质量和职业型大学的办学特色。其二，灵活多样的考试评价体系避免了“一考定终身”，使不同的学生群体获得了广泛地接受高等教育的机会。其三，分权式招生管理体制，既有利于促进考试机构的专业化发展，提高考试服务水平，又有利于对招生过程进行有效监督，确保招生公平。其四，设置专门机构，如高校公平入学办公室，通过强制性与惩罚性措施，推动和保证来自低收入和其他弱势群体的学生平等接受高等教育的权利。

第三节　俄罗斯的现行“高考”制度

俄罗斯与中国自近代以来就有着千丝万缕的联系，中华人民共和国成立后在政治制度、经济建设、教育改革等方面更深受其影响。20 世纪 90 年代苏联与东欧剧变，俄罗斯继承了苏联的大部分，经历动荡后的俄罗斯开始不断改革以图重振雄风。这一时期的中国也走向了改革开放的强国之路。强国先强教，道虽不同，而谋相合。21 世纪以来，中俄两国在高校招生制度改

① 陈阳：《国外高考模式比较研究》，《理论观察》2006 年第 2 期，第 121 页。

② 王立科：《英国高校招生考试制度研究》，华中师范大学出版社，2008 年，第 353～355 页。

革方面就出现了有趣的“背道而驰”现象，即当中国大力推行分省命题和高校自主招生政策时，而有着自主招生传统的俄罗斯却走向了相反的方向，于2001年宣布实行全国统一考试制度。无疑，考察、分析俄罗斯高校招生考试制度由分散与自主走向全国统考之路的改革动因及其现况，对我国当前的高考制度正由统考走向分散与自主的改革趋向，有着重要的现实价值。

一、走向全国统考的动因

2000年以前，俄罗斯的大学实行的是自主招生。2001年2月俄罗斯总理签署了《关于试行国家统一考试的决定》，拉开了俄罗斯统一考试的序幕。经过7年的试点、推广，到2008年实现了全国大学入学统一考试。综观俄罗斯的国家统一考试改革之路，其动因主要有以下几点：

（一）克服招生腐败，维护社会正义

“物盈则亏，法久终弊。”俄罗斯沿袭苏联时期实行的大学自主招生，大学拥有很大自主权，招生考试皆由大学自行命题、单独施考、自定录取标准，且考试以口试为主，不仅易于弄虚作假，还难以取证。同时政府又未建立健全有效的监督机制，使高校招生（尤其是公费生的录取）成为权力与金钱的跑马场，徇私舞弊、行贿、受贿、暗箱操作等种种腐败现象层出不穷，而且愈演愈烈，严重地影响了高等教育事业的健康发展。据报道，“2001年有42名莫斯科各大学的教师因收受贿赂而被起诉，这一数字是前年的2倍”[①]。另据2009年联合国教科文组织的一项报告称：“俄罗斯教育体系的贿赂金额达到5.2亿美元。那些有经济背景和关系的人才能升入名牌大学，仅在2003年，俄罗斯就有858名高校人员被指控犯有受贿罪，行贿、受贿成为大学招生中司空见惯的潜规则，甚至有些大学的入学门槛高达3万美元。”[②] 以致腐败渗透到了大学招生的方方面面，学生作弊、教师透露考试内容乃至篡改考试结果，已成习以为常之事，严重践踏了考试公平与社会正义。

（二）方便学生投考，促进考试公平

俄罗斯幅员辽阔，89个联邦主体散布于欧洲东部和亚洲北部，各地区

---

① 韩玉梅、刘颖：《对新世纪俄罗斯高考制度改革的思考》，《西伯利亚研究》2009年第1期，第40页。

② 张俊勇、张玉梅：《俄罗斯国家统一考试改革历程及对中国高考改革的启示》，《考试研究》2012年第4期，第11页。

经济发展水平参差不齐，高校多集中于经济发达地区，即使是同一经济落后区域，其高校也集中在中心城市①。据统计，2006 年—2007 年，俄罗斯国立高校在七大区域的分布比例如下："中央联邦区占 31%、伏尔加河沿岸联邦区占 18%、南部联邦区占 12%、西伯利亚联邦区占 13%、西北联邦区占 8%、乌拉尔联邦区占 12%、远东联邦区仅占 6%。" 1995 年—2006 年，"俄罗斯七大区域每万人口中的大学生数持续增长，1995 年平均最低为141 人，2000 年以后增长幅度较大。2006 年，除南部联邦区是 360 人之外，其他六个联邦区均在 412 人至 475 人之间"②。可见，各区域的高校数量、在校大学生人数以及每万人口中大学生数差异显著。而这种区域教育发展的不平衡，在学生需自行前往所报考大学参加考试的自主招生时代，对于那些高校数量较少，特别是地处偏远，经济条件较差的考生而言，是显然不利的。另外，进入名牌大学一般还需参加该大学的考前培训班，接受大学老师的辅导，并由此形成了一种影子经济，它基本将农村、低收入及边远地区的弱势考生排除在外。有统计表明："原来，每年莫斯科各大学的招生数，总是其他城市、其他地区的生源占 75%，莫斯科的学生占 25%；但现在正好相反，莫斯科的学生占 75%。"③ 这意味着自主招生在区域和城乡之间造成了严重的入学机会不平等，破坏了考试的公平性原则，而国家统一考试则可降低考试成本，方便各类考生投考，让所有考生都能自由参加入学竞争考试，并同时志愿填报若干所大学，增加了入学机会。

（三）促进政局平稳，提升国际形象

考试具有"强化国家意志，凝聚国民心向，促进政局稳定"④ 的功能。普京任总统后通过"强人政治"，运用强制性或半强制性手段结束了前期激进变革所带来的政治混乱局面，建立了所谓的"可控民主"制度，实现了政、令的统一和畅通⑤。然而，长期的混乱致使俄罗斯政府深感"近几年来

---

① 顾鸿飞：《俄罗斯大学入学考试制度——国家统一考试探析》，《比较教育研究》2006 年第 5 期，第 60 页。

② 杨广云、高燕：《俄罗斯国家统一考试影响的社会学思考》，《大学教育科学》2009 年第 2 期，第 102 页。

③ 冯相如：《俄罗斯高考制度改革新动向》，《俄罗斯文艺》2002 年第 3 期，第 79 页。

④ 廖平胜：《考试学原理》，华中师范大学出版社，2003 年，第 155 页。

⑤ 王竞晔、孙玉丽：《俄罗斯高考制度改革及启示》，《宁波大学学报》（教育科学版）2007 年第 6 期，第 71 页。

教育质量持续下降，使得俄罗斯在科学、文化、技术等各个方面与发达国家的差距越来越大，影响了它的大国形象”①。为了重塑大国形象，俄罗斯在政治、经济、外交等领域进行了大力改革。然而，要顺利实现社会的全面转型，必须得到社会各方的大力支持，因此加强统一意识、协调各种矛盾、解决社会公平等问题就显得尤为重要。此外，由于俄罗斯是个多民族国家，民族矛盾一直是困扰历届政府的头等大事。如何让教育水平参差不齐、教育内容大相径庭，甚至语言都大不相同的各民族的学生都能在公平合理的环境下参加高考，关乎民族的团结与稳定。因此，改变高校自主招生，实行国家统一考试，不仅是体现国家权威的重要方式，同时还承担着维护国家和民族统一的使命，更是实现意识形态领域保持相对一致与融合的重要手段。正如有学者指出，“俄罗斯就是期望通过实行国家统一考试解决原有教育领域中的问题，同时也借此举加强中央对教育的控制与管理”②，以解决招生与教育的现实矛盾为突破口，实现民族、科技、经济等的全面复兴。

（四）打破封闭自守，适应高等教育国际化

长期以来，由于大学自主招考是俄罗斯选拔人才的主渠道，缺乏国家统一的测评和监控制度，以致较长时间内俄罗斯的初中、高中以及大学文凭与欧美国家不对等③，甚至得不到国际社会的认可。另一方面，各联邦主体自己单独进行的考试，也因课程内容缺乏统一性、没有明确的评价标准，再加上虚假的“教师鉴定评价”，使俄罗斯的教育质量不断下滑。这些既不利于俄罗斯与国际社会进行教育接轨，也不利于留学生互派，更不利于高等教育的国际交流，造成别国留学生不愿进来，俄罗斯的留学生很难出去的尴尬局面。当然，这也与俄罗斯人长期封闭自守，“一直盲目地以为他们的教育是世界上最发达的”④ 观念有关。1998 年，欧洲颁布了《大学宪章》和《索邦宣言》，开启了欧洲统一教育空间的进程。而为不被欧洲抛弃，2003 年俄

---

① 宋丽荣：《俄罗斯国家统一考试制度的分析及启示》，《黑龙江教育学院学报》2008 年第 11 期，第 50 页。

② 孙春梅、赵亮：《俄罗斯国家统一考试及其对我国的启示》，《煤炭高等教育》2007 年第 1 期，第 62 页。

③ 刘海峰，等：《高校招生考试制度改革研究》，经济科学出版社，2009 年，第 277 页。

④ 冯相如：《俄罗斯高考制度改革新动向》，《俄罗斯文艺》2002 年第 3 期，第 79 页。

罗斯正式签署了《博洛尼亚宣言》。该宣言规定：到2010年，欧洲内部将形成一个覆盖35个国家的统一的欧洲高等教育区（EHEA）①。依照《博洛尼亚宣言》的基本原则，俄罗斯须改革本国国民教育体系，而实施国家统一考试正是适应高等教育国际化的重大措施之一。从这个意义上说，俄罗斯加入博洛尼亚进程②在一定程度上是促进国家统考在俄实施的重要外在推动力。

二、统考的改革特点及其现况

俄罗斯自2001年试行国家统一考试以来，历经了一系列不间断的改革。有研究总结了其在2001年—2007年的统考改革特点，大致如下：一是统考始终与高校自主招考并行，尊重高校选择招考权，充分照顾传统惯性与变革平衡。二是联邦政府大力推行与各主体自愿相结合，即由统考主体或高校自愿向联邦提交参加统考申请，不强制执行。三是突出人性化。如为因不可抗力因素而无法参加考试的考生安排机动时间考试。四是协商出题、题型丰富，以保证试题的效度、信度和区分度。五是考试改革分合频繁，即对中学毕业会考与大学入学考试实行分考还是合考变动频密，体现出改革的探索精神③。

经过多年改革，直至2009年，俄罗斯国家杜马和联邦委员会正式通过法令，确定国家统一考试是俄罗斯中学生毕业考试的唯一形式，也是大学入学考试的基本形式。全国统一考试成绩既是中学毕业成绩，也是高考入学成绩，考试合格者还可同时获得中学毕业证书和高考成绩证书。而所谓国家统一考试，其基本做法是“由国家组织人员统一命题、统一考试、统一评分标准，并由计算机评定考试结果，减少人为因素影响，最大限度地保证考试结果的可靠性”④。当然，除统一考试招生外，俄罗斯还设有特殊人才选拔通道，如奥林匹克知识竞赛的获胜者可直接升入大学，以激励与选拔某一方面确有天赋的人才；奥林匹克代表队成员、奥运会冠军等也可免试进入大学学

---

① 宋丽荣：《俄罗斯国家统一考试制度的分析及启示》，《黑龙江教育学院学报》2008年第11期，第50页。

② 博洛尼亚进程是29个欧洲国家于1999年在意大利博洛尼亚提出的欧洲高等教育改革计划，该计划的目标是整合欧盟的高等教育资源，打通教育体制。

③ 刘海峰，等：《高校招生考试制度改革研究》，经济科学出版社，2009年，第279页。

④ 张颖：《试论俄罗斯国家统一考试》，《西伯利亚研究》2008年第2期，第67页。

习。因而，总体上，目前俄罗斯的高校招生形成了国家统一考试和特殊人才免试入学的格局。

就国家统一考试而言，它采行全国统一标准试卷和评分标准，是横向检测所有中学毕业生各门课程水平和学校教学质量的公平尺度。其考试科目共包括 11 门课程①。其中，俄语、数学为必考科目，其他科目的考试由考生自行选择。若两门必考科目有一科成绩低于俄联邦教育与科学督察署所规定的最低分数线，考生可在当年补考；若两门必考科目均不及格，毕业生只能在 1 年后再次参加考试。补考通过后，才可颁发中学毕业证书。

此外，经俄罗斯联邦政府批准，个别学校有权对考生进行追加考试。不过获批的学校呈递减趋势，到 2011 年只有 8 所。一般追加考试科目只允许有 1 门，且应为与专业相关内容考试。考试方式由学校自行决定，成绩按百分计，记入考生国家统一考试总成绩。其他高校一律按国家统一考试成绩进行录取。对考生有特殊要求的专业（体育、戏剧、艺术等），学校有权追加全国统一考试中没有的科目。另外，国家统一考试的所有科目试题基本均分为：客观选择题（4 选 1）、简答题（答案为 1 个词或几个词，或者几个字母或数字）、论述题。其中，选择题与简答题用计算机阅卷，论述题由专家阅卷②。

就考试管理及录取过程而言，为维持公平、公正，减少外界干扰，国家统一考试有严格的操作规程。考试管理工作由国家考试委员会预先聘请非相关中学的教师担任，同一班级的学生不得安排在同一考场。考试结束后，俄联邦教育科学督察署将根据全国考生成绩情况确定每门课程的最低录取分数线，高校不得招收低于最低录取线的学生。此外，获奖学金学生的录取线由高校自行划定，不过若录取线划得过高，会导致名额招不满。虽可补招，但一旦补招不到将直接影响国家的财政拨款。值得一提的是，俄罗斯国家统一考试成绩的有效期为 2 年；考生具有投诉权；按照《关于考试辅助工具的使用》规定：物理、化学考试还可使用一些辅助工具，如未程序化的计算

① 即俄语、数学、文学、物理、化学、生物、地理、历史、社会学、外语（英语、德语、法语和西班牙语）、信息和信息技术。

② 王大军、裴玉芳（驻俄罗斯使馆教育处）：《俄罗斯高校招生改革动态》，国家教育咨询委员会：《考试招生制度改革组调研报告、会议记录及相关资料汇编》，国家教育咨询委员会，2011 年，第 436～437 页。

器等。

其实，俄罗斯也长期存在关于统考与自主招考的利弊之争，一般认为，统考其利有五：① 避免高考徇私舞弊等腐败现象滋生；② 较之传统的考试形式，国家统一考试能更加客观地评价考生的知识和能力，促使考生认真准备毕业考试；③ 国家统一考试有助于比较不同地区不同学校的教学效果；④ 为偏远地区的优秀考生提供了到中心城市就读知名大学的机会；⑤ 国家统一考试与欧美等发达国家的毕业考试相似，有利于日后俄罗斯中学毕业证在其他国家得到认可。至于其弊，也主要有五：① 国家统一考试的试题不适合俄罗斯教育体系；② 客观选择题不足以反映考生知识掌握的真实程度，无法避免偶然性；③ 统考中有些题目和答案具有争议性；④ 统考没有照顾到一些普通教育学校的专门性，如一些文科中学和理科中学；⑤ 取消口试不利于考察考生准备考试的情况及对知识掌握的程度①。

总体而言，俄罗斯的高校招生改革历程大致是：由高校完全自主招生——国家统一考试招生——以统考为主、自主招考为辅的招生，体现了不断追求建立公平而科学的人才选拔制度的精神特质。其改革推进策略为循序渐进，不急于搞“一刀切”。在建立以统考为基础，逐渐回归考试招生公平的道路上，注重考生权益和依法治考，重视发挥学科专家的权威作用，注重开发学生的创新能力和科研兴趣。同时，在强调统一招考的原则下，又授予高校一定的自主招生权，兼顾特殊人才的选拔，注重考试招生制度设计的灵活性与人性化。

第四节　日本的现行“高考”制度

日本作为近代最先崛起的亚洲国家，与其历来注重发展教育密切相关。二战后，日本开启了继明治维新后的第二次教育改革，以“受教育机会均等”、“培养德、智、体协调发展人才”、“赶超西方文明”等思想为指导，对高校招生制度进行了大力改革，加速了其由战败国上升为世界经济强国的进程。它作为中国近邻，属亚洲儒家文化圈，尽管政治制度不同，却有着相近的考试历史、考试文化及考试观念。但其高考制度早“已由原来‘一试定终

① 王大军、裴玉芳（驻俄罗斯使馆教育处）：《俄罗斯高校招生改革动态》，国家教育咨询委员会：《考试招生制度改革组调研报告、会议记录及相关资料汇编》，国家教育咨询委员会，2011 年，第 438～441 页。

身’的全国统一考试选拔方式转变为兼具弹性、灵活性、权威性及个性化与特色化于一体的高校招生选拔制度”①，因此，考察日本现行“高考”制度的特点及其改革经验，对我国的高考改革不无启示。

一、多样与多元的招生考试方法与方式

日本自1990年启动“中心考试”② 以来，在尊重高等院校自愿选择的前提下，以“中心考试”为基础，经过20多年的不断调整、充实与完善，其高考方法与招生方式形成了兼具多样与多元的格局。

其一，考试方法的多样性。除传统的笔试与面试外，还包括提交小论文、外语听力考试、课题演示（包括讲解）、实际技能检测等多种方法。其中，笔试既有“中心考试”的笔试，又有各招生院校的学科笔试，还有AO（Admission Office）考试的笔试（一般是根据资料写一篇小论文）等。

其二，招生考试方式的多元化。日本现有的高校招生考试方式包括一般入学考试、推荐入学考试、AO考试以及面向归国人员子女、成人、职业高中毕业生的单独考试等。

一般入学考试，是国立、公立大学及著名私立大学的主要选拔方式，具体分三类：一为“加入‘中心考试’的一般入学考试”（即考生需参加“中心考试”）和“个别学历考试”。其后者又分“前期日程”和“后期日程”，分两次选拔考试录取新生。在“前期日程”考试结束并完成录取和入学手续之后再开展“后期日程”考试，给“前期考试”未能升学的考生再提供一次机会。二为“免除‘中心考试’的一般入学考试”，即考生不用参加“中心考试”，直接参加大学的一般入学考试，考试通常有3～4个日程，采取多次入学选拔考试。绝大多数的日本私立大学采用该方式。三为“部分参考‘中心考试’的一般入学考试”，即考生需先通过面试、小论文和调查书等方式进行考察筛选，然后再结合其“中心考试”成绩择优录取，只是“中心考试”科目的要求低于其他学生，是部分地减免“中心考试”③。

推荐入学方式有两种：一是“公开推荐”，即只要符合大学提出的推荐

① 楚琳：《新时期日本大学入学考试制度改革的新进展》，《世界教育信息》2008年第5期，第77页。

② “中心考试”是日本文部省直属机构——大学入学考试中心组织实施的大学入学考试的简称。1990年，被确定为日本高等院校国家级招生考试。

③ 崔学成：《日本的AO考试》，《外国教育研究》2003年第2期，第6页。

入学资格，任何考生都可申报，无需高中推荐信。不过有些学校要求考生必须参加“中心考试”，或者参加学校自组织的学科测试。大部分国立和公立大学采用这种方式。二是“指定校推荐”，即由大学指定的高中根据一定的名额，通过校内选拔推荐学生。一般而言，大学还会对推荐生再进行面试决定是否录取。多数私立大学采用这种方式以确保与生源好的高中建立互信关系。

AO考试，又称“自由选拔”或特长考试，由各大学设立的专门负责招生考试的“入学担当事务局”施考。它没有统一的考试模式，各校要求报考提交的材料不尽相同，但在多角度、综合评价学生、重视考查学生学习态度、多种能力与适应性等方面则是一致的，目的在于避免仅靠笔试成绩评价学生之弊端，以及招收适合校情的学生。AO考试不仅对偏科却又有一技之长的考生有利，还对激活高校学习和课外活动氛围大有好处①。

此外，归国人员子女考试、成人考试、职业高中毕业生考试、特长生考试、插班生考试以及秋季入学考试等都是针对特殊群体采取的单独考试，一般都不用参加“中心考试”，只需参加学校自组织的面试或其他测试。据统计，“2010年日本四年制本科大学共招收新生605 329人，其中通过‘中心考试’招收的新生为334 312人，占总人数的55%；另45%的新生则是通过推荐入学、AO考试等方式进入大学的。如果再加上短期大学（2～3年制）的新生人数，其比率接近50%”②。可见，日本的高校招生并非千篇一律地按照统一标准录取新生，而是各高校根据自身的办学特色，采取多种、多次、个性化的考核选拔方式，这既利于照顾考生的个人情况，又利于各高校办学特色的发展。

二、招考相对分离、录取充分自主的运作机制

20世纪90年代前后，日本“大学入学考试的大一统模式带来了种种弊端，诸如中学教育乃至整个基础教育的扭曲、学生身心发展残缺以及高校招

① 戴家干：《教育考试与评价制度创新理论与实践探索》，高等教育出版社，2010年，第165页。

② 李春生、孙建明（驻日使馆教育处）：《日本高校招生改革动态》，国家教育咨询委员会：《考试招生制度改革组调研报告、会议记录及相关资料汇编》，国家教育咨询委员会，2011年，第443页。

生自主权的丧失等”[①]。在此背景下，日本国内要求变革高考制度的呼声越来越大，同时，政府也加快了建立与完善多元化的高校招生考试制度的步伐。目前业已形成“招考相对分离的管理体制和国家统一考试与大学单独考试相结合，高校自主招生、单独录取的运作模式”[②]。

所谓招考相对分离，是指高校的招生录取与入学考试分别由高校和大学考试中心相对独立地完成。具体而言，就是新生录取由“各大学自行决定，日本政府完全尊重大学的自主权，不加干涉”[③]；入学考试由文部省授权的大学入学考试中心负责组织实施全国第一次入学考试，授权各大学负责组织实施第二次入学考试。政府的主要职责是制定规则，如报考大学的资格、大学招生名额的总体控制（通过学科设置审批）、政策导向（如归国人员子女考试）等，以及通过文部省设立的中央教育审议会与日本国立大学协会等常设咨询、审议机构监督高校招生制度的实施及改革研究。

事实上，自日本国立大学于 2004 年实行法人化改革，从法理上完全独立于文部省后，日本各类高校，包括国立、公立及私立大学基本都具有十分充分的招生自主权。尽管“中心考试”是日本唯一的国家级考试，但并不意味着各类高校都必须选择参加该考试。也就是说，日本各类高校，甚至各类高校的各个学院或学科，对于选择何种考试招生，是“中心考试”还是推荐入学，抑或 AO 考试等，都由高校及其学院自主决定。因此，日本高校，不管是国立、公立还是私立，基本都具有完全的招生录取自主权。

三、国家考试不可动摇的权威性

尽管日本高校具有充分的招生自主权，且考试方法与方式极其多样，但“中心考试”作为日本高校招生的唯一国家级考试，其权威性是不可动摇的。它不仅影响着日本基础教育走向，还是日本各著名大学选拔人才的重要依据。“中心考试”自 1990 年实行以来，参加或使用其成绩的日本高校数量逐年增加。据统计，“2005 年，私立大学中 408 所大学的 1 078 学部利用‘中

---

① 楚琳：《新时期日本大学入学考试制度改革的新进展》，《世界教育信息》2008 年第 5 期，第 77 页。

② 刘海峰，等：《高校招生考试制度改革研究》，经济科学出版社，2009 年，第 287 页。

③ 于钦波、杨晓：《中外大学入学考试制度比较与中国高考制度改革》，四川教育出版社，2000 年，第 188 页。

心考试'；2006 年度更增加到了 439 所大学的 1 173 学部；2007 年达到 451 所大学的 1 232 学部，占私立大学的 3/4 以上"①。到 2010 年，已有 85%的四年制本科大学选择"中心考试"。究其原因，这与"中心考试"的性质及其质量密切相关。"中心考试"是由独立行政法人"大学入学考试中心"组织的全国统一性学力考试，目的是帮助各大学"判定考生高中阶段基础性学习的完成情况"②。它"位于高中教育与大学教育的接点，是有机连接应对新学习指导要领下多样化的高中教育和变革中的大学的关键桥梁"③。对弥补日本高校招生考试出偏题、怪题等倾向的缺陷具有重要作用。同时，对引导高中教学注重学生基础能力、理论思维能力及综合判断能力的培养亦具有不可替代的作用。

当然，"中心考试"的不断完善，也是保障其权威性的关键所在。为减少对高中教学的负向作用，适应大学、学部多样化的入学需要，2006 年，"中心考试"引入了外语听力考试，考试科目由 6 门 32 种类简化为 6 门 28 种类④。而为了增加考生入学机会，1990 年日本国立大学实行同一专业按比例分两次选拔招生，使考生报考同所大学的机会增加。2006 年，文部省又进一步提高了两次选拔的分配比例，同时还扩大了高校自主决定权，即允许高校自主决定将报考人数较少的部分名额转为推荐入学方式或 AO 考试方式。此外，为更加全面地考查考生的思考能力、判断能力、表现能力等综合能力，"中心考试"还增加了问答题等综合性题型。

此外，有研究指出，推动日本高校招生标准多元化与教育机会均等化政策实施的动力源泉"不仅有日本社会舆论、高中和大学的积极主动参与，更有以文部省为代表的日本政府的前瞻性推动，这些推动是克服日本社会'统一考试更为公平'等传统观念的巨大力量，并最大限度地保证了日本贯彻教

---

① 独立行政法人大学入試センター『多様な入試を目指して―平成 19 年度大学入試センター試験』，2006 年第 6 期。

② 楚琳：《新时期日本大学入学考试制度改革的新进展》，《世界教育信息》2008 年第 5 期，第 77 页。

③ 平成 18 年度からの大学入試センター試験の出題教科？科目等について―最終まとめ．转引自胡国勇：《竞争选拔与质量维持——大众化背景下日本大学入学考试的变革与现状》，《复旦教育论坛》2007 年第 1 期，第 69 页。

④ 胡国勇：《竞争选拔与质量维持——大众化背景下日本大学入学考试的变革与现状》，《复旦教育论坛》2007 年第 1 期，第 69 页。

育入学标准多元化等政策与理念”[1]。当然，招生方式的多元化虽利于确保新生生源的质量及多样性，但随着推荐入学与 AO 考试招生比例的不断扩大，高校教师的额外负担也随之加重，以致怨声载道，使高等教育专业人士开始担忧日本大学的教学及人才培养质量。而随着日本高等教育“全入时代”[2] 的到来，日本高校招生正面临着新一轮的改革与调整。

第五节 中国台湾地区的现行“高考”制度

由于历史原因，中国台湾地区与大陆在政治、经济、教育等方面的发展不尽相同。但由于两岸同根同源，共同秉承中华民族优秀文化传统，在有些改革中往往会面对相同的问题或显示出相似的一面，如两岸在 20 世纪 50 年代不约而同地建立了统一考试招生制度，90 年代后又都加快了改革统一考试入学制度的步伐。然而，面对统一考试形式带来的招生制度单一化、一考定终身、应试教育以及入学机会不均等问题，中国台湾地区在 1992 年提出多元入学方案设想后，经过一系列的改革与调整，于 2001 年先于大陆实行了多元入学方案。目前业已形成“考招分离”及“甄选入学”与“考试分发入学”两途并进的多元入学制度。探究中国台湾地区大学多元入学方案的形成及其特征，对启示大陆当前的高考制度改革大有裨益。

一、考招分离、自主招生的管理体制

“考招分离”是相对于“考招不分”而言的。所谓“考招分离”，“‘考’指的是由测验单位办理比较客观、大规模评比的考试；‘招’则由招生单位负责，当然，招生单位也可组织考试，但完全是为了校、系招生而考”[3]。纵观中国台湾地区大学入学制度，其已实现了由“考招不分”到“考招分离”的转变。中国台湾地区自 1954 年实行大学联招至 2001 年实施多元入学方案，47 年间基本是“考招不分”。2001 年实施的多元入学方案明确规定了考试与招生的权责分立，即二者分别由不同的单位负责，其中，统一入学考

① 张千帆、曲相霏：《大学招生与宪法平等：国际经验与中国问题》，译林出版社，2011 年，第 241 页。

② “全入时代”是指高中毕业后只要不挑选学校，任何人都有机会进入高等院校学习。

③ 曹亮吉：《从考招分离到考招分立》，《选才》1998 年第 48 期，第 1 页。

试（含学科能力测验、指定科目考试）的办理及其命题、试题研发由大学考试中心负责；术科考试由术科委员会负责；招生由各大学组成的各种委员会（主要有大学甄选委员会、大学考试入学分发会员会）负责[①]。

具体而言，中国台湾地区的大学招生决策机制是："以各大学所组之大学招生委员会联合会为最高决策单位，各大学遵循大学多元入学方案办理招生，并以各大学捐助成立之财团法人大学入学考试中心基金会所办各项考试为主要录取标准；教育事务主管部门则主管教育行政机关权责，监督指导各校招生事宜。"大学"除可参与大学招生委员会联合会所办理之考试分发入学招生及大学推荐甄选入学招生外，亦可组成招生委员会，依其招生需要及发展特色，自定选才标准，办理申请入学招生"。教育事务主管部门的主要权责是："为落实大学招生自主，教育事务主管部门除依'大学法'规定核定各大学招生办法及名额外，原则上不直接涉入大学各项招生工作，如招生委员会组成、招生简章编制、考试命题、印制试卷、制卷、阅卷、密封、监视、核计成绩、放榜及报到等事宜。同时亦视实际状况向大学招生委员会联合会提出建议事项，希由大学招生委员会联合会拟定招生策略，协助教育事务主管部门监督各大学校、院秉公平、公开原则办理招生。"[②] 由此可见，中国台湾地区教育事务主管部门、大学、大学考试中心三者在大学考试招生中权责清晰，各司其职。而大学则依据台湾所谓"大学法"，拥有很大自主权，或可说，中国台湾地区多元入学方案的出台，意味着中国台湾地区迈入了大学自主招生的时代。

此外，大学考试中心与各大学联系密切，便于考试组织与宣传。大学考试中心的考试委员会委员大部分由高等学校的资深教授或校级领导担任，以利于考试的组织与实施。大学考试中心聘请大学知名教授作为学科顾问，在考前审查试题或在考后进行宣导说明，维护考试内容的学术权威性。大学考试中心还十分重视科研工作，除人员配备、部门设置以及制度因素外，为促进学术研讨与交流，提升考试考务与命题研究水平，2006 年 12 月创办了《考试学刊》（半年刊）。该刊为各界深入了解测验的研发、考试流程与研究的探

① 李大伟、李建兴、胡茹萍，等：《台湾大学入学制度的历史变革：公平性、机会选择、卓越性之探讨》。

② 刘海峰，等：《高校招生考试制度改革研究》，经济科学出版社，2009 年，第 318 页。

讨、各方丰富经验与学术研究乃至考试相关事务搭建专业沟通的平台①。

二、多样化考试对应多元化入学管道②

为落实新方案的“选才多元”精神，中国台湾地区大学招生不仅入学管道多元，而且考试形式也多样。就入学管道而言，自2011年将“繁星计划”与“学校推荐”整并为“繁星推荐”③后，便由原来的三种管道简化为“甄选入学”与“考试入学”两大管道，具体如下：

其一，“甄选入学”又分为“繁星推荐”及“个人申请”，前者由高中向各大学校系推荐（限应届毕业生），后者由考生自行向符合志趣的大学校、系提出申请；由“大学甄选入学委员会”及大学校、系办理。具体而言，“繁星推荐”由大学依学系之性质分“学群”④招生，由高中向大学依“学群”推荐符合推荐条件⑤的应届毕业学生。大学不办理第二阶段甄试。其

---

① 柳博：《2007年台湾教育考试考察团报告》，教育部考试中心，2007年11月10日。

② 蔡闺秀：《100学年度大学多元入学方案介绍》，豆丁网：http://www.doc88.com/p-386749160426.html.2013-01-17/2013-02-01。

③ “繁星推荐”旨在平衡城乡教育资源的落差，体现教育机会均等的公平、正义，引导学生就近入学高中职，以达成“高中均质，区域均衡”目标。

④ 大学各学群分类原则为：第一类：文、法、商、社会科学、教育、管理等学系。第二类：理、工等学系。第三类：医、生命科学、农等学系。第四类：音乐相关学系。第五类：美术相关学系。第六类：舞蹈相关学系。第七类：体育相关学系。

⑤ 推荐条件有：①符合“繁星推荐”资格之高级中等学校，全程就读同一所高中，修满高一、高二各学期之应届毕业生，且高中前四个学期学业成绩总平均全校排名百分比符合大学之规定（校排百分比前20%，30%，40%，50%）；②100学年度学科能力测验成绩通过校、系之检定标准；③高中对大学每个学群至多推荐2名，如高中对同一大学推荐超过1名学生时，必须排定其学生推荐顺序，甄选入学委员会分发时即依高中排定的推荐顺序分发；④同时设有普通科及综合高中学术学程课程之学校，应分别按普通科、修习学术学程课程之学生计算“在校学业成绩”全校排名百分比；推荐时，应合并计算每学群至多可推荐人数；⑤推荐学校如于普通科设有依特殊教育法及其他相关法令设立并经各该教育主管机关核定之音乐班、美术班、舞蹈班等艺术才能班（以下称“艺才班”）及体育班，其计算“在校学业成绩”全校排名百分比不列入普通科学生成绩，另分别就“艺才班”及体育班计算出音乐班、美术班、舞蹈班、体育班之“在校学业成绩”全校排名百分比；⑥“艺才班”及体育班之学生仅限被推荐至大学第四～第七类与学生在校所学相关之学群；⑦每名考生仅能被推荐至1校1学群，选填志愿数依大学之规定；⑧具少数民族身份之学生，得以一般生或少数民族身份择一参加本招生。

“分发比序”如下：第1比序为“在校学业成绩全校排名百分比”，第2～7比序为学测各单科级分或总级分，或各单科学业总平均成绩全校排名百分比。单科为国文、英文、数学、物理、化学、生物、地球科学、历史、地理、公民与社会、音乐、美术、舞蹈、体育等14科，其中音乐、美术、舞蹈、体育专业成绩仅供第4～7学群的校、系择一使用。“录取”分两轮分发：第一轮分发，各大学对同一高中非艺才班、非体育班之学生，以录取一名为限；对同一高中各“艺才班”及体育班之学生，其对应的学群也各以录取一名为限。大学校系经第一轮分发后仍有缺额者，依该校、系的分发比序项目进行第二轮分发。此外，对录取生还有一定的限制，即录取生不得报名该学年度“个人申请”，也不得参加该学年度科技校、院日间部四年制申请入学第一阶段筛选；未于规定期限内放弃录取资格者，不得报名该学年度大学考试入学招生。

“个人申请”采用两阶段考试：第一阶段依学科能力测验成绩进行检定及筛选；第二阶段考试的方式则较为多元，含口试、笔试、资料审查及实作等。符合大学校、系报名资格的学生，每人以申请6校系（含）为限。“筛选办法”由甄选入学委员会进行第一阶段筛选，并公告通过筛选的级分资料。大学校、系约于4月之周五、六、日择期自办指定项目甄试。分发录取：各校、系的正备取录取生于规定时间内至“甄选入学委员会”网站登记就读志愿序，每一录取生至多以分发1校、系为限。此外，未于规定期限内放弃录取资格者，不得报名大学考试入学招生及四技二专联合登记分发入学招生。

其二，“考试入学”管道主要是根据考生志愿序及校、系采计的考科组合成绩分发录取，由“大学考试入学分发委员会”统一受理考生登记。具体有关规定包括：① 办理方式：大学校系可制订至多学科能力测验2科作为检定标准，并采计指定考试科目3～6科（含术科考试）选才，并依其招生需求对采计的科目依×1.25，×1.50，×1.75，×2.00的方式加重计分；② 考生须至“大学考试入学分发委员会”网站登记志愿，每位考生选填的志愿数不得超过100个；③ 考生的各考科组合总分未通过最低登记标准者不得登记分发；④已录取“繁星推荐”、“个人申请”，未于规定期限内放弃入学资格者，不得参与考试入学。

与多元入学管道相匹配，中国台湾地区的大学入学考试也多样化，主要包括学科能力测验、指定科目考试及术科考试三种：

第一，“学科能力测验”旨在检测考生是否具备各考科的一般知识能力，也就是是否具备就读大学所需要的基本学科能力，考试的范围较小，难度较低。测验科目一般包含国文、英文、数学、社会、自然5科，考生5科都必须应考。测验范围包含高一、高二两学年的必修课程。考试题型以计算机可读的题型为主，国文与英文两考科有需人工阅卷的非选择题；国文为语文表达能力测验题型，考查学生运用文字统整数据、改写文章、判读图表信息等表达能力。英文则包含句子合并、中译英、英文写作等。值得一提的是，社会考科中的历史、地理、公民与社会三科试题所占比例相当。自然考科的试题分为两个部分，第一部分以高一必修课程为主要范围，考生必须全部作答；第二部分以高二课程为范围，考生只要答对一定题数，这部分即为满分。

第二，“指定科目考试”旨在仔细筛选学生，范围较大、难度较高。测验科目包含国文、英文、数学甲、数学乙、化学、物理、生物、历史、地理、公民与社会10科，大学校、系可以依据发展特色及需要采计某些指定考科，考生可以根据自己的兴趣、能力以及志愿校系自行选考考科。测验范围包含高中三学年的必修及选修课程。考试题型有选择、选填题与非选择题，各题型的比重依各考科需要进行组卷。

第三，“术科考试”因其特殊性采取分类办理的办法，其中，音乐、美术、体育三项术科考试由“大学术科考试委员会联合会”负责统一办理，舞蹈、戏剧、国乐、国剧与运动竞技等术科考试，由相关校、系自行办理。音乐的考试科目含主修、副修、乐理、听写及视唱；美术的考试科目含素描、彩绘、创意表现、水墨书画、美术鉴赏；体育的考试科目为60米立姿快跑、20秒反复侧步、1分钟屈膝仰卧起坐、立定连续三次跳、1 600米跑走。

当然，参加不同的考试可选择不同的入学管道（见表5-1），具体是：① 仅参加“学科能力测验”，可选择“繁星计划”和“个人申请”两种入学管道，前者由高中向大学校系推荐符合条件的应届毕业生，后者由考生个人向大学校、系申请。② 仅参加“指定科目考试”，就仅可选择“考试入学”管道，且只能填报无需学科能力测验检定的大学校、系。③ 参加“学科能力测验”与“指定科目考试”两种考试，可选择“繁星计划”、“个人申请”及“考试入学”三种入学管道（如图5-2所示）①。

① 台湾地区教育事务主管部门：《考试与入学管道》，台湾地区教育事务主管部门全球咨询网：http://nsdua.moe.edu.tw/index.php?option=com_content&task=blogcategory&id=13&Itemid=59，2013-01-17/2013-03-15。

表 5-1 中国台湾地区考试及入学管道关系表

只参加学科能力测验	仅可选择甄选入学（含“繁星计划”与“个人申请”）
只参加指定科目考试	仅可选择考试入学无需学测检定的校、系
学科能力测验与指定科目考试皆参加	可甄选入学与考试入学

注：考生若报考采计（意为加计总分以作评比的标准）术科的大学校、系，另须参加术科考试。

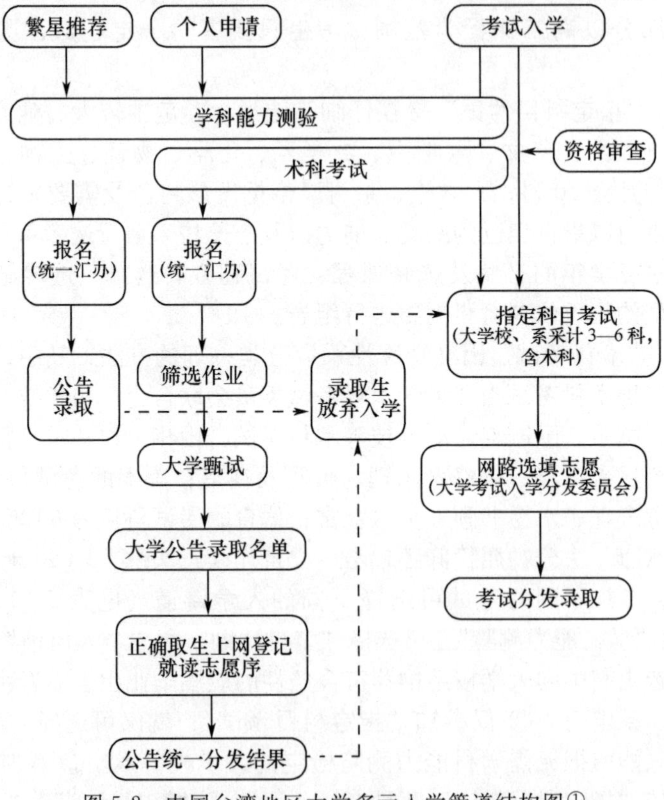

图 5-2 中国台湾地区大学多元入学管道结构图①

需要指出的是，多元入学方案中的“繁星计划”是因“‘推荐甄选’与

① 台湾地区教育事务主管部门：《入学方案结构图》，台湾地区教育事务主管部门全球咨询网：http://nsdua. moe. edu. tw/index. php? option = com _ content&task = view&id=13& Itemid=49，2013-01-17/2013-03-15.

‘考试分发’两种入学管道均无法有效达成照顾弱势、平衡城乡之政策目标，进而实现社会正义理念”① 而推出的一项特殊招生政策。它与“推荐甄选”的区别在于侧重区域平衡，而非经济上的弱势群体，其“繁星”之意即全国各个高中的精英都是闪亮的星星。2011 年，为简化入学政策及程序，便于大众理解及推行，“繁星计划”被并入学校推荐，合成为“繁星推荐”，使大学入学管道最终分为“甄选入学”与“考试分发入学”两种管道。

三、适才适所的多元化成绩采纳方法

为了深层次地适应、贯彻多元入学方案之精神，不断增进选才自主与校、系特色，适当减轻学生负担，避免“分分计较”，在录取依据与标准的设定中，大学各校、系拥有完全的成绩采纳自主权，即考试专业机构只负责提供学科能力测验和指定科目考试这两种大型统一考试的各科成绩及当年的成绩标准②，至于如何使用学生的考试成绩，以及参照考生何种高中表现或参照与否，抑或参照哪几科成绩，均由大学校、系自行决定。通常，具体的成绩采纳有检定（pass/fail）、采计（count）、参酌（take into acount）三种方式③。

所谓“检定”，是指设定及格标准，及格者才取得进一步应考或分发的资格，反之，则失去进一步应考或分发的资格，即被淘汰。学科能力测验的检定标准共有两类，其一为全体一致的标准，适用于每一位考生，另一为各校、系的标准，适用于以该校、系为志愿的考生。全体一致的标准要求考生通过各科最低检定级分，或最低检定总级分。这种要求是基于确保大学生有一定基础学力的考量。与联考总分未达到某一程度就不得填报某志愿的用意相同，各校、系通常是选定数科自设标准，以彰显其特色。基础科目考试，无论是学科能力测验或语文表达能力测验，成绩在检定之后，就不再采计，但对于使用指定科目考试成绩分发，发生同分超额时，可作为参酌之用。所

① 蔡闺秀：《大学招生新管道——繁星计划》，《选才电子报》2008 年 12 月 15 日，第 172 页。

② 杨李娜：《台湾大学多元考试制度的若干特点》，《教育评论》2005 年第 1 期，第 79 页。

③ 改良式联招研究小组：《改良式联招的成绩采纳——检定、采计、参酌》，《选才通讯》1996 年第 20 期，第 3 页。

谓“采计”，即将各考科成绩，依加权规定，计算总分，并以高低决定是否录取。各校、系以其特色，选择指定科目考试中之 0～2 科，并可设定加权比重（如 25%、50%、75%、100%），以加权总分，作为录取学生的依据。所谓“参酌”，是指当成绩相同而超额时，根据某项资料的评比来决定录取与否，即为参酌该项资料。如在联招中当发生同分超额，按照规定就以国文成绩来分高下，即是“参酌国文的成绩”。

一般而言，在“甄选入学”管道中，学科能力测验及术科考试成绩可作为“检定”、“采计”、“参酌”之用；在“考试分发入学”管道中，术科考试及制定科目考试成绩作为“采计”、“参酌”之用，而学科能力测验仅作为“检定”之用①。不同的用法可起到不同的效果，如对学科能力测验采行检定制，通过检定后成绩不再采计，可起到适度减轻考生负担，避免“锱铢必较”的考试风气；各校、系制订采计的指定科目考试 0～2 科，至多不超过 3 科，考生可依个人兴趣与能力准备考试；由于参酌考科会影响考生选择院、系和录取机会，但有督促考生学习相关学科的作用，避免偏科②。此外，志愿的参酌也可促使考生按照自己的志趣与能力填写志愿。总之，灵活的成绩采纳方法不仅可以增强考试与招生的弹性，还可促使学生开展正常而多元的学习。

综观中国台湾地区高考制度的发展，与中国大陆推进多元入学管道（如保送生等）改革一样，多元入学方案的推进一直伴随着来自家长、考生及学界的批评之声，特别是“有关多钱入学、多元补习、人情关说、管道紊乱、升学压力更加沉重、不顾社会正义等质疑几未停过”。但客观而论，“‘公平’与‘选择机会’是中国台湾地区革新大学多元入学制度的核心价值，且如何让大学入学选择适才而学生选择符合兴趣的卓越也是当今大学入学改革制度的目标”③，问题的关键不是改革理念的偏差，而在于如何在改革实践中更好地体现核心价值，以社会大众更易接受的方式，推进高考制度的多元化改

① 刘海峰，等：《高校招生考试制度改革研究》，经济科学出版社，2009 年，第 318 页。

② 改良式联招研究小组：《改良式联招的成绩采纳——检定、采计、参酌》，《选才通讯》1996 年第 20 期，第 3 页。

③ 李大伟、李建兴、胡茹萍，等：《台湾大学入学制度的历史变革：公平性、机会选择、卓越性之探讨》。

革。另据中国台湾地区行政管理机构研究指出：中国台湾地区高等教育变革的轨迹，沿着公平性、选择机会、卓越性等三个指针之顺序调整教育政策之比重。可预期中国台湾地区大学多元入学方案将本着多元化、大学自主、学生适性发展等理念逐步革新，透过选才制度带领学生更适性发展、大专院校更自主选才、高中、高职学校教学正常化①。这基本指明了中国台湾地区未来高考制度改革的发展方向。

第六节 域外"高考"制度的启示与借鉴

综观美、英、俄、日及中国台湾地区的"高考"制度，因不同的政治、经济、文化及教育传统而各具特色，既有综合选拔制，又有证书制，还有统考选拔制，但具体而言，它们又有诸多共通之处。无疑，这些从不同政治、经济、文化及教育土壤产生发展出来的"高考"制度所呈现的共同特点，足以代表世界未来高校人才选拔制度的改革方向与发展潮流，对我国现阶段的高考制度改革具有重要的启示与借鉴意义。

一、多样而灵活的考试方法及评价体系

就考试方法而言，为选拔精英人才，美、英、日及中国台湾地区共同采取的有笔试、面试或口试、操作能力及资料审查等多种方式，不拘泥于某一种考试方法。就考试评价体系而言，各国及中国台湾地区大都形成了按照高校的层次与类型而采取不同评价方式的做法，且总体上皆呈现出"金字塔"式的评价体系，即越顶尖的大学，其评价方式越复杂多元，越塔底的学校其评价方式越单一，塔身中段的高校大多根据需要灵活运用。如美国研究型大学及四年制大学与学院的录取依据除参考 SAT 或 ACT 及中学成绩外，一般还要考查学生的特殊才能及领导、社会实践、组织与交往等能力素养，其考试方法涵盖笔试、面试、操作能力等多种方式。而社区学院只要高中毕业便可申请入学。英国的精英大学除参考 A-Level 考试成绩外，还要自组织多种加试或考查项目，如学术性成绩记录、学校推荐、个人声明及相关作品等。而普通大学与学院的录取标准较低，并可接受各类职业资格证书的考试

① 李大伟、李建兴、胡茹萍，等：《台湾大学入学制度的历史变革：公平性、机会选择、卓越性之探讨》。

成绩等。继续教育学院则只要有能证明已经完成普通中等教育或者中等职业技术教育即可申请入学。日本的著名大学也与前两者相似，除参考“中心考试”成绩外，还要自组织或参考其他条件。一般性大学则较灵活，可根据自身办学需要，采取推荐入学考试、AO 考试等。中国台湾地区也是根据办学层次，灵活运用学科能力测验、指定科目考试、术科考试等多种评价方式。中国内地目前的高校招生虽也有高考、学业水平测试、自主招生考试、艺体类考试及保送生考试等多种评价方式，但除高考及保送生考试外，其他考试一般不具备单独录取功能，且不同层次与类型的高校也基本都以笔试的文化课成绩为主要录取依据。此外，各种考试大多以高中开设的课程为主，考试科目包括必考与选考仅 10 余科，与美、英、日等的数十种甚至上百种可选考试科目相比，显得十分狭小，不足以涵盖多元智能，且难以体现日益多元的社会分工发展趋向。因此，多样而灵活的考试方法与评价体系是满足多元智能考生群体考查需求进而适应社会多元化分工发展趋向的必要措施。

二、多元化的入学管道

综观世界发达国家及地区的高校招生制度，入学管道的多元化是又一个鲜明的共同特点，也即适应高等教育大众化乃至普及化以及高等教育结构及类型层次化与特色化的必要途径。不过，从招生录取的形式来看，多元入学管道有两种类型：一是分层分类的多元入学管道。如：美国采用“多元录取指标，建立了多渠道、多层次考试立交桥”，由其“计划性与灵活性”① 所决定，不同层次与类型的高校可根据各自办学特色、生源状况等，选择不同的录取方式，主要有完全开放、有限开放及综合选拔，这在实质上形成了分类、分层的多元入学管道。英国的高校招生录取以等级制评分的资格证书为基础，在实践中也表现出类似美国的分层、分等的入学管道格局。二是不同考核形式的多元入学管道。如日本可通过不同的考试或综合若干种考试形式入学，包括“中心考试”、推荐入学、AO 考试、归国人员子女考试、职业高中毕业生考试等多种方式，只是采取何种方式入学由高校决定而已，它在实质上暗合于美、英的分层、分类多元入学管道格局。中国台湾地区推行多元入学方案的目的之一，就是希冀通过多元入学管道选拔新生，整并后的入

① 刘海峰，等：《高校招生考试制度改革研究》，经济科学出版社，2009 年，第 250 页。

学管道有两种：一是考试分发入学；二是“繁星推荐”入学。与美、英不同，这两种管道均可通往一流大学，在录取中没有明显的等级性。目前，中国内地的入学管道主要有统一高考及其多种组合模式（如自主招生考试、艺体类考试等组合）、保送生以及特殊群体的免试入学三种。与美、英、日相比较，其短有二：一是未能体现高等教育结构与类型的层次化与特色化，不利于高等教育的多元化发展；二是不分特长与性向，几乎所有考生均须参加统一高考，既增加了高考的压力与成本，又难以减轻非学术性学生的学习负担。然而，随着中国高等教育的不断发展，高等教育必将由大众化进入普及化，打破“千校一面”，形成各具特色的分层、分类的高校格局是必然之事，而要满足不同高校与不同群体学生之间的双向选择需求，建立合理的多元入学管道是未来高考制度改革的必然选择。

三、“考招分离”的录取体制

无一例外，政府宏观管理下的“考招分离”录取体制是世界发达国家及地区实现大学自主招生与提升考试机构专业化水平的必由之路。美国高校的招生录取工作由各高校自设的专门招生业务机构负责，同时行使管理权和监督权。除高校根据需要自组织加试外，其他大规模考试皆由民间专业考试机构提供服务，政府不直接影响或干预高校招生各环节事务，是最彻底的“考招分离”的国家之一。英国虽实行证书制，但其招生录取也类似于美国，除“精英型”大学根据需要组织加试外，其他各种证书考试皆由民间的非营利性考试机构提供服务，录取权完全在高校。政府也不直接介入具体的招生考试事务，其主要职责是制定宏观的招生考试法规、政策及标准，进行间接管理。由于俄罗斯改为实行国家统一考试招生制度，其考试与中国的考试类似，由国家统一组织实施，但其录取却由高校自主划线决定，政府只通过财政拨款加以管控。日本虽由文部省下设的大考中心负责组织全国第一次考试，但录取权完全在高校，政府给予充分尊重，不加干预，其职责主要是制定规则、控制总额以及审议与监督。中国台湾地区自 2001 年实行多元入学方案后，也走向了“考招分离”的道路，考试由大学考试中心及其他专门机构组织实施，录取权在高校，教育事务主管部门只监督指导高校完成招生工作。目前，中国大陆高校的招生录取工作是“在教育部统一领导下，由各省级招委会组织实施"①，其中，在实行比例投档（120%以内）的省、自治区、直辖市，高校有一定的自主录取权，但十分有限；在实行平行志愿投档的省、自治区、直辖市，其高校录取基本是按成绩高低依分取人，实质上只有接收权，而无自主权。又由于中国大陆的招生考试机构目前大多处于半政府化状态，离专业化考试机构还有很大差距，因此，考试也基本由政府统一组织实施。当然，中国大陆高校的招生考试录取模式也并非一无是处，如具有统一、高效、成本较低等优势。不过，从世界其他国家的高校招生制度发展模式来看，要实现我国高校自主招生与切实提升考试服务水平，加快考试机构专业化建设，政府必须适度放权，采取宏观管理的方式，成立或将现有招生考试机构转制为具有独立法人性质的专业化考试机构。

四、公平正义是招考改革的基本价值诉求

康德曾说："如果公正和正义沉沦，那么人类就再也不值得在这个世界上生活了。"② 高考制度作为分配高等教育资源的有效途径，其所以存在，很大程度上是因其体现与维护了人类共同的价值理念——公平与正义。事实上，世界各国及地区都将"公平、正义"作为高考制度改革不遗余力的追求目标。美国作为移民国家，各族裔、阶层子女的教育条件差距甚大，为缩小其入学机会差异，在法律上，20 世纪 60 年代颁布了《平权法案》，促使各大学建立了增加弱势少数族裔学生入学机会的"少数民族大学生招生项目"；在财政上，成立了联邦政府佩尔奖学金等资助项目，旨在支持弱势群体子女。在高校层面，2006 年，哈佛大学等部分一流大学又发起了旨在促进公平的"取消提前招生计划"的改革措施。英国则依据其高等教育法，成立监督专门机构——"公平入学办公室（OFFA）"，通过对高校招生政策与收费情况的审批与监督，并要求高校与其签订《公平入学协议》，以保障来自社会弱势群体家庭学生的比例。俄罗斯在 20 世纪 90 年代的自主招生时代，高校招生成为社会公平、正义的重灾区。而为了捍卫公平、正义，于 2001 年试行并于 2008 年全面实行了国家统一考试招生制度，以"彻底"改变招生制度的方式，治疗自主招生滋生各种腐败问题之顽疾。中国台湾地区尽管早

① 教育部：《2010 年普通高等学校招生工作规定》，阳光高考：http://gaokao.chsi.com.cn/gkxx/ss/201003/20100326/68361300.html，2010-03-26/2013-01-18。

② 康德：《法的形而上学原理》，沈叔平译，商务印书馆，1991 年，第 165 页。

在20世纪90年代就进入了高等教育大众化阶段，目前，其“高等教育容量也已接近学龄人口总数”①，但为了平衡城乡差异、照顾弱势群体、促进区域均衡，先后推出了“推荐甄选”、“繁星计划”以及“南星计划”（后被并为“繁星推荐”）等入学政策。中国自古就重视人才选拔的公平问题，如科举时代的“逐路取人”与“分区定额”之争。中华人民共和国成立后，也相继出台了关于促进招生公平的一系列政策，如加分政策、分省定额等。2008年还实行了“支援中西部地区普通高校招生协作计划”以及推广与完善平行志愿投档、分段公开征集志愿等录取方式。但因经济、教育等发展不平衡导致的区域、城乡入学机会差异客观存在，尤其是“异地高考”的现实矛盾日益突出，对高考公平与正义提出了严峻考验。总之，公平、正义是高考制度的应然品质，而追求公平、正义则应是高考制度改革现今乃至今后须不懈努力的前进方向与价值所在。

五、权威性考试在高校招生制度中不可缺位

所谓“权威性考试”是指在高校招生中起决定性作用的由政府或民间考试机构组织实施的大规模统一考试。综观各国及地区高考制度，尽管所采取的选拔方式或机制有所不同，但都存在某种或若干种权威性考试，并且其成绩在大多数高校招生录取中，对绝大部分考生而言具有极其重要的分量。如美国有SAT与ACT两种大规模标准化考试，其考试分数是“仅次于中学成绩的另一条主要录取指标，也是大学在排行榜位置的影响因素之一”②。虽然近年来有些学校开始把它列为可选条件，或者干脆取消这一入学要求，但研究型大学及四年制公立大学极少有放弃这一要求的。英国作为证书制招生的典型代表，虽没有政府举行的全国统一招生考试，但其A-Level课程证书已“不仅被几乎所有英语授课的大学作为招收新生的入学标准，而且还被国际教育界誉为‘金牌’教育课程和全球大学入学的‘金牌’标准”③，尤

① 赵永东、葛菁菁：《台湾地区大学入学制度多元化探析——以“繁星计划”为主》，《教育与考试》2012年第1期，第22～23页。

② 郑若玲：《我们能从美国高校招生制度借鉴什么》，《东南学术》2007年第3期，第157页。

③ A-Level，百度百科：http://baike.baidu.com/view/88669.htm，2013-01-19/2013-02-01。

其是在传统的精英大学招生中更是具有不可替代的权威作用。在日本，其“中心考试”是高校招生的唯一国家级考试，在著名大学及其他综合性大学的招生中也具有十分重要的作用，而且参加和使用“中心考试”及其成绩的高校数量有增无减。中国台湾地区也有极具稳定性、权威性的学科能力测验。而俄罗斯则以国家统一考试取代了高校自主招生考试，其国家统一考试的权威性自不待言。当前，我国正在探索高校自主招生考试及多元入学招生录取制度改革，尽管有很大的改革空间，但应清醒认识统一高考在高校招生中的地位与作用，注意正确处理统一高考与其他多元入学考试之间的关系，以避免过度改革或改革过度。

此外，各国及中国台湾地区高校招生的共同特点还有“两段式”考试模式，即“权威性考试＋高校自主组织考试”。该模式通常适用于研究型或综合性大学，其目的在于通过综合考查，全面了解考生的学习性向及发展潜力。当然，注重考试研究、加强考试机构专业化建设、平稳推进改革以及注重改革宣传策略等诸多方面也具有重要启示与借鉴意义。

第六章　高考制度改革的哲理思考

中国作为考试制度的发源地，不仅是一个考试古国，也是一个考试大国。许多西方国家的大学招生考试只是一种测量手段，没有太多的附加功能。而受传统和现实的制约，中国人却将高考变成了文化，变成了经济，变成了产业，变成了盛大的仪式，变成了一种社会广泛关注的社会活动，变成了一种惯例式的全民动员。它已不仅是一种考试，也不仅仅是教育，在一定意义上，高考还是一种文化、一种经济，有时甚至还会成为一种政治①。缘何同为高校招生考试制度，中西方之间却存在如此大的差异，究其根源，在于这种制度的产生有着不同的国史与国情。本章将立足中国的国史与国情，从多种视角出发，探讨高考制度改革的内、外部关系规律，以期辨明高考制度存在的本质与价值、改革的重点与难点，探寻推进高考制度改革的最优策略。

第一节　高考制度改革的外部关系解析②

高考作为高校选拔新生的一项重大教育考试活动，同其他社会现象一样，“是以系统的方式存在的，并以社会的子系统参与社会母系统的整体运行”③。它既具有自身的特定系统与功能，又依托于外部世界系统而存在，并通过不断发展与完善回应各外部系统，同时，在与外部系统交互、互动的过程中，又形成或衍生出新的功能。首先，它是一项教育选拔活动，隶属于

---

① 刘海峰：《高考改革的理想图景与现实困境》，《光明日报》2012 年 4 月 11 日。

② 本部分刊载于《湖北招生考试》2013 年 12 月号下旬刊，见《论高考制度改革的外部关系》，略有改动。

③ 廖平胜：《考试学原理》，华中师范大学出版社，2003 年，第 100 页。

教育系统，在整个国民教育系统中扮演着“上连高等教育，下引基础教育”的核心枢纽作用；其次，它是一项国家选拔活动，隶属于政治系统，在国家政治系统中具有选拔培养服务特定政治价值取向的各级各类人才的功能；再次，它是一项文化活动，隶属于文化系统，在社会文化系统中具有传承、传播及创造文化的历史使命；最后，它是一项经济活动，隶属于经济系统，在国家经济系统中承担着再生人力资本的重大任务。此外，它还是一项科学活动，与社会科学技术特别是测评技术和信息科技的发展密切相关。当然，人口的变化通过影响考试规模进而改变或决定着考试的方式与方法。可以说，高考产生于社会需要，又服务于社会需要，它不是一个孤立的存在，而是与外部世界有着千丝万缕的联系。

一、高考改革与教育的关系

作为一种制度，“高考所对应的不仅是基础教育的终结性检查，也是高等教育的入门资格，其自身和各方面结构关系的优化程度，不仅影响考试本身的合理与公平，也对此前的基础教育和此后的高等教育有着极为重要的引导和影响作用”①。正是高考制度具有这种影响整个教育系统的枢纽作用，在高考建制以来的60余年间，从考试科目的调整到考试形式的多样，从命题方式的多元到录取通道的多元，从考查知识到考查能力的转变等一系列改革，其重要动因之一就是来自基础教育与高等教育的双重压力。一方面，基础教育要求高考能在减轻学习负担的同时正确引导学生全面而个性化地发展；另一方面，高等教育要求高考能够科学选拔、合理分流，满足不同类型、层次的高校选拔适才适所的新生。

然而在实践中，有考试就有应试，特别是高考这种高竞争、高利害的选拔性考试，更是引发考生尽力应试，“考什么就学什么，不考什么就不学什么，造成中学只抓智育而片面追求升学率，文理偏科，学生负担难以减轻，影响求异思维和个性发展，学校办不出特色等严重的教育问题”②。以致恢复高考以来，关于高考改革的各种褒贬之声不绝于耳。有人认为“高考不改

---

① 程方平：《推进高考改革，完善教育及人才选拔制度——对改革开放30年教育考试改革的回顾》，《教育与考试》2008年第6期，第21页。

② 刘海峰：《高考改革的教育视角与社会视角》，《高等教育研究》2002年第5期，第35页。

革，教育无宁日"；有人甚至提出"废除高考"；也有人主张高考不必搞"大手术"[①]。那么，造成高考改革与教育之间的矛盾根源何在？为何至今的高考改革在多元评价与多元录取方面仍举步维艰？无疑，其症结在于高考与教育的彼此依赖关系，即高考的考试内容基本以基础教育的教育内容为纲，而人们对学校教育的评价又主要来自高考的升学率。因此，只有解除高考与教育之间的这种彼此依赖关系，才能解放高考、解放教育，使高考与教育各行其道，使二者和谐共融。

从国外的大学入学考试来看，以美国的 SAT 与 ACT 考试为例，这两种全美最为权威的大学入学考试的考试内容与基础教育的教学内容基本分离，即都不与某一具体课程教材直接挂钩。如"SAT 学科考试，主要测查学生在某个特定学科领域的知识与技能以及运用这些知识的能力，涉及五个学科领域 20 个科目"；"ACT 考试则直接测量考生的文本理解、分析推理、问题解决和批判性评价书面材料等能力与技能"[②]。而这些正是高校学习以及在现代社会生存与发展所必需的基本能力。可见，将高考与教育分离并非没有现实可操作性。总而言之，从国外经验和我国国情来看，要解开高考与教育之间的矛盾枷锁，必须首先解除高考与教育之间的强依赖关系。也只有打破这种依赖关系，才能为高考改革和教育改革提供自由宽松的空间，使二者共同走向利于基础教育、利于高等教育、利于国家的人才培养之道。

二、高考改革与政治的关系

受千年科考的影响，中国的考试制度一直分属政治制度的范畴，且被认为"凡成文法规性考试的创建与实施，都是国家意志的体现，是强化国家行政治国效能的需要，它既表现为一种社会行为，同时也是一种行政或政治行为，并多以行政法规或法律予以规范"[③]。事实上，不管是民国时期的文官考试制度、高校招考制度，还是当今的高考制度，都遗传了政治基因，不仅未能超出政治范畴，还深受政治运动、政治环境或政治体制的影响。如

---

① 袁新文：《高考制度必须完善，但不能轻言废除》，《人民日报》2007 年 3 月 29 日，第 11 版。

② 任长松：《美国大学入学考试 SAT 与 ACT 对我国高考的启示——对我国高考的近期与远期改革建议》，《教育理论与实践》2008 年第 3 期，第 28 页。

③ 廖平胜：《考试学原理》，华中师范大学出版社，2003 年，第 153 页。

1952年统一高考制度的建立，就是以强大而集中的统一政权为背景；1958年在“‘左’倾错误指导下，政治身份取代了文化考核而成为大学入学的主要标准，并为以后乃至‘文化大革命’中批判、废止高考埋下了伏笔”①；而1977年后政治上的拨乱反正，又成为高考制度恢复与发展的主要推动力。以致有学者总结认为：“凡是强调经济建设，就重视文化科学的作用，高考也受到重视；凡是强调阶级斗争，突出政治，就贬低文化科学的作用，高考就受到攻击，甚至被取消。”②

然而，政治对高考改革的影响并非仅限于高考本身，它还深刻地影响着高考资源的分配。有研究指出，“高等教育资源地域配置的首要因素，首先体现在地域政治地位与区域高等教育资源的分布上。一般来说，区域政治地位越高其高等教育资源就越丰富”③。如，“中华人民共和国成立时划定的六大行政区域，各区域的中心省区和设立的三大直辖市其高等教育资源都很丰富。北京市作为国家首都，高等教育资源之丰富一直首屈一指”。其次，“政治影响还体现在高等教育资源分布的内部差异上，越是高层次的高等教育资源其地域分布越受到政治力量的影响，而地方因素的作用力度也就越弱。作为地方主要特点的要素，无论是人口还是经济，对高等教育资源地域分布的影响均随着高等教育资源层次的提高而逐步减弱”④。可见，政治因素是高等教育资源区域配置不均衡的主要原因，同时也意味着要解决高等教育资源分布不均的问题必须依靠政治手段。

此外，高考改革也在某种程度上反作用于政治，如“在全国采用相同的考试内容、考试形式和考试时间，使全国各地统一意志、统一步调、统一行动，有利于各地文化的交流融合”⑤，而通过高考“政策、法规、标准、内容等，推行主流价值，体现国家意志，也可促使民众与政府在意志指向上趋同”⑥，这些对维护多民族国家的统一和社会稳定团结具有重要的意识形态

---

① 刘海峰、李立峰：《高考改革与政治经济的关系》，《教育发展研究》2002年第6期，第35页。

② 杨学为：《中国高考与社会、经济的关系》，《中国考试》1997年第1期，第44页。

③ 吴宣德：《中国区域教育发展概论》，湖北教育出版社，2003年，第186页。

④ 贾云鹏：《我国高等教育资源地域分布的现状、特点及成因》，《江苏高教》2009年第2期，第50页。

⑤ 刘海峰：《为什么要坚持统一高考》，《上海高教研究》1997年第5期，第48页。

⑥ 杨学为：《中国高考史述论（1949—1999）》，湖北人民出版社，2007年，第2页。

作用。然而，尽管纵观近30年来的高考制度改革，其政治色彩正在日渐淡化，但“作为政治制度的一个重要的组成部分，高考制度不可能独立于政治制度之外，而只能受制于政治体制”[①]。因此，高考制度改革必须拥有适宜的政治运行环境，特别是民主、公开、透明的行政体制改革运行机制。

三、高考改革与经济的关系

由于考试具有将人力资源转化为人力资本的功能，因而它与经济之间的关系十分密切。甚至有学者认为，“从人的心理和精神层面上考察，无论是过去的科举还是今天的高考，对于强化中国人的‘竞争意识’，确实起到了‘推波助澜’的作用，这说不定是近代中国经济发展的一个重要‘原动力’，同时也很可能是中国至今仍然在发展中‘徘徊’的一个重要原因”[②]。不过，从高考制度改革的实践来看，以高校扩招为例，它确实对经济增长具有正效应，具体而言，其贡献主要体现在“高等教育基础设施建设的大规模展开对投资的拉动、高校招生人数的增加加速城镇化进程从而拉动消费需求、高等教育经费投入增加从而拉动政府支出、高校扩招导致公众平均受教育程度提高带来生产效率提高”[③]，这些在直接层面和间接层面都推动了经济增长。还有研究指出：“高等教育需求每增加1亿元，国民经济规模将扩大2.26亿元”[④]，这表明通过高考改革来调节高等教育规模及人力资源结构与质量，对促进经济增长具有深远意义。

另一方面，经济的发展对高考改革也具有巨大的反作用力。从经济发展对国家区域间的教育投入来看，各区域包括城乡在内，其“教育发展水平取决于经济发展状况”[⑤]。特别是“就优质教育资源的建设而言，无论是生成

---

① 胡向东：《民国时期中国考试制度的转型与重构》，湖北人民出版社，2008年，第290页。

② 李宝元：《中国应试制度论析——兼论恢复高考三十年》，《湖南社会科学》2008年第1期，第146页。

③ 叶建亮：《失落的象牙塔：高校扩招的一个经济学解读》，浙江大学出版社，2009年，第68页。

④ 闵维方：《高等教育运行机制研究》，人民教育出版社，2002年，第159页。

⑤ 岳昌君：《经济发展水平的地区差异对教育资源配置的影响》，《教育与经济》2003年第1期，第40页。

式的发展模式，还是扩张式的发展模式，经济条件都是其重要的前提"①。换言之，经济发达地区不仅基础教育发展水平较高，而且优质高等教育资源也相对丰富，这种差异性存在于现有高考制度框架下，从"两端"加剧了高等教育入学机会的不公。不过从世界范围来看，这似乎已成铁律，正如有学者研究指出："世界各国社会经济地位处于劣势的阶层在高等教育机会方面都不同程度地处于劣势，而要改变这类阶层在教育机会上的不平等，仅仅靠提供免费的高等教育并不能根本改变其教育境遇。"② 可见，不管是从宏观上缩小区域间的高考入学机会差距，还是从微观上提高受教育者自身的入学机会，都必须以改善区域和个人的经济状况为基本条件，否则难以从根本上消除客观原因导致的入学机会不公。

总而言之，高考改革与经济发展休戚相关，密不可分。一方面，经济发展水平不仅决定着高等教育的招生规模、高考的区域公平，还深层次地制约着高考内容的改革；另一方面，高考制度通过促进人力资源转化为人力资本可有效推进国民经济的可持续发展，是富国、强国的有力杠杆，"恢复高考以来所取得的社会进步和经济发展就是对高考这一经济功能所做的最好注脚"③。因此，高考改革必须以经济基础为依据，同时，经济发展也应有利于促进高考改革。任何脱离经济基础的高考改革与不兼顾高考改革的经济改革都注定难逃失败的厄运。

四、高考改革与文化的关系

文化是人类物质生活的外化，它"存在于各种内隐的和外显的模式之中，借助符号的运用得以学习与传播，并构成人类群体的特殊成就，其基本要素是传统思想观念和价值，其中尤以价值最为重要"④。按照新制度主义的划分，文化属于非正式制度或内在制度，同时内在制度在发展中可以转化为外在制度，非正式制度也可以转变为正式制度，并且只有与非正式（内

---

① 陈振华、伍正翔：《优质教育资源发展中的经济作用分析》，《教育科学》2011年第5期，第12页。

② 闵维方：《高等教育运行机制研究》，人民教育出版社，2002年，第335～336页。

③ 刘海峰、李立峰：《高考改革与政治经济的关系》，《教育发展研究》2002年第6期，第38页。

④ A. L. 克罗伯、K. 科拉克洪：《文化：一个概念定义的考评》，何东霞、何一鸣：《文化与制度耦合：一个文献综述》，《学术研究》2006年第10期，第40页。

在）制度约束相协调的正式（外在）制度才能得到较好的实施或取得较好的制度效益。因此，文化对制度的形成、发展及变迁十分重要。中国作为世界四大文明古国之一，拥有自身独特的传统文化精神，其核心被概括为“和”，即追求和谐的中和主义，在具体的行为活动中表现为以中庸为准则的处世哲学，其本义在于避免“过”或“不及”两个偏向，以便保持各种矛盾和关系的和谐统一①。然而，这种注重“和”的精神内涵，在中国传统的家庭和亲友关系中被无限膨胀，形成纵横交错的社会关系网，是人们信服人情高于一切，人际关系决定一切，最终造成托关系、走后门的裙带风盛行不衰②，使维持社会公平正义的制度往往陷入“人情困境”之中。

以致有学者曾直言：“将市场机制引入高考，打破全国统考统招局面，改为各校自主招生考试，或者以高中会考成绩和在校表现等综合因素作为高考招生录取的依据，以便克服千军万马争过独木桥、片面追求升学率的弊端”，“不符合中国国情，也是未考虑中国传统文化制约因素的主张，若真的推行，其弊端将超过全国高校统一招生考试”③。不过，就当前的高考制度改革实践来看，从录取标准的多元化到录取管道的多元化，从保送生制度到高校自主招生，特别是综合素质评价等均难以有效推进，其重要迟滞原因就在于受到中国传统文化（某种程度上被理解为社会诚信的缺失）的影响。显然，传统文化对高考制度的作用是隐蔽的、潜在的，也是持久的、深刻的。它对高考制度的改革既具有促进作用，又具有阻碍作用。“当高考改革与传统文化相一致，至少不相抵触时，传统文化就会成为一种促进力量，推动高考改革的顺利进行；反之，当高考改革与传统文化相冲突时，传统文化就会成为一股强劲的阻力”④，阻碍高考制度的改革进程，甚至使高考改革偏离预定目标。因此，文化，尤其是高考文化，它往往制约着高考改革的推进方式、速度及效益。换言之，高考制度改革必须考虑社会大众的心理接受与承受能力。

---

① 郑师渠：《中国传统文化漫谈》，北京师范大学出版社，1991 年，第 24～25 页。

② 张文达、高质慧：《台湾学者论中国文化》，黑龙江教育出版社，1989 年，第 173～195 页。

③ 刘海峰：《高考改革的理论思考》，华中师范大学出版社，2007 年，第 3～4 页。

④ 刘海峰：《传统文化与高校招生考试改革》，《上海高教研究》1995 年第 3 期，第 44 页。

然而，随着当今经济全球化，特别是高等教育全球化的进程不断加快，文化多样化正成为新的重要发展方向。在以全球化为核心的文化实践中，"全球化不仅会改变文化实践的根本结构，还将影响到我们对当代文化的诠释"①。故而我们有理由相信，在中西方各种文化的交流与碰撞中，中国文化必将更加开放与多元，而这种多元文化的发展与渗透，对未来高考制度的多元化改革必将起到重要的支持作用。此外，由于"文化从深层次上来说是人们行为和思想的路径依赖，一种新的制度的引进和创新必须打破一定的路径依赖而需要一定的路径跳跃，否则在原有的路径锁定的背景下进行制度的创新与转轨必定越发艰难"②。因此从长远考虑，必须积极主动地构建符合世界发展潮流的大学文化和高考文化，以迎接未来更加自主化、多元化的高考制度改革。

五、高考改革与科技的关系

科技之于高考主要有两种：一是作为鉴别个体或群体身心素质差异的一种测量手段，其目的在于提高测评的科学性与准确性，往往是指非物质形态的测量理论、理念以及测验方式与方法；二是作为降低高考运行成本，同时提高高考运行效率的物质支持技术，具有促进高考公平的作用，往往是对现代信息科技在高考中的开发与应用。但不管哪一种，均对高考改革具有重要的影响，甚至可以说，"技术变化决定制度结构及其变化"③。如从高考改革实践来看，20 世纪 80 年代引进的标准化考试，不仅丰富了高考的题型，出现了选择题、判断题、配对题等客观性试题，改变了高考的试卷结构，同时也改变了高考评分方式，促使了高考机器阅卷的变革。而现代计算机网络技术在高考中的应用，不仅改变了高考内容的表现形式，"出现变化繁多的现代计算题、工程设计题、科学实验题等，使口试、笔试、实操三者结合"④成为现实；还大大提高了高考录取的效率，使传统的人工操作录取转变为便

① 约翰·汤姆林森：《最新文化全球化》，郑棨元、陈慧慈译，韦伯文化国际出版有限公司，2005 年，第 1 页。

② 张弘政：《中国制度转轨过程中文化转型的机理及其内蕴》，《理论与改革》2005 年第 2 期，第 120 页。

③ 卢现祥：《新制度经济学》，武汉大学出版社，2011 年，第 177 页。

④ 李建斌：《为了这片绿洲——河北省高校招生探索与实践》，河北大学出版社，2005 年，第 12 页。

捷的计算机网上录取，有效避免了多个人工环节可能出现的腐败现象，促进了录取的公平性。此外，当前的网上报名、网上评卷等也都是以现代信息科技为主要支撑与依托的。

综观世界发达国家及地区的大学入学考试，其在测评理念及技术等方面都有很多优胜于中国高考之处，它们代表着中国未来高考改革的某些可能方向。以美国为例，其两大统一入学考试 SAT 与 ACT，在考查立意方面，强调测量考生的逻辑推理及批判思维能力，尤其是学习及发展潜能。在考试内容方面，由于美国没有统一的国家高中课程标准及考试大纲，二者均以各州高中课程的共通之处作为命题的基本内容范围，但不直接考查课程知识。在考试题型方面，为提高考试效度，开始注重客观题与主观题相结合，注重分析判断、计算、书写及表达等综合性题型的开发应用，推出启发式测验和论文式测验等新的考试方式，力求全面考查考生的基本能力和综合素养①。日本为了推行素质教育，促进基础教育课程的多样化发展，“中心考试”以增加考试学科及科目为手段（目前已达 9 学科 62 科目），力图涵盖基础教育的所有课程，为考生提供灵活而多元的科目选择，以满足不同考生群体的个性化发展需求和不同层次、类型高校（专业）的多样化人才选拔需求。可见，在测量理念与考试实践中，大都注重测评的多元化与多样性，突出理解、思维、判断能力等适应性与综合性考查。

无疑，技术作为制度变迁的重要变量，不仅影响着制度的结构及其变迁方向，还制约着制度的变迁规模与速度。对高考制度而言，其软、硬两方面的技术突破，特别是多元测量理论和高新技术的考试服务系统的引进、开发、应用及推广，对于提高高考制度的科学化、规范化、信息化、公平化、现代化甚至国际化程度具有先决性和基础性的意义。因此，不断加强高考技术的更新与研发，是未来高考制度改革的先导条件和重要保障。

六、高考改革与人口的关系

高考既是人化的活动，也是化人的活动，其对象首先是人，因此人口是高考制度的又一重要变量。与其说统一的大规模考试是人类社会发展到一定阶段的历史产物，不如说它是人口增长到一定阶段的必然产物，因为人口的增减不仅关系到考试的规模与成本，还关系到考试所能采取的方式与方法，

① 党宁：《对美国高校招生考试改革的思考》，《教育与职业》2008 年第 9 期，第 99 页。

而人口的流动，则关乎考试的利益划分进而涉及考试的区域公平、入学机会公平。此外，人口的性别比例也在一定程度上影响着高考的政策变化。如同人口在诺思制度变迁理论中占有重要地位一样，他认为“历史上存在着两个重要的人口与资源比例的转折点，与此同时，就形成了第一次经济革命和第二次经济革命”①。因此，人口对高考制度改革具有重要的影响力。

随着我国计划生育政策的持续实施，人口的数量已开始由增势转向降势，反映在高考领域，即是明显的生源数量的下滑，并已对部分高职院校，尤其是民办高校产生了较大的负面影响。有报道称，从 2009 年开始，民办高校就已进入招生寒冬。据统计，2009 年北京市民办高校 6 万多人的招生计划只完成了 5.5 万左右②，多数民办高校录取的新生数量少于往年，其招生数量也较往年下降了 60%之多。当年仅北京黄埔大学等少数学校顺利完成了既定的招生任务，多数院校新生数量大幅下滑，有的甚至因招不够新生而直接宣布破产。2010 年教育部统计数据显示，全国高考报名总人数是 957 万，比 2009 年减少大约 65 万③，严峻的招生形势影响到部分高校的生存与发展，而在利益的驱动下，一些高校为了自身的生存和发展不惜铤而走险，以牺牲诚信为代价，不仅影响了自身的名誉，也影响了整个高校在社会的信誉度，特别是对高校招生考试产生了较大的负面影响。

另一方面，随着我国市场经济的持续发展，区域间的经济活动逐渐增多，以及城镇化进程的加快，导致大规模的人口迁移。据《第六次全国人口普查》关于流动人口的数据统计，“中国内地 31 个省、自治区、直辖市的人口中，居住地与户口登记地所在的乡镇街道不一致且离开户口登记地半年以上的人口为 261 386 075 人，其中市辖区内人户分离的人口为 39 959 423 人，不包括市辖区内人户分离的人口为 221 426 652 人。同 2000 年第五次全国人口普查相比，居住地与户口登记地所在的乡镇街道不一致且离开户口登记地半年以上的人口增加了 116 995 327 人，增长 81.03%”④。可见，我国已经

① 道格拉斯·C. 诺思：《经济史中的结构与变迁》，上海三联书店，1991 年，第 15 页。

② 《41 所民办高校签署诚信公约，承诺诚信招生》，《北京日报》2010 年 8 月 2 日。

③ 《2010 高考全国平均录取率将增加近 7%》，中国新闻网：http://gaokao.eol.cn/kuai_xun_3075/20100602/t20100602_481682.shtml,2010-06-02/2013-03-05。

④ 《人口普查》，百度百科：http://baike.baidu.com/view/46884.htm,2012-12-13/2013-03-20。

进入人口大迁移、大流动的历史时期。而由大规模人口流动引起的非户籍地人口随迁子女就地升学，特别是就地高考的问题凸显出来，为了维护考生权益及社会公平正义，亟须改革现有高考制度，以保障新时期大量流动人口的考试权和受教育权。

总之，人口的变化是多向度的，既有数量的变化，又有流向的变化，还有男、女性别比例的变化，这些变化从不同维度影响着高考政策的调整，规约着高考制度的变迁方向。尤其是在当下以人为本的科学发展观的指导下，构建适应人口变化需求的高考制度迫在眉睫。当然，这也意味着加强人口预测与研究是制定科学合理的高考制度改革方案的必要条件。

第二节　高考制度改革的本原探讨[①]

高考是一个极为复杂的大规模选拔性考试，是一个“横看成岭侧成峰，远近高低各不同”的制度，从某一特定立场或视角去考察，可能所见都是事实，所言都有一定道理[②]，但也很可能出现“盲人摸象”、“只见树木不见森林”，难以全面、客观、理性地理解与审视高考制度。也正是由于高考制度的这种复杂性，决定了高考改革的复杂性，在政策层面涉及政治、经济、文化、科技、人口以及高校、家长、考生与政府之间的博弈；在考录层面存在公平与效率、轻负与高质、综合评价与客观公正、灵活多样与简便易行、个性选拔与经济高效、考试公平与区域公平等多重矛盾；在哲学层面涉及个性与共性、局部与整体、省区与全国、地方与中央、少数与多数等多对范畴。因此，正确认识高考改革、理性诠释高考改革、系统解读高考改革是制定科学合理的高考改革方案，进而顺利推进高考制度改革的本原问题与理论先导。

一、高考制度改革的价值取向

高考制度作为分配高等教育资源的主要机制，属于公共政策的范畴，其有效运行必然立足于特定的价值基础。它要求政策主体“必须考虑社会经

① 本部分刊载于《中国高等教育评论》2013 年版，见《论高考改革的价值取向、目标原则及推进策略》，略有改动。

② 刘海峰：《高考改革的理论思考》，华中师范大学出版社，2007 年，第 1 页。

济、文化发展水平，考虑社会舆论和不同社会群体的需要，考虑民众的理解、认同、支持、参与程度，考虑政府对政治资源、社会资源、经济资源的整合程度”①。因此，在一定意义上，高考制度是相关权利与利益主体按照公正性、科学性、合理性及合法性等价值标准解决高等教育资源配置问题的一种制度安排。综观高考制度改革 60 多年，其改革价值取向基本是以减负、高质、分类、综合、多元、自主、个性、公平等为核心理念，围绕促进“三个有助于”而展开的价值博弈。

具体而言，减负就是通过考试科目调整、多途录取及降低难度等措施减轻考生的学习与升学压力；高质即以改革考试评价方式为突破口引导素质教育的推行，促进学生全面而个性的发展；分类就是从大一统的、单一的招生模式往分类有别的招生模式演变，特殊类型院校采用不同于一般院校的办法，高水平大学和高职院校采用自主招生的办法，即所谓两头放开；综合包括评价和考试标准的综合与评价内容的综合；多元包括招生主体的多元、考试评价方式的多样以及录取方式多样等；自主包括扩大高校的招生自主权和增加学生的自主选择空间；个性包括学校的个性选拔需求与学生的个性发展需求，一般通过双向自主选择得到体现②。而公平作为一种普适性价值，基本贯穿于整个高考改革过程及其改革的各个方面。在总体上呈现出“有助于高等学校选拔人才、中小学实施素质教育和扩大高等学校办学自主权”③。然而，由于高考制度结构与功能的复杂性，在追求良善价值的过程中，也存在一些难以避免的价值冲突。

有学者将这些冲突与矛盾大致归纳为以下四个方面：其一，维护公众利益与照顾特殊群体利益的矛盾。以程序公正维持社会群体利益的相对公平是高考制度得以延续的关键所在。但随着社会利益格局的多元化以及公众维权意识的觉醒，人们不再满足于这种相对公平，而是要追求更大的公平，这使得以正义的“补偿原则”为依据出台的倾斜性政策，如录取加分、分省定额

① 尹小萍：《价值整合是我国高考政策改革的突破口》，《求索》2005 年第 10 期，第 156 页。

② 边新灿：《高校招生制度改革的脉络现状和走向——兼论公平和素质作为高考改革的两个坐标》，《浙江社会科学》2012 年第 4 期，第 118 页。

③ 中共中央国务院：《关于深化教育改革全面推进素质教育的决定》，《中国高教研究》1999 年第 4 期，第 5 页。

等成为广为诟病的制度漏洞。其二，扩大自主权与公正选才的矛盾。理论上，高校与考生的完全自主双向选择是满足各方的最佳规则，但由于传统文化的影响，特别是社会诚信与健全监督机制的缺失，使得自主招生、综合素质评价以及保送生制度等举步维艰或面临异化危机。其三，考测的公正性与科学性的矛盾。如新课程高考以“能力”为选才标准，虽完成了由对科学知识的再认再现向深层智力活动进行测评的转变，体现了尊重教育规律和人才成长规律，但因以能力考查为主导的试题更多地侧重于测试学生课外的所知所获，这使得不发达地区及经济贫困家庭的考生处于明显劣势。其四，多元化改革与加重学生负担的矛盾。在“考什么就教什么学什么”的环境下，企图通过推行多次考试、综合评价来解决应试教育的种种弊端，实际上不仅难以奏效，反而还会成倍地增加考生的学习负担，不但素质教育成为空谈，还助推了应试教育的发展①。

因此，高考改革必须寻求价值整合，即“坚持公平性与科学性相结合，但以公平性为前提；坚持统一性与多样性相结合，但以统一性为基础；坚持选拔性与导向性相结合，但以选拔性为根本；坚持安全性与有效性相结合，但以安全性为保障”②，坚持稳定性与创新性相结合，但以稳定性为条件；坚持现实性与理想性相结合，但以现实性为根基。简而言之，高考改革应在对立中寻求统一、在矛盾中寻求平衡、在困境中寻求突破、在繁杂中抓住重点、在实然中追求应然。

二、高考制度改革的目标原则

制度改革既是利益格局的调整，又是消解矛盾与促进利益增长的必要手段，在改革过程中表现为对预定制度目标的追求，在改革结果上表现为制度的阶段性变迁。一般而言，任何重大制度的改革目标系统都具有宏观、中观、微观三个层次，或长期、中期、短期三个时段，并且在制度改革的设想中，改革的预期目标往往是理想的，改革设计者总是希望其目标能够充分实现，能够忠实执行预设方案。然而，由于不可抗力因素的存在或预测预设的

---

① 曹刚、张和生：《高考改革价值取向的现实困惑与应然追求——兼论考试公平与效率问题》，《求索》2012 年第 10 期，第 201 页。

② 曹刚、张和生：《高考改革价值取向的现实困惑与应然追求——兼论考试公平与效率问题》，《求索》2012 年第 10 期，第 202 页。

不足，改革的目标大多在性质、状态及结果上会出现偏离预定目标的情况，这种偏离“既有负的或衰减性偏离，也有正的或创生性偏离”[①]。因此，要顺利实现各级目标，坚持一定的改革原则是重要前提，唯此才能最大限度地确保改革目标的实现。

（一）高考制度改革的目标

高考作为我国最大规模的教育选拔考试，关乎中国未来各领域人才的数量与质量，进而影响未来中国的综合国际竞争力。因此，高考制度改革，不仅仅是涉及一种考试或一种教育的问题，还关涉国家治理及未来民族前景。其宏观或长期的目标，无疑是国家人才战略在高考领域中的延伸，即通过人才选拔培养方式的优化，促进我国从人力资源大国到人力资源强国的转变，为最终实现中华民族伟大复兴提供强有力的智力支撑；其中观或中期的目标，在于缓解社会经济发展不平衡导致的各种教育矛盾、选才矛盾，最大限度地消除区域、城乡之间入学机会的不平等，以促进高考和谐、教育和谐及社会和谐；其微观或短期的目标，在于构建一套为实现上级目标的制度运行机制，即通过考试形式、考试内容、录取方式及管理体制的改革，化解高校招生和人的发展的客观需要与现行高考“统得过多”之间存在的巨大矛盾。

综观世界各国及地区大学招生考试制度，尽管各自的政治、经济、文化及教育等存在较大差异，但在高校招生考试制度改革方面却呈现出趋同趋势。一方面，一些原先完全分散由各高校单独招生的国家，逐渐转用统一考试成绩作为录取新生的重要依据；另一方面，原来实行高校统一考试的国家与地区，特别是考试竞争激烈的东亚国家和地区，随着高等教育大众化的发展，入学机会的增多，开始逐步扩大高校和考生的选择权，实行入学方式的多元化[②]。审视中国高考制度改革的历史及其变迁路径，考试形式从单一走向多样，考试内容从注重知识到强调能力，命题方式从统一发展到多元，录取管道从以统考为主到多途并存，录取模式从分数优先到双向选择，管理体制从计划走向市场，以及招考方式从二者合一到逐步分离等变化趋向来看，尽管某些方面的改革尚处于初级阶段或存在较大局限，但总体基本符合世界大学入学考试的共同发展方向。

---

① 石鸥、邵汉清：《在理想与现实之间——我国高等教育改革预期目标的实现与偏离》，湖南师范大学出版社，2012 年，第 3 页。

② 刘海峰：《高考改革的思路、原则与政策建议》，《教育研究》2009 年第 7 期，第 4 页。

然而，制度目标的设计，一方面必须紧密结合本国的政治、经济、文化及教育等现实制度运行环境，正如刘海峰教授所说："高考改革的目标，并不是改成各高校单独招考，也不见得是以美国高校招考模式为依归，而是要探索建立适合中国国情的有自身特色的招考制度。"① 另一方面，还必须符合人才培养或教育教学规律、考试科学或人才选拔规律以及人与社会的客观发展规律。因此，高考改革在制度设计或形式层面，其目标是建立以统考为主、单考为辅，综合评价、测试能力，分类招生、多元录取，专业机构命题、政府导控、社会监督、高校自主招生的考试招生制度；在制度功能或效益层面，其目标是优化人才选拔机制，促进"生校互选双赢"，促进教育与社会公平，引导中小学开展素质教育，保障国人身心健康发展，加快由人力资源大国向人力资源强国转变。

（二）高考制度改革的原则

中国台湾地区著名学者黄炳煌教授所领导的研究小组在分析世界各地大学入学制度后，提出了 14 条评判高校考试招生制度的规准：(1) 各大学校院拥有入学方式的自主权；(2) 入学方式要明白易懂；(3) 能引导高中正常教学；(4) 要采用多项资料，如参照高中成绩或口试成绩等；(5) 要避免性别、城乡及文化背景的歧视；(6) 让高中教师充分地参与；(7) 省时、省力、省钱；(8) 公平、公正及公开；(9) 不因离校时间的长短而影响其入学的机会均等；(10) 让学生有多种入学途径；(11) 要能正确反映学生的学习成绩；(12) 要能顾及学生的特殊才能和性向；(13) 要能鼓励学生向学的动机；(14) 要具备可行性②。这 14 条规准可以说很大程度上，既界定了一个"好的"高考制度所必须具备的共性，同时又折射出高考制度改革应遵循的基本原则。结合我国国情及高考制度现状，笔者认为未来的高考改革需把握以下几点③：

1. 公平性原则

高考改革必须首重公平④。公平代表着秩序与和谐，这也是考试作为人

---

① 刘海峰：《高考改革的思路、原则与政策建议》，《教育研究》2009 年第 7 期，第 4 页。

② 大学入学考试中心编辑室：《大学多元入学方案的构想》，《选才》1992 年第 8 期，第 32～37 页。

③ 李木洲、朱春燕：《多元化高考方案并存的设置原则探讨》，《招生考试研究》2010 年第 3 期，第 17～23 页。

④ 刘海峰：《高考改革首重公平》，《光明日报》2005 年 6 月 22 日，第 11 版。

才选拔手段能够延续千年并得以不断发展的主要原因之一。由于高考事关千家万户的切身利益，具有牵一发而动全身的影响力，如果不能有效地维护高考的公平性，必将严重影响社会的合理秩序与稳定和谐。根据高考制度的结构特点，其公平性不外乎两大方面：一是“试卷内的公平”，是指测评考生的试题及其组配的公平性，它反映的是高考试卷的合理性与科学性程度，具体涉及试题设计、试卷等值、试题呈现载体及考试设备等的公平；二是“试卷外的公平”，是指高考试题及呈现考试内容以外的考试环境与考试技术的公平。考试是一项影响变量众多的活动，考试环境与考试技术的差异也会导致不公平竞争，要达到“至公”之目的，必须“内外兼修”，如科目设置、考场环境、阅卷统分以及录取方式、录取政策等的公平。此外，为切实保障高考的公平性，还应保留考生质疑、申诉等权利，并不断扩大除命题、组卷、运输等需保密环节以外过程的透明度，以实现考试主客体之间的信息对称。

2. 科学性原则

科学性是考试活动追求自身发展的根本法则，失去科学性，考试将失去全部意义。高考作为一项复杂的系统工程，需要缜密的思考与科学的构建。高考方案作为统领高考制度运行的具体实施蓝图，其科学性程度不仅决定着高考的公平性程度，还决定着高考能否实现预期的选才目标。按照高考自身的功能与属性，高考方案设置的科学性需遵循三大规律：其一，考试运行规律，即考试作为一项目的性、程序性与技术性很强的选才活动，其自身内部要素及要素之间存在某些必然的关系，这些关系不能以人的意志为转移，否则就会造成考试失效，其基本要求是“紧扣考试目的的要求设计，严格按考试流程实施，有效防止考试无关因素的干扰”①；其二，社会发展规律，即强调高考必须符合社会发展对人才变化的需求，尤其是教育发展的变化；其三，人的身心发展规律，如高考的科目设置数量、试卷试题难度的设计与组合、考试科目的先后次序以及考试时间的安排等应符合考生的身心发展规律，特别是要考虑考生的心理承受与适应能力。违背客观规律的高考必定难以尽选拔人才之效、促人与社会发展之功。

3. 全局性原则

高考制度的设计必须从全局出发，要统筹好中央与地方、发达地区与欠

① 廖平胜：《考试学原理》，华中师范大学出版社，2003 年，第 212 页。

发达地区、城市与乡村以及普通高等学校与职业高等院校招生之间的关系；要以高考作为促进社会公平的有力手段，减少经济发展不平衡而导致的教育不公平现象；要加强对弱势群体的关怀，充分发挥高考促进欠发达地区考生向上流动的功能。高考作为我国的一项基本教育制度和复杂的系统工程，其改革不得不面对一系列的两难选择，如“考测能力与公平客观的矛盾、灵活多样与简便易行的矛盾、扩大自主与公平选才的矛盾、考出特色与经济高效的矛盾、统一考试与考查品行的矛盾、统一考试与选拔专才的矛盾、考试公平与区域公平的矛盾、保持难度与减轻负担的矛盾”① 等。这些矛盾的对立两面往往是并存与共生的，对这些“两难问题”应兼顾两端，掌握平衡点，把握全局，本着循序渐进的原则逐步推进，尽量避免改革中的失误及矫枉过正，使高考制度继续为高校选拔人才、维护社会公平发挥积极作用。

4. 导向性原则

即高考应注重通过测试内容与分类入学将考生导以正确的发展方向，特别是促使考生形成正确的学习观、价值观及人生观等。由于高考的高竞争、高利害及高风险等特性，其对考生的导向作用往往会迁延到基础教育和社会等方面。因此，加强高考对考生、基础教育及社会的正确引导功能意义重大。首先，要加强高考的教育导向功能，服务素质教育发展，利用高考“指挥棒”引导考生树立个性发展与全面发展相结合的观念。其次，要加强高考的社会导向功能，引导考生树立正确人才观与价值观。当今社会早已进入了多元化时代，社会对人才的判断标准也发生了前所未有的变化，诸如“高学历不代表高能力”、“好学校不一定能找到好工作”等现象比比皆是。在考试理念上，应该摈弃“贵普通高校而贱职业院校”、“重一流大学而轻一般院校”的思想观念。在考试设计上，应根据不同类型人才知识、能力的选拔要求，采取多元化设计，充分发挥高考的分流功能。此外，高考的导向性还应表现在对促进社会公平的作用上，也就是通过高考政策调控关切经济欠发达地区及社会弱势群体考生的利益，确保高考在促进社会人才合理流动方面的积极功能。

5. 务实性原则

即强调高考改革必须结合现阶段的政治、经济、社会、教育、文化及人口等方面的具体发展情况，抓住改革中的主要矛盾和次要矛盾。从高考改革

① 刘海峰：《高考改革中的全局观》，《教育研究》2002 年第 2 期，第 21 页。

的实践来看，长期以来存在重形式改革而轻技术改革的弊病。综观现今的高考整体状况，可谓“五花八门”。如“从2000年实行分省自主命题起，全国各省份的改革和尝试从未间断。同为高考，不同省份方式不同——考试科目不同，有的三科，有的五科，有的六科；统分方式不同，有标准分，有原始分；志愿填报时间不同，有考前填，有考后估分填，有知分填；志愿填报方式不同，有的是平行志愿，有的是阶梯志愿”。不难发现，“从理论上讲，这些改革都不是非常必要的，也不会有很大的效果”①。另外，有学者对2005年高考英语全国卷与14省市的共15道高考英语作文试题进行比较研究，结果表明：“高考分省命题之后，很多省、市的部分试题质量难以达到或接近全国统一高考试题的质量。语用目的不合理的试题为73.3%，其中很不合理的占总数的20%。”② 可见，分省命题后的英语写作试题的整体信度与效度存在较大的差异问题。因此，高考改革不能只“务虚”，即过分重视考试形式或录取形式上的变化，而应“务实”，即抓住关键点，从考试的本质与功能出发，加强考试技术，特别是命题技术的研究与变革。也只有通过考试技术的加强与变革，才能从根本上提高考试的科学性与公平性，才能为高考的改革提供坚实的基础和更为广阔的空间。

6. 渐进性原则

在构建和谐社会的大背景下，高考改革必须考虑社会的接受度，避免因高考改革而增加社会矛盾与冲突。有统计表明，自恢复高考以来，高考改革频次过高，几乎年均一改，每年都有新动向。显然，随着社会和教育的发展，高考制度改革在所难免，但必须讲求策略，即在做好充分调研和论证的基础上，在建立相关配套改革措施的前提下，采取稳中求变的改革方法，而不宜“朝令夕改”。换言之，“改革不能翻来覆去，看到问题就想改，改了以后问题更大又倒退回去。特别是有的省份的科目改革，在没有深入调研和充分论证的基础上就贸然进行，改得太快太频繁，令中学教学无所适从，对中学教育及师生造成很大影响”③。总之，在当前的社会和文化环境下，高考改革应“若烹小鲜”，注重稳中求进，控制好改革的推进速度与规模。

---

① 夏杨：《高考改革怎会弄得如此五花八门》，《羊城晚报》2009年7月23日，第5版。

② 鲁子问：《2005年分省高考英语作文试题问题分析与对策建议》，《中小学英语教学与研究》2006年第4期，第17～18页。

③ 刘海峰：《高考改革应稳步推进》，《中国高等教育》2007年第2期，第11页。

此外，高考改革还应注重可操作性原则与系统性原则，就前者而言，即改革的设想和政策的出台不仅要符合教育原理，还要具有可行性和可操作性，应在试点取得足够经验的基础上，再逐步推开；就后者而言，即高考改革需兼顾高考制度自身的结构性、协调性，避免“头痛医头、脚痛医脚”，甚至顾此失彼，特别是在考试形式、考试内容及录取方式等方面应加强彼此之间的系统协调性。最后，需要指出的是，上述高考改革的八大原则是一个相互关联、相互影响、相互促进，甚至互为因果、不可分裂的有机整体。其中，公平性是前提，科学性是手段，导向性是目的，全局性是战略，务实性是关键，渐进性是策略，可操作性与系统性是保障。也只有将这“八者”统一起来、共同推行，才能相得益彰，最终将高考改革导致正确方向，保证高考改革目标的达成。

三、高考制度改革的推进策略①

理想的高校招生制度是充分体现双向选择的制度，即“使所有的高校挑选最合适的学生，使所有的学生选择最合适的高校”②。但受历史客观条件的限制，它只能成为不断追求与接近的目标。现阶段要建立起以统考为主、分类考试、综合评价、多元录取、招考分离、政府导控、社会监督、高校自主的招生制度，必须讲求改革策略，逐步推进。

（一）深化策略：试点先行

试点先行是众多重大制度改革的深化推进策略之一。一方面，试点有利于验证制度设计的科学性、合理性及可行性，为进一步调整或修改制度设计提供经验与空间；另一方面，试点还是引导社会了解、感受制度改革的价值与优势的基本方式，是展示与扩大制度影响力，为人们适应、接受新制度做好心理调适，从而起到降低大范围推进制度改革阻力的作用。当前，高考制度改革已进入深水区、关键区和转型区，面临一系列质性突破的问题，处于改革阻力最大的阶段。因此，改革必须试点先行，且赋予试点充分自主权，确保切实发挥试点作用。在扩大高校自主权方面，应继续推进自主招生试点，并从招生规模、招生范围、招生方式三个层面深化改革，强化自主招生

① 本部分刊载于《中国教育报》2014年2月28日，理论版（第6版），见《考试招生制度改革的推进策略》，有删改。

② 刘海峰：《高考改革的理论思考》，华中师范大学出版社，2007年，第219页。

的本质所在，即要充分体现“生校互选”，不断积累高校根据培养目标和专业要求对学生进行针对性、个性化鉴别选拔的经验。在分类考试、多管道入学改革方面，可在保持高考总体稳定的同时，鼓励普通本科院校加强高考分类分层设计研究，支持培养目标和专业特点相近的高校通过横向合作进行按学校类型或专业大类实施分类考试的试点，丰富经验，成熟一类推广一类，也可把高职院校作为试点突破口。在综合评价改革方面，可以试点新课改高考试验区为基础，推进“综合测试平台”建设，“积极探索使用不同水平的试卷和把学业水平考试逐渐纳入高考的办法，如以先从数学、外语等学生学业水平差异较大的学科开始增加不同层次水平的试卷，逐步走向所有学科都采用多种层次水平的试卷”①，使考试模式逐渐向综合评价测试模式过渡等。

（二）试验策略：联动共进

由于制度改革往往不仅要调整既定利益格局，甚至还要打破既定的思维模式，因此改革不但需要勇气，更需要智慧。高考作为一项高利害、高竞争、高风险的牵一发而动全身的重大社会制度，不仅牵涉政府、高校、考生、家长甚至市场等多方利益，还要打破几十年甚至千年以来的传统考试思维模式，其改革阻力之大、改革难度之大不言自明。试点试验虽是传统的改革策略，但从过去的高考制度改革经验来看，试点试验也需要讲求自身策略，否则将难以取得预设的试点改革成效，甚至成为短命的改革试验，更谈不上进一步扩大与推广。如广西壮族自治区本专科分开考试试验，是在高等教育高度分化、高考人数急速增加的背景下，为了实现合理分流，增加高考选才、辨才的科学性与针对性，而推行的一项高考分类考试试验，然而，试验却草草收场。究其原因，尽管存在初始制度设计不够合理（如时间设计）等问题，但追溯其从 2002 年试行到 2005 年完全退回到原点的主因，还是在于“单独作战”，即缺少联动互动及局部性协调共进。由于高考的外部性与衍射性，即使在某一地区或省区试行，它也需要其他地区或省区的教育部门、考试机构，特别是高校的协调与配合，否则不但考生不支持、家长不理解，甚至所涉部门与高校也不积极支持，最终必定以失败告终。此外，内蒙古自治区试行多年的网上实时动态录取，虽极大地提高了录取效率，降低了高分考生的“掉档率”，但由于压缩了高校的自主招生权，至今仍“孤军奋

---

① 张芃：《高考改革的目标模式与推进策略》，《教育研究》2012 年第 8 期，第 106 页。

战”，而无更多的省、市跟进。因此，高考制度的试点试验，需要联动共进，寻找利益结合点，唯有如此才能顺利试行、推行，达到改革目的。

（三）推广策略：舆论宣导

舆论是“公众关于现实社会以及社会中的各种现象、问题所表达的信念、态度、意见和情绪的总和。它具有相对的一致性、强烈程度和持续性，能够对社会发展及有关事态的进程产生一定的影响”①。因而在某种程度上，舆论是一种非正式制度或内在制度，正面舆论利于正式制度的推行，负面舆论阻碍正式制度的推行。从舆论的形成来看，“它有两个相反相成的过程：一是来源于群众自发；二是来源于有目的的引导”②。因此，为了促进高考制度改革的顺利推行，形成正确、正面的社会舆论就显得十分重要。正如有学者直言：“教育改革，尤其是大规模教育改革，需要有相应的舆论支持。迄今为止，我们还未发现有哪一项教育改革是在缺少舆论支持的情况下取得成功的。事实上，也没有哪一个教育改革者不重视舆论支持。”③ 就高考而言，“高考改革所处的社会舆论环境包括公众对待改革所持的态度、媒体网络对改革的关注等，这些社会舆论环境深刻地影响着改革预期目标的实现”④。无疑，高考舆论作为反映和表达社会大众对高考的一种愿望或诉求，在可能受到错误引导和渲染的情况下，必须重视各种媒体对高考改革的正确宣导，大力破除传统考试思维模式，构建新的综合评价、多元录取等现代考选意识，减少社会大众对高考改革可能存在的误解，以便形成积极有效的改革推力。

（四）纠偏策略：目标监控

高考改革的目标本质上在于促进高考的科学性与公平性，从而促进人的全面发展和社会的持续进步。中华人民共和国成立以来，高考制度经过不断改革探索，取得了很大成就，但高考改革的复杂性和艰巨性，使得高考改革

① 陈力丹：《推敲“舆论”概念》，《采写编》2003 年第 3 期，第 54 页。

② 《舆论》，百度百科：http://baike.baidu.com/view/83472.htm. 2013-01-14/2013-03-22。

③ 吴康宁：《反思我国教育改革的舆论支持》，《湖南师范大学教育科学学报》2012 年第 2 期，第 5 页。

④ 石鸥、邵汉清：《在理想与现实之间——我国高等教育改革预期目标的实现与偏离》，湖南师范大学出版社，2012 年，第 183 页。

目标具有很大的不确定性，进而导致许多高考改革政策在改革实际中走样，即改革偏离预期目标，未能达成预期政策效果。因此，必须寻求防止高考改革目标偏离的措施或策略。无疑，根据现代管理与决策理念，构建一套系统而完整的高考改革目标监控机制是一个有效选择。具体而言，构建高考改革目标监控体系应主要包括以下几点①：其一，构建合理的高考改革目标决策机制，即通过民众参与、权力监督、理性论证及法治保障等措施，确保高考改革目标的制定科学、民主。其二，加强高考改革目标的政策评估，通过常设或非常设性机构评估高考改革政策是否恰当、方案是否可行、执行是否有力、效益是否达标，从而促进高考改革目标的实施。其三，加强高考改革目标的科际整合，即在高考改革目标制定的过程中加强各学科人才的交流与合作，把具有不同知识结构、不同经验的专家学者聚集起来，让他们参与和讨论高考改革，倾听不同学科专家的意见，以弥补决策者在知识、精力和能力上的不足，确保高考改革政策的可行性与可靠性。其四，确立以公平、公正为价值分配的高考改革目标取向，注重区域与城乡差异，特别是弱势群体的利益保护。其五，健全高考改革目标的实施保障体系，提高高考改革领导者与执行者素养，优化高考改革目标的实施环境等。

（五）保障策略：考试立法

考试立法不仅是实行考试制度的基本保障，更是保证考试公平竞争的客观需要。在法理上，考试制度无疑是带有竞争行为的活动，无论是主考者，还是应试者，都带有功利性目的，且具有一定的排他性。在某种程度上，考试制度还可视为一种崇尚“程序正义”的程序制度，也正是基于“程序正义”理念的运作，才赋予了古代科举制度和现代考试制度毋庸置疑的权威性②。高考作为当前关涉百万之众的主考与被考的一项高竞争、高风险、高利害的重大社会制度，在趋向综合评价、多元录取、自主招生的背景下，“依法治考与依法治招”不仅是法治社会的迫切需要，也是提高招考透明度和确保公平竞争的必要途径。然而，长期以来，我国高考基本以“文件”作为规范各方行为的正式规则，且存在“无序、无据、随意、滞后，立法层次

① 石鸥、邵汉清：《在理想与现实之间——我国高等教育改革预期目标的实现与偏离》，湖南师范大学出版社，2012 年，第 185～190 页。

② 王海、丁俊丽、李光泉：《从考试制度现状论国家考试立法的迫切性》，《天津大学学报》（社会科学版）2003 年第 4 期，第 362～363 页。

低，权威性差”[1] 等现象。因此，制定国家教育考试法或国家考试法对考试招生的各个环节加强管理，上升到法的层面加以制约，是优化考试环境、保证考试顺利进行的必要手段[2]。也只有通过“法”的形式，明确考试管理部门、考试机构以及考生之间的权利义务关系，才能有效防止考试舞弊现象的发生，才能真正使广大考生的利益得到有效维护，才能适应高考制度改革的现代化转型需要。

此外，还应加强高考制度的科学研究，特别是测评理论、考试技术的创新与研发，以不断提升改革理论水平，更好地指导高考改革实践。同时还应继续完善高考“阳光工程”及高考诚信制度，加强社会监督，维护高考公平。

第三节　高考制度改革范式的转换趋向[3]

高考作为“上连高等教育，下引基础教育”的大规模教育选拔考试，具有明显的高竞争、高利害、高风险等特性，其改革既牵引着中国教育体制的发展方向，又牵动着中国社会的公平神经。在当前社会政治、经济、文化、教育、科技及人口等领域发生深刻变革的背景下，不管是为适应外部环境变化的需要，还是为完善制度自身功能的需要，高考改革虽困难重重却势在必行。纵观高考建制以来的改革范式，大致依次出现了国家本位的改革范式、市场本位的改革范式、高校本位的改革范式以及考生本位的改革范式。然而，以任何一种本位范式为主导的高考改革都易忽略或损害其他高考利益主体的利益。因此，未来的高考改革应在提取四种“本位范式”合理因子的基础上，采取综合与通盘考虑的博弈均衡范式，使高考改革通往一条多赢之路。

一、利益倾向：高考改革范式的界定及实践

高考改革范式是指高考改革主导者基于对一定社会条件的认识与判断，

---

① 王海、丁俊丽、李光泉：《从考试制度现状论国家考试立法的迫切性》，《天津大学学报》（社会科学版）2003 年第 4 期，第 363 页。

② 刘海峰：《高考改革的思路、原则与政策建议》，《教育研究》2009 年第 7 期，第 6 页。

③ 本部分刊载于《现代教育管理》2013 年第 5 期，见《高考改革的五种范式及其转换》，略有更新。

所体现的高考改革指导思想、理念、方案及措施的综合模式与表现方式，它决定着一定时期高考改革的面貌、方向与前景，其影响力受制于特定历史阶段的社会政治、经济、文化、教育、科技等现实因素。概而言之，它是人们对高考改革理解与表达的综合体现。综观不同历史时期的高考改革实践，以高考改革的利益倾向为界定标准，大致出现了以下五种范式。

（一）国家本位的政策范式

该范式下的高考改革注重国家阶段性发展对人才培养的客观需要，但往往受到政治运动的直接影响，高考活动基本是在国家行政指导与政策规范下进行，高校、市场、考生等高考关涉的直接利益主体的利益调整与选择空间较小，考试选才的基本规律也易遭破坏。改革开放前的高考改革基本由此范式主导。如，中华人民共和国成立初期的招考政策非常“注意与国家建设密切联系”[①]。在1949年—1951年间，为继承和延续高等教育发展，避免高级专业人才培养中断，沿用了单独招考、校际联合招考以及区域统一招考等民国时期的招生方式；1952年，国家进入新民主主义阶段，为适应农业合作化与对资本主义工商业改造的经济建设需要，“培养大量高级和中级建设人才变成了迫切的政治任务”[②]，建立统一的高考制度就成为完成这一任务的关键。而受政治运动影响的高考改革则更加明显，在1957年—1960年间，由于“政治上‘反右’、经济上‘大跃进’以及文化教育上的所谓大革命，在政治审查的名目下，一大批有志青年因阶级成分和‘思想问题’被排除在高考之外，而招生工作在‘多快好省’、‘大跃进’的方针下，出现了盲目求快求大、重数量而轻质量的大问题”[③]；1966年，《中共中央、国务院关于改革高等学校招生工作的通知》明确将高校招生工作定性为“关系到培养无产阶级革命事业接班人的重大问题，是一项严肃的政治任务”[④]，并最终作为教育领域“文化大革命”的突破口，于当年取消了考试选拔新生的做法，

---

① 中央人民政府教育部：《高等学校一九五〇年度暑期招考新生的规定》，《福建省人民政府公报》1950年第5期，第56页。

② 中央人民政府教育部：《关于实现1952年培养国家建设干部计划的指标》，杨学为：《高考文献（上）（1949—1976）》，高等教育出版社，2003年，第12页。

③ 蒋超、张小劲：《中国高考史》（创立卷），中国言实出版社，2008年，第282页。

④ 中共中央、国务院：《关于改革高等学校招生工作的通知》，杨学为：《高考文献（上）（1949—1976）》，高等教育出版社，2003年，第626页。

采取推荐与选拔相结合的办法。直到 1977 年才恢复了考试选拔新生的统一高考制度，终结了 11 年人才培养失调的严重局面。

（二）市场本位的政策范式

此范式是市场经济发展到一定阶段的产物，它强调高校人才的招考与培养要满足市场经济发展的需求，既要满足社会各领域开发与发展的行业性人才需求，又要满足刺激国家经济发展、提升国民整体素质等战略发展需求，高考改革受市场经济发展的内在驱动力影响显著。1978 年，党的十一届三中全会做出了实行改革开放的重大决策，确立了以“经济建设为中心”的社会发展目标，教育旋即被推向了优先发展的战略地位，而高考作为选拔培养高级专门人才的重要方式，也随之进入适时改革的历史场景。为解决边远农村与艰苦行业的人才缺乏危机以及缓解高等教育资金短缺与“产销不对路”的矛盾，国家先后对招生来源体制和收费体制进行了大力改革，主要包括 1983 年的“定向招生，定向分配”改革、1984 年的试行保送生制度与合同制委托培养的调节招生改革、1994 年的由国家“双包”（包上学、包分配）到“双自”（自费上学、自主择业）的招生体制改革等。而为促进国民经济增长，1999 年开始实行大学扩招计划。据统计，高等学校数量从 1998 年的 1 022 所增加到 2006 年的 1 867 所，在校生总规模也从 1998 年的 643 万人增加到 2006 年的 1 738.84 万人①。仅截至 2001 年，便“累计安排高等教育国债资金达 70 多亿元，拉动各方面配套投资 120 多亿元，额外增加中央本级教育经费 470 多亿元；而扩招给相应部门最终需求带来的增量带动了 129.989 4 亿元的国民经济总支出、173.688 亿元的基建投入和 515.632 亿元的社会总产出”②，其对刺激和拉动国家经济发展的效应可见一斑。

（三）高校本位的政策范式

该范式以扩大高校办学与招生自主权为理念，强调“大学的非政治化，远离政府与政治，以维护大学的自主地位”③，它是在国家倡导文化繁荣、学术自由以及提升高等教育质量与培养创新型人才等背景下形成的。但因

---

① 蒋超、张小劲：《中国高考史》（改革卷），中国言实出版社，2008 年，第 238 页。

② 秦黎：《高校扩招》，http://www.people.com.cn/GB/shizheng/252/8956/8964/20020918/825232.html. 2002-9-18/2012-3-11。

③ 周光礼：《高等教育治理的政策范式：办学自主权的国际比较》，《湖南师范大学教育科学学报》2011 年第 5 期，第 6 页。

“去政治化”与“去行政化”的现实困境，高校本位主义的高考改革存在一定的限度。随着我国教育与人才战略地位的不断提升，该范式的影响在日益扩大。20世纪末的高校合并与扩招最为典型。就前者而言，合并后的高校，除了隶属关系、管理权限、资产关系等需要调整外，学校的教学与科研资源，以及课程与专业设置也需重新整合，这从客观上要求选才招生模式必须多样化，以满足不同层次、性质、专业特点的高校选拔人才，“3＋X”高考科目设置方案正是在这一背景下应运而生的。就后者而言，扩招导致高考上线率的大幅提高，导致高考命题思路、命题难度、试题选择、试题组合等必须做出一系列调整，以保障试题的区分度。无疑，高校合并与扩招从两个不同的维度推动了高考改革向多元化方向迈进，使不同类型、不同层次的高校招生特殊性得到了尊重。而自2001年教育部决定在东南大学等3所高校试行自主招生改革试点以来，2005年出现了“北京五校联考”招生，2009年出现了“全国五校联考”招生，到2010年高校联考队伍迅速壮大，先后出现了“北约”、“华约”、“卓越”、“京都”四大联盟。至此，全国具有自主招生资格的80所高校已有34所以联盟的形式自主招生。联考主要采取通用测试、高校个性测试、高校面试相结合的模式①。这些新的自主招生改革试点与招考联盟的不断涌现，表明我国高校的招生自主权正在快速扩大。

（四）考生本位的政策范式

该范式以“以生为本”为理念，突出高考的人文关怀，注重考生的利益所在，既强调不同区域、不同阶层、不同特长及兴趣爱好的考生群体利益，又强调考生个体的考试利益，特别是保障考生个性化的选择权及考试申诉权等。具体改革包括：

1. 尝试增加高考次数。1999年，教育部出台了《关于进一步深化普通高等学校招生考试制度改革的意见》，明确提出：“积极探索一年两次考试的方案。”

2. 赋予考生选择权。在科目设置方面，主要是“3＋X”及其不同变种科目设置模式的推行，它“把选择考试科目的权利交给了高校和考生，从根本上突破了以往高考科目设置和选择的唯一性”②。在录取方式方面，发展

① 李木洲、刘海峰：《大学联考何去何从》，《国家教育行政学院学报》2011年第9期，第52页。

② 蒋超、张小劲：《中国高考史》（改革卷），中国言实出版社，2008年，第294页。

出了全国统一高考录取模式（包括分省命题高考、统考加自主招生考试录取）、单考录取模式（包括高职高专、特殊专业以及特殊人群的“单考”录取）、免试入学录取模式（包括招收保送生、优秀运动员等先进群体）等多样化的录取体系。它将考生群体分层、分类，兼顾不同考生群体的切身利益，为考生提供了多种入学选择机会。

3. 降低考生“掉档率”。这主要包括“平行志愿”与“网上动态投档”改革。“平行志愿”改变了“梯度志愿”以“志愿优先、遵循分数”的运作模式，采用“分数优先、遵循志愿”的投档与录取规则，有效降低了考生的志愿填报风险；而“网上实时动态投档”模式（又称内蒙古模式），则将“分数”推向了极致，更大限度地减少了考生因投档信息不对称而导致的“掉档”现象。

4. 调整高考时间。2003 年教育部将自 1979 年起实施了 20 多年的高考时间，由 7 月的 7 日、8 日、9 日调整到 6 月的 7 日、8 日、9 日，使酷热的“黑色 7 月”成为历史。这些都较好地体现了高考改革的以生为本与人文关怀精神。

（五）博弈均衡的政策范式

该范式是一种力图使国家、高校、市场、考生等高考利益主体在高考改革中实现各方对改革结果的满意状态。目前，存在较激烈利益博弈的高考改革项目主要有：

1.“分省命题”。由于各省（自治区、直辖市）考试科目与模式不尽相同，大多地区的考生成绩失去了绝对可比性，加之中央高校与地方高校的招生名额投放又存在地区差异，出于地方保护主义与高校自保生源等缘故，中央政府与地方政府、地方政府与地方政府、中央部属高校与地方高校、不同区域考生群体与考生群体等之间存在博弈关系。

2.“异地高考”（包括“高考移民”与“移民高考”）。其主要涉及流动性考生与流入地考生之间的利益博弈，即对流入地优质高等教育入学机会的激烈竞争。

3.“综合素质评价在高考中的运用”与“云海工程”。此二者都强调非客观评价指标在高考录取中的运用，而现实中受到评价技术、社会诚信、经济成本等限制，以及抵御钱、权、势等人为因素的干扰，使维护高考公平成为这两项改革的突破难点。此外，由于高考评价方式的变化，必然引起基础教育方式的变革，因而，在推行改革的教育行政部门与接受改革的基础教育部门、关注高考公平的社会大众（主要是考生家长）与高考评价单位之间存在一定的博弈关系。然而，从发达国家的大学入学选拔制度来看，它们又不同程度地代表着未来高考改革的发展方向。

二、利弊分析：高考改革范式的比较与反思

综上所述，每一种政策范式的形成都有其特定的时代背景，发挥着不同的改革功能，只是在不同社会发展阶段，随着高考内外部系统环境的变化，会以某种范式为主导而已，即改革范式会随着现实环境的变化而转换。通过比较与反思，以四种“本位范式”为主导的高考改革都存在利与弊：

其一，在国家本位的政策范式主导下，高考制度作为国家治理制度的重要子制度，被赋予了强大的政治功能，甚至成为国家政治走向的风向标，高考权利主体受到政治变动的直接影响，整个制度在推行过程中容易产生较大波动，良性政治使高考具有促进社会发展的巨大能量，而不良政治则会使高考的负向功能得到伸张，破坏国家人才的正常选拔与培养。因而，尽管国家本位的政策范式具有较高的改革效率，但同时存在较大的社会风险。

其二，以市场为本位的政策范式，在一定程度上有效地促进了高考发挥服务社会经济发展的功能，大大提高了高等教育毛入学率，对提升整体国民素质有重大贡献。然而，由于教育本身对社会反应与反作用于社会具有一定的滞后性，特别是当高等教育专业设置与规模调控不当或不及时，便易产生两种弊病：一是导致行业性“人才过剩”，形成较大的就业压力；二是导致部分高等教育专业“过冷”，造成行业性“人才紧缺”。2007 年 5 月，国务院决定在教育部直属的 6 所师范大学实行师范生免费教育，就是对上述弊端的回应，是典型的改革返潮现象。此外，随着教育产业化的推进，教育的公益性正在下降。另由于扩招过速、过量，造成了教育硬件设施跟不上、专业结构失调等问题，致使高等教育整体质量下滑、大学生就业竞争压力持续增大等社会问题。

其三，高校本位的政策范式是一种越来越受关注的新范式，它具有世界先进大学入学选拔考试制度的一些基本因素和形式特征，但目前尚处于探索阶段，相关监督、诚信等招考配套体系还不健全。以大学联考为例，尚存四大问题，即“成本与效益难成正比；冲击中学教学秩序，加重考生负担；招考条件严重趋同，特色不明；不利于弱势群体考生，入学机会不公平等”①。

---

① 李木洲、刘海峰：《大学联考何去何从》，《国家教育行政学院学报》2011 年第 9 期，第 51 页。

但随着改革开放的不断深入，市场经济的不断发展，尤其是高等教育国际化的不断增强，该范式将会得到进一步发展与完善。

其四，考生本位的政策范式目前尚处于初级阶段，存在不少亟待改善的地方。如增加高考次数的改革基本搁浅；“平行志愿”与“网上实时动态投档”改革，虽很大程度地降低了考生的“掉档率”，保护了多数考生的利益，但却极大地挫伤了高校的招生积极性，基本将其“招生办”变成了“接生办”。同时，这也使高校的生源走向单一化与分数扁平化，以致形成“分数至上主义”倾向，与扩大高校招生自主权及素质教育存在背道而驰的矛盾。但随着社会诚信、考试理论与技术及考试法规建设等不断进步，该范式作为落实“以人为本的科学发展观”的时代要求和基本价值取向，具有深广的探索与发展空间。

可见，由于偏重追求某一方的利益，甚至忽视或低估其他利益主体的利益诉求，在四种“本位范式”中，以任何一种范式为主导的高考改革都易损害其他利益主体的高考利益。因此，随着我国民主政治的不断进步，市场机制的不断完善，高等教育多元化与国际化的不断发展，以及公民意识的不断增强，尽管博弈均衡的政策范式尚处于起步阶段，还存在诸多需要克服的技术性、文化性及制度性难关，但由于该范式力图兼顾高考各利益主体的利益诉求，从而具有其他四种范式难以比拟的优越性，代表着高考改革范式的未来转换方向。

三、利益整合：高考改革范式的转换及策略

理性分析高考核心利益主体的利益所在，对国家而言，在于选拔人才培养以实现国家持续发展及重大战略目标，维护作为高考制度的设计者与改革推动者的国家与政府形象；对市场而言，在于培养输出符合社会经济发展需求的人才，以及参与高校的建设与发展；对高校而言，在于能否招收到符合学校特点和要求的优秀学生，为提高人才培养质量打下基础，从而获得良好的社会声誉，扩大社会影响，使学校更具竞争力和影响力，形成生源质量和社会声誉与竞争力的良性循环；对考生而言，则在于能否在公平竞争的条件下，获得高等教育机会特别是优质高等教育的机会①。不难发现，四者之间

① 李峻：《高考制度变革的新思路——从利益博弈到利益均衡》，《国家教育行政学院学报》2011 年第 2 期，第 80 页。

的核心利益并非完全不兼容，相反具有一定的“共约性”，或者说它们之间存在既相互制约又相互促进的密切关系，即各利益主体的利益最大化有赖于其他利益主体的利益最大化。一言以蔽之，实现国家、市场、高校、考生等高考利益主体的利益整合不仅可能，而且是必然。

因此，为使高考改革走向一条通往多赢的道路，应在提取国家本位、市场本位、高校本位及考生本位四种范式合理因子的基础上，建立与完善各高考利益主体彼此制约与共促的、兼顾各方利益的、达成高度利益共识的良性博弈关系，采取综合与通盘考虑的博弈均衡政策范式。具体而言，未来的高考制度需要“通过建立以各利益相关者责任和利益为核心的规范体系，约束人们的非理性和非制度化的越轨行为，为利益主体之间的活动提供一个相对稳定的活动空间，缓解和减少各利益主体之间的行为冲突，使之成为高等教育资源再分配的可行制度”①。而要实现这一目标，至少须从三方面入手：一是通过制度顶层设计，为弱势利益主体建立利益诉求机制，允许其参与改革政策的制定过程，提供充分的利益博弈机会；二是成立第三方机构（如国家教育考试指导委员会等），授予其民主决策与利益仲裁权，以统筹各方利益，使各利益主体的利益诉求保持在合理的限度内；三是建立改革政策评估机制，对政策实施情况进行及时跟踪、调查，监督政策执行质量，并做出科学的评估反馈，以帮助进一步完善政策体系。总之，未来的高考改革，应在尊重人才选拔的内、外部关系规律的基础上，以趋于博弈均衡的改革范式为主导。

第四节　高考公平的元思考②

高考作为我国分配高等教育资源的重要途径，其公平性是衡量我国教育公平和社会公平的重要标尺。随着人们对优质高等教育资源需求的不断提高，以及人们民主意识、公民意识、权利意识及法律意识的不断增强，高考公平业已成为影响我国高考改革方向与进程的主要因素。然而，高考公平是

① 李峻：《高考制度变革的新思路——从利益博弈到利益均衡》，《国家教育行政学院学报》2011 年第 2 期，第 80 页。

② 本部分刊载于《国家教育行政学院学报》2012 年第 8 期，见《高考公平的元思考》，略有更新。

一个涉及价值、制度和技术的“多面相”概念，是国家根据一定历史阶段的发展需要，基于现有社会条件与考试技术，按照合理性的规范和原则对高等教育入学机会进行分配的一种实然状态。高考公平问题是社会公平问题在教育领域的集中反映，其产生的直接原因主要包括教育资源的分配不均、高考制度的设计局限、高考功能的质性异化以及制度系统的协调不足等，高考公平问题的化解有赖于社会基础状况的改善。高考改革应在理想与现实、绝对与相对之间寻找实践公平的动态平衡点，使高考公平不断由实然状态向应然状态逼近。本节拟对“什么是高考公平”以及“如何实践高考公平”等困扰当今高考改革的前提性、始基性问题进行元思考，以求解高考公平。

一、高考公平：一个“多面相”的概念

自有人类社会以来，“公平”便存在于社会各种关系之中，它属于伦理学范畴，本质上反映的是人与人之间的利益关系①。在汉语语境中，它是与“私”相对的。《新书道术》中言，“兼履无私，谓之公”。《管子·形势解》中说：“天公平而无私，故美恶莫不覆；地公平而无私，故小大莫不载。”在西方，它被看作是一种为人处世的道德要求与制度品质。如古希腊的思想家把公平规定为和谐与秩序，柏拉图理论的核心即是公平，认为公平就是各司其职，各守其序，各得其所，它是实现社会和谐的首要条件②。美国伦理学家罗尔斯认为，公平是正义概念中最基本和最重要的元素。可见，人们对公平的理解见仁见智。由此，加之高考利益主体的多样性与复杂性，作为“公平”子概念的“高考公平”就必然呈现出“多面相”的特征。按不同视角或标准划分，目前国内关于高考公平的阐释主要有四种论说：

1．系统论说。它将高考置于整个教育系统之中，强调“起点公平、过程公平与结果公平”，并认为这“三者是有机的统一，其中任何一个环节被扭曲就意味着不公平的出现”③。所谓起点主要是对基础教育资源在地区之

① 刘额尔敦吐：《中国高校少数民族招生考试政策研究》，华中师范大学出版社，2012年，第11页。

② 刘晓瑜、潘东明：《高等教育机会均等与高考制度改革》，《教育研究》2002年第2期，第26页。

③ 刘晓瑜、潘东明：《高等教育机会均等与高考制度改革》，《教育研究》2002年第2期，第28页。

间、城乡之间的分配及政府和个人对教育投入能力等考前因素的考量；所谓过程主要是对高考内容、科目设置以及考查方式等考中因素的关注；所谓结果主要是对高考成绩的构成与运用（如加分、综合素质评价）等考后因素的关照。该论说虽意在全面揭示影响高考公平的各种变量，但存在泛化高考公平的倾向，使高考公平与其他社会公平的界限模糊不清，增加了准确定位高考公平的难度。

2. 因素论说。它将高考进行分解，从高考制度的内部设计考察影响高考公平的主要因素，包括“考试机会、考试方式、考试内容、考试环境、考试结果评判、投档与录取规则、招生计划、特殊招生方式、加分政策”① 等。尽管其尽可能地解构高考制度，但又普遍将影响高考公平的众多因素归为考试公平和招生公平两大类。由于该论说侧重于高考活动本身，虽力图挖掘高考内部诸因素对高考公平的影响，却往往忽略与高考密切相关的外部因素，诸如政治、经济、文化、教育等考生背后的社会差异对高考公平的现实影响。

3. 性质论说。它从高考公平本身的属性出发，注重应在何层面理解高考公平，是教育公平，还是社会公平，抑或是个人公平等。《国家中长期教育改革和发展规划纲要（2010—2020 年）》指出，“教育公平是社会公平的重要基础，教育公平的关键是机会公平”。高考作为分配高等教育入学机会的主要途径，其公平无疑“是教育公平的重心”②。也有学者认为个体的“脑体差别是导致高考竞争的根源”③，其实质“是人们政治和经济地位等社会竞争在教育领域的高度‘浓缩’”④。由此，高考公平、教育公平、社会公平与个人公平四者被牢牢地捆绑在一起，使高考公平更加扑朔迷离。

4. 矛盾论说。它认为受政治、经济、文化等客观条件的制约，高考自身具有一定的矛盾性，而追求高考公平也存在众多难以调和的内、外部矛盾。就高考自身的内在矛盾而言，有学者提出了较突出的四对基本矛盾，即

---

① 郭光明：《高考公平性的影响要素分析》，《教育理论与实践》2010 年第 6 期，第 15～16 页。

② 郑若玲：《守护公平：高考改革的永恒依归》，《教育测量与评价》2011 年第 1 期，第 48 页。

③ 杨学为：《高考改革与国情》，《求是》1999 年第 5 期，第 33 页。

④ 郑若玲：《守护公平：高考改革的永恒依归》，《教育测量与评价》2011 年第 1 期，第 49 页。

“统一考试与考查品行的矛盾、统一考试与选拔专才的矛盾、考试公平与区域公平的矛盾、保持难度与减轻负担的矛盾”① 等。而在公平问题方面，则认为其最主要的莫过于“区域公平与考试公平”和“公平为首还是效率优先”② 这两对矛盾。该论说从辩证的视角剖析高考及高考公平的矛盾性，主张“两害相权取其轻”，强调高考改革要结合社会需求寻找现实平衡点。

此外，还有强调分数面前人人平等的绝对论说，突出高考选拔功能的工具论说及侧重社会基本价值取向的结果均等论说等。无疑，这些论说都从某一侧面对高考公平进行了揭示与解析，对全面认识高考公平提供了多维视角，但受价值观与方法论的局限，又都难以做出共识性定论。然而，若提取各种论说的公因子，也不难发现，高考公平主要涉及四个层面：一是个体权利层面，主要包括教育资源、考试机会、考试权益的分配问题；二是国家治理层面，高考改革必须满足国家发展阶段的需要，符合国家政治制度的规定性；三是考试技术层面，高考作为人才选拔工具，其改革限度是以现有考试技术为支撑的；四是社会影响层面，高考影响考生长远利益，是实现教育公平与社会公平的重要前提③。因此，可以认为，高考公平就是国家根据一定历史阶段的发展需要，基于现有社会条件与考试技术，按照合理性的规范和原则对高等教育入学机会进行分配的一种实然状态。人们追求高考公平的本质在于为了实现高等教育赋予人的发展权利、机会、条件所带来的社会地位、物质利益分配的公平。

二、高考公平问题：理想与现实的矛盾焦点

高考在我国是由政府直接安排与运作的重大社会制度，一旦高考公平为多数人诟病时，便会成为社会和谐的破坏因子。当前，在国家政治、经济、文化等大发展的背景下，高考处于重要转型期，是频仍改革的对象之一，而每次改革都意味着利益格局的调整，直接牵动着千家万户的敏感神经，因此，高考公平就成了“问题”，并影响到高考改革的方向与进程。客观分析，

---

① 刘海峰：《高考改革中的两难问题》，《高等教育研究》2000 年第 3 期，第 36 页。

② 刘海峰：《高考改革：公平为首还是效率优先》，《高等教育研究》2011 年第 5 期，第 1 页。

③ 王后雄、李佳、李木洲：《高考公平的内涵及属性》，《中国教育学刊》2012 年第 5 期，第 31～33 页。

高考公平问题的产生主要有以下几方面的直接原因：

（一）教育资源的分配不均

高考作为“上连高等教育，下引基础教育”的再分配机制，其起点依托于基础教育资源，终点受制于高等教育资源。因而，教育资源的分配客观地影响着高考公平。然而，受历史、政治、经济、地理、文化等因素制约，我国教育资源长期存在分配不均的现象，其强弱基本呈现出“东、中、西”的顺序格局，东部发达地区的基础教育资源和高等教育资源都比较丰富，西部落后地区的基础教育资源和高等教育资源则都比较薄弱，中部地区相对介于两者之间。如从全国116所“211工程”大学（其中4所拥有两个校区的大学分别计入）的分布情况来看，东部12省（自治区、直辖市）68所，占总数的58.6%，中部9省（自治区、直辖市）25所，占总数的21.6%，西部10省（自治区、直辖市）23所，占总数的19.8%。而其中仅北京市就有26所，占总数的22.4%，上海市也有10所之多，占总数的8.6%。由此，我国教育资源的分配差异可见一斑。反映在高考领域，以重点大学招生为例，部属高校在所在地的招生比例远远高于在其他地区的招生比例。从上海市教育部直属普通高校来看，“2006年上海市教育部直属普通高校在上海市的招生比例平均为46.20%，其余30个省份分享53.80%的在沪教育部直属普通高校招生计划，每个省份平均为1.79%。这意味着2006年上海市教育部直属普通高校在上海市的招生比例是其在外地省份招生计划的25.8倍”①。此外，城乡之间也存在分配不均的问题，如有学历层次统计研究显示，“在专科层次，城乡学生所占的总比例分别为64.4%、35.6%，相差28.8%；在本科层次，城乡学生所占的总比例分别为78.1%、21.9%，相差56.2%”②，这表明具有基础教育资源优势的城市学生获得了更多的优质高等教育机会。因而，在某种程度上，高考公平的竞争，其实质又是优质教育资源的竞争。可见，就教育资源而言，要实现高考公平，需从两面抓起，即一方面要不断平衡东、中、西部各省（自治区、直辖市）的教育资源分配；另一方面还要不断推动各区域内城、乡之间的教育资源均等化。

① 乔锦忠：《优质高等教育入学机会分布的区域差异》，《北京师范大学学报》（社会科学版）2007年第1期，第26页。

② 张继平、董泽芳：《优质高等教育入学机会不公平的多向度分析》，《华中师范大学学报》（人文社会科学版）2012年第2期，第142页。

（二）高考制度的设计局限

高考制度是考试与招生的结合体，即考试是招生的参考依据，招生是考试的结果运用。因而，考试与招生是高考公平制度设计的两大问题域。在考试公平设计方面存在五大局限：一是以一次考试成绩作为录取依据的考试机会局限；二是以笔试为主而难以反映考生多方面素质的测试方式局限；三是试题的选择可能导致不同背景考生作答概率不同，以及选考科目试卷难度难以等值的内容性局限；四是主观性试题评分误差控制的局限；五是考试作弊难以根除的技术局限。在招生公平设计方面主要有四大诟病：一是倾斜的分数线。这一本来按“补偿原则”针对少数民族和落后地区的优惠政策，却在实践中被“异化为高考分数线对京、沪、穗等发达地区的‘倾斜’，并引发发达地区高校‘生源本地化’现象，它不仅未从根本上扭转弱势群体的机会不平等，反而加大了差距”。有研究显示，“全国 8 亿～9 亿农民子弟考取北大、清华的人数还比不上一个北京市考取北大、清华的人数”①。二是分科招生有差距。在招生计划方面，文科的规模远远小于理科。如某重点本科院校在四川省每年的理科招生计划数平均为文科招生人数的 5 倍以上，但理科考生的参考人数仅仅是文科考生的 1.5 倍；在投档录取过程中，文科的批次划线比例也比理科要高，以某省 2004 年—2007 年文理考生一本录取率为例，文科考生的录取率平均为 0.019，而理科考生的录取率平均为 0.074，两者相差近 4 倍②。三是录取标准多重化。高等教育产业化使高校为获取更多的所在地资源，对本省和外省考生采用双重录取标准，而在国家扶弱政策的支持下还有民族化录取标准，这使得高考录取的单一“分数—能力”标准被扭曲。四是名目繁多的加分政策。在利益驱使下，全国各省（自治区、直辖市）将教育部规定的 14 种加分规定发展至近 200 种，且加分对象、范围、标准不尽相同，致使该政策演变为权力寻租的制度黑洞。

（三）高考功能的质性异化

为高校选拔合格新生本是高考最基本的功能。然而，正如科举制“本来是面向社会公众、具有纳贤举士的公开人才选拔制度，但在官本位封建专制

① 王勇鹏：《高考公平观：问题与对策》，《教育测量与评价》2009 年第 7 期，第 50 页。

② 杨小玲，等：《文理分科对高考录取公平性的影响——基于上线考生数据的实证分析》，《教育发展研究》2011 年第 10 期，第 51 页。

总体制度环境框定下，演变成社会阶层纵向流动的唯一渠道和单一机制，从而异化为一套保守封闭、僵化腐朽的教育和学术制度，最后将整个社会人财物资源都吸食到一种巨大的‘科举黑洞’中去”①，使科举制的局限性并不只是考试的内容与形式问题一样，在传统文化和体制环境的历史惯性之下，高考也被深深地烙下了科举制的印记，即高考已不是一种简单的人才选拔制度，而是改变人生命运的重要途径和方式，整个国家教育体制基本围绕高考展开，使其深陷应试教育的窠臼，被异化为名副其实的指挥棒，这是其一。

其二，在高等教育的“出口”——就业上存在追求高学历和强调第一学历的观念和机制，它驱使着整个社会极力追求考高分、进名校，导致高考利益集中化，这种社会逻辑倒逼着高考走向异化之路。

其三，为促进教育公平，服务经济发展，缩小民族差距，保护弱势群体接受高等教育机会等，最初统一考试、统一录取、统一分配的高考制度被不断地打破与创新，出现了各色加分、高校收费与扩招、分省命题与定额录取、保送生、自主招生等一系列改革政策。它们在一定程度上实现改革本愿的同时，也打开了高考公平的“潘多拉之盒”，令高考改革备受质疑。究其根本，在于高考俨然成了担负促进社会流动、保证社会公平、引导教育改革、巩固政治稳定、加强民族平等，甚至传承优良文化的万能制度。至此，高考已沦为社会、政治、经济的附属和工具，其社会性、政治性、经济性早已取代了其应有的教育本性。

（四）制度系统的协调不足

它包括高考制度与外部制度、高考制度内部子制度间的系统协调不足两个层面。就外部而言，我国高考制度与国家政治、经济、教育等制度之间存在密切关系，正如有学者指出，“高考公平问题实质上是由于计划和市场两种体制冲突所产生的负效应在教育领域的集中体现，是市场化改革所带来的阵痛”。采取计划与市场并行的双轨制，往往导致经济运行中出现双重价值标准和双重规则，极易产生约束真空和漏洞。如，不彻底的教育产业化使高校成为半市场化主体，“高校招生由政府指令性计划和统一划线录取，对招生数量和每个招生计划的使用，通过直接分配、行政干预和技术手段进行全

---

① 李宝元：《关于高考制度改革若干基本问题的战略思考》，《湖南社会科学》2007年第1期，第118页。

能式管理。而对本来由行政主管部门负责的宏观调控、日常监督等职能却十分弱化，特别是对招生计划分配的区域平衡、专业布局的总体协调等方面，既无指导性意见，又无严格规制，任由高校‘自主决定’，成为造成高考录取机会区域不公和专业建设结构失调的根本原因”[①]。此外，将户籍制度与高考挂钩，也日益难以满足经济社会发展形成的流动人口随迁子女的高考需求。在全国各省（自治区、直辖市）的新课程改革步伐不一致、高考方案不尽相同的背景下，这一特殊高考群体在异地接受基础教育后，却必须返回户籍所在地参加高考，其高考利益很难得到保障。就内部而言，高考制度在考试层面处于全国统考、分省命题考、新课改高考、高校自主招生考试以及大学联考等多元并存的局面；在招生层面有保送、单考单招、自主招生、加分以及分省定额等诸多渠道与影响变量。高考制度系统内部的这种集中与分散、单一与多元、“裸考与非裸考”、多样灵活与简便易行、选拔“众才”与选拔偏才之间存在一系列矛盾，这些矛盾往往是人们关注高考公平的焦点所在，而这些矛盾的大小又成为人们衡量与评判高考公平与否的主要尺度。因此，高考改革必须加强高考制度内外部制度系统的协调性。

此外，人的个体差异及生长环境，甚至文化传统也是造成高考公平问题的因素之一。高考公平问题是理想与现实的矛盾焦点，它在不同语境中表现为不同的“问题”。如，在价值层面，它表现为哲学与伦理问题；在制度层面，它表现为政策问题；在技术层面，它表现为科学问题；在国家层面，它表现为治理问题等。但归根结底，高考公平问题的化解有赖于社会基础问题的改善。

三、高考公平实践：绝对与相对的辩证统一

有研究指出，高考公平具有“历史性、相对性、主观性、客观性、不充分性、矛盾性、系统性和理想性八大属性”[②]，这表明高考公平在实践中既有可以实现的，也有难以逾越的；既有可以缓解的，也有不可消除的复杂性与两面性，它只能是绝对与相对的辩证统一。

在“绝对”方面，那些通过制度设计、政策及法律法规可以给予保障的

① 张和生、彭勇：《中国高考公平问题研究》，《求索》2008年第12期，第154～155页。

② 王后雄、李佳、李木洲：《高考公平的内涵及属性》，《中国教育学刊》2012年第5期，第31页。

应属于绝对公平的范畴，主要包括：一是高考机会的均等化，凡符合条件的公民皆可报考；二是分数的等值化，考试结果在录取中具有同等效用；三是违规作弊的处罚，对主考与被考双方损害高考公平的行为进行法律制裁；四是考试环境的维护，为考生提供安全、安静的考试场所；五是考试过程的程序化，所有考生都必须经过相同的程序而不可特殊化；六是录取机会的均等化，按志愿与成绩具有同等的选择与被选择的录取权利，等等。在“相对”方面，那些客观的，或通过行政、经济等手段可以缓解但不可完全消除的差异性存在属于相对范畴，主要包括：其一，人的先天禀赋及家庭环境的差异；其二，通过教育资源的合理分配，只能最大限度地实现教育资源均等化；其三，加强高考制度内、外部制度系统的协调性，只能最大限度地减少制度之间的冲突与矛盾；其四，加强高考理论及技术研究，不断提高考试的科学性与合理性，只能最大限度地消除考试的固有局限；其五，使高考回归到应有的教育本性，只能逐步减轻其所担负的政治功能、经济功能及文化功能等被异化的程度；其六，按照补偿性原则，通过行政与经济手段对弱势群体与落后地区进行优待与倾斜，只能最大限度地弥补背景差异等。正如科尔曼所说：“只可能是一种接近，永远也不可能完全实现。”[①] 因此，受历史条件的客观限制，高考公平只能保持在相对与绝对之间，而无法超越历史的阶段性。

唯物与辩证地看，高考的绝对公平是理想的，可以成为追求的目标；相对公平是现实的，只能最大限度地去实践。刘海峰教授认为，高考虽不是最好的制度，却是最不坏的制度，甚至是一种必要的“恶”。正如马克思曾指出：“历史上的‘恶’不过是历史赖以完成自身的一个内在的和必要的环节。如果拒绝恶的存在，就意味着远离作为历史之终极目标的至善。”就像“尽管‘科学’不得不直接地使非人化充分发展，但他却通过工业日益在实践上进入人的生活，改造人的生活，并为人的解放做准备”[②]。就此而言，高考相对公平的存在本身就充当了人们追求高考绝对公平得以完成的不可或缺的准备。但需强调的是，追求高考公平不能无视人的解放的历史前提，否则只

① 皮埃尔·布迪厄、华康德：《实践与反思：反思社会学导引》，李猛，等译，中央编译出版社，1998年，第134页。

② 马克思：《1844年经济学哲学手稿》，中共中央马克思恩格斯列宁斯大林著作编译局译，人民出版社，2000年，第89页。

能成为一种意识形态或一厢情愿式的相信。高考公平的实现及实现程度，一方面有其历史的阶段性、前提性与规定性；另一方面，还须通过制度设计加以严格规约，因为“任人为所欲为，无法对付根植于每个人内心深处的卑恶”①。

总之，高考公平是一个涉及国家利益、教育利益、个人利益、个人价值观以及社会基础的复杂概念，需要从哲学、政策与科学等多层面进行解读。高考公平问题的实质是社会问题在教育领域的集中反映，只有改变阶段性的社会基础状况才能从根本上化解高考公平问题。实践中，高考公平大多表现为由实然状态向应然状态的逼近，而难以达到理想中的绝对公平。为了避免高考沦为复制社会不平等的助推器，高考改革应在理想与现实、绝对与相对之间不断寻求实践公平的动态平衡点。

① 颜一：《亚里士多德选集·政治学卷》，中国人民大学出版社，1999 年，第 221 页。

第七章　结论与建议

通过全景式的历史考察、问题梳理及理论分析，笔者认为：我国高考建制 60 余年来，高考制度的变迁过程总体上受国家政治、经济等发展形势的影响，以强制性变迁为主，以诱致性变迁为辅。而在当前的制度转型期，涉及重大利益调整的改革宜以诱致性变迁为主，有关技术应用的改革可以强制性变迁为主，整体上采取政府引导下的强制性与诱致性变迁互为交替、转换及促进的改革模式。高考制度改革已进入从“单一考试”向“多元评价”、从“统一录取”向“自主录取”、从“传统管理”向“现代化管理”发展的路径依赖。高考制度改革的目标是建立政府宏观指导、社会有效监督、专业化考试机构组织考试、高校自主录取的以统一高考为基础、以高校自主招生考试为补充的分类考试、多样测评、多元入学的考试招生制度。但由于高考制度改革受到政治、经济、文化、教育、科技及人口等因素制约，未来较长时期内，高考制度改革必须首重公平兼顾效率，并注重改革的推进速度与策略。

一、基本结论

基于对高考制度进行宏观与微观的历史变迁考察，反思高考制度改革取得的成就与面临的问题，结合对高考制度的哲理探讨，具体可得出以下主要结论[①]：

（一）未来一个时期的高考改革应首重公平兼顾效率

公平和效率是人类社会永恒的理念，在特定的时代环境，人们需要以公

① 本部分刊载于《教育与考试》2014 年第 3 期，见《域外高校招生制度的共有模式及启思》，有改动。

平与效率为依据，对具体事物进行理性的审视、理论的思考，做出尽可能准确的价值判断与价值选择，作为决策的依据。当公平与效率发生矛盾时，为实现公平而置效率于不顾，或为追求效率而置公平于不顾，都不足取[①]。然而，长期以来，高考制度作为国家宏观调控人才结构与规模的主要手段，其改革一直以国家利益最大化为导向，在国家政治经济运动或改革过程中往往发挥着突破口或原动力的作用，被作为促进政治体制改革和社会经济发展的一个重要推手，以致在公平和效率之间大多倾向于效率，造成了牺牲公平的局面。如倾斜的高考分数线、部属高校入学机会的巨大区域差异、“说不清”的录取加分政策，以及进城务工人员随迁子女在当地接受义务教育而无法就地参加高考，等等。

此外，在现实社会中，由于很难同时做到起点公平和结果公平，难以消除出身和禀赋等客观性差异。如美国曾实行补偿教育政策，由政府拨款向少数族裔、弱势群体实施各种倾斜政策，规定不利人群的入学比例、校车接送、经济援助等，但后来发现效果不大，教育结果的不平等仍然存在。因而，受政治、经济和文化等因素制约，高考公平往往只是程序公平而非实质公平[②]。让高考作为一次公平竞争的“机会”，却因客观存在的不公平因素演化为一种“机遇”[③]。无疑，正是高考由“机会”变成了“机遇”，才使其公平性备受社会关注，并成为影响当前高考制度改革的重要因素。众所周知，“正义是社会制度的首要价值”[④]，高考公平作为教育公平的重要体现，是构建社会公平与社会和谐的基石。如何让高考“机遇”平等地降临不同地区、不同考生，是高考改革必须高度重视的问题。未来一个时期的高考改革，应倾向弥补长期以来由政治、经济、教育等发展不平衡而导致的公平亏空，使公平与正义成为高考制度的实然品质。

（二）高考制度改革应充分考量内外部关系因素

高考制度作为同时隶属于教育系统和社会系统的子系统，其运行并非处

---

① 潘懋元：《高等教育：历史、现实与未来》，人民教育出版社，2004年，第255～256页。

② 刘海峰：《高考改革中的公平与效率问题》，《教育研究》2002年第12期，第84页。

③ 杨智磊，等：《推进阳光高考，朝更加公平方向迈进》，《河南日报》2008年3月26日。

④ 约翰·罗尔斯：《正义论》，何怀宏译，中国社会科学出版社，1988年，第50页。

于孤立状态，而是跟外部系统保持着密切的信息输出和信息输入，并形成一个互相影响的动态系统。而因其具有大规模、高利害、高风险、高竞争等特性，使高考除了本具的人才选拔功能外，还衍生出政治功能、经济功能、文化功能、教育功能、制导功能、调控功能等诸多社会功能。如同刘海峰教授所指出的“与许多西方国家的大学招生考试只是一种测量手段不同，受传统和现实的制约，中国人却将高考变成了文化，变成了经济，变成了产业，变成了盛大的仪式，变成了一种各方面关注的社会活动，变成一种惯例式的全民动员。它不仅是一种考试，也不仅仅是教育，在一定意义上说，高考还是一种文化、一种经济，有时高考甚至还会成为一种政治”①。以至于人们往往把关于教育的诸多理想赋予高考，也把经济、社会、文化等发展中的众多难题和矛盾推给了高考，而高考恰恰无力破解这些难题和矛盾②。

事实上，高考制度的每一次改革也都是出于社会的发展、教育变革以及高校招生考试自身完善的需要。社会由计划经济向市场经济的转型是高校招生考试改革的外在动力，高等教育大众化和中小学素质教育的全面实施，已成为高考制度改革的直接需求③。可见，“高考制度的发展和改革，必然要受到政治、经济、文化、社会的制约，十分典型地体现出高等教育的基本规律。高考是传统文化遗传和现实社会环境的产物，其改革受文化国情的制约特别明显”④。换言之，我国特定国情决定着高考制度的发展与改革模式。因此，未来的高考制度改革要在不断回归其教育本性或服务教育发展的基础上，应充分考量其内、外部关系因素。恰如文东茅教授所指出：“高考本身是整个社会改造运动的一部分，一定要综合考虑多种因素。”⑤

（三）统考为主、多样测评是高考制度改革的基本方向

由于高等学校的分化和学生的多样化，走向多元化已成为高校招生考试制度变革的必然趋势。然而，多元化并非等于取消统一高考，它只是要改变

---

① 刘海峰：《高考改革的理想图景与现实困境》，《光明日报》2012年4月11日。

② 王恒等：《高考改革何以动辄得咎——兼论高考改革的价值取向》，《江苏工业学院学报》2009年第1期，第78页。

③ 程斯辉：《高校招生考试问题研究》，大象出版社，2010年，第187页。

④ 刘海峰：《文化国情决定高考模式》，《中国教育报》2013年3月22日，第6版。

⑤ 戴廉、张冉燃：《如何看招生名额分配公平》，《瞭望新闻周刊》2006年6月5日，第23～24页。

过去所有高校都根据学生在按照唯一学术标准形成的正态分布中的位置来录取的办法，建立多种不同的测评标准，并形成多个正态分布，使每一所高校都按照自己的职能定位确定招生标准，学生也能按自己的个性特点和能力倾向做出理性选择，从而真正实现高校自主招生，学生自主选择[①]。从世界范围看，尽管各国及地区采用的选拔方式或机制不同，但统一而多元是大学入学考试制度的显著共性之一，且统一的大规模考试皆属于“权威性考试”，即其成绩在大部分高校招生录取中占有极其重要的分量。

如美国有 SAT 和 ACT 两种大规模统一考试；英国虽没有政府举行的全国统一招生考试，但其 A-Level 课程证书已“不仅被几乎所有英语授课的大学作为招收新生的入学标准，而且还被国际教育界誉为‘金牌’教育课程和全球大学入学的‘金牌’标准”[②]，其等级在传统的精英大学招生中具有不可替代的权威性作用；日本的“中心考试”是其高校招生的唯一国家级考试，在著名大学或综合性大学的招生中也具有十分重要的作用；中国台湾地区也有极具稳定性、权威性的大规模统一学科能力测验；而俄罗斯则以国家统一考试取代了传统的高校自主招生考试，其国家统一考试的权威性自不待言。当前，我国正在探索高校自主招生考试及多元入学招生录取制度改革，尽管有很大的改革空间，但应清醒认识统一高考在高校招生中的地位与作用，注意正确处理统一高考与其他多元入学考试之间的关系，以避免过度改革或改革过度。

（四）高考制度改革必须走出“减负”误区

从高考改革的历史不难发现，“减负”一直是一个重要的关键词或高考改革的基本动因之一。而所谓“减负”就是减轻学生学习压力，以促进素质教育，是与应试教育密切相关的一个概念。然而，实践表明，通过科目设置、保送生、自主招生等改革，甚至“将入学指标作为降低升学压力的手段”[③] 为高考“减负”也均难以奏效。究其原因主要有二：其一，高考目的使然。高考作为高校选拔新生的竞争性考试，其首要特性或目的在于优胜劣

---

① 张民选：《高校招生考试制度改革研究》，上海教育出版社，2008 年，第 11～12 页。

② A-Level，百度百科：http://baike. baidu. com/view/88669. htm. 2013-01-19/2013-02-01。

③ 张道行、陈清诰、徐慧萍，等：《台湾高中入学指标应用之比较分析》，入学考试与制度国际研讨会，2007 年。

汰。其二，文化使然。中国自古就有重视考试的传统，并且根深蒂固。如1997年以前，“英国和香港采用同样的证书制，但因为固有的价值观无法改变，造成英国和香港考生压力的两重天”①。因此，寄希望于通过高考制度的某项或某些改革来“减负”并不是一件容易的事，而必须正确认识这种压力。

有学者在考察美国高考后指出，那种“认为在高等教育普及的美国，大学入学机会众多，而且因为强调‘综合素质’，没有像中国那样惨烈的高考竞争压力。这实在是对美国社会竞争的极大误解”②。可见，有竞争就有压力，或者说，“考试负担来源于竞争而非考试本身，竞争存在负担即存在。无论考试的形式、内容在多大程度上作出以‘减负’为指向的改革，竞争激烈则负担沉重，竞争缓和则负担减轻，这是颠扑不破的道理”③。此外，考试本身即教育，它通过竞争对考生的意志加以磨砺，是对勇气、抗挫、自信的一次陶冶④。但问题的关键是，通过高考改革可以减轻部分学生的压力，为部分人“减负”。从世界发达国家或地区的考试招生来看，综合性大学或研究型大学均入学标准高、要求严格、竞争激烈，“高压”是一种必要的存在。而非学术型大学一般入学标准不但多元而且一般较低，学生升学压力较小。也就是说，通过多元入学，将学术型与非学术型大学的招生分开，采取多种评价标准入学，便可为大部分自愿升入非学术型大学或职业类大学的考生减负。

（五）高考改革存在难以逾越的历史局限与限度

改革不仅意味着改掉存在的、不合理的部分，使之更加合理完善，还意味着思想意识的转变和重大利益的调整，简而言之，改革就是要在“破”中“立”。事实上，历史的进步无不是在“破”中“立”的螺旋式结构中艰难地革故鼎新。因此，任何改革都是一定历史条件下的改革，它具有难以逾越的

① 林福来、吴佳怡：《英国的会考与大学招生制度》，《选才》1991年第4期，第31～34页。

② 于时语：《美国“高考文化”的真实面相》，《社会观察》2012年第2期，第46页。

③ 王恒等：《高考改革何以动辄得咎——兼论高考改革的价值取向》，《江苏工业学院学报》2009年第1期，第78页。

④ 韩玉梅、刘颖：《对新世纪俄罗斯高考制度改革的思考》，《西伯利亚研究》2009年第1期，第41页。

历史局限和限度。20 世纪 80 年代以来，中国社会进入了“以经济体制和政治体制改革为动力，以摆脱贫困和全民族追求共同富裕进行经济、政治、文化资源的价值整合为目标”① 的重大转型期。目前仍处于“经济体制深刻变革、社会结构深刻变动、利益格局深刻调整、思想观念深刻变化的改革发展关键期”②。由这一国情——生产力与生产关系的深刻变革所决定，当前的高考制度改革只能是适应我国社会转型期的改革，而不可能超越这一历史条件和历史阶段。

具体而言，现阶段乃至未来很长一段时期，由于政治、经济、文化等的制约，我国的高等教育资源尤其是优质高等教育资源的分布仍将难以均衡，区域间、城乡间的基础教育水平仍将存在较大差异，高考法治及社会诚信建设仍将处于不断完善阶段，招生考试机构的职业化、专业化建设仍将处于逐步发展阶段，国外先进的教育测量理论与技术仍将处于动态引进、应用与推广阶段，等等。这些与高考制度密切相关的内、外部因素，决定着高考制度在考试内容与形式、录取方式与办法、招生体制与管理模式等方面的改革变迁是渐进的而非突进的，而要实现“分类考试、综合评价、多元录取，政府宏观指导、社会有效监督、专业化考试机构组织考试、高校自主录取”这一长远目标，无疑任重而道远。同时也意味着，“异地高考”问题仍将存在一个较长时期，区域之间、城乡之间也仍将存在不同程度的入学机会差异。因此，在特定的历史阶段，高考改革存在难以逾越的历史局限与限度，而不可能“改革”出超越历史条件的制度形态。

（六）稳步推进高考改革是激进与渐进的历史选择

高考如同双刃剑，在为高校选拔新生的同时，其弊端也日益凸显。特别是改革开放以来，要求改革高考的呼声越来越大。从 20 世纪 80 年代批评“片面追求升学率”，到 90 年代批判“应试教育”，再到现今批评阻碍推进“素质教育”、基础教育改革以及创新人才的培养等，几乎将所有教育问题都归罪于高考，似乎“不革高考的命”，中国教育将永无宁日。当然，也有为高考辩护的，认为高考并非万恶之源，而是各种教育及社会矛盾的集合点。没有高考，竞争引发的各种矛盾和问题会照样存在。高考的竞争归到底是社

---

① 杨俊一：《制度哲学导论》，上海大学出版社，2006 年，第 1 页。

② 中国共产党第十六届中央委员会第六次全体会议：《关于构建社会主义和谐社会若干重大问题的决议》，http://politics.people.com.cn/GB/1026/4932440.html. 2006-10-11/2013-03-28。

会地位的竞争。高考竞争的加剧，实质是越来越激烈的社会竞争在教育和考试上的反映。如果高度重视甚至过度重视教育的文化传统没有改变，若重人情与关系的社会氛围没有改变，若诚信体系没有建立起来，高考制度就还有长期存在的必要①。诚然，随着高考制度内、外环境的变化，高考改革势在必行。然而，选择激进改革还是渐进改革将直接关系到高考改革的进程与成败。但从改革的成本—收益来看，二者各有利弊②。

渐进改革由于完成整个制度变迁需要多次“谈判”、“签约”，因而实施改革的交易成本（实施成本）较大。但因只局部地、一点点地危及和损害某些集团的利益，且可从制度变迁带来的“外部利润”对受损利益集团给予“补偿”，因而改革的经济损失（摩擦成本）较小。激进改革由于在较短的时间内完成了从旧制度向新制度的过渡，因而实施改革的交易成本较小。但由于激进改革一下子剥夺了许多社会成员的既得利益，其受到的抵触和反对就大得多，由此造成的经济损失也大得多③。不过，高考改革属于中国改革的一部分，由中国社会主义制度性质所决定，在追求保持社会稳定，逐步实现国家复兴与繁荣的指导思想下，中国走的是渐进式改革道路。当然，这一选择也是在汲取“东欧和苏联进行激进式改革，结果抛弃了社会主义制度，丢掉了政权，导致了资本主义复辟、经济停滞及社会的动荡”④ 的经验教训的基础上所做出的。此外，由于高考本身受到社会发展水平、教育发展均衡程度、诚信制度建设等多方面制约，牵一发而动全身。“若相关配套措施和管理手段跟不上，操之过急，必将导致改革在实施中走样”⑤。因此，高考制度改革不可能搞“先破后立”的激进式改革，而只能是小步、稳步、不停步，采取在稳中求变、变中求稳的渐进式改革。这既是辩证的选择，也是历史的选择。

二、改革建议

根据我国高考制度改革已形成的路径依赖与研究结论，结合世界发达国

① 刘海峰：《高考改革应稳步推进》，《中国高等教育》2007 年第 2 期，第 9～11 页。

② 樊纲：《两种改革成本与两种改革方式》，《经济研究》1993 年第 1 期，第 3 页。

③ 王跃生：《不同改革方式下的改革成本与收益的再讨论》，《经济研究》1997 年第 3 期，第 33 页。

④ 卢福营：《两种改革方式比较》，《社会主义研究》1996 年第 4 期，第 6～8 页。

⑤ 戴家干：《高考需要改革而非“革命”》，《人民日报》2007 年 5 月 29 日，第 11 版。

家及地区大学入学考试制度的共性及优势，笔者认为，未来的高考制度应加强或继续推进如下改革：

（一）继续扩大高校自主招生改革

自主招生不仅是中国历史上有效的高校招生方式，也是当今世界发达国家及地区的主要招生方式之一。中国高校招生在历经由政治主导、服务经济建设的人才紧缺期，到改革开放，政府职能转变，强调以人为本、服务"人"的发展的人才饱和期，在这一政治逐渐隐退、政府逐渐放权的过程中，高校的办学自主权得到不断扩大。高校招生也逐渐从适应外部环境回归到尊重教育规律和人才培养规律的道路上。在这样的时代背景下，实施高校自主招生实乃大势所趋。不过，在长期的被动或喂养式的生存模式中，已形成了强大的历史惯性与现实阻力，从思想观念、社会环境到具体的招考办法都存在许多亟待突破、转化、转变甚至构建的制度性问题。因此，高校自主招生改革不可一蹴而就，需要继续扩大和深入。

具体而言，第一，明确定位。要与高考制度改革的总目标——"统考为主、分类考试、综合评价、多元入学"相一致，旨在突出高校办学特色与个性化选才需求，而非发展为另一种大规模联考或统考。第二，理顺关系。合理协调政府、高校、社会三者之间的利益、权责及话语关系①，政府将工作职能转化为宏观规划与协调，积极通过法规制定、资源提供等方式扮演环境营造者角色，建立社会广泛参与和监督，高校自律规范、履行责任、自主招生的运行机制。第三，改变理念。在招生对象上，自主招生的"生"，不应简化为"特长生"或"偏才"、"怪才"，而是包括这类特殊人才在内的、适于特定类型高校培养的优秀生源②。第四，注重策略。鉴于我国高校数量众多，层次类型各异，质量参差不齐，应本着循序渐进的原则，采取"稳定多数、放开两头"③ 的策略，即加大高水平重点大学和示范性高职高专的改革力度与步伐，大多数一般院校则缓步行进。当然，同时还应健全个性化多元评价体系，不断提高自主招生的科学性与准确性，继续推进诚信建设、"阳光工程"等配套措施改革，加强高考文化建设及舆论引导等。

---

① 樊本富：《我国高校自主招生的制度选择》，《江苏高教》2009 年第 2 期，第 51 页。

② 张亚群：《高校自主招生与高考改革》，中国社会科学出版社，2012 年，第 323 页。

③ 郑若玲：《自主招生改革何去何从》，《华中师范大学学报》（人文社会科学版）2007 年第 4 期，第 141 页。

（二）积极探索分类考试招生模式

从某种角度来看，分类考试招生其实一直是我国高考的一个隐形特点，也就是说，它不是人们平常认为的本、专科分类或国外多元入学的分类考试招生。从艺体类招生的历史来看，在高考建制初期就已按照其生源特殊性采取了与普通本科招生不同的考试招生方式，但没有引起公众或学界的广泛关注，原因可能在于其总体招生规模较小，且并非社会主流的人才培养模式。当前，随着社会结构和高等教育结构的高度分化，社会分工与高等教育从内、外部两方面都客观地对人才的选拔、评价提出了精细化、个性化及多元化的要求。而根据多元智能理论和人本主义教育观，理论上也应为考生的成才构建多元化考试、评价及培养机制。而分类考试则是顺应这一时代客观需求的必然产物。所谓分类考试，就是以“高校多样化与考生能力多元化”为导向的“多层性”分类评价。它强调不同层次、不同类别、不同行业背景的高校及同一高校的不同专业，对考试评价的项目、多元智能类型的考生进行多层次、差异性选拔培养，其宗旨在于追求“以人为本”、“适才适校”，为人的发展创造条件，让人的潜能得到充分发挥①。显然，分类招生将更加利于分类培养、因材施教。

根据我国当前的高等教育结构及国情，笔者认为，可以艺体类与高职高专类院校为切入口，实行“研究型综评、普通型多元、艺职型放开”的分类考试招生模式，即研究型大学根据学术性与专业性需求，以“高考 ＋ 自主考试 ＋ 学业水平考试 ＋ 其他非智力评价因素”的模式招生；普通类大学可依据自身办学特色与实力，在研究型大学的招生模式中选择组合多种招生模式；艺体类与高职高专类院校，则根据专业性、行业性人才培养目标，建立一个统一性基本能力测试项目，也可以高考或学业水平测试为基础，再自主决定专业或行业需求的素养测试，当然也可根据办学与生源实际情况，灵活运用各种测试成绩，自主录取。诚然，高考“本质上是为了判断考生是否具备在各大学接受大学教育的能力，作为考查学生是否具备素质和能力接受大学教育应当基本由各大学自主决定”②，因此，在分类考试招生模式中，各类型大学应具有完全或较大的自主选拔与录取决定权。

---

① 余永玲：《高校招生分类考试探析》，《中国高等教育》2012 年第 7 期，第 44～45 页。

② 张千帆、曲相霏：《大学招生与宪法平等：国际经验与中国问题》，译林出版社，2011 年，第 229 页。

（三）不断推进并强化综合素质评价

综合素质评价不仅是选拔创新型人才的必要手段，也是当前破解推进素质教育难题的关键所在，不仅是“关乎中国教育培养什么人和怎样培养人的核心问题，也是关乎中国教育的未来能不能实现让人民满意，培养世界一流人才的目标”①。《国家中长期教育改革和发展规划纲要（2010—2020 年）》明确提出“要树立多元人才观念，建立科学多样的评价标准，探索促进学生发展的多种评价方式”的改革目标，正是基于对综合素质评价的这一深刻认识。大诗人李白曾说：“天生我材必有用。”无疑，每个人在这个世界上都具有不可复制的独特之处，而社会的发展需求也是多元的，作为选拔人才的大学入学制度标准自然也应是多元的。然而，我国当前的大学入学考试制度最大的问题就在于选拔方式与标准的相对单一化。

从目前我国已出台的新课程改革高考方案来看，综合素质评价的应用才刚刚试水，甚至大多只是录取时的参考条件而已，并没有真正体现综合素质评价，更没有发挥出明显的教育导向功能。究其原因，主要在于由综合素质评价的特性所决定，即大量的人为因素的介入，使其公平性、科学性、合法性受到广泛的质疑和猜测。因此，推进综合素质评价必须双管齐下，一方面需要高校、中学及考试机构不断提高综合素质评价的可信度与可操作性；另一方面需要政府加强保障机制和监控体系建设，营造良好的制度实施人文环境。此外，从制度变迁的视角看，由于制度的创新可能意味着不确定性因素的增加，因而在新制度推行的过程中往往会遇到强大的阻力，这时为了实现更为宏伟或远大的目标，政府必须进行强制引导，即采取强制性制度变迁的方式向前推进。

（四）逐步优化多元录取管道体系

多元录取是与分类考试、综合评价密切相关的终端环节，既是对分类考试、综合评价结果的必要运用，也是多元智能理论对选拔方式的应然要求。因而，多元录取一般至少包含三种内涵：一是录取方式多样，可统考录取、免试录取、自主招生考试录取、推荐录取甚至申请入学录取等；二是录取标准多元，不同层次、类型的高校可根据自身办学需求采取不同的入学标准；

---

① 刘勇：《学生综合素质评价方式改革的理性思考》，《教学与管理》2013 年第 1 期，第 74 页。

三是实现手段多样，打破集中录取，允许考生可一档多投，可同时被多所大学录取，给予考生和高校充分的双向选择权①。综观世界发达国家及地区的大学入学录取方式，大多采取具有上述三种内涵的多元录取办法。

《国家中长期教育改革和发展规划纲要（2010—2020年）》已明确提出要“建立有利于优秀人才选拔的多元录取机制。即普通高等学校本科招生以统一入学考试为基本方式，结合学业水平考试和综合素质评价，择优录取。对特长显著、符合学校培养要求的，依据面试或者测试结果自主录取；高中阶段全面发展、表现优异的，推荐录取；符合条件、自愿到国家需要的行业、地区就业的，签订协议实行定向录取；对在实践岗位上做出突出贡献或具有特殊才能的人才，建立专门程序，破格录取”②。但目前的高考录取方式主要还是以统考、保送、自主招考三种为主，且后两者不仅规模小，还备受社会质疑，难以真正实现引导素质教育、利于创新型人才选拔之目的。显然，要构建与完善择优录取、推荐录取、自主录取、定向录取、破格录取等多元录取体系，实现“才有所教、人尽其才”之目标，还需不断改革，优化高考制度内、外部环境，从多元评价体系构建入手，加强高考法治、诚信及高考文化建设，建立与市场有机互动的人才选拔培养机制。

（五）继续深化高考内容与形式改革

高考内容与形式是高考制度的核心构成要素，尽管二者往往以相互独立的面目出现在高考改革之中，但实际上二者的关系十分密切。即无论高考采取何种形式选拔新生，都涉及具体的考试命题，而高考命题要体现不同层次、类型的高校生源选拔要求，也必然依托一定的考试形式表现出来。事实上，早在1978年，邓小平同志就指出：“考试是检查学习情况和教学效果的一种重要方法，如同检验产品质量是保证工厂生产水平的必要制度一样。要认真研究试验改进考试的内容和形式，使它的作用完善起来。命题质量是决定高考质量的关键。”③ 可谓明确提出高考制度要注重考试内容和考试形式

---

① 余永玲：《高校招生实施多元录取的动因及策略刍议》，《考试研究》2013年第1期，第18～19页。

② 教育部：《国家中长期教育改革和发展规划纲要（2010—2020年）》，人民出版社，2010年，第40～41页。

③ 邓小平：《在全国教育工作会议上的讲话》（1978年4月22日），《人民教育》1978年第Z1期，第4页。

的改革。

当前，高考的考试内容既要利于引导中学素质教育，又要满足不同层次、类型高校的人才选拔要求，需要设置考试标准不同、命题要求各异、考测目标多样的试题。而“一次高考”、“一张考卷”无法反映考试内容多样化的需求，必须推进高考形式的改革，利用考试形式的多样化来分解不同目标，缓解不同矛盾。反过来，高考形式改革的多样性，无论是国家统考还是地方统考，是统一考试还是单独考试，其实施都离不开具体的考试命题、考试标准制定以及考试内容选择，而这一切均有赖于高考内容改革的实际水平。因此，高考改革要反映不同高校的生源需求，需要借助高考形式和内容的密切配合①。值得一提的是：以史为鉴，科举考试的科目从多样走向单一，其结果是导致国家人才选拔的固化、僵化，并最终走向了衰亡；现今的高考科目，走上了一条与科举考试科目发展截然相反的路向，即从单一走向多元。这在一定程度体现了高考制度改革方向的正确性。不过，多元化的科目设置，应注重与多元化的考试形式或命题形式相协调。

（六）以外语科目为突破口推进考试多次化改革

考试次数代表着考试机会，它深刻地影响着人们的教育行为和学习行为。高中阶段所有考试行为围着高考转，在很大程度上就是因为每年的高考只有一次，学生一旦发挥失常，将与大学失之交臂，这在一定程度上迫使教育的中心集中在应试上。相反，若一年提供多次考试机会，学生则可以轻松应战，从而有更多自主掌握的时间和空间，参与各种各样的课外实践活动，开阔视野，增长见识，培养实践动手能力，同时也可减轻高中教育的应试压力②。换言之，增加考试次数，可减少偶然因素给考生带来的遗憾，同时也是激励和促进考生珍惜机会改进学习的重要手段。综观世界发达国家的高考制度，其共性之一就是给予考生多次考试机会（如美国的两大统考 SAT 一年有 7 次、ACT 一年有 5 次考试等），甚至在同一科目考试当中取其最高成绩作为选拔依据。这样的设置不但体现了“以生为本”的科学发展理念，还大大有利于形成良好的学习氛围，减少因考试失利而带来的心理焦虑甚或极

① 张耀萍：《高考形式与内容改革研究》，华中师范大学出版社，2010 年，第 272 页。

② 原霞、杨美玲、黄光扬：《创新教育视野下的高校招生制度改革理论探讨》，戴家干：《教育考试与评价制度创新理论研究与实践探索》，高等教育出版社，2010 年，第 72 页。

端行为的发生。我国探索一年多次高考始于2000年部分省市试行的春季高考。然而，由于多种原因，春季高考并未发挥两次高考的作用。从中国国情和外语考试特点出发，笔者认为，可以英语、法语等外语考试科目为突破口，采用从口语、听力再到笔试的渐进试验策略，逐步发展至外语科目甚或其他科目一年多次考试。

（七）大力推动专业化考试机构建设

从国内外考试制度建设的经验教训不难发现，建立健全的考试机构，既是一个国家建立科学的考试制度并加以有效推行的组织保证，也是全面提高考试质量的必备条件，同时也标志着一个国家考试科学发展所达到的程度①。然而，由于历史原因，我国现今的各级招生考试机构基本上是由各地原来的招生考试办公室与自学考试办公室等合并而成，其同时肩负着教育考试的行政管理职能与业务职能，且长期以来以教育考试的行政管理职能为主，而考试产品开发、考试评价、考试研究等业务职能处于从属地位。因而，与国外相比，我国招生考试机构的专业化与职业化程度还很低，以致成为当前推动高考制度多元化、现代化改革的一大短板。为了顺利推进高考制度改革、进入国际考试市场，必须加强招生考试机构的专业化建设。

具体而言，当前我国招生考试机构的管理体制改革与专业化建设，必须坚持立足国情、改革可控、发展有序的原则，而不能盲目超越历史发展阶段的限制。其中，加强招生考试机构专业化建设至少应注重以下几个方面：一是加快教育测量与评价专业人才队伍建设；二是坚持以“科学技术为第一生产力”思想为指导，构筑以“题库”为核心的信息化智能工程，特别是以“考试命题系统及评价技术”为代表的信息化处理水平；三是积极推进依托考试“数据库”的教育评价与服务职能，为政府部门和教育各界服务②；四是加快教育考试工作标准规范的建设，尤其是题库标准、命题管理标准、试题质量标准以及评卷质量标准等③，以标准管理提升教育考试的科学与规范

---

① 于钦波、杨晓：《中外大学入学考试制度比较与中国高考制度改革》，四川教育出版社，2000年，第379页。

② 陆建明：《教育考试机构管理体制的变革及其专业化建设述评》，戴家干：《教育考试与评价制度创新理论研究与实践探索》，高等教育出版社，2010年，第175～181页。

③ 姜钢：《深入贯彻落实〈纲要〉精神，加强考试机构专业化建设》，《中国考试》2013年第1期，第4～5页。

水平。当然，需要指出的是，由于各国政治、文化差异较大，中国的专业化考试机构不一定要发展成为国外的“社会中介组织”模式，因为专业化考试机构建设的核心在于提升考试服务水平，而非构建某种特定组织或管理结构。

（八）加快推动教育考试立法进程

长期以来，由于《教育法》和《高等教育法》只是规定了高校招生工作的一些基本原则，在实际的高校考试招生工作中，其主要依据还是 1987 年制定的《普通高等学校招生暂行条例》和教育部每年下发的《关于普通高等学校招生工作规定》，以及各省市招生委员会或教育部门根据本地实际制定的年度性招生工作规定或实施细则。这些“条例”、“规定”及“细则”，无疑难以从法律层面明确学校、招生管理部门与考生在招生过程中的权利、责任、义务和关系[①]。尽管 2004 年教育部出台了《国家教育考试违规处理办法》，将考生可能发生的违规行为具体分成违纪 9 种和作弊 14 种，将监考等考试工作人员可能发生的违规行为具体分成违纪 9 种和作弊 10 种，较大程度地提高了违规处理办法的可操作性，加大了处理力度。但对于涉及重大考试利益冲突的行为仍然“无法可依”。

显然，高考作为高利害、高风险、高竞争性选拔考试，每年关涉千万考生和数万招考工作人员，而随着高考改革的不断深化，特别是综合素质评价、多元录取的推进，如何有效防止人为因素的干扰，维护高考的公平正义，已成为重大的社会课题，同时也成为继续推进高考改革的一大瓶颈。罗杰·科特威尔曾说：“法律问题可以说是社会集团的中心问题，从某种意义上讲，它是解决社会中无数组织、制度及彼此关系等难题的方法的一部分。”[②] 因此，不管是从整体推进国家法治建设进程，还是为有效推进高考制度的现代化转型，抑或是为维护千万考生及队伍庞大的招考工作人员的合法权益，再或是为捍卫考试公平、教育公平及社会公平，都应该加快考试立法或教育考试立法。其实，制度化的实质就是“法治”，而“法治”的根本内容即“有法可依，有法必依”[③]。只有加快考试立法进程，健全规章制度，

① 程斯辉：《高校招生考试问题研究》，大象出版社，2010 年，第 200 页。

② 罗杰·科特威尔：《法律社会学导论》，潘大松等译，华夏出版社，1989 年，第 36 页。

③ 贺培育：《制度学：走向文明与理性的必然审视》，湖南人民出版社，2004 年，第 224～225 页。

依法治考，高考制度改革才能让社会接受、让民众放心。

（九）允许省级考试机构量力自行决定是否自主命题

高考命题方式之统与分，在形式上是统考与分考的问题，实质上则是考试权集中与分散的问题，而影响集中与分散的主要因素是与高考密切相关的各种现实条件。当前我国整体处于大转型期，决定高考统分模式的现实因素主要有：一是一次考试成绩存在较大评价局限性。仅凭一次统一命题考试很难满足高校选拔培养多元化人才的社会需求，这客观需要部分高校增加面试或加试；二是区域教育发展不平衡。由于东、中、西部经济发展不平衡导致的区域教育发展不平衡，造成部分省（自治区、直辖市）推行高中新课改的步伐不一致，这迫使统一命题高考必须分化，即通过分省命题以适应各省（自治区、直辖市）的教育实际情况；三是分省命题成本较高。受省级考试机构财力、物力、人力的限制，分省命题省（自治区、直辖市）在命题技术和考试安全方面存在较大压力，且一般都无力承担全自主命题，现阶段还需依托国家教育考试中心命题；四是高校自身难以应对大规模单独招考。为减少参加高校自主命题考试考生规模，降低高校自主组织命题考试的成本与风险，还须通过统一考试进行前期公平分流，或采取附加条件限制部分考生参加考试①。正是这四大制约因素构成了决定高考统分组合模式的边界条件。

基于对我国高考命题方式的历史、现状、问题及国际高考命题方式之考查，结合我国高考改革所面临的限制条件以及国情、教情的需要，笔者认为，统一高考全国一张试卷很难顾及各地的差异，且考试安全风险很大。但完全实行各省独自命题，也不是一个方向。分省命题虽然比各高校单独招考更为高效，也比全国统一命题风险范围较小，但各省花费总数比全国统一命题更大，且省内泄题的可能性也增加②。事实上，目前除上海市、北京市、天津市等较发达城市外，大多数的自主命题省份在单独组织命题考试过程中均存在成本高、压力大、质量难保证等现实问题。因此，笔者建议，我国现阶段高考命题方式的改革目标是：建立一个以全国统一考试为基础，在自愿选择并能确保与全国高考试卷质量相当的前提下，允许部分改革先行省（自治区、直辖市）继续实行分省命题，形成以统为主、以分为辅、统分并用的

---

① 李木洲：《从“交替”到“交杂”：高考命题方式统与分的历史选择》，《考试研究》2011年第5期，第28页。

② 刘海峰：《高考改革的统独之争》，《教育发展研究》2006年第11A期，第49页。

高考命题模式，以实现高考公平与效率最大化，最终达到促进国家人才培养与社会和谐稳定之目的。

（十）增设教育部直属大学以消解属地化招生不公

据统计，“2012 年高考报名人数为 915 万，全国计划录取率约 75%，许多省市的实际录取率甚至逼近 90%”①。在高等教育大众化甚或普及化阶段，在高考录取率迅速提高的背景下，人们对高考追求的视线已由“上大学”转向了“上好大学”。因此，优质高等教育资源的分配机会成为新时期高考公平的重中之重。当前，以教育部直属高校为代表的高水平大学聚集了我国现有的优质高等教育资源。然而，在分布不均、省部共建及分省定额等现实背景下，教育部直属高校出现了严重的属地化招生倾向，造成区域间优质高等教育入学机会的巨大差异，成为高考公平的一大诟病。

从长远看，在“985 工程”与“211 工程”暂时不再扩容的政策下，均衡教育部直属大学是一个可能的解决办法，即在 13② 个没有教育部直属高校的省区设立至少一所教育部直属高校③。如在像河南省这样的中西部人口大省，若能增设 1 所教育部直属大学，就能够相当程度地平衡现在高考录取的地域不均衡问题，比教育部从东部省市拿出几百个名额来给河南要立竿见影得多④。以前控制部属高校的数量，在很大程度上除了“保质量”外，还有一个重要原因就是中央财政的负担问题。而当前全国财政性教育经费占 GDP 比例 4%目标已经实现，且教育规划纲要也明确指出，促进教育公平的根本措施是合理配置教育资源，要向中西部高等教育资源短缺的地区倾斜，不断优化区域布局结构。因此，在政策和经济条件都允许的条件下，可以考虑通过增设教育部直属高校的办法均衡全国优质高等教育资源，以促进高考公平、教育公平及社会公平。

---

① 刘海峰：《十年来高校考试招生改革的新进展》，《中国高等教育》2012 年第 19 期，第 11 页。

② 目前，河南省、河北省、江西省、山西省、青海省、贵州省、海南省、云南省、内蒙古自治区、宁夏回族自治区、新疆维吾尔自治区、西藏自治区、广西壮族自治区 13 省（自治区）没有教育部直属高校。

③ 刘海峰、李木洲：《教育部直属大学应分布至所有省区》，《高等教育研究》2012 年第 12 期，第 23 页。

④ 刘海峰：《可尝试在中西部人口大省设若干“985”高校》，《21 世纪经济报道》2012 年 6 月 27 日，第 2 版。

（十一）平稳有序地推进进城务工人员随迁子女就地高考

城镇化是工业化、现代化的必然伴随现象。随着分工协作程度的提高、经济联系的密切和商品交换的普遍化，市场、交通运输、通信和各种生产、生活的服务设施也迅速发展，城市人口集中、规模扩大、数量增加也是一种必然趋势。因为城市不仅聚集经济效益，它还是现代生活的综合体。改革开放以来，我国面临一个人口发展的新时期，即一个人口迁移和流动的高潮，而这一高潮本身是改革开放的产物，同时它也将推动改革开放的深入和发展①。可见，进城务工人员随迁子女就地高考是改革开放的必然产物，也是历史发展阶段的必然产物。具体而言，它是一个涉及城乡一体化进程中社会管理和公共服务的问题，也是一个涉及城市管理、社会保障、户籍制度以及外来人口与本地居民教育资源配置的问题。显然，对于发展中的问题，必须用发展的眼光来审视与解决。

现阶段，“就地高考”诉求的目标是教育资源分配的均衡化和获取教育资源机会的均等化，其难以实施的关键在于不同考生群体在分享高等教育资源的能力和机会上有很大差别。而在此差别背后，又体现着不同区域地方政府利益、教育行政部门利益、高等学校利益、本地户籍人口利益和外来人口利益等诸多现实利益的纠缠。因而，“就地高考”这一基于公平的政策要落实，必须辅以必要的行政手段，解决来自各方利益群体的诸多矛盾与问题②。然而，涉及重大利益调整的制度改革的较优策略往往是渐进推进，否则将激化社会矛盾，影响社会稳定。如 2012 年上海市的“占海特事件”就是这一矛盾的集中表现之一。

不过，从现已出台的“异地高考”政策来看，目前业已打破了一律封堵的旧令，开始实行有条件的放开。尽管有些城市的门槛很高，但相信随着整体环境的变化，特别是部分城市的完全放开，将会逼使北、上、广等特大流入地城市逐步释放就地高考空间。当然也有学者提出了当前可供参考的技术解决策略，如“建立以当地应届高中毕业生的数量为分配招生指标依据，以学籍为参加升学考试依据的管控机制。同时，推动区域自主命题替代省（自

---

① 陆学艺、李培林：《中国社会发展报告》，社会科学文献出版社，2007 年，第 12 页，第 225 页。

② 刘敏、王运芳：《进城务工人员随迁子女就地高考问题的思考》，《中国考试》2012 年第 6 期，第 59 页。

治区、直辖市）自主命题，或对考试成绩进行标准化处理以实现考生成绩的可比性，推进高考成绩的省际认证制度，保障进城务工人员随迁子女能够在流入地参加高考”①。总之，解决“异地高考”问题，必须清醒认识到，“不公平、不公正的增长往往会突然因社会危机而停滞、衰退甚至崩溃”②，必须从国家宏观层面做好制度顶层设计，平衡各方利益，切实有效、有序地推进。

（十二）构建国民基本社会能力素养模型

所谓国民基本社会能力素养是指“一国国民在先天禀赋和传统文化影响的基础上，在同期社会的政治、经济、文化制度价值力直接引导的作用下，对获得的素质观念在实践中内化后所表现出来的相对稳定的特质和能力”③。它往往是“公民经学习而获得的适应他人和社会，选择目标及实现目标的能力素质”，具体包括“对自我与社会的认知能力、良好的适应环境和社会的能力、人际协调能力、情感调控能力、学习发展与创造能力、心理健康的调适能力等”④，这些能力与单纯的智力相比，不仅对公民个人的未来发展举足轻重，而且与国家整体人力资源与资本的强弱密切相关，并在根本上影响着国家的综合实力。早在 2003 年，前国家主席江泽民在亚太经合组织人力资源能力建设高峰会议上的讲话中就明确提出：“要充分认识人力资源能力建设对经济社会发展的基础性、战略性、决定性的意义，把它放在社会经济发展的突出位置。”⑤ 从教育视角来看，高考制度作为我国建设人力资源强国的核心枢纽，是构建我国国民基本社会能力素养的关键一环。

然而，长期以来，高考制度改革以有利于高校选拔新生、中学实施素质教育、扩大高校招生自主权以及减轻学生负担、促进教育公平和社会公平等抽象的、口号式理念为导向，缺乏具体的、可操作性改革指导措施，最终使

① 吴霓：《进城务工人员随迁子女在流入地参加中高考的问题》，《求实》2012 年第 4 期，第 57 页。

② 胡鞍钢、王绍光、周建明：《第二次转型：国家制度建设》，清华大学出版社，2003 年，第 3 页。

③ 单培勇、汤清焕：《关于国民素质问题研究述评》，《河南师范大学学报》（哲学社会科学版）2009 年第 4 期，第 259 页。

④ 葛操：《公民社会能力素质研究》，郑州大学出版社，2005 年，第 1 页。

⑤ 中国教育与人力资源问题报告课题组：《从人口大国迈向人力资源强国》，高等教育出版社，2003 年，第 89 页。

这些改革理念在实践中难以充分发挥提升国民整体素养的功能。反观美国，为迎接21世纪挑战，20世纪90年代，不仅美国国家素养研究中心启动了EFF（The Equipped for the Future）研究，而且美国劳工部也发布了SCANS（Secretary Commission for Achieving Necessary Skills）报告。其中，EFF研究回答了“成年人要扮演好作为工作者角色、父母和家庭成员角色、公民和社区成员角色并履行义务应该掌握哪些知识和技能”等问题，界定了“在全球经济竞争中具有竞争力、行使公民权和履行公民义务所必需的知识和技能”，得出了有关公民素养和终身学习的4大类16个EFF内容标准①。而SCANS则基于对美国数千种工作的分析，提出了每一个进入劳动力市场的人所必备的关键技能，并定义了公民个人品质的“五大能力”和“三大基本素质”②。

上述两大机构所总结与发布的公民基本社会能力素养，不仅为美国教育指明了人才培养的方向，还为美国大学入学考试的评价体系设计提供了社会依据和基本理论，使美国的人才选拔与培养密切地联系社会发展需求，较好地发挥着提升国民社会基本能力素养的功能。当前，中国正在实施知识发展战略，能力建设已成为知识发展战略的基本内容，“将能力建设提到国家战略层面，由国家规划和统筹，在提出战略思想和战略目标的同时，还需要制定各类人才和各种职业（岗位）的能力标准”③。而这种能力标准在很大程度上即是国民社会基本能力素养。因此，构建符合中国当今乃至未来一个时期的国民社会基本能力素养模型就显得十分迫切，它不仅可以为各级各类教育提供人才培养的参考方向，还可为高考制度改革，尤其是为分类考试、综

---

① 4大类16个内容标准具体是：① 沟通技能，包括阅读理解、写作达意、说出来，所以，他人才能理解、批判地观察、积极地倾听；② 决策技能，包括解决问题和做决定、计划、运用数学解决问题并与他人沟通；③ 人际交往技能，包括与他人合作、指导他人、提倡和影响、解决冲突和协商；④ 终身学习技能，包括担负学习的责任、通过研究学习、反思和评估、利用信息和通信技术。参见周丹：《国家治理视野国民关键能力研制方法研究——基于美国EFF的研究》，华中师范大学硕士学位论文，2011年。

② SCANS发布的美国公民个人品质的五大能力，即统筹能力、交际能力、信息获取能力、系统运作能力、科技应用能力；三大基本素质，即能力基础、思维基础、素质基础。参见周旋：《美国SCANS国民必需技能研究及其启示》，华中师范大学硕士学位论文，2011年。

③ 谈松华：《国民能力建设与教育制度创新》，《教育研究》2003年第5期，第5页。

合评价、多元录取的改革提供科学的理论依据和坚实的社会基础，使其改革目标直指构建特定（即符合一定历史阶段的政治、经济、文化、科技及教育等发展实际和需求）的国民社会基本能力素养，以服务于提升国家综合实力。

最后，从教育规划纲要来看，我国已确定了“分类考试、综合评价、多元录取及建设专业化考试机构”的高考制度改革总目标，具体改革思路大致可表述为：一是改革考试内容和形式，推进分类考试，努力解决评价导向不够合理的问题，促进高考与素质教育的衔接；二是改革考试评价体系，推进综合评价，努力解决评价手段不够丰富的问题；三是改革招生录取模式，推进多元录取，努力解决评价方式不够科学的问题，建立人才成长的“立交桥”；四是改革高考管理制度，推进“阳光工程”，努力解决评价过程不够公正的问题，切实维护考试公平公正①。但要指出的是，高考制度是一个极其庞大而复杂的规则系统，各改革子项目之间彼此关联、互相制约或促进，不仅有其自身的运作规律，还有与外部环境保持密切互动的特性。因此，高考制度改革需要国家宏观统筹——做好制度顶层设计与引导协调利益关系、中观策划——做好制度论证与改革监控、微观试点——做好改革试验积累经验教训，最后由点及面，渐进推广。

三、余论

无疑，“一个良好的大学入学制度，应该是透过适当的方法，选择适当的学生，把他们放在适当的科系，使之得到适性发展”②。然而，从国内外高校招生制度的实践与经验来看，特定的高校招生制度与高校的招生效益之间并没有必然联系。换言之，不管是综合选拔制，还是以考试为主的选拔制，抑或证书选拔制等，任何一种高校招生制度都可能起到同样的选拔效能。不过，客观分析，好的大学入学选拔制度大多具有如下共通之处：其一，一流大学的选拔必定是最严格、最苛刻、最激烈的，不仅强调智力因素，还注重非智力因素在选拔中的作用；其二，为满足不同层次与类型的高校招生，必须建立多元化的评价体系和与之相适应的多样化入学通道；其

① 林露：《教育部副部长（杜玉波）谈高考改革四个思路》，人民网：http://edu.people.com.cn/GB/15165569.html,2011-07-15/2013-01-21。

② 黄炳煌：《现行大学联考制度非改不可》，《选才》1991年第4期，第74页。

三，高端严格控制、中端注重公平、低端基本放开，是各国高校招生采行的基本方法；其四，公平而科学的招生制度，既需要高度专业化的考试机构，也需要合理的法规作保障，还需要社会的广泛参与和监督，更需要政府的宏观引导与调控，四者缺一不可。诚然，没有最好的高考制度，只有更适合本国的高考制度，我们应该探索符合中国国情的中国特色的高考制度。

往者不可谏，来者犹可追。“一部中国考试史，实际上是一部中国人追求公平与效率的历史。”① 纵观高考制度的历史变迁，不难发现，其也遵循这一铁律。不过，在不同的历史时期，或特定的政治、经济、文化、教育、科技及人口等背景下，往往存在着以何者为先，抑或二者兼顾的问题。当前的中国正处于重要的历史拐点，从经济基础到上层建筑、从物质层面到精神层面都处于明显的转折期，一切的改革也都是围绕实现“中国梦”——中华民族伟大复兴而展开的。高考作为把我国由人力资源大国转化为人力资源强国的重要枢纽，在这场圆梦计划中无疑具有举足轻重的地位。因此，如何完善高考制度，把握好高考制度改革的方向与节奏，不仅是国家教育主管部门的责任，也是万千从事教育研究，特别是高考研究学人的重要责任。

① 刘海峰：《高考改革中的公平与效率问题》，《教育研究》2002 年第 12 期，第 80 页。

参考文献

(一) 专著类

[1] 马克思. 路易·波拿巴的雾月十八日 [M]. 中共中央马克思恩格斯列宁斯大林著作编译局，译. 3版. 北京：人民出版社，2001.
[2] 道格拉斯·C. 诺思. 制度、制度变迁与经济绩效 [M]. 杭行，译. 上海：格致出版社，2008.
[3] 杨学为. 高考文献（上、下）[M]. 北京：高等教育出版社，2003.
[4] 杨学为. 中国考试通史：卷五 [M]. 北京：首都师范大学出版社，2004.
[5] 杨学为. 中国高考史述论（1949—1999）[M]. 武汉：湖北人民出版社，2007.
[6] 杨学为，朱仇美，张海鹏. 中国考试制度史资料选编 [M]. 合肥：黄山书社，1992.
[7] 杨学为. 中国考试改革研究 [M]. 北京：北京大学出版社，2001.
[8] 杨学为，廖平胜. 考试社会学问题研究 [M]. 武汉：华中师范大学出版社，2003.
[9] 于建嵘. 岳村政治——转型期中国社会乡村政治体系的变迁 [M]. 北京：商务印书馆，2001.
[10] 刘海峰，等. 高校招生考试制度改革研究 [M]. 北京：经济科学出版社，2009：3.
[11] 刘海峰. 高考改革的理论思考 [M]. 武汉：华中师范大学出版社，2007.
[12] 刘海峰，等. 中国考试发展史 [M]. 武汉：华中师范大学出版社，2002.

[13] 廖平胜. 考试学原理 [M]. 武汉：华中师范大学出版社，2003.
[14] 蒋超，张小劲. 中国高考史：创立卷、动荡卷、改革卷、展望卷[M]. 北京：中国言实出版社，2008.
[15] 高军峰. 新中国高考史 [M]. 福州：福建人民出版社，2009.
[16] 张民选. 高校招生考试制度改革研究 [M]. 上海：上海教育出版社，2008.
[17] 马文卿，刘文超. 中国高考走向 [M]. 济南：山东人民出版社，2004.
[18] 郑若玲，等. 苦旅何以得纾解——高考改革困境与突破 [M]. 南京：江苏教育出版社，2011.
[19] 唐佐明. 高校招生体制改革研究 [M]. 桂林：广西师范大学出版社，2000.
[20] 覃红霞. 高校招生考试法治研究 [M]. 武汉：华中师范大学出版社，2007.
[21] 张耀萍. 高考形式与内容改革研究 [M]. 武汉：华中师范大学出版社，2010.
[22] 樊本富. 高校自主招生研究 [M]. 武汉：华中师范大学出版社，2010.
[23] 于钦波，杨晓. 中外大学入学考试制度比较与中国高考制度改革 [M]. 成都：四川教育出版社，2000.
[24] 康乃美，蔡炽昌. 中外考试制度比较研究 [M]. 武汉：华中师范大学出版社，2006.
[25] 唐滢. 美国高校招生考试制度研究 [M]. 武汉：华中师范大学出版社，2007.
[26] 王立科. 英国高校招生考试制度研究 [M]. 武汉：华中师范大学出版社，2008.
[27] 杨李娜. 台湾地区大学入学考试制度研究 [M]. 武汉：华中师范大学出版社，2008.
[28] 程斯辉. 高校招生考试问题研究 [M]. 郑州：大象出版社，2010.
[29]《大辞典》编纂委员会. 大辞典：上[M]. 台北：三民书局股份有限公司，1985.
[30] R. 科斯，等. 财产权利与制度变迁 [M]. 上海：上海人民出版

社，1994.
[31] 约翰·康芒斯. 制度经济学 [M]. 北京：商务印书馆，1962.
[32] 塞缪尔·P. 亨廷顿. 变化社会中的政治秩序 [M]. 王冠华，等，译. 上海：上海人民出版社，2008.
[33] LANE J E, ERSSON S. 新制度主义政治学 [M]. 何景荣，译. 台北：韦伯文化国际，2003.
[34] 约翰·L. 坎贝尔. 制度变迁与全球化 [M]. 姚伟，译. 上海：上海人民出版社，2010.
[35] 青木昌彦. 比较制度分析 [M]. 上海：上海远东出版社，2001.
[36] 李·J. 阿尔斯通，等. 制度变革的经验研究 [M]. 罗仲伟，译. 北京：经济科学出版社，2003.
[37] 罗必良. 新制度经济学 [M]. 太原：山西经济出版社，2005.
[38] 卢现祥. 新制度经济学 [M]. 武汉：武汉大学出版社，2011.
[39] 柯武刚，史漫飞. 制度经济学：社会秩序与公共政策 [M]. 韩朝华，译. 北京：商务印书馆，2000.
[40] R. 科斯，A. 阿尔钦，道格拉斯·C. 诺思，等. 财产权利与制度变迁——产权学派与新制度学派译文集 [M]. 上海：上海人民出版社，1996.
[41] 刘大椿. 百年学术精品提要：经济学、管理学、社会学及其他 [M]. 北京：知识产权出版社，2006.
[42] 马克思，恩格斯. 马克思恩格斯选集：第 1 卷 [M]. 中共中央马克思恩格斯列宁斯大林著作编译局，译. 北京：人民出版社，1972.
[43] 杨俊一. 制度哲学导论 [M]. 上海：上海大学出版社，2006.
[44] 马克思，恩格斯. 马克思恩格斯选集：第 2 卷 [M]. 中共中央马克思恩格斯列宁斯大林著作编译局，译. 北京：人民出版社，1995.
[45] 道格拉斯·C. 诺思. 经济史的结构与变迁 [M]. 上海：上海三联书店，1994.
[46] 顾明远. 教育大辞典：第 1 卷 [M]. 上海：上海教育出版社，1990.
[47] 杨学为. 中国考试大辞典 [M]. 上海：上海辞书出版社，2006.
[48] 汤德用. 中国考试辞典 [M]. 合肥：黄山书社，1998.
[49] 毛泽东. 毛泽东文集：第 5 卷 [M]. 北京：人民出版社，1996.
[50] 中国教育年鉴编辑部. 中国教育年鉴（1949—1981）[M]. 北京：中

国大百科全书出版社，1984.
[51] 列宁．列宁选集：第2卷［M］．中共中央马克思恩格斯列宁斯大林著作编译局，译．北京：人民出版社，1972.
[52] 马克思，恩格斯．马克思恩格斯选集：第3卷［M］．中共中央马克思恩格斯列宁斯大林著作编译局，译．北京：人民出版社，1972.
[53] 何东昌．中华人民共和国重要教育文献（1949—1975）［M］．海口：海南出版社，1989.
[54] 邓小平．邓小平文选：第2卷［M］．北京：人民出版社，1983.
[55] 戴家干．教育考试与评价制度创新理论与实践探索［M］．北京：高等教育出版社，2010.
[56] 张千帆，曲相霏．大学招生与宪法平等：国际经验与中国问题［M］．南京：译林出版社，2011.
[57] 刘海峰，李兵．中国科举史［M］．上海：东方出版中心，2004.
[58] 马端临．文献通考：卷三十九［M］．上海：商务印书馆，1936.
[59] 梁启超．饮冰室合集：卷二十三［M］．北京：中华书局，1989.
[60] 大塚丰．现代中国高等教育的形成［M］．黄福涛，译．北京：北京师范大学出版社，1998.
[61] 房列曙．中国历史上的人才选拔制度［M］．北京：人民出版社，2005.
[62] 张亚群．高校自主招生与高考改革［M］．北京：中国社会科学出版社，2012.
[63] 刘芃．历史教育测量研究［M］．北京：人民教育出版社，1999.
[64] 中华人民共和国高等教育部．一九五六年暑期高等学校招生考试大纲［M］．北京：京华印书局，1956.
[65] 中华人民共和国高等教育部．一九五七年暑期高等学校招生考试大纲［M］．北京：京华印书局，1957.
[66] 西流，郭嘉．高考鸡汤［M］．厦门：厦门大学出版社，2001.
[67] 戴家干．改造我们的考试［M］．北京：高等教育出版社，2008.
[68] 河北省教育考试院．河北高考30年［M］．北京：社会科学文献出版社，2007.
[69] 唐佐明，黄国勋．高校招生体制改革研究［M］．桂林：广西师范大学出版社，2000.

[70]《中国考试》杂志社. 恢复高考30年——高考改革与发展 [M]. 北京：中国传媒大学出版社，2007.
[71] 王后雄. 教育考试的理论与方法 [M]. 北京：北京大学出版社，2011.
[72] 北京教育考试院. 北京普通高等学校招生改革与发展（1977—2002）[M]. 北京：北京师范大学出版社，2005.
[73] 杨智磊，王兴亚. 中国考试管理制度史 [M]. 郑州：中州古籍出版社，2007.
[74] 陈中原. 中国教育平等初探 [M]. 广州：广东教育出版社，2004.
[75] 刘希伟. 清代科举冒籍研究 [M]. 武汉：华中师范大学出版社，2012.
[76] 李弘祺. 宋代官学教育与科举 [M]. 台北：台湾联经出版事业公司，1994.
[77] 邓嗣禹. 中国考试制度史 [M]. 南京：南京考选委员会，1936.
[78] 马克思，恩格斯. 马克思恩格斯全集：第16卷[M]. 中共中央马克思恩格斯列宁斯大林著作编译局，译. 北京：人民出版社，1972.
[79] 黄贵庭. 新编现代管理学 [M]. 北京：企业管理出版社，2011.
[80] 唐冰开，戚欣. 教育考试法制化问题研究 [M]. 长春：吉林大学出版社，2010.
[81] 胡向东. 民国时期中国考试制度的转型与重构 [M]. 武汉：湖北人民出版社，2008.
[82] 闵维方. 高等教育运行机制研究 [M]. 北京：人民教育出版社，2002.
[83] 张文达，高质慧. 台湾学者论中国文化 [M]. 哈尔滨：黑龙江教育出版社，1989.
[84] JOHN T. 最新文化全球化 [M]. 郑棨元，陈慧慈，译. 台北：韦伯文化国际出版有限公司，2005.
[85] 李建斌. 为了这片绿洲——河北省高校招生探索与实践 [M]. 保定：河北大学出版社，2005.
[86] 皮埃尔·布迪厄，华康德. 实践与反思：反思社会学导引 [M]. 李猛，等，译. 北京：中央编译出版社，1998.
[87] 马克思. 1844年经济学哲学手稿 [M]. 中共中央马克思恩格斯列宁

斯大林著作编译局，译. 北京：人民出版社，2000.
[88] 潘懋元. 高等教育：历史、现实与未来 [M]. 北京：人民教育出版社，2004.
[89] 罗杰·科特威尔. 法律社会学导论 [M]. 潘大松，等，译. 北京：华夏出版社，1989.
[90] 郑金洲，程亮. 中国教育研究新进展 2009 [M]. 上海：华东师范大学出版社，2011.
[91] 林小英. 教育政策变迁中的策略空间 [M]. 北京：北京大学出版社，2012.
[92] 孙东斌，刘荣荣. “制度人”假设：从计划经济到市场经济 [M]. 北京：社会科学文献出版社，2007.
[93] 鲁鹏. 实践与理论——制度变迁主要流派 [M]. 济南：山东人民出版社，2008.
[94] 司马迁. 史记 [M]. 北京：中华书局，2011.
[95] 赵尔巽. 清史稿：第一〇八卷 [M]. 北京：中华书局，1977.
[96] 何东昌. 中华人民共和国重要教育文献（1998—2002）[M]. 海口：海南出版社，2003.
[97] 顾明远，刘复兴. 改革开放 30 年中国教育纪实 [M]. 北京：人民出版社，2008.
[98] 于文明. 中国公立高校多元利益主体生成与协调研究——构建现代大学制度的新视角 [M]. 北京：高等教育出版社，2007.
[99] 约翰·罗尔斯. 正义论 [M]. 何怀宏，译. 北京：中国社会科学出版社，1988.
[100] 胡鞍钢，王绍光，周建明. 第二次转型：国家制度建设 [M]. 北京：清华大学出版社，2003.
[101] 国家教育委员会政策法规司. 十一届三中全会以来重要教育文献选编 [M]. 北京：教育科学出版社，1992.
[102] 中国教育年鉴编辑部. 中国教育年鉴 2000 [M]. 北京：人民教育出版社，2000.
[103] 康德. 法的形而上学原理 [M]. 沈叔平，译. 北京：商务印书馆，1991.
[104] 教育部. 国家中长期教育改革和发展规划纲要（2010—2020 年）

[M]. 北京：人民出版社，2010.
[105] 王广. 正义之后——马克思恩格斯正义观研究 [M]. 南京：江苏人民出版社，2010.
[106] 林荣日. 制度变迁中的权力博弈——以转型期中国高等教育制度为研究对象 [M]. 上海：复旦大学出版社，2007.
[107] CHAFFEE J W. The Thorny Gates of Learning in Sung China——A Social History of Examinations [M]. State University of New York Press, Albany, 1995.
[108] KIHLSTROM J F, CANTOR N. Social Intelligence [M] // R. J. Sternberg. Handbook of Intelligence. 2nd ed. Cambridge, UK: Cambridge University Press, 2000.
[109] CANTOR N, KIHLSTROM J F. Personality and Social Intelligence [M]. Englewood Cliffs, NJ: Prentice-Hall, 1987.
[110] CHUCK H. What It Really Takes to Get Into the Ivy League and Other Highly Selective Colleges [M]. New York: The McGraw-Hill Companies, 2003.
[111] LIGHT R J. Making the Most of College: Students Speak Their Minds [M]. Cambridge, Mass: Harvard University Press, 2001.
[112] REBECCA Z. Rethinking the SAT: the future of standardized testing in university admissions [M]. New York and London: Routledgefalmer, 2004.
[113] DAVID W, DAVID P. The State of UK Higher Education: Managing Change and Diversity [M]. Backingham: Open University Press, 2001.
[114] SCHWARTZ S. Fair Admission to Higher Education: Recommendations for Good Practice [M]. London: Admissions to Higher Education Steering Group, 2004.
[115] MICHAEL I, TYLL G. Education Law, Mahwah [M]. NJ: Lawrence Erlbaum, 2000.
[116] HOWELL S L, HRICKO M. Online Assesssment and Measurement: Case Studies from Higher Education, K-12 and Corporate [M]. New York: Information Science Publishing, 2006.

（二）会议集、论文集

[1] 厦门大学高等教育发展研究中心．鉴古知今的教育史研究：第六届两岸四地教育史论坛论文集［C］．厦门：厦门大学教育研究院，2011.
[2] 台湾师范大学心理与教育测量研究发展中心．入学考试与制度国际研讨会论文集［C］．台北：台湾师范大学，2007.

（三）学位论文

[1] 李峻．我国高考政策变迁研究——基于“利益相关者理论”的分析［D］．武汉：华中科技大学，2009.
[2] 刘清华．高考与教育教学的关系研究［D］．厦门：厦门大学，2003.
[3] 肖娟群．我国高校自主招生考试的历史考察与现状研究［D］．厦门：厦门大学，2008.
[4] 薛成龙．近代中国高校招生考试研究［D］．厦门：厦门大学，1999.
[5] 张宇．21 世纪初我国普通高校自主招生研究［D］．长春：吉林大学，2012.
[6] 王后雄．我国高考政策的公平性研究［D］．武汉：华中师范大学，2008.
[7] 王宇琳．1999 年以来江苏高考方案的变革及对 08 方案执行效果的分析［D］．南京：南京师范大学，2010.
[8] 张永红．上海高职院校自主招生改革政策评析［D］．上海：华东师范大学，2011.
[9] 宋洁绚．基于国家主义的高等学校招生考试制度研究［D］．武汉：华中科技大学，2009.
[10] 黄庆峰．“高考移民”及其背后的制度原因探讨［D］．北京：中国政法大学，2006.
[11] 韩欣欣．“高考移民”的政策与法理分析［D］．西安：陕西师范大学，2007.
[12] 郑若玲．考试与社会之关系研究［D］．厦门：厦门大学，2006.
[13] 张耀萍．高考形式改革研究［D］．厦门：厦门大学，2004.
[14] 魏国东．1977 年以来中国高考制度改革研究［D］．保定：河北大学，2008.

（四）期刊类

[1] 刘海峰. 高考改革中的全局观 [J]. 教育研究，2002 (2)：21-25.
[2] 刘海峰. 1952—2012：高考建制的花甲记忆 [J]. 高等教育研究，2012 (6)：78-84.
[3] 刘海峰. 1977 年高考：一次空前的招生考试 [J]. 教育发展研究，2007 (Z1)：1-5.
[4] 刘海峰. 为什么要坚持统一高考 [J]. 上海高教研究，1997 (5)：47-49.
[5] 张亚群. 从单独招考到统一招考——民国时期高校招生考试变革的启示 [J]. 中国教师，2005 (6)：24-26.
[6] 张亚群. 人才选拔制度的历史转折——高考恢复 30 年省思 [J]. 东南学术，2007 (4)：11-15.
[7] 郑若玲. “举国大考”的合理性——对高考的社会基础、功能与影响之分析 [J]. 高等教育研究，2007 (6)：33-37.
[8] 杨旭，李剑萍. 高考的文化使命与政策选择 [J]. 河北师范大学学报(教育科学版)，2012 (5)：21-26.
[9] 罗立祝. 高考加分政策的历史演变与反思 [J]. 考试研究，2008 (3)：36-48.
[10] 王后雄，何家军. 恢复高考 30 年科目设置改革历程述评 [J]. 中国考试，2007 (8)：39-47.
[11] 柳博. 我国高考制度变迁及改革路径分析 [J]. 教育研究，2010 (6)：53-58.
[12] 李涛，陈玉玲. 高考制度变迁的动力、主体、方式与路径分析 [J]. 广东教育，2010 (1)：23-25.
[13] 谷敏强. 高考制度变迁的演进论解释 [J]. 渤海大学学报（哲学社会科学版)，2010 (3)：145-148.
[14] 李峻. 基于新制度主义的高考政策变迁分析 [J]. 江苏高教，2010 (2)：99-101.
[15] 李子江，杨志. 我国高考加分政策演变的制度分析——基于历史制度主义的分析范式 [J]. 清华大学教育研究，2011 (1)：61-67.
[16] 李宝元. 中国应试制度论析——兼论恢复高考三十年 [J]. 湖南社会

科学，2008（1）：142-148.
[17] 李宝元．关于高考制度改革若干基本问题的战略思考［J］．湖南社会科学，2007（1）：117-121.
[18] 刘晓瑜，潘东明．高等教育机会均等与高考制度改革［J］．教育研究，2002（2）：26-28.
[19] 郭光明．高考公平性的影响要素分析［J］．教育理论与实践，2010（6）：15-17.
[20] 郑若玲．守护公平：高考改革的永恒依归［J］．教育测量与评价，2011（1）：56-61.
[21] 杨学为．高考改革与国情［J］．求是，1999（5）：32-35.
[22] 郑若玲，陈为峰．美国名校本科招生方式及其启示［J］．外国教育研究，2010（10）：56-61.
[23] 王蕾．PISA的教育测量技术在高考中的应用前景初探［J］．清华大学教育研究，2012（3）：105-111.
[24] 王后雄．国外减缓高考竞争压力的改革及启示［J］．外国教育研究，2007（11）：60-65.
[25] 崔成学．日本的AO考试［J］．外国教育研究，2003（2）：6-8.
[26] 刘浩．浅谈日本大学入学考试对中国高考的启示［J］．现代教育科学，2008（3）：53-55.
[27] 高升．日本大学招生考试制度及其对中国高考制度改革的借鉴［J］．考试研究，2011（4）：31-37.
[28] 牛学敏，王后雄．德国大学招生与考试制度改革述评［J］．中国考试，2009（2）：29-34.
[29] 马世晔．人性化的澳大利亚高考［J］．中国考试，2009（6）：41-43.
[30] 周慧，罗剑平．澳大利亚新南威尔士州的高考体系及其意义［J］．世界教育信息，2007（5）：79-81.
[31] 项亚光．英国高考中的A-Level课程及其对我国的启示［J］．外国中小学教育，2009（7）：39-42.
[32] 席盘林．万人弃考背后的文化缺失［J］中国人大，2009（4）：9.
[33] 李涛，陈玉玲．新中国高考制度变迁的文化透视［J］．当代教育与文化，2011（4）：78-84.
[34] 胡向东．中国高考面临的文化困境与出路［J］．湖北招生考试，2009（12）：4-10.

[35] 苟人民. 创新高考文化，促进高考制度建设 [J]. 中国高等教育，2007 (2)：7-9.
[36] 郑朝卿. 高考文化建设和高考人文精神 [J]. 中国考试，2007 (7)：9-13.
[37] 廖平胜. 现行高考制度与教育内外关系的五大矛盾 [J]. 教育研究与实验，1989 (2)：20-24.
[38] 戴家干. 高考改革与教育公平公正 [J]. 中国高等教育，2006 (12)：7-9.
[39] 郑若玲. 高考与应试教育、素质教育关系新论 [J]. 教育发展研究，2007 (Z1)：14-17.
[40] 谢小庆. 科学技术进步为高考改革带来新的可能性 [J]. 湖北招生考试，2009 (10)：24-26.
[41] 康春华，辛涛. 测验理论的新发展：多维项目反应理论 [J]. 心理科学进展，2010 (3)：530-536.
[42] 胡秀锦. 农民工随迁子女高考升学政策思考——基于上海的研究 [J]. 教育发展研究，2011 (3)：71-75.
[43] 杨东平. 异地高考为何破题难 [J]. 中国新闻周刊，2010 (41)：86.
[44] 熊丙奇，周洪宇，樊夫. 流动子女高考的三个民间方案 [J]. 教育，2011 (10)：44-45.
[45] 彭虹斌. 流动人口子女高考升学政策研究 [J]. 教育科学研究，2012 (6)：34-38.
[46] 韩娟，米红. 流动人口子女高考权利保障的困境与方向 [J]. 学术论坛，2009 (12)：201-204.
[47] 吴霓. 进城务工人员随迁子女在流入地参加中高考的问题 [J]. 求实，2012 (4)：55-57.
[48] 徐桂华，魏倩. 制度经济学三大流派的比较与评析 [J]. 经济经纬，2004 (6)：13-17.
[49] 陈琦. 制度创新与制度变迁的理论辨析 [J]. 理论探索，2004 (10)：33-34.
[50] 蒋雅文. 论制度变迁理论的变迁 [J]. 经济评论，2003 (4)：73-79.
[51] 刘文革，刘婷婷. 以诺斯为代表的制度变迁理论评析 [J]. 学术交流，2007 (3)：61-65.
[52] 梁謇. 马克思与诺思制度变迁理论的比较研究 [J]. 北方论丛，2007 (4)：141-144.

[53] 刘荣材. 马克思主义制度变迁理论及其在中国的应用和发展 [J]. 重庆工学院学报 (社会科学版), 2009 (8): 99-104.
[54] 刘小怡. 马克思主义和新制度主义制度变迁理论的比较与综合 [J]. 南京师大学报 (社会科学版), 2007 (1): 5-11.
[55] 王松梅. 马克思与诺思: 制度变迁理论的相互补充 [J]. 理论导刊, 2003 (5): 12-14.
[56] 张学强, 彭慧丽. 民国时期高校自主招生制度探析——兼论对完善我国当代高校自主招生制度的启示 [J]. 社会科学战线, 2009 (5): 210-216.
[57] 姜钢. 1977 年恢复高考的历史意义与现实意义 [J]. 湖北招生考试, 2007 (8): 4-7.
[58] 刘道玉. 1977: 亲历恢复高考决策 [J]. 纵横, 2007 (8): 36-40.
[59] 教育部. 关于一九八三年全国全日制高等学校招生工作会议的报告 [J]. 中华人民共和国国务院公报, 1983 (7): 240-252.
[60] 刘向荣. 美国高校招生制度的特点与成因探析 [J]. 黑龙江高教研究, 2005 (3): 153-154.
[61] 查全性. 恢复高考, 我只是说了几句真话 [J]. 中国经济周刊, 2009 (38): 46-47.
[62] 胡乐乐. 美国高校招生录取制度最新改革综述 [J]. 比较教育研究, 2007 (5): 82-85.
[63] 陈丹. 美国大学入学考试对我国高考改革之启示 [J]. 世界教育信息, 2009 (2): 85-87.
[64] 陈俊珂. 美国高考因何没有导致应试教育 [J]. 教育导刊, 2008 (12): 41-44.
[65] 任长松. 美国大学入学考试 SAT 与 ACT 对我国高考的启示 [J]. 教育理论与实践, 2008 (3): 27-30.
[66] 吴向明. 美国高校招生的公平与效率研究 [J]. 比较教育研究, 2008 (10): 17-21.
[67] 张志群. 美国高校招生管理体制及运作模式对我国的启示 [J]. 江西教育科研, 2005 (7): 33-34.
[68] 张喜军, 张民选. 英国高校招生考试制度研究 [J]. 现代大学教育, 2008 (4): 59-63.
[69] 王立科. 英国高校招生考试制度改革动态及其启示 [J]. 考试研究,

2008 (4): 104-113.
[70] 夏欣茁. 英国高考制度及对中国高考改革的借鉴意义 [J]. 辽宁教育行政学院学报, 2007 (3): 41-42.
[71] 陈阳. 国外高考模式比较研究 [J]. 理论观察, 2006 (2): 121-122.
[72] 韩玉梅, 刘颖. 对新世纪俄罗斯高考制度改革的思考 [J]. 西伯利亚研究, 2009 (1): 39-41.
[73] 张俊勇, 张玉梅. 俄罗斯国家统一考试改革历程及对中国高考改革的启示 [J]. 考试研究, 2012 (4): 9-15.
[74] 顾鸿飞. 俄罗斯大学入学考试制度——国家统一考试探析 [J]. 比较教育研究, 2006 (5): 59-61.
[75] 杨广云, 高燕. 俄罗斯国家统一考试影响的社会学思考 [J]. 大学教育科学, 2009 (2): 100-103.
[76] 冯相如. 俄罗斯高考制度改革新动向 [J]. 俄罗斯文艺, 2002 (3): 78-79.
[77] 王竞晔, 孙玉丽. 俄罗斯高考制度改革及启示 [J]. 宁波大学学报 (教育科学版), 2007 (6): 70-73.
[78] 宋丽荣. 俄罗斯国家统一考试制度的分析及启示 [J]. 黑龙江教育学院学报, 2008 (11): 50-52.
[79] 孙春梅, 赵亮. 俄罗斯国家统一考试及其对我国的启示 [J]. 煤炭高等教育, 2007 (1): 61-63.
[80] 张颖. 试论俄罗斯国家统一考试 [J]. 西伯利亚研究, 2008 (2): 67-70.
[81] 楚琳. 新时期日本大学入学考试制度改革的新进展 [J]. 世界教育信息, 2008 (5): 76-79.
[82] 胡国勇. 竞争选拔与质量维持——大众化背景下日本大学入学考试的变革与现状 [J]. 复旦教育论坛, 2007 (1): 68-73.
[83] 曹亮吉. 从考招分离到考招分立 [J]. 选才, 1998 (48): 44-48.
[84] 蔡闺秀. 大学招生新管道——繁星计划 [J]. 选才电子报, 2008-12-15 (172): 5-6.
[85] 杨李娜. 台湾大学多元考试制度的若干特点 [J]. 教育评论, 2005 (1): 77-79.
[86] 改良式联招研究小组. 改良式联招的成绩采纳——检定、采计、参酌 [J]. 选才通讯, 1996 (20): 12-14.

[87] 赵永东，葛菁菁. 台湾地区大学入学制度多元化探析——以“繁星计划”为主 [J]. 教育与考试，2012 (1)：22-26.
[88] 刘海峰. 高考改革中的两难问题 [J]. 高等教育研究，2000 (3)：36-38.
[89] 刘海峰，李立峰. 高考改革与政治经济的关系 [J]. 教育发展研究，2002 (6)：34-38.
[90] 刘海峰，樊本富. 论西部地区的“高考移民”问题——兼论科举时代的“冒籍”现象 [J]. 教育研究，2004 (10)：76-80.
[91] 李木洲，刘海峰. 大学联考何去何从 [J]. 国家教育行政学院学报，2011 (9)：51-54.
[92] 刘海峰，谷振宇. 小事件引发大改革——高考分省命题的由来与走向 [J]. 河北师范大学学报 (教育科学版)，2011 (5)：16-20.
[93] 刘海峰. 十年来高校考试招生改革的新进展 [J]. 中国高等教育，2012 (19)：11-13.
[94] 刘海峰，李木洲. 部属大学应分布至所有省区 [J]. 高等教育研究，2013 (1)：17-25.
[95] 刘海峰. “平行志愿”投档模式的利与弊 [J]. 教育发展研究，2011 (18)：87.
[96] 刘海峰. 科举取才中的南北地域之争 [J]. 中国历史地理论丛，1997 (1)：94-95.
[97] 刘海峰. 传统文化与高校招生考试改革 [J]. 上海高教研究，1995 (3)：41-44.
[98] 刘希伟，刘海峰. 清代科举考试中的冒籍问题及其现代启示 [J]. 教育研究，2012 (1)：141-147.
[99] 刘海峰. 高考改革中的公平与效率问题 [J]. 教育研究，2002 (12)：80-84.
[91] 刘海峰. 高考改革的统独之争 [J]. 教育发展研究，2006 (11A)：47-50.
[92] 李弘祺. 中国科举考试及其近代解释五论 [J]. 厦门大学学报 (哲学社会科学版)，2006 (2)：18-27.
[93] 高耀明. 民国时期高校招生制度述略 [J]. 高等师范教育研究，1997 (4)：69-74.
[94] 教育部. 关于高等学校 1958 年招考新生的规定 [J]. 中华人民共和国

国务院公报，1958 (22)：500-504.
[95] 廖平胜．论高中毕业会考的认识误区、社会价值与革新完善 [J]．中国高校招生，2001 (1)：38-42.
[96] 房源清．我国普通高中毕业会考制度发展述评 [J]．考试研究，2007 (2)：44-53.
[97] 喻本伐．高中毕业会考兴废得失论 [J]．湖北招生考试，2009 (12)：26-30.
[98] 教育部．关于普通高中毕业会考制度改革的意见 [J]．中华人民共和国国务院公报，2000 (22)：33-34.
[99] 教育部．关于普通高中新课程省份深化高校招生考试改革的指导意见 [J]．中华人民共和国教育部公报，2008 (4)：47-48.
[100] 陈为峰．从考试到综合评价：在借鉴中稳健前行 [J]．考试研究，2011 (2)：12-18.
[101] 中共中央办公厅．中共中央国务院关于深化教育改革全面推进素质教育的决定 [J]．地质职工教育，1999 (2)：868-878.
[102] 教育部．关于积极推进中小学评价与考试制度改革的通知 [J]．教育部政报，2003 (3)：131-136.
[103] 孙华．百年来高校招生政策中的效率分析 [J]．黑龙江高教研究，2007 (5)：62-64.
[104] 郑若玲．自主招生改革何去何从 [J]．华中师范大学学报 (人文社会科学版)，2007 (4)：135-142.
[105] 张亚群．北大清华自主招生考试改革透视 [J]．考试研究，2007 (1)：17-29.
[106] 李振东．惟愿蹊径变通途——高校自主招生调查 [J]．高校招生，2005 (12)：13-14.
[107] 张亚群．高校自主招生改革：动因、问题与对策 [J]．北京大学教育评论，2010 (2)：30-42.
[108] 高等学校自主招生对江浙沪高中教育影响调研组．高等学校自主招生的问题与对策 [J]．上海教育科研，2009 (6)：4-8.
[109] 鲍威．高校自主招生制度实施成效分析：公平性与效率性的视角 [J]．教育发展研究，2012 (19)：1-7.
[110] 郑若玲．自主招生公平问题探析 [J]．中国地质大学学报 (社会科学版)，2010 (6)：49-54.

[111] 中央人民政府教育部. 关于高等学校一九五〇年度暑期招考新生的规定 [J]. 福建省人民政府公报, 1950 (5): 56-57.
[112] 胡甲刚. 建国以来高考科目改革历程 [J]. 教学与管理, 2003 (10): 71-74.
[113] 张欣童. 从高考科目多样化选择产生的"变异"反思我国的高考改革 [J]. 江苏高教, 2005 (4): 121-123.
[114] 周军, 周轩, 郑启跃. 对高考制度的现状分析及改革建议 [J]. 教育科学研究, 2004 (5): 20-25.
[115] 中央人民政府高等教育部. 关于全国高等学校一九五四年暑期招考新生的规定 [J]. 江西政报, 1954 (11): 44-47.
[116] 温儒敏, 巢宗祺, 等. 2007, 高考能否与新课程同行——关于"课程改革与语文高考"的讨论 [J]. 人民教育, 2005 (10): 27-33.
[117] 李旭. 新课程视角下的高考改革 [J]. 福建师范大学学报 (哲学社会科学版), 2007 (4): 35-39.
[118] 陈士俊, 陈畅. 高考命题质量评价体系的缺陷及对策分析 [J]. 天津师范大学学报 (社会科学版), 2011 (1): 72-75.
[119] 郑若玲. 高考改革必须凸显公平 [J]. 教育研究, 2005 (3): 36-37.
[120] 孙锦明. 谈高考分省自主命题的利弊 [J]. 教学与管理, 2005 (10): 74-75.
[121] 李立峰. 高考分省命题不是改革的必然方向 [J]. 粤海风, 2011 (1): 23-26.
[122] 霍华德·加德纳. 未来的教育的科学基础和价值基础 [J]. 教育研究, 2005 (2): 12-19.
[123] 戴家干. 制度创新是考试制度改革的关键——学习十七大精神对推进高考制度改革的理性思考 [J]. 中国考试, 2008 (1): 3-8.
[124] 李木洲. 从"交替"到"交杂": 高考命题方式统与分的历史选择 [J]. 考试研究, 2011 (5): 23-29.
[125] 郑海红, 段作章. 综合素质评价纳入高考的制约因素分析 [J]. 教育理论与实践, 2012 (17): 21-23.
[126] 戴家干. 从考试到评价: 教育改革的时代任务 [J]. 中国高等教育, 2007 (Z2): 21-23.
[127] 马叙伦. 在全国高等学校招生委员会上的讲话 [J]. 招生简报, 1953-07-02: 23-24.

[128] 洪允智，胡金戈．“并轨”：招生体制改革的必然趋势 [J]．安徽教育学院学报，1995 (3)：90-92.
[129] 陈伟，李梅，等．从高校招生“地方化”透视教育公平问题 [J]．商洛学院学报，2006 (3)：81-85.
[130] 戴廉，张冉燃．如何看招生名额分配公平 [J]．瞭望新闻周刊，2006-06-05：23-24.
[131] 金相郁，武鹏．中国区域经济发展差距的趋势及其特征——基于GDP修正后的数据 [J]．南方经济研究，2010 (1)：79-96.
[132] 课题组（袁振国执笔）．缩小差距——中国教育政策的重大命题 [J]．北京师范大学学报（社会科学版），2005 (3)：94.
[133] 张艳华．教育机会公平性失衡及其制度性原因研究 [J]．调研世界，2012 (56)：53-58.
[134] 丁建洪．高职院校自主招生：问题与策略 [J]．教育发展研究，2012 (19)：8-12.
[135] 于洋．国家示范性高职院校的自主招生 [J]．天津市经理学院学报，2012 (5)：42-43.
[136] 吕孟仁，滕远杰．关于高职高专招生问题的思考 [J]．吉林商业高等专科学校学报，2002 (2)：42-43.
[137] 李峻．保送生政策变迁的多源流分析 [J]．大学教育科学，2011 (2)：46-50.
[138] 郑若玲．保送生制度：异化与革新 [J]．教育发展研究，2006 (2)：43-46.
[139] 罗立祝．社会阶层对保送生高等教育入学机会的影响 [J]．高等教育研究，2008 (8)：38-44.
[140] 华实昭．浅淡招生录取体制改革和完善 [J]．上海高教研究，1990 (4)：84-87.
[141] 王彬．“平行志愿”改革七年述评 [J]．复旦教育论坛，2010 (4)：68-72.
[142] 高福勤．普通高等学校招生录取中的几个要素——兼论高考平行志愿改革 [J]．考试研究，2009 (1)：22-30.
[143] 聂海峰．填报高考志愿哪种方式对考生有利? [J]．南方经济，2006 (6)：75-89.
[144] 熊丙奇．平行志愿改革的问题与出路 [J]．考试研究，2009 (1)：

12-21.
[145] 向莉娟，孟立军. 教育公平视阈下我国高考加分政策探析 [J]. 内蒙古师范大学学报（教育科学版），2008 (6)：1-3.
[146] 崔华华，方美. 对我国高考加分政策的理性分析及思考 [J]. 高教探索，2011 (3)：82-86.
[147] 程家福，李瑛，等. 资本侵蚀下高考加分政策的异化与回归 [J]. 教育理论与实践，2011 (7)：14-16.
[148] 冯菊香，郝琦. 高考加分政策对西部教育发展的负效应 [J]. 探索与争鸣，2009 (8)：64-66.
[149] 赵新亮，周娟. 高考加分政策的基本问题与修订思路 [J]. 教育理论与实践，2011 (7)：8-10.
[150] 王后雄，何家军. 恢复高考 30 年考试技术的变革述评 [J]. 中国考试，2007 (8)：48-52.
[151] 马世晔. 网上阅卷的回顾与思考 [J]. 考试研究，2004 (7)：24-26.
[152] 罗友花，刘铁明. 网上评卷研究综述 [J]. 中国考试，2009 (11)：40-42.
[153] 黄熹. 考试管理的智能化与指纹识别技术 [J]. 南京广播电视大学学报，2002 (4)：46-47.
[154] 吴根洲. "985" 高校招生属地化问题的实证研究 [J]. 教育学术月刊，2009 (12)：28-30.
[155] 乔兴媚. 自主化与个别化的网上考试发展趋向 [J]. 现代远程教育研究，2006 (5)：64-66.
[156] 钟秉林. 积极稳妥地推进高等学校考试招生制度改革 [J]. 高等教育研究，2012 (9)：19-23.
[157] 田建荣. 论高校招生自主权的意蕴 [J]. 陕西师范大学学报（哲学社会科学版），2010 (4)：32-36.
[158] 郭晓萍. 试论扩大高校招生自主权 [J]. 中国高教研究，2003 (2)：72-73.
[159] 曾本友. 中国高考制度变革理路与未来走向探析 [J]. 教育学术月刊，2010 (6)：80-82.
[160] 王和军. 招生考试机构专业化建设比较及其路径的思考 [J]. 中国考试，2011 (4)：7-11.
[167] 戴家干. 谈招生考试机构的职能与定位 [J]. 教育与考试，2007 (1)：4-6.

[168] 张静. 关于加快招生考试机构专业化建设的思考 [J]. 考试研究, 2012 (6): 56-63.
[169] 乔丽娟, 赵彤璐. 对我国招生考试机构专业建设的几点思考 [J]. 中国高等教育, 2006 (7): 51-52.
[170] 邱可. 试论国家招生考试机构定位 [J]. 考试研究, 2012 (6): 51-55.
[171] 赵允德. 浅析"高考移民热"的成因 [J]. 考试研究, 2005 (3): 89-97.
[172] 翟月玲. "异地高考"的根源、理念探究与对策 [J]. 中国高教研究, 2012 (7): 25-29.
[173] 郑若玲. 考试公平与区域公平: 高考录取中的两难选择 [J]. 高等教育研究, 2001 (6): 53-57.
[174] 石勇. "异地高考"的阻碍 [J]. 南风窗, 2012 (20): 34-35.
[175] 张俊浦, 陈经富, 王海洋. 结构化理论视角下的"高考移民"现象分析 [J]. 内蒙古师范大学学报 (教育科学版), 2008 (8): 65-70.
[176] 邹东升, 耿俊峰. "高考移民"现象的政策学审思与对策 [J]. 社会科学家, 2008 (1): 118-121.
[178] 伍宸, 洪成文. 我国异地高考问题、原因及解决对策 [J]. 中国教育学刊, 2012 (11): 22-26.
[179] 李里峰. 现代性及其限度: 民国文官考试制度平议 [J]. 安徽史学, 2004 (5): 69-74.
[180] 顾昂然. 回顾新中国法制建设的历程 [J]. 中国人大, 2004 (15): 20-24.
[181] 郑若玲. 普通高校招生考试法规建设述评——兼谈考试立法的必要性 [J]. 广东工业大学学报 (社会科学版), 2002 (4): 5-8.
[182] 蔡定剑. 对新中国摧毁旧法制的历史反思——建国以来法学界重大事件研究 (五) [J]. 法学, 1997 (10): 3-7.
[183] 应朝帅. 现行招生考试管理办法的法律空白与完善 [J]. 中国考试, 2006 (5): 15-19.
[184] 覃红霞. 从科举法到考试法 [J]. 中国考试, 2006 (6): 12-16.
[185] 赵亮宏. 教育考试事业的一项基本建设——关于依法治考和教育考试立法 [J]. 中国考试, 2004 (10): 4-5.
[186] 姜钢. 实施阳光工程, 办人民满意的高考 [J]. 中国高教研究, 2005

(12)：22-25.
[187] 王锐．中国古代对诚信的理解 [J]．昭通师范高等专科学校学报，2009 (1)：1-5.
[188] 涂争鸣．试论诚信的内涵与价值 [J]．江汉论坛，2006 (4)：78-83.
[189] 王恒，周晓东，周刚．高考改革何以动辄得咎——兼论高考改革的价值取向 [J]．江苏工业学院学报，2009 (1)：78-80.
[190] 张江琳．关于诚信考试若干问题的思考 [J]．中国考试，2006 (12)：28-30.
[191] 罗长文．高考考生个人档案信息的真实性与诚信管理 [J]．兰台世界，2010 (18)：54-55.
[192] 戴家干．从教育考试看招生考试机构的职能与定位 [J]．中国考试，2006 (2)：5-7.
[193] 程方平．推进高考改革，完善教育及人才选拔制度 [J]．教育与考试，2008 (6)：21-27.
[194] 贾云鹏．我国高等教育资源地域分布的现状、特点及成因 [J]．江苏高教，2009 (2)：48-50.
[195] 岳昌君．经济发展水平的地区差异对教育资源配置的影响 [J]．教育与经济，2003 (1)：35-41.
[196] 陈振华，伍正翔．优质教育资源发展中的经济作用分析 [J]．教育科学，2011 (5)：7-12.
[197] 张弘政．中国制度转轨过程中文化转型的机理及其内蕴 [J]．理论与改革，2005 (2)：120-122.
[198] 尹小萍．价值整合是我国高考政策改革的突破口 [J]．求索，2005 (10)：156-158.
[199] 边新灿．高校招生制度改革的脉络现状和走向 [J]．浙江社会科学，2012 (4)：116-120.
[200] 曹刚，张和生．高考改革价值取向的现实困惑与应然追求 [J]．求索，2012 (10)：116-120.
[201] 大学入学考试中心编辑室．大学多元入学方案的构想 [J]．选才，1992 (8)：13-15.
[202] 鲁子问．2005 年分省高考英语作文试题问题分析与对策建议 [J]．中小学英语教学与研究，2006 (4)：23-26.
[203] 张芃．高考改革的目标模式与推进策略 [J]．教育研究，2012 (8)：

101-107.
[204] 吴康宁. 反思我国教育改革的舆论支持 [J]. 湖南师范大学教育科学学报, 2012 (2): 5-9.
[205] 王海, 丁俊丽, 李光泉. 从考试制度现状论国家考试立法的迫切性 [J]. 天津大学学报 (社会科学版), 2003 (4): 362-365.
[206] 周光礼. 高等教育治理的政策范式: 办学自主权的国际比较 [J]. 湖南师范大学教育科学学报, 2011 (5): 5-10.
[207] 李峻. 高考制度变革的新思路——从利益博弈到利益均衡 [J]. 国家教育行政学院学报, 2011 (2): 125.
[208] 乔锦忠. 优质高等教育入学机会分布的区域差异 [J]. 北京师范大学学报 (社会科学版), 2007 (1): 23-28.
[209] 张继平, 董泽芳. 优质高等教育入学机会不公平的多向度分析 [J]. 华中师范大学学报 (人文社会科学版), 2012 (2): 141-145.
[210] 王勇鹏. 高考公平观: 问题与对策 [J]. 教育测量与评价, 2009 (7): 49-52.
[211] 杨小玲, 李凤, 甘犁. 文理分科对高考录取公平性的影响——基于上线考生数据的实证分析 [J]. 教育发展研究, 2011 (10): 51-56.
[212] 张和生, 彭勇. 中国高考公平问题研究 [J]. 求索, 2008 (12): 153-155.
[213] 林福来, 吴佳怡. 英国的会考与大学招生制度 [J]. 选才, 1991 (4): 27-30.
[214] 于时语. 美国"高考文化"的真实面相 [J]. 社会观察, 2012 (2): 46-49.
[215] 樊纲. 两种改革成本与两种改革方式 [J]. 经济研究, 1993 (1): 3-5.
[216] 王跃生. 不同改革方式下的改革成本与收益的再讨论 [J]. 经济研究, 1997 (3): 32-39.
[217] 卢福营. 两种改革方式比较 [J]. 社会主义研究, 1996 (4): 6-8.
[218] 樊本富. 我国高校自主招生的制度选择 [J]. 江苏高教, 2009 (2): 50-53.
[219] 余永玲. 高校招生分类考试探析 [J]. 中国高等教育, 2012 (7): 44-46.
[220] 余永玲. 高校招生实施多元录取的动因及策略刍议 [J]. 考试研究, 2013 (1): 16-21.

[221] 刘勇. 学生综合素质评价方式改革的理性思考 [J]. 教学与管理, 2013 (1): 74-76.

[222] 姜钢. 深入贯彻落实《纲要》精神, 加强考试机构专业化建设 [J]. 中国考试, 2013 (1): 3-5.

[223] 刘敏, 王运芳. 进城务工人员随迁子女就地高考问题的思考 [J]. 中国考试, 2012 (6): 59-64.

[224] 黄炳煌. 现行大学联考制度非改不可 [J]. 选才, 1991 (4): 31-33.

[225] 教育部. 国家基础教育课程改革实验区 2004 年初中毕业考试与普通高中招生制度改革的指导意见 [J]. 中华人民共和国教育部公报, 2004 (Z1): 38-41.

[226] 韩永. 江苏高考方案为何十年四变 [J]. 中国新闻周刊, 2008 (38): 38-40.

[227] 王寻. 高职: 自主招生露出曙光? [J]. 中国新闻周刊, 2006 (23): 36-37.

[228] 詹先君. 高考恢复三十年科目设置改革述略 [J]. 世界教育信息, 2007 (4): 77-81.

[229] 高等教育部, 教育部. 关于全国高等学校 1957 年招考新生的规定 [J]. 中华人民共和国国务院公报, 1957 (18): 343-348.

[230] 教育部. 关于进一步提高普通中学教育质量的几点意见 [J]. 人民教育, 1983 (9): 14-15.

[231] 国家教育委员会. 关于加快改革和积极发展普通高等教育意见的通知 [J]. 学位与研究生教育, 1993 (2): 1-4.

[232] 中共中央国务院. 关于深化教育改革全面推进素质教育的决定 [J]. 中国高教研究, 1999 (4): 3-7.

[233] 李木洲, 刘海峰. 多元分解: 保送生制度改革之道 [J]. 中国高教研究, 2011 (12): 19-21.

[234] 邓小平. 在全国教育工作会议上的讲话 (1978 年 4 月 22 日) [J]. 人民教育, 1978 (Z1): 3-7.

[235] 梁晨, 李中清, 等. 无声的革命: 北京大学与苏州大学学生社会来源研究 (1952—2002) [J]. 中国社会科学, 2012 (1): 99-118.

[236] 李木洲. 高考公平的元思考 [J]. 国家教育行政学院学报, 2012 (8): 29-33.

[237] REINGOLD D. How to Humanize the College Adimission Game [J]. The Journal of College Adimission, 2004 (summer): 18-22.
[238] HANSEN W L. Impact of Student Financial Aid on Acess [J]. Proceedings of the Academy of Political Science, 1983, 35 (2): 84-96.
[239] Mc DONALD R P. A Basis for Multidimensional Item Response Theory [J]. Applied Psychological Measurement, 2000 (24): 99-114.
[240] STOUT W. Skills Diagnosis Using IRT-Based Continuous Latent Trait Models [J]. Journal of Educational Measurement, 2001 (44): 313-324.
[241] CLAUSER B E, MAZOR K M. Using Statistical Procedures to Indentify Differentially Functioning Test Items [J]. Educational Measurement: Issues and Practice, 1998, 17 (1): 31-44.
[242] CHOW K W, ELMAN B A. A Cultural History of Civil Examinations in Late Imperial China [J]. The American Historical Review, 2002, 107 (1): 168-169.
[243] KERBOW D. Patterns of Urban Student Mobility and Local School Reform [J]. Journal of Education for Students Placed at Risk (JESPAR), 1996, 1 (2): 147-169.
[244] PSACHAROPOULOS G, SANYAL B. Student expectations and labour market performance: The case of the Philipines [J]. Higher Education, 1981, 10 (4): 449-472.
[245] Liu Haifeng, Wu Qiong. Consequences of College Entrance Exams in China and the Reform Challenges [J]. Journal of Education Policy (Korean), 2006, 3 (1): 7-22.

(五) 报纸类

[1] 刘海峰. 高考改革首重公平 [N]. 光明日报, 2005-06-22 (B1).
[2] 刘海峰. 高考改革的理想图景与现实困境 [N]. 光明日报, 2012-04-11 (14).
[3] 刘海峰. 高考改革受制国情, 分类考试与时俱进 [N]. 中国教育报,

2013-03-22 (06).
[4] 刘海峰. 可尝试在中西部人口大省设若干“985”高校 [N]. 21 世纪经济报道, 2012-06-27 (002).
[5] 周珣, 甘冰, 原春琳. 高考变革 30 年成败检讨 [N]. 中国青年报, 2007-06-27 (06).
[6] 教育部. 关于高等学校一九五〇年度暑期招考新生的规定 [N]. 人民日报, 1950-05-29 (1).
[7] 教育部. 关于高等学校一九五一年度暑期招考新生的规定 [N]. 人民日报, 1951-05-09 (1).
[8] 教育部. 关于全国高等学校一九五二年暑期招考新生的规定 [N]. 人民日报, 1952-06-13 (1).
[9] 教育部. 关于全国高等学校一九五五年暑期招考新生的规定 [N]. 人民日报, 1955-06-09 (2).
[10] 加强党的领导做好高等学校招生工作 [N]. 人民日报, 1958-07-03 (1).
[11] 作好高等学校的招生工作 [N]. 光明日报, 1958-07-03 (1).
[12] 欢迎今年的高校招生规定 [N]. 文汇报, 1958-07-03 (1).
[13] 彻底搞好文化革命, 彻底改革教育制度 [N]. 人民日报, 1966-06-18 (1).
[14] 李建平. 高中新课程方案精彩绘就——教育部有关负责人详析高中课改五大目标 [N]. 中国教育报, 2004-02-19 (1).
[15] 高耀彬, 贺斌. 面向新世纪的改革——山西普通高中课程改革、高考改革接轨综述 [N]. 中国教育报, 2000-12-20 (4).
[16] 王淑军. 江西高中课程改革气象新 [N]. 人民日报, 2001-07-05 (6).
[17] 吴刚平. 高中新课程新在哪里 [N]. 中国教育报, 2005-03-04 (5).
[18] 张国. 南开大学退出自主招生联考 [N]. 中国青年报, 2011-12-02 (03).
[19] 韩晓蓉. 复旦南开退出“北约”联考, 多方看衰自招联考 [N]. 东方早报, 2011-12-05 (A6).
[20] 周凯, 邱晨辉, 张国. 高校自主招生再度打响“掐尖”战 [N]. 中国青年报, 2011-12-03 (01).
[21] 朱振国. 自主招生难点在哪 [N]. 光明日报, 2006-11-29 (6).
[22] 张晨峰. 自主招生的再思考 [N]. 解放日报, 2009-06-16 (008).
[23] 王聪聪. 近 7 成受调查者认为高校自主招生过程不够透明 [N]. 中国

青年报，2009-11-24 (02).
[24] 汪大勇．高考改革：让“独木桥”变“立交桥” [N]．光明日报，2012-07-24 (5).
[25] 雷新勇．应该理性对待分省命题 [N]．中国教育报，2006-09-27 (6).
[26] 古晔．高考命题：分省还是统一？[N]．光明日报，2011-11-28 (16).
[27] 教育部．关于全国高等学校一九五二年暑期招考新生的规定 [N]．人民日报，1952-06-13 (1).
[28] 程默，罗曼．加分公示：阳光高考的防腐剂 [N]．中国教育报，2009-07-08 (03).
[29] 程枝文，周薇．近年来高考加分丑闻一览 [N]．中国青年报，2010-07-28 (04).
[30] 叶铁桥．全国人大代表洪可柱致函全国人大常委会建议清理规范高考加分政策 [N]．中国青年报，2006-08-14 (04).
[31] 晏扬．弊大于利的保送生制度何不取消 [N]．中国青年报，2012-05-29 (02).
[32] 瞿振元．深化改革，依法治招 [N]．中国教育报，2001-12-05 (005).
[33] 于建坤．国外对考试作弊的处罚 [N]．中国青年报，2007-02-07 (05).
[34] 胡锦涛．坚定不移沿着中国特色社会主义道路前进 为全面建成小康社会而奋斗：在中国共产党第十八次全国代表大会上的报告 [N]．人民日报，2012-11-18 (1).
[35] 宋晓梦．高考改革：对社会诚信度的一场大考 [N]．光明日报，2009-05-25 (06).
[36] 袁新文．高考制度必须完善，但不能轻言废除 [N]．人民日报，2007-03-29 (11).
[37] 夏杨．高考改革怎会弄得如此五花八门 [N]．羊城晚报，2009-07-23 (5).
[38] 杨智磊，等．推进阳光高考，朝更加公平方向迈进 [N]．河南日报，2008-03-26 (08).
[39] 戴家干．高考需要改革而非“革命” [N]．人民日报，2007-05-29 (11).

（六）电子文献类

[1] 全国人民代表大会常务委员会. 中华人民共和国高等教育法 [EB/OL]. [2013-01-23]. http://www.law-lib.com/law/law_view.asp?id=412.

[2] 教育部. 关于建立高等学校招生全国统一考试考生诚信档案的通知[EB/OL]. [2013-01-26]. http://gaokao.chsi.com.cn/gkxx/zcdh/200506/20050602/29578.html.

[3] 台湾地区教育事务主管部门. 考试与入学管道[EB/OL]. [2013-03-15]. http://nsdua.moe.edu.tw/index.php?option=com_content&task=blogcategory&id=13&Itemid=59.

[4] 台湾地区教育事务主管部门. 入学方案结构图[EB/OL]. [2013-03-15]. http://nsdua.moe.edu.tw/index.php?option=com_content&task=view&id=13&Itemid=49.

[5] 全国普通高中学业水平考试工作协作会. 中国普通高中会考（学业水平考试）大事记[EB/OL]. [2012-12-04]. http://www.zjjys.org/gzhkinfo.aspx?type=118&id=156.

[6] 全国历年参加高考人数和录取人数统计[EB/OL]. [2013-01-25]. http://gaokao.eol.cn/kuai_xun_3075/20100125/t20100125_444378.shtml.

[7] 李铮. 实施高中新课程省份高考改革方案比较[EB/OL]. [2012-12-05]. http://edu.people.com.cn/GB/116076/10034359.htm.

[8] 云南省招生考试院. 2012 年新课改普通高等学校招生考试工作方案[EB/OL]. [2012-12-15]. http://gaokao.chsi.com.cn/gkxx/ss/201111/20111122/261636005.html.

[9] 安徽省教育招生考试院. 2012 年安徽省普通高等学校招生工作实施意见[EB/OL]. [2012-12-15]. http://www.gaokao.com/e/20120507/4fa78230674aa.shtml.

[10] 江苏省教育考试院. 江苏：2012 年普通高等学校招生工作意见[EB/OL]. [2012-12-15]. http://gaokao.chsi.com.cn/gkxx/ss/201205/20120510/310034464.html.

[11] 浙江省教育考试院. 浙江：2012 年普通高校招生工作实施意见 [EB/

OL]. [2012-12-15]. http://gaokao.chsi.com.cn/gkxx/ss/201205/20120507/308950424.html.

[12] 上海教育考试院. 2012 年上海市普通高校招生考试工作办法 [EB/OL]. [2012-12-15]. http://gaokao.chsi.com.cn/gkxx/ss/201207/20120731/332523919.html.

[13] 海南省考试局. 海南: 2012 年普通高等学校招生考试工作实施办法 [EB/OL]. [2012-12-15]. http://gaokao.chsi.com.cn/gkxx/ss/201205/20120530/315748803.html.

[14] 皮曙初. 高中新课改: 别让农村孩子越落越远[EB/OL]. [2012-12-22]. http://news.xinhuanet.com/politics/2009-07/10/content_11685797.htm.

[15] 国家教育委员会. 普通高等学校招生来源计划编制工作暂行规定[EB/OL]. [2013-01-06]. http://www.people.com.cn/item/flfgk/gwyfg/1987/206004198714.html.

[16] 文化部, 国家教委. 高等艺术院校（系、科）招生工作暂行规定[EB/OL]. [2012-12-27]. http://www.chinalawedu.com/falvfagui/fg22598/59646.shtml.

[17] 国家教委. 普通高等学校招收保送生的暂行规定[EB/OL]. [2011-09-15]. http://www.people.com.cn/item/flfgk/gwyfg/1988/206004198803.html.

[18] 什么是"平行志愿"[EB/OL]. [2012-12-20]. http://gaokao.chsi.com.cn/gkxx/zytb/200803/20080311/4011490.html.

[19] 平行志愿[EB/OL]. [2012-12-30]. http://baike.baidu.com/view/288569.htm.

[20] 教育部. 普通高等学校自主招生办法[EB/OL]. [2013-03-08]. http://gaokao.chsi.com.cn/gkxx/zzzs/200912/20091230/277859.html.

[21] 教育部. 关于做好 2008 年普通高校招收保送生工作的通知[EB/OL]. [2013-03-08]. http://www.jyb.cn/cm/jycm/beijing/jybgb/gdjy/t20080229_145224.htm.

[22] 北京市人民政府办公厅. 关于外地来京投资开办私营企业人员办理北京市常住户口试行办法[EB/OL]. [2013-01-29]. http://www.law-lib.com/law/law_view.asp?id=37390.

[23] 贺莉丹. 北上广异地高考破冰难: 户籍制度是最大障碍[EB/OL]. [2013-03-26]. http://www.21cbh.com/HTML/2012-12-30/xNNjUxXzU5NDkxNA.

html.
[24] 段娟，叶明勇. 新中国成立以来农村剩余劳动力转移的历史回顾与启示[EB/OL]. [2013-02-19]. http://www.iccs.cn/contents/301/8251.html.
[25] 国务院. 关于做好免除城市义务教育阶段学生学杂费工作的通知[EB/OL]. [2013-02-19]. http://www.gov.cn/zwgk/2008-08/15/content_1072915.htm.
[26] Cambridge University (2007A). Cambridge University Undergraduate Admission Policy. [EB/OL]. [2007-10-20]. http://www.cu.ac.uk.

（七）其他类

[1] 国家教育咨询委员会考试招生制度改革组. 考试招生制度改革专题调研报告汇编（上、下）[G]. 北京：国家教育咨询委员会，2011.
[2] 国家教育咨询委员会考试招生制度改革组. 考试招生制度改革组调研报告、会议记录及相关资料汇编 [G]. 北京：国家教育咨询委员会，2011.
[3] 洪冬桂. 大学入学考试中心 20 周年特辑：选才文摘大学入学考试制度类 [Z]. 台北：大考中心基金会，2009.
[4] 柳博. 2007 年台湾教育考试考察团报告 [R]. 教育部考试中心，2007-11-10.
[5] 全国高等学校招生委员会编. 升学指导（1952）[G]. 全国高等学校招生委员会印，1952.
[6] 华东地区高等学校招生工作委员会. 一九五五年暑期高等学校招生工作参考资料（内部文件）[Z]. 华东地区高等学校招生工作委员会翻印，1955：1.
[7] 广西壮族自治区招生考试院. 关于广西考试招生制度改革及有关情况的汇报材料 [Z]. 南宁：广西壮族自治区招生考试院，2011-06-17.
[8] 华东军政委员会教育部转发. 高等学校招生工作报告（1952 年 9 月 26 日）[Z]. 厦门：厦门大学档案馆，人事处 52-13 号档.
[9] SCANS. What Work Requires of Schools [R]. 1990.
[10] Stein, Sondra. Equipped for the Futrue Content Standards. What Adults Need to Know and be Able to Do in the 21st Century [R]. Washington, DC: National Institute for Literacy. 2000.

后　　记

拙著系笔者博士学位论文修订而成。回首其酝酿、创作、完稿、付梓历程，感慨良多，有恍如隔世之感。人生如梦，一切因缘。曾几何时，上大学对我来说是一个梦。四年前，成为博士对我来说也是一个梦。但如同变迁理论告诉我们的一样，只要埋下了追梦的种子，便启动了路径依赖机制，而只要够幸运、够坚持，就会无限地接近梦。这是从我的求学经历和完成博士学位论文所悟出的一点道理。无疑，我是幸运的。因为国家的大好政策，我免费接受了 6 年的研究生教育，倘若没有这样的政策，我想我很难顺利地从“考试学的摇篮”走进“科举学的摇篮”、从“百年华师”走进“南方之强”。当然，在我追逐求学之梦的道路上，碰到了许许多多的良师益友，也正是在他们的接纳、指引及帮助下才走到今天。

首先我要感谢恩师——刘海峰教授。刘老师天资文藻、胆识超群，是一个做大学问的人。愚在学三年，刘老师不仅在学习、学术上让我获益匪浅，而且还为我创造了良好的锻炼机遇，使我有幸借调到国家教育体制领导小组办公室，参与国家高考制度的改革实践，极大地开阔了视野。因此，刘老师对我不仅有知遇之恩，还有再造之恩。感激之情，寥寥数语难以尽表，只希冀今时、日后所作之文能客观公正、靠近真理，不太影响恩师健康①便以为喜。

感谢厦门大学教育研究院。这是一个名师云集、学术氛围浓厚的求学之所。耄耋之年的潘懋元先生，德高望重、学术巨擘、宽严相济，修先生的课、参加先生家的沙龙，是令人终生难忘的学习和学术经历。感谢邬大光老师、史秋衡老师、杨广云老师、别敦荣老师、王洪才老师等各位老师在学术例会活动中给予的思想启迪。感谢宋毅书记、陈文副书记，感谢院办的叶燕

---

① 恩师是一个注重学术之美的大家，曾专门撰文谈过“文字与健康”。

老师、吴晓君老师、李武静老师、王玉梅老师，感谢资料室的冯波老师、肖娟群老师，他们为我的厦门大学生活提供了诸多便利与帮助。

感谢在拙著资料收集与准备阶段，接受访谈的原国家教育委员会考试中心主任杨学为先生，北京教育考试院首席专家周军研究员，华中师范大学鲁子问教授，他们为拙著的构思提出了很多建议性意见。感谢借调到教改办“考试招生制度改革组”期间，组织和参与调研、座谈及讨论的国家教育咨询委员会委员谈松华、戴家干、王本中、杨东平，以及陈舜、袁振国、彭斌柏等教改办领导同志，教育部考试中心主任姜钢、副主任李光明、前副主任梁育民，教育部学生司调研员范卫宏，国家教育战略发展研究中心研究员王建、王烽，上海市教育考试院副院长沈本良，北京大学文东茅教授，北京师范大学袁桂林教授，工作组人员夏鲁惠、林姗姗、周佳、沈燕平等。半年紧张而愉快的工作经历，加深了我对高考制度的理性认识，对拙著的创作意义重大。

特别感谢博士学位论文答辩委员会主席、华中师范大学周洪宇教授，华东师范大学阎光才教授，厦门大学史秋衡教授、张亚群教授、郑若玲教授等在论文答辩过程中提出的宝贵意见和建议，为本书的进一步完善做出了重要贡献。此外，对本研究所参考、引用的著作、文章之作者一并致谢，恕不列举。当然，最后还要感谢我的父母及爱人朱春燕女士，他们多年来的支持与鼓励是催我奋进的力量之源。

承蒙恩师刘海峰教授和华中师范大学出版社冯会平主任及各位领导的大力支持，本书能够有幸忝列“高考改革研究丛书”。白居易说：“文章合为时而著，歌诗合为事而作。”时至高考建制60余载，在国家主席习近平提出“中国梦”的大背景下，谨以此著献给高考和关心高考的人。希望高考能够帮助更多的国人圆梦，也帮助中国早日实现伟大的“中国梦”。

李木洲

2016年5月7日